사랑과 공감의 전화 카운슬링

전화상담의 이론과 실제

이광자 · 이기춘 · 하상훈 · 오승근 · 박현규 공저

학지사

머리말

'생명의전화'는 1976년 우리나라 최초의 전화상담 기관으로 출범하였다. 처음 시작한 1970년대는 상담이란 말조차 생소한 시기였고 일반 시민들이 상담을 배울 수 있는 기회가 거의 없었다. 대학에서도 불과 몇몇 학교에만 상담 관련 학과가 있을 정도였다. 그런데 생명의전화가 우리나라 최초로 시민들을 위한 상담자 교육 프로그램을 개발하여 실시하였고, 훈련받은 전화상담 봉사원이 전화상담 봉사를 하게 했다. 이 전화상담 봉사원들은 고독과 갈등, 위기와 자살 등 삶의 복잡한 문제를 가진 사람들의 이야기를 듣고 공감하며 문제를 해결해 나가도록 도움을 주어 왔다. 특히 국가적인 자살예방 체계가 갖추어지지 않았던 시대부터 자살위기에 처한 사람들에게 삶의 용기와 희망을 주는 역할을 감당해 왔다.

오늘날 전화상담은 생명의전화에서 시작해 공공과 민간 영역에서 확산되어 갔다. 특히 청소년, 성인, 노인을 위한 전화상담뿐 아니라 정신건강, 약물 및 알코올 남용, 도박문제, 자살위기문제 등 다양한 문제의 예방과 해결을 위한 전화상담 센터가 등장하게 된 것이다. 이제는 전화치료(telephone therapy)라는 말이 등장할 정도로 전화상담은 사회문제를 해결하는 중요한 도구가 되었다. 2018년 세계보건기구(WHO)에서는 전화상담(crisis line)이 자살을 예방하는 중요한 도구가 될 수 있다는 보고서를 채택하기도 하였다. 이것은 전화상담이 접근성, 용이성, 익명성, 내담자 주도성 등의 특징을 갖고 있으므로 위기상담에 유용한 도구로 활용될 수 있기 때문이다.

그러나 우리나라에서는 전화상담 기관의 확산에도 불구하고 상담자를 위한 교육과 관련된 교재가 거의 없는 실정이다. 상담자의 대부분이 전화상담의 특성을 반영한 교육과 실습을 받지 못하고 일반 상담 교육을 받고 전화상담을 하고 있다. 전화상담은 대면상담과는 다른 특성이 있기 때문에 전화상담의 실제가 반영된 교육과정이 절실히 요구되고 있는 실정이다. 다행히 이번에 생명의전화 교육위원회에서 오랫동안 상담자 교육을 실시했던 경험과 노하우를『전화상담의 이론과 실제: 사랑과 공감의 전화 카운슬링』이란 책으로 묶게 되었다. 이 책은 제1부 전화상담의 이해, 제2부 상담이론의 전화상담 적용, 제3부 전화상담의 과정과 기법, 제4부 문제별 전화상담으로 구성되어 있어 전화상담을 체계적으로 이해하고 실습하는 필수 과정을 상세히 다루고 있다. 따라서 이 책이 전화라는 매체를 활용하여 상담을 공부하는 사람에게, 그리고 각종 문제별 전화상담 센터를 운영하는 기관에서 상담자 양성 및 전화상담의 질적 향상에 유익한 지침서가 되기를 바란다.

월곡동에서

집필자 일동

차례

PART 01 전화상담의 이해

PART 03

전화상담의 과정과 기법

이 책의 '상담자' '내담자' '전화자'의 의미

이 책에서 '상담자'는 '전화상담자'를 지칭하며, 상담을 요청하는 사람을 '내담자'와 '전화자'로 표현하고 있습니다. '내담자'는 상담현장에서 상담을 요청하는 사람을 포괄적으로 지칭하는 용어입니다. 그러나 이 책은 전화상담의 특수성을 반영하여, '전화자'라는 명칭을 함께 사용하였습니다.

PART 01

전화상담의 이해

01 전화상담의 역사와 철학

이 장에서는 전화상담의 역사와 철학이라는 주제로 호주에서 시작된 생명의전화의 탄생 배경 및 확산, 그리고 한국생명의전화의 도입 및 사회적 역할에 대해 다루고자 한다. 호주에서 생명의전화가 탄생할 무렵의 사회적 분위기, 탄생의 배경이 된 사건, 생명의전화의 국제적 확산 및 동향에 대해 살펴본다. 또한 우리나라에서 생명의전화가 도입된 배경 및 사회적 풍토, 생명의전화의 사회적 역할 및 철학적 신념에 대해 살펴본다.

1. 생명의전화의 처음 이야기

1950~1960년대는 젊은이들, 특히 대학생들 사이에서 자살이 많았던 시절이었다. 당시를 회고해 보면 영국의 옥스퍼드, 케임브리지부터, 미국의 하버드, 스탠퍼드에 이르기까지 자살이 유행처럼 번져 갔다. 이 기류는 태평양을 건너 시드니까지 이르렀고, 일본에도 영향을 미쳤다.

자살의 기류는 실존주의, 특히 무신론적 실존주의가 세계를 풍미하면서 일으킨 바람이었다. 1950~1960년대라는 시기는 제2차 세계 대전이 끝난 후 한국전쟁도 종결되고 사회적 변화가 가속화되던 시기였다. 서구 여러 나라에서는 전통적인 권위가 몰락하고 자동화된 산업화가 속도를 내는 시기였다. 당대의 젊은이들은 이 역사의 전환기에서 전통적인 가치와 사회적 규범을 굴레로 생각하고 무한한 개인적 자유를 추구하기 시작했는데, 이 자유 추구의 추동력은 실존주의가 제공했다.

특히 무신론적 실존주의 철학의 대표주자였던 사르트르(Jran-Paul Sartre)나 카뮈(Albert Camus)의 『이방인』, 『구토』, 『페스트』와 같은 소설은 부조리, 소외감, 좌절로 가득 찬 인생을 본질보다 앞서는 개인적인 실존의 시각으로 보게 함으로써 기존의 질서와 권위를 뛰어넘고자 하는 젊은이들에게 자살이라는 돌파구를 바라보게 유도했다.

이런 와중에 역사상 처음으로 전화상담 센터들이 생겨났다. 1953년 유럽에서 웨스트(W. Peter West) 목사와 바라(Chad Varah) 목사가 전화상담소를 개설했고, 그 후 10년이 지나 호주의 시드니에서는 워커(Alan Walker) 목사에 의해 '생명의전화(lifeline)'가 시작되었다. 지금도 사마리탄(The Samaritans), 비프렌더즈(Befrienders), 이포테스(International Federation of Telephonic Emergency Services: IFOTES)는 유럽을 중심으로 전화상담운동을 전개하고 있다.

생명의전화가 시드니에서 탄생하게 된 배경은 알렌 워커 목사가 한 젊은이와 전화로 대화를 나누게 된 사건에서 비롯되었다. 1959년 어느 토요일 밤 자정, 설교를 준비하고 있던 워커 목사의 전화벨이 울렸다. 로이 브라운(Roy Brown)이란 젊은이는 다급하게 말했다. "이렇게 밤늦게 전화를 드려서 죄송합니다. 제가 방금 선생님께 편지를 한 통 썼는데 아마 월요일 아침에 받으시게 될 겁니다. 그때에는 이미 저는 이 세상 사람이 아닐 겁니다. 놀라게 해 드려서 죄송합니다."

다음 주 화요일 오후 1시 55분, 다알링허스트 경찰서에서 워커 목사 앞으로 전화가 왔다. "킹스가의 가스가 가득 찬 방에서 로이 브라운이라는 사람의 시체가 발견되었습니다. 그의 가슴에는 목사님께 보내는 편지가 놓여 있었습니다. 그 사람에 대해 여쭐 말씀이 있습니다." 경찰서로 찾아간 워커 목사가 유서를 통해 확인한 결과 자살한 사람은 38세의 호주인이었으며, 고아로 태어나 양부모에게 입양되었으나 그들마저 세상을 떠나 외톨이가 되었고, 실직 상태로 실망한 나머지 인정머리 없고 메마른 세상을 떠나기로 마음먹었다는 것이었다. 워커 목사는 이 젊은이의 장례식을 정성껏 치러 주었다. 조객은 자신과 그의 부인 둘뿐이었다.

이 자살 사건에 충격을 받은 워커 목사는 이 사실을 교회에 보고하였다. 그의 머릿속에는 전화라는 문명의 이기를 이용하여 시드니 시민의 위기에 개입할 수 있다는 생각이 떠올랐다. 그가 담임하고 있던 시드니 중앙감리교회의 선교부 실행위원회는 12개월이 지난 후 시민들을 위해 봉사할 기구를 만들고, 기금을 마련하고, 자원봉사자들을 모집하여 훈련과정을 마련하기로 했다. 시드니 시장이 앞장서서 10만 달러의 기금을 모으고, 150명의 자원봉사자들이 교육을 받았다. 이 기구를 위해 『시드니 모닝 헤럴드지(Sydney Morning Herald)』 편집국장이 '생명의 전화(lifeline)'라고 이름을 지어 주었다.

10만 달러의 건물이 세워지고 120명의 자원봉사자들이 교육을 마친 다음, 10명의 직원을 임명하고 1963년 3월 16일 오후 5시에 '생명의전화'는 문을 열었다. 모두가 궁금했다. 과연 시민들이 전화를 걸어 올 것인가? 문을 열고 1분이 지나자 첫 번째 전화벨이 울렸다. 이렇게 해서 생명의전화는 세상에 태어났다.

생명의전화는 곧 뉴질랜드에 이식되었고 미국과 캐나다로 확대되었다. 아프리카에서는 남아공을 모체로 인근 국가들에게 번졌고 아시아에서는 일본, 한국, 대만에 뿌리를 내렸다. 오늘날 생명의전화는 UN, WHO와 연관을 맺는 국제생명의 전화(Lifeline International)로 발전되었다.

1999년부터는 온 지구를 하나로 엮는 세계화(Globaligation) 작업이 시작되면서 생명의전화, 사마리탄, 이포테스, 비프렌더즈 등이 하나의 낙하산 아래 모여 정보를 나누고 전략을 공유하면서 전 지구촌을 통섭하는 정서적 지원 연대(Emotional Support Alliance: ESA)를 탄생시켰다. 그리고 이 ESA는 UN, WHO와 연관된 '세계위기전화연대(World Alliance for Crisis Helpline: WACH)로 확대되었고, 2018년에는 WHO에서 「Crisis Line에 대한 보고서(Preventing suicide: A resource for establishing a crisis line)」를 채택하도록 이끌어 내는 역할을 하였다. 이 보고서는 자살예방에서 전화상담이 매우 중요한 도구임을 국제기구가 처음으로 인정하게 된 것이라는 점에서 매우 뜻깊은 사건이었다.

한국은 1979년 국제생명의전화의 정회원이 된 이후 호주, 뉴질랜드, 미국, 캐나다, 남아공, 대만과 더불어 상임이사국이 되었다. 상임이사들은 각 나라의 생명의전화를 대표하는 국가대표(national representative)라는 이름으로 매년 2회의 대면회의, 2회의 전화회의, 2~3차례의 이메일회의를 통해 상호관심사를 논의하고 현안 문제들을 다루어 왔다.

오늘날에는 WACH(World Alliance for Crisis Helpline)라는 세계화의 낙하산 아래 국제생명의전화(lifeline International)의 기능은 유지하고 호주와 뉴질랜드를 주축으로 하는 오세아니아 지역, 미국과 캐나다를 주축으로 하는 북미 지역, 남아공을 주축으로 하는 아프리카 지역, 한국, 일본, 대만을 주축으로 하는 아시아 지역으로 조직망을 정비하였다. 종전의 국가대표는 실행위원(the executive members)으로 이름을 바꾸고 지역 내의 협의체를 구성하고 보다 자발적으로 ESA와 연대하는 방향으로 조직을 정비하였다. 현재 국제생명의전화(lifeline International)에는 27개 나라가 가입되어 있다.

2. 한국생명의전화 이야기

한국에 생명의전화를 도입한 이는 이영민 목사이다. 이영민 목사는 오랫동안 한국기독교장로회의 총무를 역임하여 행정에 밝고 합리적인 추진력을 보유한 지도자였다. 그는 1969년 스위스 보세이(Bossey)의 에큐메니칼 연구원에서 열린 '교회의 미래'에 관한 5개월간의 세미나에 참여했다가 특수한 선교정보를 접하게 되었다. 그는 함께 지내던 독일의 가이슬러(H. Geisler) 목사로부터 전화상담센터에 대한 설명을 들었고, 귀국길에 암스테르담에서 젊은이들을 위해 교회가 운영하는 '커피하우스 선교사역(Coffee House Ministry)'을 돌아보고, 영국에서는 전화상담센터인 '사마리탄(The Samaritans)'을 관찰할 수 있는 기회를 얻게 되었다.

이영민 목사는 귀국 후 1971년 커피하우스 선교사역에 착수했다. 이 커피하우스 선교사역은 당시 '크리스천 나이트클럽 선교(The Christian Night Club)'와 쌍벽을 이루던 문화선교사역이었다. 당년에 한국기독교교회협의회(KNCC)의 추천으로 세계기독교교회협의회(WCC)로부터 이 사업을 위해 3만 5천 달러의 기금도 지원받게 되었다. 이 프로젝트에는 영국의 크리스천에이드(Christian Aid), 독일의 브로트 퓌어 디 벨트(Brot für die Welt), 캐다나의 성공회, 스웨덴의 루터교회 등이 참여했다.

초교파적으로 구성된 이사회는 커피하우스 선교사역의 기구 명칭을 '아가페의 집'이라고 명명했다. 아가페의 집은 서울특별시 종로구 무교동 46번지 도심빌딩 1층 80평을 세를 내어 4인조 탁자 27개 규모에다 100석이 넘는 시설로 문을 열었다. 하루 1,000여 명이 드나드는 아가페의 집은 품위 있는 명화를 내걸고 엄선된 음악과 자신을 표현할 수 있는 작은 무대, 그리고 공통의 관심사를 나눌 수 있는 프로그램으로 꾸며졌다. 아가페의 집은 1977년 12월 서울시의 도시 재개발 사업 계획으로 건물이 헐리면서 역사의 뒷무대로 물러나게 되었다.

그러나 이 아가페의 집은 생명의전화를 개설하는 씨앗이 되어 내면적으로는 생명의전화 속에 살아 움직이고 있다. 아가페의 집을 운영하는 과정 속에서 1973년 4월 캐나다 해밀턴에서 열린 생명의전화 국제협회의 초청을 받아 이영민, 구미혜, 반피득 세 사람이 실행이사회에 참석하여 그동안의 추진상황을 보고하고 센터설립에 대한 구체적인 협의를 하였다.

그 결과 1976년에는 드디어 '서울생명의전화'가 발족되고, 전화상담위원회가 조직되어 3월 26일 향린교회에서 모여 다음의 사항을 논의하고 합의했다.

- 전화상담 봉사원의 모집(두 대의 전화 설치, 150명의 봉사원이 하루 5교대, 월 2회 봉사)
- 생명의 전화 홍보를 위한 영화 상영
- 상담 봉사원 의뢰대상 교회 선정
- 위원회 소집

5월 18일에는 제1기 상담 봉사원 교육프로그램이 시작되었다. 서울시내 7개 교단 39교회에서 참여한 182명(남 54명, 여 128명)이 32시간 8주의 교육을 받았다. 교육과목은 오늘날까지도 뼈대가 되어 있는 인간심리이해, 상담이론, 위기개입상담, 자살문제, 약물중독, 법률상담 등을 해당 분야의 전문가들이 강의했다. 7월 8일 제1기 수료식이 거행되었다. 이날 161명(남 47명, 여 114명)이 수료했다. 전문상담위원으로 목사 네 명과 의료상담자로 의사 다섯 명이 위촉되었다.

9월 1일에는 두 대의 전화를 설치하고 개원의 테이프를 끊었다. 그날 하루 동안에 걸려 온 전화는 217통이었으며, 9월 한 달 동안에는 4,517통, 연말까지는 11,306통이 되었다. 당시가 군사정권이었던 점을 고려하면 사람들이 자신의 속내를 터놓고 이야기하고 싶은 열망이 얼마나 강했는지를 짐작할 수 있는 통계이다. 준비 단계부터 개원까지는 만 5년이 걸렸다.

현재 한국에는 서울, 대전, 대구, 부산을 포함한 17개의 생명의전화 센터들이 있어 전국적인 조직망을 이루고 있다. 해외 교포들을 위한 센터는 중국 연변, 미국 LA, 캐나다 밴쿠버, 호주 시드니, 필리핀 마닐라, 싱가폴에 있다.

앞에 열거한 국내의 센터들과 해외 센터들은 국제적으로는 국제생명의전화 및 ESA와 정회원의 지위를 유지하고 있다. 국내적으로는 한국생명의전화연맹(Federation of Lifeline Korea: FOLK)으로 연대하면서 공동체를 이루고 있다.

3. 생명의전화와 한국적 풍토

생명의전화의 창시자인 앨런 워커에 의하면 '생명의전화'의 탄생은 실의와 고민 끝에 자살하기 직전의 한 젊은이가 걸어 온 전화 때문이었다. 역사상에 나타난 모든 위대한 역작은 미세한 인간의 고통의 소리를 귀기울여 들음으로부터 시작됐다고 말해야 할 것이다.

한 목사가 심야에 경청한 전화의 메아리가 온 세계에 퍼져서 생명의 절규를 진지하게 듣고 질의하게 됐다는 것은 '천하보다 귀한 생명'의 가치를 재발견한 쾌거라 아니할 수 없다. 대중매체로 보편화되어 현대인이 즐겨 쓰고 있는 '전화' 앞에 '생명의'라는 소유격을 붙여 준 '생명의전화'는 현대의 문화적 편의성과 생명의 가치를 다이내믹하게 연결시킨 생동적인 표현이다. 전화가 가지고 있는 편의성이란 이루 헤아릴 수 없이 많다.

첫째로 전화가 가지고 있는 편의성은 시간과 공간을 압축시킨 즉시성이다. 전화를 상대방에게 걸기 위해서는 의사와 환자 사이에 흔히 있는 진료약속 같은 것에 구애를 받지 않는다. 초인종을 누르고 명함을 보이면서 무겁게 잠긴 철문을 열고 짖어대는 개의 시선을 받으며 응접실까지 가야 하는 방문의 번거로움도 없다. 언제 어디서나 필요하면 걸 수 있다는 즉시성은 전화가 가지고 있는 우선적인 장점이다.

둘째로 전화가 가지고 있는 편의성은 익명성이다. 현대인이 추구하는 쾌적한 삶의 가치는 불필요한 관계를 가급적이면 차단하고 필요불가결한 관계만을 최소한으로 살려 놓고 싶어 한다. 이러한 쾌적추구의 현대생활은 친숙한 관계가 아니면 무게 있는 대화를 시도할 필요성조차도 느낄 수 없게 한다. 이 선별적인 인간관계는 자기개방보다 자기방어를 앞세우게 되고 부담감이 없는 한도 내에서만 피상적인 인간관계를 맺게 한다. 전화는 이러한 자기방어와 선별적인 인간관계의 두터운 문을 부담 없이 뚫을 수 있는 익명성의 무기를 제공해 준다. 곧 자신의 얼굴과 이름을 내보이지 않고도 간단하게 자신의 필요나 감정을 나타낼 수 있기 때문에 현대인이 좋아하는 익명의 울타리를 뚫기에 가장 적합한 수단이다.

셋째로 전화가 가지고 있는 편의성은 보편성이다. 특히 상담이라는 스펙트럼에서 보면 더욱 그러하다. 인간의 정신적인 내면구조를 본격적으로 파헤친 프로이트(Sigmund Freud) 이래 상담적 치료를 보편화하려는 시도는 여러 방면에서 시도되었다. 1950년대와 1960년대에 걸쳐서 활발하게 전개된 그룹치료(group therapy)와 예방치료(preventive therapy)는 인간의 성장을 도모해서 누구나 정신적 치료술의 혜택을 골고루 받게 하려는 시도를 내포하고 있었다.

그러나 아직도 여러 가지 보편화의 시도에도 불구하고 상담은 서구 사람들에게조차 중산층 이상의 특수집단에 대한 치료라는 점을 면치 못하고 있다. 그러나 전화는 지식의 유무나 신분의 고하를 막론하고 쉽게 활용할 수 있는 문명의 이기이기 때문에 전화를 통한 상담은 보편화 내지 대중화를 가속시켰다.

이상과 같은 전화의 편의성 때문에 생명의전화는 요원의 불길처럼 번져 갈 수 있었다. 시드니의 한 감리교회의 선교위원회가 시작한 전화를 통한 생명의 구속은 생명이 당면하고 있는 공통적인 문제 때문에 이 땅에서도 그 뿌리를 쉽게 내리고 발전해 가고 있는 것이다.

특히 우리나라의 경우는 1960년대 초기의 조국근대화의 망치소리가 들리기 시작하면서부터 사회변화의 가속화가 이루어 졌다. 전통적인 가치관과 새 시대의 모럴이 뒤범벅되고, 소화할 수 없는 새로운 문물이 생활필수품이 되고, 황금의 축적과 부의 확장이 삶의 표준처럼 행세하는 와중에서 갈피를 잡기 힘든 벅찬 전환기를 살아왔다. 이 전환기가 가져다 준 정신적인 특색은 한 마디로 '대결의 마찰(encounter in conflict)'이었다. 즉, 간접적이고 여유 있는 삶의 흐름이 아니라 빠르고 직접적인 속전속결의 삶의 구조 속으로 우리를 몰아넣었다. 전통적인 대가족제도 속에서 자라난 세대들이 하루아침에 중재자 없이 대결하는 남편과 아내, 곧 아파트 핵가족으로 변모했다. 국가와 가정이라는 극대와 극소의 틈바구니에서 살던 전통적인 의식구조가 중간공동체에서 생겨나는 문제와 대결하지 않을 수 없게 되었다.

문제는 대결의 현실이 아니라 대결문화(encounter culture)를 요리할 수 있는 사전의 훈련이 없었다는 사실이다. 훈련 없이 대결현장에 나타날 때에 쉽게 나타나는 현상은 부서지고 깨지는 절망과 위기의 아픔이다. 이 절망과 위기의 아픔이 적절한 돌파구를 찾지 못하고 누적되면 외형적으로는 파괴적인 행동으로 나타나고 내면적으로는 자살 충동으로 이어지는 것이다.

이러한 대결의 충격 속에서 오는 아픔과 슬픔을 전화를 통해서 손쉽게 이야기할 수 있다는 것은 주변 사정에 예민한 반응을 보이며 내향적인 수줍음으로 다져진 한국인의 의식구조에 적절한 돌파구가 되었다고 하겠다. 내향적인 자기 보호막 때문에 상담에 의한 치료가 서구문화권보다 여러모로 불리한 문화적인 여건 속에서, 생명의전화가 적극적으로 받아들여지고 있다는 사실은 어느 누구의 기발한 아이디어나 착상이기 전에 한국인이 기다리고 바라던 대화의 통로로 받아들여졌기 때문에 그 뿌리를 쉽게 내릴 수 있었던 것이 아닌가 생각된다.

이러한 측면에서 볼 때 생명의전화는 한국인의 정신적 복지를 증진시키는 데 필요한 표현방법을 적극적으로 담고 있기 때문에 잉태된 아기가 태어나듯 사회변화에 따른 인간적 요청에 의해서 탄생된 것이라 하겠다.

4. 생명의전화의 사회적 역할

생명의전화가 한국 사회에서 수행해야 할 역할은 크게 보아 두 가지로 분류할 수 있겠다. 하나는 시민생활의 위기 개입이고 또 다른 하나는 자원봉사자(volunteer)의 사회적 공헌이다. 전자는 생명의전화의 봉사 영역이고 후자는 생명의전화의 내면적 승화의 과정이다. 다른 표현으로 바꾸어 말한다면 전자는 기능의 문제요, 후자는 에너지 공급의 원리라 하겠다.

1) 시민생활의 위기개입

현대인은 알게 모르게 위기 속을 걸으며 살도록 강요당하고 있다. 이 위기란 개인적 실수를 통해서 만드는 경우도 있고 거대한 사회조직과의 마찰이나 적응부진에서 생겨나는 수도 있다. 개인적인 실수를 통해서 당하게 되는 위기는 책임감과 자책의 자각을 느끼게 하나 외적인 환경에 의해 발생되는 위기에 대해서는 억울하다는 피해의식으로 마음을 돌리게 한다.

우리말에 있어서 위기(危機)란 위험한 기회라는 뜻이다. 그리스어의 위기(Krinein)란 결정한다는 뜻이다. 그러므로 이 말은 전환점, 클라이맥스, 판단 등의 뜻을 내포하고 있다. 이러한 관점에서 위기는 지식의 원리라기보다는 행동의 원리를 더 많이 간직하고 있다.

위기는 크게 두 가지로 분류할 수 있다. 첫째는 발전적 위기(developmental crisis)이고, 둘째는 우발적 위기(situational crisis)이다. 발전적 위기란 삶의 고비에서 맞게 되는 변화에서 생겨나는 위기이다. 출생, 사춘기, 결혼, 죽음과 같은 과도

기적 변화는 발전적 위기의 대표적인 것들이다.

인간의 출생은 단순한 생리적인 경험을 넘어서 한 생명체가 겪어야 하는 사회적 경험이다. 출생에 따라오는 이름, 성격, 기호 등은 곧 개인의 정체성(identity)을 결정해 준다. 유년기와 성년기의 징검다리인 사춘기는 삶의 격동기다. 정서적으로 불안하고 이성에 대한 흥미와 성적 충동이 눈을 뜨고 남성과 여성으로서의 성 정체성(sexuality)이 확인되는 시기이다. 이 시기는 철이 들 수도 있고 삐뚤어질 수도 있는 위기이다.

결혼은 책임과 축복이 교차된 위기이다. 두 개체가 조화와 갈등을 교차적으로 경험하게 되는 인간경험의 장점과 연결된 위기이다. 죽음은 인간이 경험할 수 있는 최대의 발전적 위기이다. 이 위기는 돌아오지 않는 강으로의 여행이기 때문에 화살의 종점과도 같은 마지막 위기로서 삶의 결론을 내리는 드라마의 대단원의 종막이다.

이러한 위기들은 자연발생적이며 우주적인 경험이다. 성숙을 향하여 상황을 헤쳐 가는 모든 인간이 만나야 할 필수적인 장애물들이다. 이 발전적 위기는 전 생애를 걸쳐 주기적으로 나타나는 현상이기 때문에 어느 면에서는 사회화에의 단계라고 할 수 있다. 이러한 위기들을 인류학에서는 통과의례(rites of passage)라고 부른다. 곧 사회적으로 공인된 발전과 성숙의 사이클을 넘어갈 때 생겨나는 인생행로의 문지방들이다.

다원화와 세속화의 길을 치닫고 있는 오늘의 문화적 물결 속에서 이러한 위기는 예상되는 사회화(anticipatory socialization)에의 발돋움이다. 완고한 습관이나 전통이 새로운 변화와 엇갈릴 때 이러한 위기들은 인간에게 정신적 트라우마를 줄 수 있다. 그러나 이러한 위기들은 개인적인 차원에서보다는 문화적이고 교육적인 측면에서 다루어져야 하기 때문에 엄격히 말해서 생명의전화가 직접적으로 다루어야 할 긴급한 과제는 아니다. 생명의전화가 전력을 다해 이루어야 할 위기는 다음에 논하려는 우발적 위기이다.

우발적 위기는 파괴적인 힘을 가지고 삶의 과정에서 수시로 발생한다. 이러한 위기는 막연하게 예상은 되지만 구체적으로 추리할 수 없는 긴박한 불상사로서 다가온다. 이런 위기들은 실직이나 이혼, 위험이나 질병, 전쟁이나 재난, 은퇴나 자살 같은 적응하기 어려운 상황에서 생겨난다. 이러한 위기들은 평소의 생활방법이나 기능으로서는 해결할 수 없다. 곧 일상적인 해결기능(coping mechanism)이 잘 먹혀들지 않는다.

우발적 위기는 신체적 신상을 야기하고 죄책감을 불러일으킨다. 무력감과 행동목표의 상실도 동반된다. 이러한 위기들은 즉각적인 보살핌으로 대처해야 한다. 이러한 위기를 대처하는 기본적인 방법은 문제를 더 이상 악화시키지 않고 일단 현 수준에서 유지(sustain)시켜 주는 일이다. 만일 적절한 보살핌으로 적절한 시간 안에 도움을 받지 못하면 분노와 억울한 감정이 내면적으로 쌓여서 지연된 반응(delay of reaction)으로 나타난다. 이 현상은 계절을 잃어버린 철새와 같아서 목표를 상실하고 방황하다가 고층 건물에 부딪쳐 곤두박질치고 비극적인 종말을 고할 위험성이 높다. "도움은 전화처럼 가까운 곳에"라는 생명의전화의 표어는 바로 이 즉각적인 도움의 편의싱으로 우발적 위기에 대저하는 신속성을 잘 나타내고 있다.

사회적 변화의 가속화와 더불어 개인이 책임질 수 없는 여러 가지 유형의 사고와 재난, 사회적 적응의 실패와 인간관계의 패배로부터 오는 우발적 위기의 발생은 기하급수적으로 늘어가고 있다. 여기에다 성취불만과 삶에 대한 의미상실에서 오는 우발적 위기는 도처에서 인간의 정서와 내면적 평화를 깨뜨리고 있다. 이러한 현실 속에서 언제 어디서나 쉽게 전화 한 통화로 자신의 고민을 털어놓을 수 있는 위기상담소가 존재한다는 것은 위기로부터 오는 파괴적인 충격을 완화시키면서 적극적인 삶을 유도하는 위기개입의 일차방어선이 되는 것이다. 이러한 점에서 생명의전화의 위기 개입은 시민생활의 위기의 위험수위에 일차적으로 개입하는 예방적 의의를 지닌다 하겠다.

2) 자원봉사자의 사회적 공헌유도

인간 역사의 발전은 인간의 잠재성을 사회적 활력소로 전환함으로써 그 속도가 빨라진다. 인간잠재성의 활력화 가운데서 가장 뚜렷한 제도적 발전은 노동이라 하겠다. 그러나 이 노동은 지나치게 상품화되어서 노동의 과정에서 풍겨야 할 휴머니즘적 인격성이 경제적인 기브 앤 테이크(give and take)로 전락하고 말았다. 부의 축적이나 경제적 확산이 이상적인 목표가 되어 있는 사회일수록 이러한 추세는 더욱 강하기 마련이다.

그러므로 노동이 지니고 있는 비타산적인 휴머니즘을 사회의 활력소로 활용하는 일은 사회발전을 도모하고 경제적 이기심을 극복하는 데 중요한 역할을 한다. 자원봉사정신은 바로 이 휴머니즘에 입각한 자발적 봉사정신에 기초를 두고 있다. 가난으로부터의 해방과 경제적 선진국을 추구하는 오늘날의 우리 사회에 있어서 이 자발적인 봉사정신의 계발과 확대는 복지사회 건설에 없어서는 안 될 기본적 요소이다.

자원봉사정신이 지니고 있는 이 휴머니즘적인 봉사정신은 자원봉사자 자신들의 정서순화와 인격 성장에도 지대한 공헌을 한다. 심리학자들의 견해에 따르면 20대는 적응의 시기이고 30대는 성취의 시기라고 한다. 학업의 종료와 사회진출의 시기인 20대는 삶의 워밍업 단계이다. 30대는 출산을 끝내고 사회적 신분을 향상시키는 성취의 시기로서 이상과 현실을 양손에 들고 저울질하면서 삶의 여울을 헤엄쳐 간다. 성취의 시기에 뒤따라오는 40대는 삶의 전환의 시기이다. 이때가 되면 자신의 전문적인 직업이나 삶의 가치를 반성해 보고 내면적 가치를 재정립하려고 몸부림치게 된다. 자녀들도 성숙해 가면서 부모의 슬하보다는 사회적 성숙과 동료의식으로 시야를 넓히면서 가정을 떠나 있는 시간이 점차 길어진다.

바로 이 40대의 전환시기에 정착된 사회적 위치와 경제적 안정성을 가정을 유지시키는 데만 쓰지 않고 사회적 활력소로 전환시키면 삶의 운치와 율동을 한 차원 높이고 새로운 삶의 비전을 보게 된다. 이런 점에서 자원봉사정신은 남을 위해 봉사하기 이전에 이웃을 위한 봉사에 참여함으로써 자신을 치유하는 혜택을 받게 된다. 여기에다 자원봉사를 통한 중간공동체에의 참여와 훈련으로 자기성장을 도모하게 됨으로써 시민생활의 위기개입에 참여하는 예방사가 된다. 생명의전화를 위해 자원한 봉사자들 중에서 40대의 주부가 상당한 부분을 차지하고 있다는 사실은 의미를 부여할 만한 사실이다. 가정이란 반복적인 생활규범으로부터 사회적인 봉사활동과 인연을 맺음으로써 자기승화의 단계를 적극적으로 개발하게 되는 것이다. 물론 이 비이기적(非利己的)인 자기승화는 여성에게만 제한된 것은 아니다. 보상 없는 봉사의 의미를 터득한 모든 사람들의 축복이다. 사회적 성숙으로부터 소외당하기 쉬운 한국의 사회구조와 가정생활의 패턴에서 볼 때 이 점은 여성에게 더욱 큰 의의를 지니게 한다. 생명의전화가 계속적으로 추진하고 있는 자원봉사자의 훈련과 활용은 이런 점에서 시민의식을 정화하고 사회적 활력소로 전환함으로써 개인적, 사회적 위기를 예방하고 순화하는 일익을 담당하고 있다고 자부해도 좋을 것이다.

5. 생명의전화의 철학적 신념

철학자 폴 틸리히(Paul Tillich)에 의하면 보살핌(care)이란 인간의 궁극적 관심을 탐색하는 과정에서 나누어 갖게 되는 실존적 참여이다. 그러므로 보살핌은 여유 있는 자의 유희도 아니고 약자에 대한 강자의 동정도 아니다. 보살핌은 삶을 추구하는 모든 사람이 주고받아야 할 정신적인 양식이며 수단과 기술 이전의 태도와 가치를 전제로 한다. 보살핌은 우선 인간적 공통성에 그 뿌리를 두고 있다. 이 세상에 존재하는 어느 누구도 자신을 완벽하게 보살필 수 있도록 완전할 수는 없다. 누구든지 자신의 삶 속에서 이웃이 필요하고 나 이외의 다른 존재와 만나지 않을 수가 없다. 누구나 결함이 있고 아픔과 고독이 있다.

그러므로 이웃을 이용하려고 대상화라는 장난질을 하면 그 이웃도 이를 되받아 배타적인 장난질로 응답한다. 이웃 속에 있는 아픔이 내 속에도 있고 이웃의 행복이 나의 축제가 될 수 있다는 인간적 공통성 속에 보살핌의 힘이 터져 나온다. 이러한 공통적 관심 속에서 나의 약점은 강점으로 승화되고 나의 강점은 이웃을 향한 관심으로 승화된다. 아울러 보살핌은 상호의존적이다. 어느 누구도 일방적으로 이웃을 보살필 수는 없다. 보살펴 주고 보살핌을 받는 상호 의존성 속에서 보살핌의 역할은 작용한다. 오늘 보살펴 주는 이가 내일은 보살핌을 받을 수 있다는 역전(逆轉)의 운명 때문에 보살피는 이는 거만할 수가 없고 보살핌을 받는 이는 비루해질 필요가 없다. 보살피는 이는 보살핌으로써 건강해지고 보살핌을 받는 이는 보살핌을 받으므로써 건강해질 수 있다. 이 상호교류의 관계를 통해 사랑의 전달과 성장의 씨앗이 뿌려진다.

철학적으로 표현한다면 이 우주적 공통성과 상호의존성은 유한한 인간성을 대변하고 있다. 인간은 자기 병을 자기가 치료하거나 자기 샘물을 자기가 파서 마실 수 있도록 완전하지 않다. 이런 점에서 소외란 이웃을 보살피지도 않고 보살핌을 받지도 못하는 단절된 상대를 뜻한다. 이런 이는 이웃으로부터 단절된 절망의 상황 속에 쉽게 빠진다. 이것을 다른 말로 표현한다면 수용(acceptance)의 부재이다. 수용은 나와 네가 동의하지 않더라도 한 자리에 앉아 보는 행위이다. 수용은 보기 싫은 얼굴도 똑바로 쳐다보는 용기이다. 쳐다보는 용기는 침묵을 깨고 대화의 입을 열게 한다. 대화의 막을 열면 상대방을 받아들이는 포용력이 작동한다. 이 수용의 원리를 철학적 술어로 대치한다면 화해가 될 것이다.

보살핌의 철학적 동기는 바로 화해의 감격을 이웃을 향한 관심으로 전환시킨 것이다. 다시 말해, 이웃에 의해 보살핌을 받은 것으로부터 오는 축복과 감격을 이웃에게 다시 전달하는 행위인 것이다. 이 화해는 심리적 해방이나 일시적인 위안이 아니라 존재론적 변화이기 때문에 보살핌을 나누는 과정에서 삶의 확신으로 전달돼야 한다. 이것은 설득이 아니라 증언이 돼야 하며 위안이 아니라 삶의 질이 돼야 한다.

그러므로 생명의전화로 전화를 걸어오는 이들을 향해서 상담자가 대답할 수 있는 궁극적 보루는 보살핌의 동기를 담지한 이웃사랑이 삶을 지탱해 주는 근거라고 증언할 수 있어야 한다. 곧 내 삶의 근거와 상담의 차원은 인간을 초월하는 우주적 개런티를 받고 있음을 보여 줄 수 있어야 한다. 그러나 이 확신은 사랑을 일방적으로 강요하는 정신적인 테러가 되어서는 안 된다. 너와 내가 서로 보살핌 속에 참여하고 있음을 공감케 하는 이해의 실마리가 돼야 할 것이다. 아울러 상담자인 나 자신도 당신의 보살핌 속에 의존하는 날이 올 때 그 사랑의 손길에 연결시키는 보살핌을 나누어 달라는 겸손한 자세를 지녀야 할 것이다. 이것이 보살핌의 의미이며, 이러한 이유로 생명의전화는 종교적 진리를 부담 없이 이웃과 나누는 일을 사명으로 삼는다.

6. 맺는말

생명의전화의 철학적 핵심은 '생명사랑'으로 표현할 수 있다. 생명사랑은 인간과 인간 사이의 사랑, 인간과 생물권과의 사랑, 인간과 신과의 사랑까지도 아우르는 말이다. 생명의전화는 알렌 워커라는 한 목사에 의해서 시작되었지만, 그는 기독교라는 울타리가 사랑에 방해가 된다면 언제든지 걷어 낼 수 있는 아량을 가지고 생명의전화를 시작했다. 그는 생명의전화가 인류사회에 보편적인 유산으로 남기를 원했다. 이념과 국경과 문화적 차이를 뛰어넘어 전화로 세계의 언어가 소통되듯이 '생명사랑'의 기운이 걸림돌 없이 인류를 이어 주는 생명의 띠가 되는 것이 그의 소망이었다. 생명의전화는 누구나 편안하게 참여할 수 있고 돌보고 돌봄을 받는 공감공동체(empathic community)를 만들어 가는 것을 지상 목표로 삼는다.

인간중심적 상담학자인 칼 로저스(Carl R. Rogers)는 상담의 기쁨을 다음과 같이 표현했다.

> 사람은 누군가가 자신의 말을 성심껏 들어 준다는 사실을 알게 되면 금방 눈시울이 촉촉해진다. 다름 아닌 기쁨의 눈물이다. 그는 속마음으로 생각한다.
>
> "신이여 감사합니다. 내 말을 들어 주는 사람이 있답니다.
>
> 이 사람은 마치 내 입장에 서 본 사람과도 같습니다."

다른 사람의 입장에 설 수만 있다면, 생명의전화는 종교, 문화, 인종의 경계선 없이 '생명사랑'의 탑을 쌓아 가는 열린 공동체이다.

토의 및 실습

1. 일반상담과 구별되는 전화상담만이 갖고 있는 특성은 무엇인지 생각해 보자.

2. 우리나라 최초의 전화상담 기관으로서 향후 생명의전화의 새로운 역할 및 비전은 무엇인지 생각해 보자.

02 전화상담의 의미와 동향

이 장에서는 전화상담의 의미를 살펴보고 전화상담의 주요영역, 전화상담에 대한 일반적인 오해 그리고 기존의 정신의학치료와 사회행동 위기상담인 전화상담의 차이에 대해 논의하고자 한다. 또한 민간과 공공 영역에서 주요 전화상담기관의 동향과 호주, 일본, 미국의 전화상담기관의 동향을 소개하고자 한다.

1. 전화상담의 의미

1861년 프랑크푸르트대학교의 라이스(Phillip Reis) 교수는 역사상 최초로 전기자극에 의해 울리는 진동판(diaphragm)을 이용하여 특정한 소리를 전달하는 데 성공했다. 그는 소시지 껍데기, 코르크로 만든 맥주병 마개, 뜨개바늘, 바이올린, 철사 및 산성 전지를 활용하여 이 일을 해냈다. 이 몇 가지 물건들을 연결시켜 그는 바이올린 줄로 하여금 소시지 껍질을 진동시키는 데 성공했던 것이다.

이로부터 15년이 지난 1876년 3월 10일 벨(Alexander Graham Bell)은 보스턴에서 최초로 인간의 목소리를 전깃줄에 실어 보내는 데 성공했다. 벨이 전깃줄에 실어 보낸 최초의 메시지는 옆방에 있는 조수에게 "왓슨 군, 이리 와서 날 좀 도와주게나."였다. 이 최초의 메시지가 전달된 지 백여 년이 지난 오늘, 전화는 현대 세계를 유지시켜 주고 인간과 인간을 이어 주는 신경조직이 되었다.

지난 50년 동안 자원봉사자나 전문가들로 이루어진 전화상담기관은 폭발적으로 늘어났다. 1953년 웨스트 목사와 바라 목사에 의해서 시작된 전화상담소는 폭발적인 반응을 일으켰다. 1963년 시드니의 워커 목사에 의해서 시작된 '생명의전화(Life Line)'와 유럽을 거점으로 시작된 마르틴(Raynald Martin)의 목사의 '이포테스(IFOTES: International Federation of Telephone Emergency Services)'는 모두 국제적인 조직을 갖추게 되었다. 그 뒤를 이어 세계의 각 도시나 지역에는 녹음된 테이프를 듣고 일기예보를 듣는 일로부터 신중한 의료적 상담을 하는 데까지 다양하게 전화를 통한 상담이 이루어지게 되었다.

전화(telephone)란 말의 접두사인 '텔레(tele)'는 그리스어의 텔로스(telos)란 말에서부터 왔다. 텔로스는 목적 또는 목표라는 뜻이다. 생명의전화 세계협의회(Life Line International)의 총무를 역임한 라슨(Robert E. Larson)은 이 텔레란 말이 세 가지 차원의 의미를 내포하고 있다고 하였다(Gordon C. Hambly, 1984). 첫 번째 차원은 거리(distance)이다. 이 거리는 심리적 거리가 아니라 물리적 거리이다. 전화는 지리적 경계선이나 공간적 배치에 의해 격리된 인간과 인간 사이를 단숨에 연결시켜 준다. 물리적 거리는 전화매체를 통해서 보면 그 자체가 불이익이 될 수는 없다. 두 번째 차원은 깊이(depth)이다. 전화를 통한 대화는 얼굴과 얼굴의 만남이 아니기 때문에 깊이 있는 위임이나 전념이 결핍될 수 있다. 음성의 교류를 통한 전화대화에 있어서 깊이의 문제는 대화 자체의 신뢰성을 좌우하는 중요한 문제이다. 세 번째 차원은 방향(direction)이다. 이는 목적이나 목표를 지시한다. 흔히 상담을 일컬어 지시적(directive)이 아니면 비지시적(non-directive)이라고 하는데 이는 상담의 방법과 관계된 개념들이다. 상담은 방법 이상으로 목적이나 목표가 분명해야 한다.

이상의 거리, 깊이, 방향의 차원을 결합시켜 전화상담의 정의를 내린다면 전화상담은 '전화매체를 활용하여 신속하고도 신뢰에 찬 관계를 통하여 인간 위기에 개입하는 상담의 한 형태'라고 말할 수 있다.

2. 전화상담의 활용 영역

전화라는 문명의 이기가 다양한 용도를 가지고 있듯이 전화상담의 영역도 다채롭고 다양하다. 전화상담의 태동기인 1950년대에는 주로 자살예방에 우선적인 관심을 기울였다. 전화상담의 특성상 이 분야는 계속적으로 우선적인 관심을 차지할 것이다. 그러나 위기란 스트레스의 작은 조각들이 모여 거대한 세력을 이루기 때문에 전화상담은 인간의 생활 속에서 일어나는 모든 문제를 상담의 영역으로 삼게 되었다. 다만 여타의 상담과는 방법상의 차이가 있을 뿐이다. 전화상담상 자주 나타나며 관심의 대상이 되는 영역을 간추려 보면 대략 다음의 여섯 가지로 정리해 볼 수 있다.

첫째는 자살예방이다. 자살예방은 전화상담을 대표하는 상징이기도 하다. 언제 어디서나 자살에의 충격을 경험하는 사람들이 가장 쉽게 상담에 접근할 수 있는 방법이 전화이기 때문에 자살예방은 전화상담의 주 임무라 해도 과언이 아니다. 서구의 통계를 보면 전체 통화의 30% 이상이 자살 문제로 인한 것이며 그중에서도 여성의 비율이 남성보다 조금 높다. 연령별로 보면 20대와 30대가 자살률의 대부분을 차지한다.

둘째는 위기개입이다. 자살충동 다음으로 도움을 요청하는 전화는 각종 위기에 개입해 달라는 호소이다. 도움을 요청하는 위기들은 갑작스러운 것도 있고 만성적인 것도 있으나 전자보다는 후자가 약간 높다. 이것은 위기의 내용이 처음 경험해 보는 것이라기보다는 특정한 순간에 특정한 방법으로 해결할 수 없다는 내용이라는 점을 의미한다. 위기개입에 있어서는 남녀의 차이가 별로 없이 대등한 비율을 나타내고 있다.

셋째는 청소년상담이다. 전화상담이 시작되고 수년 이내에 청소년 계층을 위한 상담은 주요한 관심의 대상이 되었다. 청소년은 성과 마약에 오염되어 다세대적(multi-generational) 문제의 늪에 빠지게 되었다. 전화상담에서는 아예 청소년을 위한 상담프로그램을 핫라인(hotline)이라고 부르기도 한다.

넷째는 노인상담이다. 노인을 위한 전화상담은 신체적 질병이나 위급한 경우에 대비하기 위한 것이다. 전화를 걸었을 때 응답이 없으면 방문 팀이 찾아가 생사 여부까지 확인한다. 노인상담의 주목적은 질병이나 재난으로부터 노인들을 보호하는 데 있다.

다섯째는 일반적인 인생상담이다. 이 인생 상담은 생활 속에서 야기되는 곤란한 문제들에 대해서 "무엇이든 물어 보세요."라는 형식의 생활 상담이다. 이것은 자신의 문제를 표현함으로써 긴장감을 해소시켜 주는 데 그 목적이 있다.

여섯 번째는 종교상담이다. 이것은 기도를 원하는 신자들에게 녹음된 기도를 들려 주고 설교나 음악을 듣게 하여 신앙적 격려와 정서적 안정감을 고양시켜 주는 전화상담이다. 그 밖에도 종교적 진리나 교리에 대한 궁금증도 문의할 수 있는 다양한 프로그램이 있다.

전화상담의 영역과 서비스 분야는 이 밖에도 여러 가지가 있다. 이 모든 전화상담의 영역은 궁극적으로 작은 위기들을 막기 위하여 다양한 서비스를 제공함으로써 심각한 위기들을 억제하여 인간의 생활을 지속시켜 가자는 데 근본적인 목적이 있다.

3. 전화상담에서의 위기 이해

전화상담의 기법은 여타의 치료체계들이 연관된 기법을 활용하는 것과 마찬가지로 기본적으로 위기개입의 기법들을 전화라는 특수상황에도 응용하는 것이다. 왜냐하면 전화상담은 작고 큰 인간의 위기에 개입하는 것이라고 규정하기 때문이다. 그러나 전화상담은 대부분 자원봉사자들에 의해서 수행되는 데다가 기법보다는 인간성을 중요시한다는 핑계로 자칫 잘못하면 평범한 대화로 이어질 가능성이 있다. 흔히 전화상담의 독특한 기법이라고 여겨지는 두 가지 오해를 살펴보면 전화상담의 정당한 기법을 추론해 낼 수 있다.

첫 번째 오해는 전화상담은 잘 들어 주는 것이라는 신화이다. 들어 주는 일은 모든 상담의 기초이다. 그러나 들어 주기만 하면 어떤 일이 생길 것이라는 기대는 적극적 사고방식의 착오이다. 내담자는 자신의 표현 속에 어떤 의도를 자주 암시한다. 예를 들면 "내 사촌에게는 제가 자살하려 한다는 말을 절대로 하지 마세요. 그는 ○○에 살기 때문에 안다 해도 아무 소용이 없습니다."라고 했을 때 이 표현은 들어 주는 일로 끝내서는 안 된다는 암시를 내포하고 있는 메시지이다.

두 번째 오해는 대답을 즉각적으로 해야 된다는 것이다. 위기에 몰린 내담자가 가부간 어떻게 했으면 좋겠느냐는 즉각적인 해답을 요청해 오면 상담자는 쉽게 이 압력에 굴복하여 본의 아니게 기계적인 대답을 하려는 충동을 받는다. 내담자의 문제의 핵심에 초점을 맞추어 스스로 해답을 찾도록 돕는 과정은 산타클로스가 되려는 유혹을 이길 수 있는 길을 감지하게 해 준다. 그러므로 적극적 사고방식과 산타클로스 콤플렉스를 극복하는 효과적인 상담의 기법은 위기개입이론을 전화상담의 구조 속에 적용하는 것이다.

얼굴과 얼굴을 맞대고 진행되는 정신치료의 체계를 치료(therapy)라고 한다면, 목소리로 이어지는 전화상담은 접촉(contact)이라고 이름 붙일 수 있다. 이 접촉이란 말은 전화상담의 핵심을 드러내는 개념이다. 문제에 휩싸인 대부분의 사람들은 도움을 요청하기 위하여 특정한 전문가나 기관을 자발적으로 찾아갈 만한 심리적 에너지를 보유하고 있지 않다. 특정한 전문가나 기관을 찾아간다 하더라도 수동적인 위치에서 여러 가지 질문에 대해 자신을 노출해야 하기 때문에 심리적 중압감을 느끼게 된다.

그러나 전화상담은 간단하게 버튼을 눌러 접촉하기 때문에 내담자의 자발성에 의해 상담이 시작된다. 상담이 진행되는 과정에라도 내담자가 상담자에 대한 불편을 느끼면 언제라도 자유롭게 상담을 중단할 수 있다. 내담자의 자발성과 자유로운 선택, 이것이 바로 접촉의 시작이며 상담의 전개 과정이다. 이것이 익명성과 합류되어 전화상담의 특성을 드러낸다(Williams & Douds, 2002). 전화상담의 위기개입기법은 이 점을 고려하면서 기능화되어야 한다.

위기란 평소의 행동이나 방법으로 문제를 해결할 수 없는 상황이다. 그런데 이 위기는 이전에 경험해 보지 못한 기상천외한 상황이라기보다는 이전의 상황에 다른 요인들이 첨가되어 더욱 복잡하게 되거나 그 구조가 변형된 상태를 말한다. 그렇다고 위기란 상황 자체를 말하는 것이 아니라 상황에 대한 인간의 반응을 말하는 것이다. 그러므로 위기해결이란 상황의 한 측면을 벗겨 내는 것이 아니라 문제의 구조를 전반적으로 재편성(reframing)하는 것이다.

위기는 위기를 맞고 있는 사람 자신과 여러 가지 요인적 관계를 맺고 있다. 첫째는 위기를 당한 개인의 삶의 스타일이나 성격구조와의 관계이다. 둘째는 이전에 직면했던 위기의 성격이나 내용과의 관계이다. 셋째는 위기를 당했을 때 받았던 지원의 내용과의 관계이다. 넷째는 위기에 대처할 수 있는 개인의 능력과의 관계이다. 이와 같은 요인들이 적극적인 이미지로 작용하느냐 아니면 부정적으로 작용하느냐에 의해 위기의 양상은 당사자에게 각자 다르게 작용한다.

전화상담의 위기개입은 이와 같은 개인적인 위기요인들을 특정한 진료소에서 개인 면담을 통해서가 아니라 내담자의 상황에 함께 참여하는 지역정신건강(community mental health)이라는 관점에서 실천하는 것이다. 이 관점을 달리 표현하면 지역응급서비스나 사회행동 위기상담(social behavior crisis counseling)이라고 할 수 있다. 사회행동 위기상담은 기존의 정신의학적 치료와는 다음의 여섯 가지 관점에서 차이가 생긴다.

첫째, 사회행동 위기상담 속에는 정신질환의 개념이 없으며 인간을 건강이나 질병이라는 잣대로 분류하지 않는다. 둘째, 사회행동 위기상담은 인간을 그들이 지니고 있는 대처능력, 장점, 잠재력 및 문제해결 능력이라는 관점에서 본다. 셋째, 사회행동 위기상담은 인간 성격의 병리적 내지는 질병의 측면이 아니라 건강한 측면을 강조한다. 넷째, 사회행동 위기상담은 인간 성격의 역동성인 결정된 소인(determined disposition)이 아니라 개인과 공동체의 사회적 구조인 환경을 활용한다. 다섯째, 사회행동 위기상담은 인간이 적절한 상황 속에서 정보를 제공받으면 이 정보에 대해 올바르게 반응할 수 있고 바람직한 결과를 지향하며 행동하게 된다는 것을 전제한다. 여섯째, 사회행동 위기상담은 인간을 위기로부터 벗어나게 하기 위해 돕는 과정 속에서 상담자는 능동적이고 지시적인 역할을 할 것을 강조한다.

이상의 사회행동 위기상담의 여섯 가지 관점은 위기개입의 과정을 능동적이고 인지적으로 이해하면서 문제 자체에 초점을 맞춘다. 특히 위기를 맞고 있는 사람의 사고과정에 정확한 초점을 맞추고 있다. 이 이론은 인간의 유전적인 소인이나 이전에 경험했던 문제가 아니라 현재의 상황과 맞닥뜨린 문제와 갈등에 모든 에너지를 분출하도록 유도하고 있다.

전화를 통한 위기개입의 단계와 방법을 정리한다면 다음의 다섯 가지 과정으로 요약할 수 있다.

첫째는 위기상황에 대한 진단적 평가이다. 전화상담에 있어서 위기개입은 면접상담과 달리 시간의 제한성 속에서 진행된다. 그러므로 내담자는 수화기를 들고 상담을 시작할 때 위기의 심각성에 따라 "나는 이 문제에 대해 얼마만큼의 시간을 할애해야 하는가."라는 개략적인 시간의 측정을 해 놓아야 한다. 만일 내담자가 자살에 대한 언급을 적극적으로 시사한다면 이는 긴급하게 대처해야 할 상담의 초점이 된다.

자살을 시도하려는 사람은 자살의 의도를 가지고 자살을 암시하는 대화(suicidal communication)를 구사한다. 때로는 엉뚱하게 격한 감정이나 분노 또는 수치심을 털어놓기도 한다. 대부분의 경우 자살충동은 순간적으로 엄습해 오며 몇 시간 정도만 이 충동이 지속된다(Paul W. Pretzel, 1972). 그러므로 내담자의 언어표현, 감정, 의도, 위기의 심도 등을 빨리 파악하여 적절한 시간의 구조 속에서 문제에 대한 진단적 평가를 내려야 한다. 전화상담의 위기개입은 일종의 균열 메우기 위기상담(stopgap crisis counseling)이기 때문에 내담자의 삶 속에 생긴 파손적 틈바구니를 메꾸어 주는 일로 시작해야 한다(Clinebell, 1984).

둘째는 위기를 맞고 있는 내담자와의 관계를 발전시키는 일이다. 이 단계는 정서적인 '조율잡기(turning in)' 단계이다. 조율잡기란 타인의 정서적 상태에서 발신되는 신호를 수신하고 파악하는 것이다(Tubesing & Tubesing, 1973). 이는 곧 경청과 공감의 단계이다. 상담자와 내담자의 인간관계는 연주자와 악기가 어울려 창출해 내는 소리처럼 주어지는 것이 아니라 만들어 내는 것이다. 상담자와 내담자의 관계는 신뢰라는 씨앗이 어떻게 발아하고 성장하느냐에 따라 결정된다.

전화상담에 있어서 경청은 말하는 이와 듣는 이 사이에 걸쳐 있는 상황(context) 속에서 정보, 언어, 감정 및 태도의 총체적 메시지(total message)가 원활하게 투여되고 수용될 때 목소리를 통해 내담자가 의미하는 원래의 의미를 파악하는 것이다. 그러므로 경청은 음악을 감상하듯 목소리의 높낮이와 미세한 감정과 끊어지고 이어지는 호흡의 박자까지 섬세하게 점검하면서 이루어져야 한다.

경청의 과정에 있어서 문제가 분초를 다툴 만치 절박한 경우에는 직접적으로 문제를 언급하고, 다소 여유가 있는 경우에는 정서적인 지원을 공급하는 것이 더욱 유효하다. 그러나 전화상담에 있어서 특별히 유의해야 할 점은 내담자의 자기 통제적 자율성(self-control autonomy)이 존중되어야 한다는 것이다.

다음은 자살예방센터에서 경험한 한 사례이다.

*** 전: 내담자 상: 상담자**

전1 자살예방센터입니까?

상1 예, 그렇습니다. 무엇을 도와드릴까요?

전2 도움은 필요 없습니다. 죽으면 그뿐이니까요.

상2 어떤 방법으로 죽으려고 하십니까?

전3 장총으로요....... (이때 전화자가 다소 불편해하는 듯한 신음소리를 냈다)

상3 장총을 어떻게 사용해서 죽으려고 하십니까?

전4 총구를 목에다 대고 엄지발가락으로 방아쇠를 당기려 합니다.

상4 목에다 총구를 대고 있으니까 다소 불편하겠네요?

전5 신경 쓸 필요 없습니다. 이 자세가 내게는 편합니다.

상5 저하고 이야기하는 동안만 총을 잠깐 옆에다 비켜 놓고 이야기하실 수 있겠습니까?

전6 (저항하면서) 왜요? 꼭 그럴 필요가 있습니까?

상6 특별한 이유는 없습니다. 혹시 이야기하시는 데 다소 편하지 않을까 하는 뜻에서입니다. 원하지 않으신다면 그대로 있어도 좋습니다.

전7 (잠시 생각하는 듯하더니 한숨을 쉰 다음) 좋소. (이때 총을 내려놓는 소리가 들렸다)

이 사례에서는 분초를 다투는 자살충동의 순간이었기 때문에 자살의 동기나 감정적 흐름에 대한 지원을 보내지 않고 직접 전화자의 현재적 상황을 다루었다. 문제의 핵심은 장총에서 손을 떼어 거리감(distance)을 창출해서 자살충동을 감소시키는 것이었다. 그러나 이 일도 상담자의 요청에서가 아니라 전화자의 자발성을 유도하는 측년에서 이루어졌다. 물론 이 전화자는 그 뒤 자신의 감정을 폭발시키고 고독과 우울한 감정을 한동안 털어놓을 수 있었다.

셋째는 내담자로 하여금 대면하고 있는 문제의 성격을 파악하게 하는 것이다. 위기에 직면한 사람들은 혼란에 빠져 있기 때문에 즉각적인 해결책을 꼭 찾아내려는 데 몰두한 나머지 문제의 성격을 파악하지 못한다. 문제의 성격을 핵심적으로 파악하게 도우려면 상담자는 내담자의 문제 발생에 대한 전반적인 배경을 빨리 파악하도록 도와야 한다.

위기개입에 있어서 직면(confrontation)은 내담자 스스로가 모든 방어기제에도 불구하고 자신이 당면하고 있는 문제의 원인과 배경을 왜곡되지 않는 관찰(undistorted observation)을 통해 파악하고 싶어 하는 열정 때문에 반드시 이루어져야 할 과정이다(David K. Switzer, 1974). 이 단계는 일종의 반영의 단계로서 내담자의 행동과 통찰, 그의 현실적인 자아 개념과 이상적인 자아 개념, 스스로가 경험하는 자기 이미지가 상담자가 경험하는 내담자의 이미지 사이에 있는 차이를 발견하게 해 주는 과정이다. 직면을 통해 문제의 성격을 확인하게 되면 다음 단계의 과정을 촉진하게 된다.

넷째는 내담자 속에 남아 있는 잔여능력과 자원을 가동시키도록 돕는 일이다. 위기에 노출된 사람들은 자신을 도울 만한 친구나 유용한 자원이 주변에 없다고 생각한다. 상담자는 바로 위기를 당한 사람들이 잊고 있는 도움의 자원들을 일러주고 또한 찾아내도록 격려하여야 한다.

그렇기 때문에 전화상담에는 전문가들이 참여하여 다양한 도움을 줌으로써 공동체적 지원이 제공될 때 유효한 효과를 얻을 수 있다고 한다(David K. Switzer, 1974). 이 단계까지 오는 동안이면 일단 내담자는 어느 정도 위기의 심도를 감소시켰기 때문에, 소진되지 않고 남아 있는 능력과 자원을 가동시키기 위하여 상담자는 위탁상담, 필요하다면 입원을 권유하는 일, 친구나 가족 중에 도움이 될 만한 사람을 찾아내는 일, 일시적으로 숙박을 제공하는 일 등을 통해서 내담자를 도울 수 있다.

다섯째는 내담자의 행동의 계획을 발전시키는 일이다. 위기는 그 해결을 위해 행동과 결단을 요청한다. 행동과 결단은 내담자의 상황에서 실천이 가능한 것이어야 하며 부담 없이 자신을 투신할 수 있는 전망이 보여야 한다. 앞 단계에서 권유한 입원이나 위탁상담을 이 단계에서는 실천하도록 도와야 한다.

상담자는 어떠한 경우에도 내담자의 단절된 삶의 틈바구니를 메꾸는 데 치밀한 관심을 기울여야 한다. 이 일을 위해서 상담자는 적극적인 역할을 수행하면서 내담자의 인간적 내지는 심리적 자원을 활용하도록 유도하여야 한다. 또한 현재적 상황에다가 초점을 맞추면서 내담자 자신의 생활 영역에 있는 적극적인 요인을 보게 하여 내담자로 하여금 위기와 현실에 대한 새로운 관점을 갖게 하고 문제해결을 위한 잠재력을 증가시켜 주어야 한다.

4. 국내 전화상담

1) 민간영역

(1) 생명의전화 1588-9191

생명의전화는 1976년 대한민국의 서울에서 시작한 우리나라 최초의 민간 전화상담 기관으로 생명의전화 국제협회(Lifeline International) 회원단체인 국제 비영리단체(NGO)이다. 현재 생명의전화는 서울, 부산, 충주, 인천, 대구, 대전, 전주, 부천, 울산, 포항, 경남, 고양, 서서울, 광주, 수원, 안양, 용인의 16개 도시에 17개 센터가 운영되고 있으며, 1588-9191 전국 공통 상담전화번호를 갖고 운영하고 있다. 이들 센터는 한국생명의전화연맹(Federation of Lifeline Korea)으로 묶여 공통의 가치와 신념을 가지고 운영되고 있다. 그리고 전국의 각 생명의전화 센터는 지역사회의 필요에 의해 전화상담 뿐 아니라 중독관리센터(대전), 가정폭력상담소(울산, 포항, 광주), 성폭력상담소(울산), 청소년상담센터(대구, 서서울), 노인의전화(경남), 위기개입상담센터(서울, 부산) 등을 운영하고 있고, 서울, 대구, 대전, 부산은 종합사회복지관을 운영하는 등 다양한 전문 사회복지시설을 운영하고 있다. 특히, 서울생명의전화는 전화상담의 영역을 자살예방 위기개입전화로 특화한 SOS생명의전화, 교정상담, 사이버 자살예방상담, 청소년 SNS 상담채널 라임, 자살자 유족 Tele-care, 자살위기 면접상담 등 전문화된 전화상담 운영과 매체 상담을 진행하고 있다.

SOS생명의전화는 2011년부터 현재까지 생명보험사회공헌재단의 지원으로 한강 교량에서 투신자살 위기에 처한 사람들이 전화를 하면 24시간 365일 상담을 해 주고 있다. 전화를 받는 중에 투신 직전의 고위험자에게는 경찰과 소방이 직접 출동하여 위기개입을 하는 도구이다. 그동안 SOS생명의전화는 우리나라 자살위기개입의 상징으로서 성공적인 민관협력 모델로 자리를 잡게 되었다. 교정상담은 생명의전화와 법무부 심리치료과가 협약을 맺고 전국 53개 교정기관에 자살 고위험 수용자들이 전화를 걸어 오면 상담을 해 주고 있다. 또한 사이버상담은 1998년부터 서울생명의전화에서 시작되었으며 젊은 층들은 전화뿐 아니라 인터넷 문화와 쉽게 접근하고 있는 것을 감안하여 생명의전화 홈페이지에 사이버상담 게시판을 만들어 놓고 메일을 보내 오면 이메일 상담을 해 주고 있다. 이러한 노력이 빛을 발해서 2024년부터는 청소년 상담채널 라임(LIME)이라는 어플을 개발하여 운영하고 있다. 자살위험에 노출된 청소년들은 라임을 통해 Self-Care 프로그램, 심리검사, 채팅상담, 게시판 상담, 화상상담, 8회기까지의 연속상담 등을 통해 도움을 받고 있다. 이렇듯 생명의전화는 위기상담을 전문으로 하면서 우리나라 자살문제해결을 위해 그 영역을 확대하고 있다. 자원봉사 상담자를 양성하는 교육은 매년 1~2회 실시해 오고 있으며, 생명의전화 상담자가 되기 위해서는 철저한 훈련을 받아야 하기에 상담의 기본과정, 전화상담 전문과정, 실습과 슈퍼비전 체계를 거쳐야 한다. 또한 AIR 생애위기상담사 양성교육을 개발하였는데, AIR 자살예방교육은 자살 위기자를 인식하고(Awareness), 개입하며(Intervention), 필요시 의뢰하는(Referral) 자살예방 훈련 과정으로서 그동안 수많은 일반시민 및 현장 전문가, 교정, 소방, 경찰 등 관계공무원 등이 교육훈련을 받았다. 그리고 청소년 생명존중 교육 프로그램을 개발해 Lifeline School을 운영하고 있다. 우리나라에서는 처음으로 초등학교와 중 · 고등학교, 대학교까지 적용되는 프로그램을 갖고 전국의 청소년들에게 생명존중 인식교육과 도움을 찾는 훈련을 시키고 있다. 나아가 함께 고워크, 생명사랑 밤길걷기 등을 통해 범국민적인 자살방지와 생명존중 문화 조성을 위해 힘쓰고 있다. 이러한 생명의전화의 노력은 전화를 통해서 시작되어 다양한 자살예방 활동으로 역할을 확대하고 있다.

(2) 사랑의전화 1566-2525

사랑의전화 상담센터는 사랑의전화복지재단이 지난 1981년 개설한 사회복지 전문상담기관이다. 사랑의전화는 국제 상담협의기구 Befrienders Worldwide와 상담 네트워크를 통해 일상생활 속에 부딪히는 어려운 문제와 24시간 긴박하게 접수되는 고민에 대해 해결중심 상담 서비스를 제공하고 있다. 사랑의전화의 자원봉사자 양성 교육과정인 '카운슬링 발룬티어(counseling volunteer)'는 오랜 전통과 전문성을 지닌 전화상담 자원봉사자 양성 프로그램으로서, 그동안 수많은 자원봉사자를 배출하여 왔다.

(3) 한국여성의전화 02-2263-6464

한국여성의전화는 우리나라 최초의 가정폭력, 성폭력 전문상담기관으로서 지난 1983년, 한국기독교교회협의회가 운영하는 크리스천 아카데미를 수료한 여성운동가들이 남편으로부터 폭력 행위를 당한 여성들을 위해 상담 활동을 하면서 시작되었다. '성평등한 세상, 여성에 대한 모든 형태의 폭력이 없는 세상, 민주주의가 실현되는 세상'을 비전으로 여성폭력추방운동, 평등평화마을만들기, 지역여성 미디어운동, 결혼이주여성운동, 이혼여성운동, 여성의 경제적 권리 확보운동, 교육사업, 국제연대 등의 활동을 하였다. 2009년 '여성의전화'에서 '한국여성의전화'로 개칭하였고, 전국에 25개 지부를 두고 있다.

(4) 한국노인의전화 1644-9998

한국노인의전화는 지난 1994년 3월 3일 창립하여, 1998년 8월부터 가정폭력 관련 상담을 실시하였다. 주요 사업으로는 정보자원제공 및 상담사업, 교육사업, 재가노인복지사업, 수탁운영사업, 자살예방사업, 노인성매개 감염예방 및 홍보사업 등이 있으며, 가장 중요한 활동은 전화상담사업으로 취업, 시설, 건강상담에서부터 법률, 죽음, 이성교제에 이르기까지 다양한 내용의 상담을 진행하고 있다.

2) 공공영역

(1) 국가자살예방 상담전화 109

우리나라는 국가적인 단위의 자살예방전화가 없었다가 2018년 자살예방 상담전화(1393)가 시작되었다. 1393은 보건복지콜센터 129와 함께 운영되는 체계로 자살상담 이외에도 긴급복지, 행복이음 연계, 노인 및 아동 학대, 자살과 정신건강 문제 상담을 병행하였다. 1393 직원들을 위한 교육으로는, 위기대응 전문과정, 집단활동을 통한 심리치료, 스트레스 대처 및 자기관리, 상담역량강화 및 힐링 프로그램, 맞춤형 개별상담 등이 제공되었다. 그리고 신규직원으로 입사하면 상담에 투입되기 전 평균 8주 정도의 오리엔테이션 교육을 받게 되며, 교육내용은 기본적인 상담이론과 자살 상담 관련 등으로 이루어져 있다. 그러나 지난 2023년 2월부터 국민통합위원회 등과 함께 지속적으로 논의하여 힘들 때 바로 생각이 나고 도움을 받을 수 있는 자살예방 긴급번호를 운영하기로 했는데, 그에 따라 정신건강정책 혁신방안의 핵심과제로 추진되면서, 2024년 1월 1일부터 자살예방 상담전화 번호 109번의 운영이 본격적으로 시작되었다. 109는 '한 명의 생명도(1), 자살 제로(0), 구하자(9)'라는 의미를 갖고 있다. 109 운영은 실제로는 모든 전화가 통합되어 운영되는 것이 아니라 기존의 1393을 109로 바꾸어 전화를 거는 사람들의 편의성을 제고하게 된 것이다. 앞으로 109의 운영체계는 민관협력의 실질적인 자살예방상담전화로 더 확장되어야 할 과제를 갖고 있다. 109는 2024년 9월 10일부터 24시간 SNS을 통해 자살예방 상담을 받을 수 있는 '마들랜' 서비스를 시작했다. '마들랜'은 '당신이 힘들 때, 마음을 들어 주는 랜선친구'라는 뜻으로, 텍스트 대화에 익숙한 청년과 청소년층을 고려해 새롭게 개통한 상담창구이다.

(2) 헬프콜 청소년 긴급전화 1388

청소년상담전화 1388은 여성가족부가 주관하여 한국청소년상담복지개발원이 위탁 운영하고 있으며, 맞춤 정보 및 시설 찾기, 온라인신청 및 연중상시 고민상담 등의 맞춤 서비스를 제공하는 청소년 지원 상담채널로서 365일 24시간 상담서비스를 제공한다. 제공기관은 한국청소년상담복지개발원(청소년사이버상담센터) 및 시 · 도/시 · 군 · 구 청소년상담복지센터이며, 서비스 대상은 청소년(9~24세), 청소년 자녀를 둔 부모 및 보호자이다. 상담서비스는 전화(1388)뿐 아니라, 문자, 카카오톡, 사이버상담(인터넷 채팅)으로도 이용할 수 있다. 상담의 주제 또는 범위는 ① 교우관계, 학업성적, 진로고민, ② 가정 · 학교폭력, 폭력 · 성매매 피해 등, ③ 가출, ④ 청소년 자녀를 둔 학부모와 자녀와의 관계 고민, ⑤ 청소년 구조 등 기타 도움이 필요할 때이다. 청소년상담전화를 통해 발견된 위기청소년을 위해 전국 130여 개 청소년쉼터도 24시간 개방 운영하며, 가출 청소년이 거리에서 방황하는 일이 없도록 긴급 생활보호(의식주), 심리 상담, 의료기관 연계 및 가정 · 사회 복귀를 지원한다.

(3) 서울시자살예방센터 마음이음 상담전화 1577-0199

마음이음 상담전화(1577-0199)는 「서울특별시 자살예방 및 생명존중 조성을 위한 조례」 제11조에 근거하여 2016년 서울시자살예방센터에 설치되어, 일반시민, 경찰, 소방 자살의(시)도자, 실무자 및 유관기관 종사자 등을 대상으로 자살예방을 위한 24시간 상담, 자살위기 상시 현장 출동 및 대응 등을 제공하는 서비스이다. 서비스 내용으로는, 24시간 365일 전화상담, 고위험군 상시 모니터링, 24시간 마음이음 위기상담전화 운영 시스템 관리, 자살고위험군에 대한 야간 · 휴일 · 주말 응급출동 등이 있다.

(4) 가족상담전화 1644-6621 및 다누리콜센터 1577-1366

여성가족부와 한국건강가정진흥원은 다양한 가족 문제에 대한 상담을 위해 가족상담전화(1644-6621)와 다누리콜센터(1577-1366)를 365일 24시간 운영하고 있다. 가족상담전화는 임신·출산 갈등상담, 양육비상담, 한부모가족상담, 심리·정서상담 등을 지원한다. 다누리콜센터는 이주여성의 정착단계 및 다문화가족의 생애주기에 따른 맞춤형 종합서비스를 제공하고, 폭력피해 이주여성에 대한 상담, 긴급지원 등의 인권보호를 지원하는 다문화가족 종합정보 전화센터이다. 서비스 내용으로는, 폭력피해 긴급지원 및 사후관리, 종합생활정보 제공, 생활통역 및 제3자 통화 서비스, 가족 및 부부상담, 변호사상담 등을 13개 언어로 제공한다.

(5) 헬프라인 1336 및 넷라인

문화체육관광부 산하 공공기관인 한국도박문제예방치유원에서는 '헬프라인 1336' 및 '도박문제 넷라인(Net-Line)'을 운영하고 있다. 한국도박문제예방치유원은 도박문제 예방 및 치유·재활 사업을 수행하는 공공기관이다. 2013년 개통된 '헬프라인 1336'은 국내 유일의 도박문제 전문 상담전화로 365일 연중무휴 도박문제자 본인 및 가족에게 상담서비스를 제공하고, 도박문제 관련 정보를 제공하여 지역센터 및 민간상담 전문기관과 One-stop 서비스 체제가 가능하도록 연계체계를 유지하고 있다. 도박문제 넷라인이란, 도박문제로 어려움을 겪고 있는 도박자 및 가족들이 도박문제를 치유할 수 있도록 온라인을 통해 채팅상담, 게시판 상담 서비스를 제공하고, 스스로 치유할 수 있는 자가 점검 및 치유 정보 등을 통하여 도박문제로부터 어려움을 해결할 수 있도록 지원하는 서비스이다. 도박문제 넷라인에서 제공하는 상담서비스는 전화상담 간편 예약, 문자 상담, 채팅상담(이상 09:00~22:00 운영), 게시판상담 등이다.

5. 국외 전화상담

1) 호주의 자살상담전화 Lifeline

Lifeline운동은 1963년 3월 호주 시드니에서 목사인 알렌 워커 박사의 전화상담을 통한 생명의 구급선 운동으로 시작되었다. 시드니에서 시작된 Lifeline 운동은 주로 태평양 연안 국가에 퍼지게 되었으며, 호주를 비롯한 남아프리카공화국, 뉴질랜드(Lifeline), 미국(Contact), 캐나다(Telecare), 대만(생명선), 일본(이노치노뎅와) 그리고 한국(생명의전화) 등의 여러 도시에서 나라마다 각기 다른 명칭을 지닌 센터들이 설립되었다. 기관의 비전은 'free of suicide'로 비영리단체로서 정치 또는 이익과 무관한 개인적, 사회적 결과를 추구하는 것을 목적으로 한다.

Lifeline은 국가 지원을 받는 비영리단체로 중앙사무소(national office)와 다양한 기관들의 네트워크로 구성되며 탈중앙화 방식으로 운영된다. 중앙사무소는 Lifeline Australia의 중추적인 역할을 한다. 전국에 23개의 멤버 기관과 40개의 Lifeline 멤버 센터가 있으며 범 호주 접근방식으로 자살예방서비스를 제공하면서 지역 대응력을 높이고 있다. 40개 센터의 분산된 네트워크는 국가 서비스를 전국적으로 제공하며 표준화된 서비스를 전달한다.

Lifeline은 이사회(Lifeline Australia Board), 멤버 위원회(Member Council), 멤버기관, 비제휴 멤버(Non-Affiliate Members), Lifeline 센터(매니저, 스탭, 자원봉사자)로 구성된다. 이사회는 중앙사무소의 우선순위와 예산을 감독하며, Lifeline 센터는 다양한 정책과 절차, 자원, 서비스 및 인프라(정보 시스템 및 통신기술)와 같은 센터 프로그램을 중앙사무소로부터 지원받는다. 중앙사무소로부터 인정받은 제휴 멤버(Affiliate Members)는 Lifeline 센터를 운영할 수 있다. Lifeline의 재원은 주로 기부금에 의해 운영되며 국가 재정지원을 받는다. 2019년도 재원의 가장 큰 비율을 차지하는 것은 국가보조금으로 전체 재원 중 65%를 차지하였으며 모금은 19%를 차지하였다.

Lifeline의 자살상담 서비스는 ① 24시간 무료 전화상담(Crisis Line): 13 11 14, ② 온라인 상담(Crisis Support Chat): lifeline.org.au, 매일 7pm-midnight 운영, ③ 문자상담(Text): 0477 13 11 14, 매일 6pm-midnight 운영 등이 있다. Lifeline 상담 자원봉사자는 Lifeline 위기지원 자원봉사자(Lifeline crisis supporters)로 명명되며, 매년 약 1,000명 이상의 위기지원 자원봉사자에게 정신건강 구급조치기술을 교육하고 있다. 교육시간은 12개월 동안 170시간으로 구성되며 1983년부터 정신건강 위기지원 훈련을 약 10만 명의 국민들에게 제공하였다. 170시간의 교육은 대면 교육과 이러닝(E-learning)을 포함하며, 교육은 위기지원 자원봉사자로서 요구되는 기본 스킬인 공감, 경청, 명료화 등의 상담기술을 기초로 한다. Lifeline에서는 훈련 모델로서 CARE(Connect, Assess, Respond, Empower)를 제시하고 있으며, 이를 적용하여 다양성, 안전문제, 자살, Suicide Decision Support Tool 사용 교육이 포함된다(백형의 외, 2020).

2) 일본의 자살상담전화 이노치노뎅와(いのちの電話; 생명의전화)

이노치노뎅와(いのちの電話, 이하 생명의전화) 활동은 1953년 영국 런던에서 시작된 자살예방을 위한 전화상담에서 발단하였다. 일본에서는 독일인 선교사 루스 헷캠프(Ruth Hetcamp) 여사를 중심으로 준비되고, 1971년 10월 일본에서 처음으로 자원봉사상담자에 의한 전화상담이 도쿄에서 시작되었다. 1977년 당시 생명의전화는 전국에 5개 센터였는데, 이 시민운동을 전국에 전개하기 위해서, 그 중심적 역할을 맡을 조직이 필요하게 되어 일본생명의전화연맹을 결성하였다. 2019년 현재, 연맹 센터는 50개로 확대되었으며, 약 6,100명의 상담자가 활동하고 있다. 전국적으로 단일화된 번호를 사용하지는 않으나 대체로 뒷자리 번호 4343 또는 7575를 이용하려고 한다. 기관에 따라 24시간 운영 또는 하루 중 일부 시간대에만 운영하거나 요일별로 운영시간을 달리하고 있다. 재원은 주로 기부금, 교부금(후생노동성 자살방지대책사업 교부금)이며, 주요 활동은 전화상담 사업, 자원봉사상담자 양성교육(약 2년 과정) 등이다. 일반시민을 대상으로 강연회 등을

통해 생명의 소중함을 호소하고 있으며 국고보조 대상 외의 사업으로 지진재해를 위한 상담다이얼을 개설하였다(백형의 외, 2020).

3) 미국의 자살예방상담전화 National Suicide Prevention Lifeline(NSPL)

NSPL의 미션은 '위기 대응 핫라인 네트워크를 통하여 자살 위기에 처한 대상자들에게 효과적으로 서비스를 제공함으로써 자살을 예방'하는 것이다. NSPL은 정신보건·약물남용청(Substance Abuse and Mental Health Service Administration: SAMHSA)이 보조금 지원 형태로 2005년 24시간 상담전화 운영을 시작하였으며, 전국의 지역센터와 연계하여 서비스를 제공하는 핫라인이다. 정신보건·약물남용청과 퇴역군인회(U.S. Department of Veterans Affairs: VA)의 협력 예산으로 운영되며, 170개가 넘는 지역 위기 센터로 구성된 전국 네트워크가 있으며 맞춤형 지역관리 및 자원과 국가 표준 서비스를 전달한다. 훈련된 상담사들은 내담자(caller)들에게 적절한 정신건강 서비스를 제공하거나 위기센터를 통한 긴급 개입으로 정신과 입원이나 기타 정신과적 응급개입을 시행한다. 현재는 2018년 「국가자살핫라인 개선법(National Suicide Hotline Improvement Act)」에 따라 2022년 7월부터 자살예방 및 정신건강 위기 핫라인을 위한 세 자리 코드 988이 사용되고 있다.

미국 전역 어디에서나 세 자리 전화번호 '988'을 통해 전화와 문자, 온라인으로 위기 상담을 제공하는 '988 핫라인 서비스'는 기존에 전화 상담 서비스를 제공했던 '전국 자살예방 생명의전화'의 열자리(1-800-273-8255) 전화번호 연결의 비효율성, 그리고 응급 상황에 대응하는 '911'의 정신적 위기 상황 상담 창구 활용으로서의 미흡함을 해결함으로써 정신건강 위기 대응 시스템을 새롭게 구축하는 촉매제 역할을 하고 있다(백형의 외, 2020).

토의 및 실습

1. 우리나라 전화상담의 특성 및 한계점은 무엇인지 생각해 보자.

2. 국외 전화상담 사례를 통해 우리나라에 적용할 만한 정책 또는 서비스는 무엇인지 생각해 보자.

03
상담자의 이해

이 장에서는 상담자의 이해를 주제로 상담자는 누구이며, 어떠한 자격이나 자질을 갖추어야 하는지, 상담과정에서 어떠한 역할을 하고 어떤 특성을 갖고 있는지 살펴본다. 그리고 상담자가 되기까지의 참여 동기와 상담자가 되기 위해 필요한 교육은 무엇인지, 교육을 받고 난 이후에 전반적으로 상담자는 어떠한 과정을 통해서 성장하는지에 대한 내용을 서술하였다. 또한 온전한 상담자가 되기 위해 필요한 자기관리의 개념 및 필요성, 그리고 자기관리 방안을 제시하였다.

1. 상담자의 개념과 역할

1) 상담자의 개념

인류 역사를 통해 적절한 조건만 주어진다면 삶의 문제로 고통받는 이들을 도와줄 수 있는 사람들이 있다는 확신이 오래도록 지속되어 왔다. 물론 이러한 확신은 문화권에 따라 다르게 등장했지만, 그 확신 자체는 어느 문화권에서나 나타나고 있는 현상이다. 이러한 확신이 현대에 와서는 여러 가지 공식적으로 돕는 직업

(formal helping profession)으로 제도화되었다. 서양 문화권에서는 상담자, 정신과 의사, 심리학자, 사회복지사, 성직자가 사람들이 삶의 문제에 대처해 나가는 데 공식적으로 도와주는 역할을 맡고 있다. 공식적 의미에서의 상담자는 아니지만 위기나 어려움에 처한 사람들을 돕는 제2선의 전문가들도 있다. 여기에는 기업이나 조직의 컨설턴트, 치과 의사, 의사, 변호사, 간호사, 보호관찰자, 교사, 경영자, 감독자, 경찰, 기타 서비스 산업에 종사하는 사람들이 포함된다(제석봉 외, 2015).

이처럼 우리 사회에서 상담에 대한 관심과 요구가 급증하고 있는 것은, 다양한 문제행동이나 갈등을 해결하는 것뿐만 아니라 나아가 인간의 무한한 잠재력을 실현시키는 데 있어 상담의 지식과 기술이 유용하다는 인식이 점차 보편화되고 있기 때문이다. 상담의 중요성이 증가됨에 따라 상담 유형의 한 가지 방법으로써 전화상담에 대한 요구도 증가하고 있다. 바쁜 일상 속에서 때와 장소를 구분하지 않는 편리성과 자신을 감출 수 있는 익명성을 특징으로 하는 전화상담은 시대적으로 그 가치와 활용도가 증대되고 있다. 그러나 상담 연구 분야에서는 전화상담의 실제적인 상담전략을 개발하고자 시도한 적이 그동안 거의 없었을 뿐만 아니라, 전화상담 자체에 대한 연구도 별로 없는 상황이다. 이렇듯 전화상담은 상담 연구 분야에서 그다지 관심을 끌지 못했는데, 그 이유는 전화상담기관의 대부분이 자원봉사자에 의해서 운영이 되고 있기 때문이다(김계현, 1992). 즉, 전화상담이 비전문적인 상담으로 인식되어 왔다는 것이다. 물론 자원봉사자와 같은 비전문적인 상담자가 전화상담에 더 적합하다는 주장도 있었는데, 이것은 또한 상담자 자격 논란을 일으키는 원인이 되기도 하였다.

그럼에도 상담의 실천 영역에서 전화상담이 차지하는 비중은 이미 상당한 수준에 달하고 있다. 이제는 전화상담 및 상담자의 중요성에 대해 더 이상 언급할 필요가 없을 만큼 그 존재의 가치는 커졌다. 우리나라의 경우 생명의전화, 한국여성의전화, 사랑의전화, 자비의전화 등 개설 20년 이상의 전통을 지닌 전화상담기관들이 있을 뿐 아니라 한국청소년상담복지개발원 등과 같이 전문적인 상담 훈련을 받은 상담자들이 전화상담을 운영하는 상담기관도 증가하고 있는 추세이다. 또한 학교 밖 상담기관들의 대부분은 면접상담과 전화상담을 병용하고 있다.

전화상담자란 전화라고 하는 의사소통 도구를 통해서 전화내담자(이하 '내담자'라 칭함)와 상담 관계를 형성하는 사람이다. 일반적으로 '상담자'라는 명칭은 영어로 'telephone worker' 'mitareiter' 등으로 불리고 있으며, 자원봉사자의 참여 동기와 마찬가지로 누군가를 돕고 싶다거나 인생의 보람을 찾기 위해서, 그리고 전문직으로서 자신의 전공 및 특성을 살리기 위해서 전화상담 활동에 참여한다. 상담자는 평소 생활 속에서 다른 사람의 말을 잘 들어주거나 조언 및 충고하기를 편안하게 여기는 특성을 갖고 있으며, 자원봉사 활동에 대한 인식과 참여가 높은 편이다. 상담자는 보통 전화상담기관에서 제공하는 교육과정을 수료한 후, 실습과정을 거쳐 상담 활동에 참여하게 된다. 상담자는 상담을 할 때 자기 이름을 알리지 않으며, 전화상담기관의 상담실에 앉아서 내담자로부터 걸려오는 전화를 통해 상담서비스를 제공한다. 그러나 내담자와 충분히 대화를 나눈 후 자신의 능력 밖의 문제나 전화의 한계를 넘는 문제에 관해서는 이를 전문 관계기관에 소개 또는 의뢰하도록 한다.

2) 상담자의 역할

상담자의 임무는 내담자가 자신의 갈등이나 문제를 말로 표현하도록 촉진해 자신의 문제를 이해하도록 하고, 나아가 내담자가 자신의 문제를 극복할 수 있도록 여러 측면에서 돕는 것이다(장성숙, 노기현, 2010). 상담자의 주요 역할은 우선적으로 내담자의 말을 경청하고 공감해 주는 것이다. 그리고 내담자가 자신의 처해 있는 현실을 있는 그대로 인식하고 그것의 문제점이 무엇인지, 그리고 상담을 통해서 내담자가 달성하고자 하는 바가 무엇인지, 그가 어떤 사람이 되기를 원하는지를 정확하게 확인하는 것이다. 또한 상담자는 내담자가 자신의 행동과 생활양식을 정직하게 보도록 하고 자신들이 원하는 방식으로 결정하도록 해야 한다. 이런 맥락에서 상담자는 지지와 온정을 주고, 내담자들이 변화를 위한 행동을 하도록 충분히 직면시키고 독려하는 것이 필요하다.

일반적으로 전화상담은 '경청과 공감, 반영, 탐색과 질문, 직면과 의견제시, 종결 변화를 위한 목표 설정과 약속' 등의 과정을 거친다. 이장호(1992)는 상담과정의 단계를 집약하여 '경청, 주목' 단계, '이해표시' 단계, '문제해결을 위한 행동 방향의 제시' 단계 등의 3단계설을 제시한 바 있다. 이 집약된 3단계설은 특히 단회 상담에 매우 적합한 모형으로 보인다(김계현, 1992). 이러한 전화상담 과정을 통해서 상담자는 단순한 정보제공에서부터 자살예방, 위기개입, 청소년상담, 노인상담, 특수상담, 생활상담, 종교상담, 고독과 소외, 인간관계, 성문제, 부부갈등, 직업문제, 청소년문제, 법률문제, 종교문제 등 다양한 문제를 상담과정에서 만나게 된다.

2. 상담자의 자격 · 자질 및 특성

1) 상담자의 자격

상담자는 자신을 필요로 하거나 또는 자신이 필요로 하는 상담기관의 기준에 의해 선발되어, 일정 기간의 교육 및 훈련을 받고 상담활동에 참여하게 된다. 그리고 성장을 위해서 전문가로부터 상담활동에 대한 슈퍼비전을 받기도 하고, 평생학습과 학습동아리 활동 등을 통해 역량을 함양해 나간다. 그렇다면 전화상담을 하는 상담자에게 가장 중요한 자격은 무엇일까? 그것은 바로 상담자로서의 가치관과 철학이다. 현실적으로 전화상담기관의 상담자들은 대부분 자원봉사자로서의 역할을 수행하기 때문에 내담자에게 전문가의 권위의식이나 고집스러운 가치관을 내세우면 안 된다. 그리고 상담자는 기본적으로 전화라는 생활과 소통의 도구에 친숙해야 하며, 몸과 마음이 건강해야 하며, 자아 인식이 있어야 하며, 위기상황에 친숙해야 한다. 나아가 세상과 인간에 대해 편견을 두지 말고 열린 눈으로 바라볼 수 있어야 하며, 생활 속에서 공감 및 경청에 익숙해야 하고, 대화 및 상담을 통해 언제나 자기 자신을 새롭게 이해하고 발견하려는 자세를 갖춘 사람이어야 한다.

상담자는 인간으로서 그리고 상담자로서 이성 · 지성 · 감성의 측면에서 조화를 이룬 사람이어야 한다. 즉, 상담자는 상담 및 전화상담에 관한 기초 지식과 이론, 전화상담에 필요한 기술 및 역량을 갖춘 사람이어야 하며, 성공적인 상담을 위한 판단력과 분별력, 이해력 등을 갖춘 사람이어야 한다. 그리고 내담자와 상담기관 실무자 등과의 원만한 관계 유지를 위한 인품과 공동체 의식 등도 필요하다. 상담자는 종종 상담을 통해서 또는 상담 이후에 탈진이나 좌절, 포기와 같은 경험을 하게 되는데, 이를 극복할 수 있는 자기관리 능력 역시 갖추어야 한다. 또한 전화상담은 대부분 일회성으로 진행되기 때문에 시간 및 서비스의 제약이 있다. 따라서 상담자는 이러한 상황과 맥락에 대한 인식을 가지고 접근할 필요가 있다. 하지만 상담자의 자격으로서 가장 중요한 것은 바로 내담자를 포함한 인간에 대한 존중과 사랑이다. 전화상담은 전문인이나 비전문인을 초월하여 이웃의 고통을 함께 나누려는 기본적인 인간성, 그리고 위기를 맞고 있는 사람의 눈높이에서 대화할 수 있는 감수성을 필요로 한다. 그러므로 전화상담에 적합한 자질은 상담의 기술이 아니라 자신의 인간성을 보완하고 개발하려는 인간적이고 성장 지향적인 노력이다.

상담자의 자질과 자격을 규정하는 조건은 광범위하고도 다양하다. 일정한 자격을 부여하는 모든 규정이 그러하듯 상담자의 자격도 개인의 성격 형성의 배경과 미래지향적인 성장가능성 여하에 그 초점이 맞추어져 있다.

버팔로(Buffalo) 자살예방 및 위기상담소의 브로코프(Gene W. Brockopp, 1976)는 상담자를 선발하는 기준을 다음과 같이 제시하고 있다.

첫째는 연령의 제한이다. 그의 지론에 따르면 18세 이하의 사람은 미성숙한 사고와 짧은 인생의 경륜 때문에 상담자로서 적합하지 않다고 한다. 이들은 연령적으로 자아정체성과 더불어 씨름할 나이인 데다가 경륜적으로는 인생의 각 단계에서 나타나는 우발적이고도 만성적이며 복잡하고 다양한 위기들에 대해 대처할 만한 능력이 아직 축적되어 있지 않다. 게다가 계속적으로 대응할 수 없는 비관적인 이야기들을 들을 경우 인생에 대해 비극적인 고정관념을 가질 수도 있다. 서구사회에서 문제가 되는 또 다른 이유는 18세 이하의 청소년은 법적인 보호 아래 있기 때문에 자원봉사자로서 일하는 데도 제약을 받을 수 있다는 점이다. 물론 노년기에 이르러 다른 사람의 이야기를 듣거나 이해하는 데 지장이 있는 이들도 상담자로서 적합하지 않다.

둘째는 성격의 문제이다. 이것은 정서적 안정감과 직접적인 관계가 있다. 지나간 3년 이내에 자살을 시도했던 경험이 있는 사람은 자살충동으로부터 헤어났다는 객관적인 평가를 받기 전에는 자동적으로 상담자가 될 수 없다. 정신치료 중에 있는 환자도 상담자가 될 수 없다. 심장질환을 앓고 있는 이나 간질발작(epileptic seizure)에 사로잡히는 사람, 언어장애가 있거나 그 밖의 신체적 장애로 전화를 통한 대화소통에 어려움을 끼칠 가능성이 있는 사람은 전화상담 봉사에서 제외된다.

셋째는 전화상담기관의 규율을 준수하는 일이다. 상담자는 상담기관이 규정하는 소정의 교육을 받고 일정 기간 동안 봉사해야 한다. 계속적인 감독(supervision)을 받으면서 최소한 2주간에 6시간씩 전화상담에 임해야 한다. 상담자는 상담 중에 생긴 모든 일에 대하여 비밀을 지키며 여타의 연구나 사업에 상담내용을 전용해서는 안 된다는 것 등이다.

이상의 세 가지 기준은 상담자를 선발하는 과정에 그대로 적용된다. 전화상담은 목소리를 매체로 하는 상담이기 때문에 삶에 대한 정열과 이웃에 대한 관심을 음성을 통해 구사할 수 있어야 한다. 때로는 비언어적인 의사소통을 통해 희망과 기대를 전달할 수 있어야 한다.

2) 상담자의 자질

상담자의 자질은 상담에 있어서 중요한 도구로 작용하며, 내담자와 상담자가 상담 목표를 성공적으로 달성할 수 있을지에 대한 결정적 요소가 되기도 한다. 이에 따라 유능한 상담자가 가져야 되는 바람직한 자질이나 특성에 대해서 여러 학자들은 그 중요성을 강조하며 다양한 견해를 제시하였다. 대체로 상담자의 자질은 인간적 자질과 전문적 자질로 나뉘어 논의된다. 인간적 자질은 상담자에게 요구되는 인성을 의미하며 전문적 자질은 상담자가 가져야 할 전문적 지식, 기술,

태도 등을 지칭한다. 훌륭한 상담자가 되기 위해서 상담자에게는 전문적 자질과 인간적 자질 모두가 필요하다(나항진 외, 2014).

여러 학자들이 언급한 상담자의 자질을 정리해 보면, 우선 인간적 자질에는, 인간관계, 인간에 대한 깊은 관심, 인간존중, 자기인식 및 이해, 확고한 가치체계, 자기성찰 및 각성, 자기 수용, 자기성장 노력, 심리학적 이해, 자신과 타인에 내재된 인종적 · 민족적 · 문화적 요소에 대한 이해와 민감성, 개방성, 객관성, 진실성, 신뢰감, 정서적 성숙, 친근감, 용기, 현실감, 창조적 태도, 끈기, 유머감각, 심리적 안정감, 민감성, 긍정적 삶의 태도, 온정적 태도, 인내심, 기본적인 인지능력 등이 있다(George, 1995; Corey, 1996; 이형득, 1997; 한승호 외 역, 1998; Hackney & Cormier, 2001; 최국환 외 역, 2007).

상담자의 전문적 자질에는, 상담이론 및 실제에 대한 이해, 상담방법과 절차에 관한 이해, 상담실습 경험과 훈련, 성격에 대한 이해, 사회 환경에 대한 이해, 개인의 진단과 평가에 대한 이해, 이해, 연구방법과 통계적 기술에 관한 이해, 전문가의 책임과 윤리에 대한 이해, 상담이 적용되는 분야에 대한 이해, 개인적인 상담이론 개발, 문화적 · 사회적 경향과 철학적 경향의 이해, 상담의 진행과정과 효과적인 전략과 기술, 상담자의 역할에 대한 자신의 관점 확립, 정보 분석 능력, 상담자로서의 권위와 전문성, 전문가로서의 책임과 윤리에 대한 이해, 상담자 자신을 위한 개인상담과 심리치료, 치유적 인간으로서의 상담자, 논리적 사고력 등이 있다(George, 1995; 강갑원, 2004; 이장호 외, 2005; 조성연 외, 2010; 이현림, 김지혜, 2010; 장성숙, 노기현, 2010).

전화상담이 시작된 1950년대 초부터 20년 동안은 의당히 상담자는 자원봉사자를 훈련시켜서 적절하게 활용하는 것으로 이해되었다. 그러나 1970년대에 와서는 상담자의 자질 문제가 논란이 되면서 전문가와 비전문가의 특징이 비교적으로 논의되었다. 두브린(L. I. Dublin)에 의하면 비전문가야말로 자살예방운동에 있어서는 진정한 전문가 인데 반하여 정신건강 분야의 전문가는 이 분야에 있어서는 훈련받지 않은 비전문가이다(Brockopp, 1796). 물론 전문가는 그가 체계적으로 갖추고 있는 이론과 진단기술을 활용하여 보다 유리한 치유관계를 내담자와 설정할 수 있다. 그러나 때로는 전문가의 전형적인 기법 자체가 위기개입에는 장애가 될 수도 있다는 것이다.

전화를 통한 위기개입에는 환자의 문제를 해결하려는 유형의 전통적 치료모형보다는 내담자의 장점과 환자의 가능한 잔여 에너지를 촉발해 주는 일이 급선무이기 때문에 전문가의 아카데믹한 훈련과 치료기법이 효과적으로 작용하지 않는 경우가 많다. 그러므로 비전문가가 적절한 교육을 받고 위기 상황에 적용만 한다면 적어도 자살의 위기를 모면케 하는 전화상담에 있어서는 전문가와 비전문가 사이에 별 차이가 없다고 본다. 보스턴 전화상담의 전제는 위기의 순간에 대부분의 사람들이 반드시 또는 즉각적으로 전문가의 도움을 받을 필요는 없으며 적극적인 동기를 가지고 잘 훈련된 자원봉사자는 어떠한 위기에도 효과적인 도움의 매체가 될 수 있다고 확신한다. 그러므로 상담자를 선발하는 결정적인 기준은 인간성의 본바탕인 건전한 성격과 이 성격을 사람들과 적극적으로, 희망적으로, 그리고 쇄신적인 방법으로 관계시키는 능력의 개발이다.

브로코프(Gene W. Brockopp)는 전문가가 저지른 결정적인 결함은 동료 인간을 돕는 일에 있어서 자신의 감정을 믿지 말라는 점을 강조한 사실이라고 한다. 전화상담에 있어서는 상담지원자들의 장점과 생활경험을 적극적으로 활용하면서 자신들의 감정에 근거한 위기행동과 훈련프로그램에서 획득한 지식을 최대한으로 활용하여야만 상담자로서의 자질을 개발하고 조건을 갖출 수 있다. 따라서 상담자는 대인관계적 감수성과 스스로를 위기의 과정에서 치료적 도구로 전환할 수 있는 가변성을 구비해야 한다.

로스앤젤레스의 자살예방 상담소는 '리트만의 법칙(Litman's Law)'을 전화상담의 충격적 가치로 받아들인다. 리트만의 법칙이란, 자살의 위기가 심각하고 긴급하면 할수록 위기를 효과적으로 관리하기 위하여 전문적으로 훈련받은 사람을 덜 필요로 한다는 것이다. 리트만과 그의 동료들은 전문적인 임상가들과 자원봉사자들을 위기대처라는 과제를 가지고 연구해 보고 이들을 구분할 필요를 느끼지 않는다고 결론지었다.

파베로(N. L. Farberow)는 로스앤젤레스 전화상담소의 첫 해 경험을 분석해 보고, 전문가는 내담자와 일정한 거리를 두고 대화를 나누지만 자원봉사자는 직접적으로 친구처럼 대화를 나누기 때문에 훨씬 후자가 유리하다는 견해를 제시했다. 카프란(G. Carplan, 1964)도 전문가는 내담자를 일정한 거리를 두고 객관적으로 보려는 데 반하여 아마추어는 거리 없이 주관적으로 보려는 특징이 있다고 구분한다. 그는 전문가의 이 거리감과 객관성을 "전문가의 갑옷(professional armour)"이라고 부른다.

이와 같은 관찰과 분석으로 미루어 볼 때 전화상담은 전문성과 비전문성을 초월하여 이웃의 고통을 함께 나누려는 본질적 인간성과 이를 전화내담자의 위기와 눈높이에서 대화할 수 있는 감수성이 결정한다고 볼 수 있다. 그래서 전화상담을 '비전문가의 혁명(nonprofessional revolution)'이라고 부른다. 사마리탄(The Samaritans) 전화상담을 개설한 바라가 'FRIENDS'라는 개념을 상담의 상징으로 개발시킨 이유도 바로 이 점을 간파했기 때문이다. 전 세계적으로 전화상담소 상담자의 80% 이상이 자원봉사자들로 이루어져 유지되고 있는 점도 바로 이런 이유 때문이다.

3) 상담자의 특성

상담자들에게는 공통적으로 나타나는 몇 가지 특성이 있는데, 그들은 주의 깊게 듣고 감정이입하고, 판단하지 않고, 내담자가 사고와 감정을 탐색하도록 격려하며, 내담자가 문제에 대해 새로운 시각을 갖는 데 도움을 주고, 삶을 향상시키기 위한 실천을 하도록 동기를 유발시킨다. 최근에 상담자에게 중요한 또 다른 특성으로 모호함에 대한 관용이나 애매한 상황에 대한 정보를 처리하고 지각하는 능력이 있음이 확인되었다(주은선, 2012). 이러한 현명하고 효과적인 상담자의 특성은 오랫동안 가장 인기 있는 연구주제가 되어 왔다. 대부분의 연구가 상담자 효과로서 이론적 입장이나 전문적 경험과 같은 상담자의 특별한 특성과 관련하여 시도되어 왔다. 그리고 시도되었던 각각의 연구는 나름대로 효과적인 상담자가 되는 데 무엇이 필요한가에 대한 전체적 조망의 일부에 기여하였다. 상담이론가와 실천가들 역시 임상적인 관찰을 통해 효과적인 조력자의 특성에 대한 이해를 확장해 왔다. 지금까지 일반적으로 밝혀진 유능하고 효과적인 상담자의 주요한 특성은 다음과 같다(Patterson & Welfel, 2000; Welfel & Patterson, 2005).

(1) 상담자의 인간적 측면

- 상담자는 자신에 대한 이해, 자신의 한계에 대한 이해 그리고 인간 독특성에 대한 이해를 바탕으로 실천하는 사람이다.
- 상담자는 자아 정체감을 가지고 있다.
- 상담자는 자신을 존중하고 인정한다.
- 상담자는 삶에 대한 긍정적 태도를 갖고 실천하는 사람이다.
- 상담자는 바람직한 인간 모델을 가진다. 이러한 인간은 건강하고 효과적이며 충분히 기능하는 자질과 행동패턴을 가진다.
- 상담자는 인간행동의 심층적 이해를 발달시킨다.
- 상담자는 타인 이해뿐만 아니라 자기이해를 바탕으로 성숙된 삶을 영위한다.
- 상담자는 타인의 복지에 진정한 관심을 가지고 있다.
- 상담자는 신뢰감, 신용성 그리고 정직성을 실천하는 사람이다.
- 상담자는 훌륭한 관찰자이다. 특히 인간관계의 훌륭한 관찰자이다.
- 상담자는 변화에 개방적이다.
- 상담자는 일상생활에 활기가 있으며, 생명 지향적 선택을 한다.

(2) 상담실제의 측면

- 상담자는 체계적으로 추리하고 체계에 따라 생각할 수 있다.
- 상담자는 문화에 대한 능숙한 지식을 가진다. 즉, 그는 사람들이 생활하는 사회적 · 문화적 · 정치적 맥락을 이해할 수 있다.
- 상담자는 건전한 한계선을 유지한다.
- 상담자는 훌륭한 경청자이다.
- 상담자는 공감적 이해를 실천하는 사람이다.

- 상담자는 의사소통 기술을 능수능란하게 사용하는 사람이다.
- 상담자는 실수를 기꺼이 인정하고 수용한다.
- 상담자는 내담자를 다른 서비스나 기관으로 의뢰할 때 편견을 갖지 말아야 한다.
- 상담자는 내담자들의 요구와 기관의 요구가 서로 상충될 경우에는 이들 양자 간의 관계에 있어서 갈등이 일어나지 않도록 서로 조화를 이룰 수 있도록 해야 한다.
- 상담자는 상담이론과 실제에 대한 확고한 철학적 기초를 가지고 있어야 한다.
- 상담자는 객관성과 기밀성, 인내심과 성격을 갖추고, 전문적인 태도를 가져야 한다.
- 상담자는 상담의 과정 및 결과, 그리고 내담자로부터 배울 수 있다는 개방적인 자세를 가져야 한다.
- 상담자는 자신이 활용할 수 있는 상담기술이 얼마나 중요한지 깨닫고 좀 더 효과적인 상담자로서 내담자들을 잘 섬겨야 한다.
- 상담자는 상담에 있어서 직업상 지켜야 할 윤리적 규범을 지킬 수 있어야 한다.
- 상담자는 가장 필요로 하는 서비스를 제공하는 분야 중 자살, 정신건강, 위기개입, 부부문제, 이성 문제, 청소년 성적 문제 등에 관한 이론과 실제를 이해해야 한다.
- 상담자는 상담 서비스를 제공하는 다양한 기관, 즉 쉼터, 알코올 상담기관, 마약, 정신건강센터, 종교시설, 고용센터 등과 같은 기관에 대해 정보를 습득하고 있어야 한다.
- 상담자는 자신이 살아가고 있는 환경과 지역사회를 이해해야 한다.

(3) 내담자와의 관계 측면

- 상담자는 자신이 욕구를 만족시키기 위해 내담자를 이용하지 않는다.
- 상담자는 내담자에게 특별한 가치가 있을 어떤 영역에서 전문적인 지식과 경험을 갖는다.

- 상담자는 내담자에게 다가갈 수 있는 능숙한 대인관계 기술을 가진다.
- 상담자는 내담자로 하여금 진실감, 신뢰감, 자신감을 갖게 한다.
- 상담자는 내담자를 돌보고 존경한다.
- 상담자는 내담자와의 갈등을 효과적으로 처리한다.
- 상담자는 가치 판단을 강요하지 않고 내담자의 행동을 이해하려 한다.
- 상담자는 내담자의 자기파괴 행동패턴을 확인할 수 있고, 그러한 자기파괴 행동을 보다 보상적인 행동패턴으로 변화하도록 조력할 수 있다.

3. 상담자 양성 및 성장

1) 상담자의 참여 동기 및 상담기관과의 만남

(1) 상담자의 참여 동기

상담자가 된다는 것은 어떤 측면에서 보면, 참으로 오랜 일생 동안의 여정이며, 다른 사람들과 함께 걸어가는 깨우침과 구원의 길이다. 가는 길에 많은 장애물이 있는 미지의 세계로의 여정인 것이다. 다른 여정과 마찬가지로 어려움이 있지만 많은 즐거움도 있다. 우리는 내담자와 맺은 관계를 통하여 무수히 많은 다른 형태의 삶을 살 수 있는 기회를 갖는다. 사람들의 뇌리에 계속해서 떠오르는 질문을 잠시 숙고할 기회를 갖게 된다. 상담자가 되려는 개인적 동기는 우리 대부분은 다른 사람을 돕고, 세상을 구원하고자 하는 것이라기보다는 우리 자신을 구원하고자 상담자가 되었다. 상담자가 되고자 하는 수많은 동기는 무의식적이어서, 미해결 과제나 숨은 과제를 보지 못하는 개인 상담이나 슈퍼비전을 통해서도 파악하기 어렵다(Sussman, 2007). 자주 언급되는 한 가지 공통된 부분은 자신을 더욱 온전히 이해하고, 타인에게 이해받는 느낌을 갖고 싶다는 것이다. 상담자가 되고자 하는 또 다른 동기는 다른 사람에 대한 통제 욕구뿐만 아니라 나 자신에 대한 통제 욕구와도 관련된다. 어린 시절에 돌보는 사람으로서의 역할이 주어졌고, 자연스럽게 훈련된 것을 단지 내담자와 같이하고 있는 것일 수도 있다(이지연, 황진숙, 2014).

자신이 어떤 동기로 상담자가 되기를 희망하는지를 알면 상담자가 되는 과정에 도움이 될 것이다. 일반적으로 상담자가 되려고 하는 긍정적인 이유와 부정적인 이유가 다양하게 존재한다. 첫째, 긍정적인 이유는 이타주의와 다른 사람의 인생에 변화를 주고자 하는 것이다. 더 나아가 자신이 힘든 문제를 겪고 치료를 통해 도움을 받은 경우 자신이 상담자가 되기를 희망할 수도 있다. 또 어떤 이들은 사회적인 변화를 위해 상담 분야에 뛰어든다. 상담은 개인 인생에 변화를 주지만, 경우에 따라서는 사회 체제에도 영향을 준다. 둘째, 부정적인 이유는 덜 건강한 이유로 상담자가 되기를 희망하는 사람들이 있다. 많은 사람들이 미해결된 문제나 과거에 돌이킬 수 없는 상황을 바꾸고자 상담 분야에 뛰어들기도 한다. 더 나아가 어떤 사람은 자신도 다른 사람을 필요로 하고 상담을 관계 형성의 한 방법으로 보기 때문에 타인을 도와주기를 희망한다. 이들은 다른 사람과 친해지는 데 어려움을 겪고, 다른 사람과 가까워지기 위해 쉬운 방법을 찾는 사람들이다. 다른 사람을 자신보다 불행하다고 여기면서 위안을 느끼는 데 상담을 이용하는 상담자도 있다. 어떤 사람들에게는 다른 사람을 돕는 것이 그들보다 자신이 우월하다는 것을 느끼게 하는 방편이 되기도 한다(주은선, 2012).

잠재적 상담자들은 상담기관 홈페이지, SNS, 그리고 이웃, 직장동료, 친인척, 종교인, 선배 상담자 등을 통해서 전화상담, 상담자 양성교육 등에 관한 다양한 정보와 지식, 미담 사례를 접하게 된다. 이를 통해서, 어떤 사람은 상담활동에 대한 요구가 처음 생겼을 때, 곧바로 상담자가 되기 위한 단계로 들어가기도 하고, 반면에 어떤 사람은 그러한 요구를 곧바로 실현하지 못하고 어느 정도의 기간이 지난 후에 참여하기도 한다. 따라서 전화 상담기관에서는 교육 문의를 위해 걸려온 전화 내용을 잘 기록하고 관리해야 한다. 이것이 곧 확률 높은 상담자를 위한 교육 및 모집 홍보방법이 될 수 있다.

(2) 상담기관과의 만남

전화상담기관은 정기적으로 또는 필요에 따라 홈페이지, SNS, 신문, 리플릿, 구두(입소문) 등의 방법을 활용하여 필요한 상담자를 모집한다. 이때 기관에서는 전화상담의 가치와 필요성, 기관의 역사와 사업, 그리고 상담자 선발 기준, 교육 등에 대해 안내를 한다. 일반적으로 상담자의 자질과 자격을 규정하는 조건은 국가와 기관마다 광범위하고도 다양하다. 일정한 자격을 부여하는 모든 규정이 그러하듯 상담자의 기본 요건은 상담의 내용과 방법, 상담기관의 철학과 비전, 상담자의 자질 등에 초점이 맞추어져야 할 것이다. 미국의 버팔로(Buffalo) 자살방지 및 위기상담소의 브로코프는 상담자를 선발하는 기준을 나이, 성격, 전화상담기관의 규칙 준수, 발음의 문제 등 네 가지로 규정하였다. 한편 우리나라에서는 상담자가 될 수 있는 기준으로 인성, 연령, 학력, 가치관을 중심으로 두며, 그리고 필요한 경우에 경력 및 학문적 배경 등을 추가로 규정하고 있다. 그러나 우리나라의 전화상담기관들에서는 현실적으로 일관되고 공식화된 상담자 자격기준이 마련되어 있지 않으며, 각 기관마다 자신들의 기준에 따라 상담자를 양성하고 선발하며 수행하는 경향이 크다. 따라서 상담자의 질적인 관리가 어렵고 상담자 교육도 일관성을 기하기가 어렵다.

2) 상담자 교육

(1) 상담자 교육의 목적

오늘날 상담에 대한 관심과 요구의 급증에 따라 다양한 장면에서 여러 가지 형태로 상담업무를 담당하는 인력 또한 증가하였고 필연적으로 상담자 교육에 대한 요구도 증대되었다. 즉, 상담자 교육을 통해 상담 장면에서 내담자가 최대의 도움을 얻을 수 있도록 상담자의 인간적, 전문적 자질을 향상시키려는 노력이 이루어지고 있다. 일반적으로 상담자 교육은 상담자를 양성하는 교육, 즉 실제로 내담자를 만나고 상담하는 일을 주로 수행하는 상담 실무자를 기르기 위한 교육을 말한다. 보다 넓게는 상담자 양성뿐 아니라 상담에 관한 학술적 연구를 담당할 수 있는 상담연구자 양성까지를 목적으로 한다(김은혜, 2001). 훌륭한 상담자는 타고난다기보다는 길러지는 것이며 상담자 개인의 삶에서 축적되는 경험이 중요하지만 그것은 반드시 전문적인 훈련과 교육을 통해 길러지고 다듬어지고 보강되어야 한다. 즉, 상담자가 자신의 책임을 전문적, 효율적으로 감당하기 위해서는 양질의 교육과 훈련과정을 거쳐야 하며, 계속적인 학습을 다양한 형태로 실천해 나가야 한다(이형득 외, 1999).

상담자 교육의 구체적 목적과 목표, 교육방법과 내용은 상담기관의 성격, 교육생의 특성 등에 따라 다양하겠지만, 궁극적인 목적은 전화상담을 통해 내담자가 최대의 도움을 얻도록 상담자로서 인간적, 전문적 자질을 끊임없이 향상시키고자 하는 것이라 볼 수 있다. 그리고 전화상담의 경우, 상담자 교육의 중요한 목표 중 한 가지로 위기를 대처하는 기술에 초점을 맞추어야 한다. 왜냐하면, 전화상담의 기본전략은 중 · 장기 상담이나 내담자의 성격의 변화를 목표로 하는 것이 아니라, 순간순간 부딪치는 인간의 위기감을 해소해 주고 여유를 되찾게 해서 크게 번질지도 모르는 비극의 가능성을 예방하는 것이기 때문이다.

(2) 상담자 교육 내용 및 방법

상담자 교육내용의 구성은 일반적으로 크게 두 가지로 이루어져 있는데, 전화상담의 이론적 측면과 실제적 측면이 그것이다. 이론적 측면의 교육은 상담과 직 · 간접적으로 관련된 사실적 지식과 이론적 개념을 학습하는 것이고, 실제적 측면은 상담을 이끌어 나가기 위해 필요한 여러 가지 상담기술이나 개입방법 등을 학습하는 것이다. 상담이 본질적으로 실천적 학문이라는 특성상 이론과 실제에 대한 학습이 모두 중요하며 특히 그 둘을 연결시키고 통합하여 실제 상담 장면에서 유기적으로 활용할 수 있도록 해 주는 교육이 반드시 필요하다(김계현, 1997).

상담자 교육내용은 또한 양성교육과 계속교육으로 구분할 수 있다. 양성교육에서 실시하는 이론교육의 주요 내용은 상담 관련 학문을 중심으로 상담 원리와 발달이론, 상담기법 등의 상담기초이론, 그리고 알코올과 약물문제, 청소년과 여성

문제, 성문제, 진로문제 등의 실제 상담과정에서 부딪치는 내용들을 중심으로 한 상담내용 교육, 그리고 사례연구와 역할 연습을 통해 구체적인 상담방법을 터득할 수 있게 하는 상담실습교육, 상담기관 이해 등이었다. 계속교육은 일종의 상담자를 위한 평생학습 프로그램으로서 상담자가 수행하는 상담서비스의 질을 높이고 효과적인 상담활동을 위해 정기적 또는 비정기적으로 이루어지는 교육이다. 계속교육은 특정 상담이론에 대한 심화 이해, 현대사회와 이슈 이해 등에 대한 강의, 상담 사례연구를 위한 소그룹 학습 등의 방법을 통해 진행된다.

이와 같은 교육내용 외에도, 상담자가 내담자로 하여금 자기 문제를 다루어 나가는 능력을 발달시키고 기회를 개발할 수 있도록 돕기 위해서는, 내담자의 특징을 이해하고 그에 적용할 수 있는 다양한 실제적인 교육과정이 필요하다. 이러한 교육과정에는 실용적인 지식과 기술이 포함되어야 한다. 여기서 말하는 '실용적 지식'이란 이론과 연구에만 머물고 있는 지식이 아니라, 상담에 직접 응용할 수 있는 지식을 말한다. 그리고 기술이란 서비스를 전달할 구체적인 능력을 가리킨다. 전문적인 상담자를 양성할 때 필요한 전체 교육과정은 상담 모델 이외에도 다음에 제시한 여러 분야를 포함한다. 우리가 만나는 내담자는 생물 · 심리 · 사회적인 측면들을 다 갖고 있는 존재이다. 내담자들은 다음에 제시한 것과 같은 부분들로 구분될 수 없기 때문에, 상담자는 통합적 관점을 유지할 필요가 있다. 상담자를 위한 교육과정에 포함될 수 있는 분야는 응용 발달심리학, 인지치료의 원리, 인간행동의 원리, 응용 성격심리학, 이상심리학, 응용 사회심리학, 특정 인구 집단에 대한 이해, 상담 관련 직업, 개인적이고 전문적인 자질 개발, 종교와 영성, 윤리, 상담과 법 등이다.

사례로서, 생명의전화 전화상담사 양성교육은 연간 1회 개설되며, 4개월 과정으로 상담에 관심 있는 시민을 대상으로 운영된다. 교육과정은 기초과정(온라인 동영상), 전문과정(집합교육)으로 구분되어 운영되며 구체적인 교육내용은 〈표 3-1〉과 같다.

표 3-1 생명의전화 2024년 제49기 전화상담사 양성교육

과정	일자	과목	
기초과정 (온라인 동영상)	3. 11.~4. 5.	• 생명의전화운동과 전화상담 • 상담이론과 실제 • 상담대화 기법 • 가정부부문제 상담 • 자살현상의 이해와 상담	• 한국문화와 자살예방 • 인간이해 발달 • 생애주기별 상담 • 정신건강 상담 • 자살위험평가 및 위기개입
전문과정 (집합교육)	4.13.(토)	• 집단상담	
	4.18.(목)	• 전화상담의 과정 및 기법 + 워크숍(경청, 공감)	
	4.25.(목)	• 전화상담의 과정 및 기법 법 + 워크숍(탐색, 직면, 종결)	
	5. 2.(목)	• 다루기 어려운 특수상담(음란성 및 반복전화) + 워크숍	
	5. 9.(목)	• 자살위기전화 + 워크숍	
	5. 16.(목)	• 사례연구 및 상담축어록 이해	
	5. 17.~6. 7.	• 전화상담실습(기간 중 1회)	
	6. 3.~6. 12.	• 그룹 슈퍼비전(온라인)	
	6. 13.(목)	• 집단 슈퍼비전	
	6. 20.(목)	• 상담자 윤리와 수칙/수료식	

상담자 교육방법은 일반적으로 세 가지 영역으로 구분된다. 첫째 영역은 사실적 지식과 이론적 개념이고, 둘째 영역은 기술이며, 마지막은 상담자 자신에 대한 이해 영역이다. 지식 및 개념을 전달하기 위해서는 주로 지식중심 교수법이 활용되고, 기술을 전달하기 위해서는 경험중심 교수법이 활용되며, 그리고 상담자 자신을 이해하기 위해서는 각종 개인상담 및 집단 상담기법이 활용된다. 이러한 방법을 통해 상담자 교육과정에서는 궁극적으로 두 가지를 강조한다. 첫째는 잘 들어 주라는 것이다. 그러나 잘 들어 주라는 교훈 속에는 상대방의 요청을 감지하라는 의미가 들어 있다. 둘째, 무언가 대답을 즉각적으로 해야 한다는 유혹을 극복하는 것이다.

지금까지의 상담자 교육방법은 지나치게 강의식 중심이었다. 즉, 실습이 많이 요구되는 상담교육에서는 다양한 교수방법이 요구되나 아직 대부분의 경우 다른 일반 인문사회 교과교육과 같이 강의 중심의 교육방법이 주종을 이루고 있다. 따라서 앞으로는 보다 효율적인 상담자 교육을 위해서는 교육방법을 다양화할 필요가 있다. 강의중심에서 벗어나 토론, 워크숍, 사례연구, 인턴십 등과 같은 다양한 교육방법을 활용하고, 상담훈련에 필요한 각종 미디어 장비 등의 시설과 설비를 설치해야 한다. 나아가 상담자 양성을 위한 효율적이고 체계적인 교수방법을 개발해야 하며, 실습을 담당할 적절한 인력을 확보하는 것도 필요하다. 그리고 실습은 단순히 실습으로 그치지 않고 실습경험이 이론 및 연구결과, 실제 상담 장면과 연계성을 갖도록 전문가에 의한 지도감독이 수반되어야 한다.

(3) 상담자 교육 현황 및 문제점

우리나라에서 전화상담이 시작된 1970년대 중반부터 지금까지 모든 전화상담기관들은 상담자들의 자질을 개발시키는 데 주력했다. 여기서 자질을 개발시킨다는 말은 전문가들이 만들어 놓은 상담의 이론체계를 요약적으로 전화상담에 알맞게 적용하는 것이었다. 그러므로 전문가의 기법과 이론을 요약적으로 습득하게 하는 것이 상담자 또는 상담자원봉사자의 자질을 개발하는 것이었다. 그러나 오늘날에 와서는 전문가의 이론을 답습하려는 경향보다는 내담자로 하여금 인간적인 애정을 느끼게 하고 상담자의 장점과 가동이 가능한 잔여 에너지를 촉발해 주는 '훈련받은 비전문가'로서의 역할 모형을 추구하고 있다(김은혜, 2001). 보스턴의 신규 상담자를 위한 훈련프로그램(Boston Contact Program)에서도 전화상담의 기본은 위기를 맞는 대부분의 사람들에게 즉각적으로 전문가의 도움이 필요한 것은 아니라고 한다. 오히려 적극적인 동기를 가지고 잘 훈련된 자원봉사자가 더욱 효과적인 도움의 매체가 될 수 있다고 한다.

오늘날 상담자에 대한 교육과 훈련은 주로 해당 상담기관을 통해 이루어진다. 그러나 소수기관을 제외하고는 대부분 체계적인 교육, 훈련 프로그램이 정착되지 않은 채, 단기 훈련만을 거쳐 상담자를 배출한다. 그리고 상담기관에 상담교육을 실시할 만한 전문 인력이 부족하고, 교육을 의뢰할 만한 적절한 기구도 없기 때문에 상담자들은 충분한 상담 관련 교육을 받지 못한 채 상담활동을 담당하게 되는 것이다. 또한 상담자 교육 프로그램이 전화상담의 특징을 제대로 고려하지 않고 있으며, 실습 내용이 빈약하다. 이처럼 체계적이고 전문적이지 못한 상담자 교육시스템은 자칫하면 부적절한 상담활동으로 내담자에게 해를 끼칠 수 있고, 상담자 자신도 좋은 의도로 할 일을 다 하면서도 비전문가 취급을 받게 되고, 그리고 신뢰와 인정을 받지 못하게 됨에 따라 피해를 입을 수 있다. 또한, 상담활동 자체에 대한 신뢰성과 상담의 전문성을 떨어뜨릴 우려가 있다.

3) 상담자의 성장단계

(1) 입문기

상담교육을 마친 상담자는 상담활동에 있어서 입문기, 성장기, 성숙기, 도약기의 단계를 거치면서 자원봉사자의 수준에서 보다 전문가 수준의 상담자로 성장해 나간다. 입문기 단계에서 상담자는 내담자와의 상담을 주로 문제 중심으로 보고, 그 문제를 내담자 대신 무조건 해결하려는 경향을 보인다. 이때 상담자는 만능 해결사가 아님을 명심해야 한다. 입문기 단계에서 초보 상담자가 직면하는 문제들은 조급함과 불안전감, 상담 성공에 대한 두려움, 한계와 패배 불인정 등이다. 입문기의 상담자는 처음 상담활동을 시작할 때, 모든 것이 낯설고 두렵기만 하다. 상담자의 집에서부터 상담기관으로 가는 길, 상담 부스에 놓인 전화기, 상담기관 직원들의 말과 표정 등 대부분의 것들이 낯설게 느껴진다. 어쩌면 상담자에게 있어서 입문기는 이러한 낯설음으로부터 벗어나는 과정이 아닐까 생각한다.

(2) 성장기

상담자는 입문기를 지나서 성장기에 들어서게 된다. 성장기에서 상담자는 상담이론과 기술도 중요하지만 곧 자신의 생활 경험, 가치관, 인간성으로 상담치료를 한다는 사실을 알게 된다. 그런 점에서 인간과 상담자로서의 적절성, 상담치료 관계에 자신의 어떤 점을 이용할 것인가에 대해서 고민하게 된다. 그리고 상담자는 상담활동을 통해서 불안의 처리, 자신을 개방하기, 완벽주의의 배격, 자신의 한계에 정직하기, 침묵의 이해, 관심 없는 내담자 상담, 모호성 참기, 내담자와의 관계 속에서 자신을 잃지 않기, 충고하고 싶은 마음 참기 등과 같은 상담기법 및 기술을 이 단계에서 익혀 나가게 된다.

성장기에 있는 상담자는 시행착오를 통해 어느 정도의 상담 경력을 쌓았기 때문에 자신만의 전화상담 모델을 만들어 가는 과정에 놓여 있으며, 자신의 성장 및 상담활동에 대한 평가를 위해 소그룹 학습 및 계속교육에 참여하게 된다. 반면, 상담자는 상담활동에 대한 또 다른 시행착오를 겪게 되거나 매너리즘에 빠지기도 한다. 이럴 때 일수록 상담자는 내담자를 고객이 아닌 '인생 동반자'로 생각하고, 그 위기를 극복하도록 노력해야 한다. 또한 전문성을 갖춘 상담자로 가는 길에 나타나는 성장의 방해물을 제거하고, 자신의 실수를 인정하며, 내담자를 새로운 관계에 끌어들이는 훈련을 해야 한다.

(3) 성숙기

성장기를 마치고 성숙기에 도달한 상담자는 자신의 상담활동과 관련하여 통합적 관점을 가지게 된다. 상담자는 인간으로서 그리고 치료자로서 자기분석과 성찰, 그리고 반성적 사고를 통해 자신을 통합적인 측면에서 바라볼 수 있게 된다. 이를 통하여 상담자는 상담자로서 온전함에 이르게 되고, 자신만의 고유하고 깊이 있는 전화상담 모델을 개발할 수 있게 된다. 이것은 결국 상담자가 훌륭하고 완성된 인격체를 향해 나아가는 데에 밑거름이 되는 것이다. 궁극적으로 상담자의 상담은 내담자만을 치유하는 것이 아니라 상담자 자신을 치유하는 효과를 얻게 된다.

(4) 도약기

일련의 성장 과정을 거친 상담자가 지금보다 더 높은 수준의 상담자가 되기 위해서는 새로운 도약이 필요하다. 새로운 도약은 단지 상담자의 노력만으로는 불가능하다. 즉, 상담자, 상담기관, 국가와 사회 등 다양한 측면에서의 접근과 노력이 필요하다. 상담자는 이제 자원봉사자 수준의 상담자가 아닌 진정한 전문가가 되기 위하여 대학과 대학원에 진학해서 상담을 심도 있게 전공하는 기회를 가질 수 있으며, 상담 관련 또는 유관 영역의 자격증 취득을 목표로 새로운 교육에 참여할 수 있다. 그리고 상담자는 그동안의 상담 경험을 통해 소속 기관과 타 상담기관에서 상담 및 자살예방 교육을 위한 교・강사로 활동할 수 있으며, 소그룹 활동리더, 교육위원 등으로 새로운 역할을 수행할 수도 있다.

상담기관은 상담자의 새로운 도약을 위해서 상담자 교육・양성・관리 시스템을 객관적으로 평가하고, 효율적인 체계를 갖추어야 한다. 그리고 상담자의 학습요구에 근거한 계속교육과 평생학습 프로그램을 개발하고, 학습동아리 활동의 다양성을 위해 상담 사례분석, 상담교재 독서 모임 등을 활성화하고, 소그룹 운영매뉴얼과 교재를 개발해야 한다. 또한 사회적인 측면에서는 공신력 있는 기관에서 상담자 양성과 교육을 위한 표준화된 교육과정을 개발하고, 상담자의 자질을 검증하고, 통제하기 위한 자격관리 체계도 마련해야 한다.

무엇보다도 상담자의 입장에서는 일상에서 자신의 역량을 함양하는 일에 노력해야 한다. 역량(competency)이란 사전적으로 '적절하거나 뛰어난 자격을 갖춘 상태나 질'이라고 설명되는 경향이 있으며, 교육훈련과 개발을 통하여 개선될 수 있는 지식과 기술, 태도의 집합체를 의미하기도 한다(Parry, 1996). 내담자는 자신을 도와주는 상담자가 전문가로서의 역량을 충분히 갖추고 있을 것으로 기대한다. 그렇다면 상담 전문직에서 역량이란 정확히 무엇을 의미하는가? 역량이란 전문성을 가지고 있는 정도인 능력(ability)과 이를 실제로 현장에서 행동으로 실천할 수 있는 정도인 수행(performance)과 관련된 용어이다. 자격증이나 면허증의 취득여부에 상관없이, 상담자가 내담자들이 원하는 만큼 역량을 갖춘 경우는 많지 않다. 오히려 초보 수준에서 시작하여 새로운 발달과 요구가 생기고 전문직에서의 경력이 쌓이고 전문가로서 성장하고 변화함에 따라 갱신되고 강화되는 계속적이고 발달적인 과정이다(강진령 외, 2009).

전문가로서의 상담자의 역량 개발은 선발, 훈련, 자격 인증 등의 과정을 통해 이루어지며, 일단 개발된 역량은 공식적 · 비공식적인 계속교육을 통해 유지된다. 공식적 교육에는 공식적인 수련감독, 세미나, 워크숍, 계속교육연수 등이 포함되며, 비공식적 교육에는 독서, 논문 및 저술, 자기 자신의 실천 경험을 반성하는 것 등이 포함된다. 새로운 이론과 지식, 상담 접근법, 사정과 상담 전략 등의 급증으로, 상담자가 추가적인 교육과 훈련 없이 기존의 전문적 역량만으로 전문직을 지속적으로 수행하는 것은 불가능해졌다. 따라서 전문가 개개인은 자신의 한계를 알고 공식적 · 비공식적 방법을 모두 활용하여 역량을 유지하기 위한 꾸준한 노력을 계속해야 한다(강진령 외, 2009).

4) 상담자 자기관리

(1) 상담자 자기관리의 의미 및 목적

누구에게나 자기관리는 매우 중요한 일이다. 특히, 다른 사람의 마음과 정서를 돌봐야 하는 상담자에게는 더욱 중요하다. 상담자에게 있어서 자기관리란 상담자로서 자신의 이성 · 지성 · 감성 · 영성, 그리고 신체와 관련하여 최상의 상태와 온전함을 유지하도록 하는 것이다. 이러한 상담자 자기관리의 목적은 최상의 상태에서 내담자를 만나 최고의 상담 서비스를 제공하기 위한 것이며, 다른 한편으로는 상담자 스스로 초심을 잃지 않고 궁극적으로 전인적 성장을 하도록 하기 위한 것이다. 상담자의 자기관리는 일종의 습관과도 같은 것이어서, 전화상담 활동 초기에 좋은 습관을 가져야만 이후에 경력 상담자가 되었을 때에도 그것을 성공적으로 유지할 수 있다. 이와 같은 상담자 자기관리에는 일반적으로 신체 · 마음 · 영성 건강 유지, 소진 예방, 의욕상실 예방, 슈퍼비전, 시간 관리, 학습 관리 등이 있다.

(2) 상담자 자기관리 방안

자기관리 방안의 한 가지로 자기관리 상담을 제안할 수 있다. 자기관리 상담은 임상가들이 정서적으로 건강하고, 정신적으로 활력을 유지하기 위하여 종종 하고 있는 예들이다(Norcross & Guy, 2007).

이러한 자기관리 상담을 위한 몇 가지 전략이 있는데, 첫째, 상담자 자신에게 혼잣말하기이다. 상담자들이 불안에 대처하고, 도움을 주는 생활양식의 일부분인 변화를 이루어 내는 많은 방법이 있다. 내담자에게 하듯 우리 자신에게 말하는 것은 가장 직접적이고 효과적인 치료법이다. 이 자기관리 상담은 특히 내담자에 관해 불필요하게 걱정하거나 혹은 다른 사람으로부터 우리 자신을 분리하는 데 어려움을 겪는 경우에 많은 도움이 된다.

둘째, 상담자가 자신의 문제를 해결하기이다. 자기치료 상담자를 위한 두 번째 전략은 우리의 삶을 풍요롭게 하기 위하여 우리의 치유 능력, 영양분, 통찰력, 동기를 사용하여 우리 자신을 우리의 내담자로 대접하는 것과 관련이 있다. 이는 단순히 위협적인 상황에서 우리의 방어 체계에 주목하는 것에서부터 장 · 단기 목표, 우연성, 강화, 행동 전략을 포함하는 정교한 문제해결 패키지까지 다양하다. 치료적 지혜와 기술을 자신에게 적용하여 우리의 가장 심한 잔소리꾼에게 최고의 치료법을 테스트함에 따라 우리는 개인적 효과성을 증진시킨다.

셋째, 일기 쓰기이다. 칼 융(Carl Gustav Jung)은 현역 상담자들에 대한 일기의 가치를 인정한 첫 번째 사람이다. 친구나 동료에게 편지나 이메일을 쓰는 것 또한 자기치료의 한 형태이며, 이는 새로운 아이디어나 통찰 혹은 개인적 고통으로 어려움을 겪고 있는 상담자에게 카타르시스를 줄 수 있다. 체계적으로 일기를 쓰는 것은 여러 가지 다양한 방식으로 상담자의 기능을 도와준다. 일기는, ① 특정 사례들로 어려움을 겪을 때 자신을 슈퍼비전하는 한 방법이다. ② 자기분석의 한 방법이다. ③ 아이디어를 개발하고 기록하는 수단이다. ④ 중요한 사건들의 기록이다.

넷째, 신체 운동하기이다. 상담자들은 지능과 목소리를 사용하여 의자에 앉아 상담을 한다. 마음은 진단과 추론을 하느라 활동적인 반면, 몸은 어떤 부분에서는 쇠약해지고, 또 어떤 부분에서는 등한시하므로 강해진다. 그래서 우리 중 많은 이가 신체적 운동을 함으로써 해소하려 한다(이지연, 황진숙, 2014).

자기관리 방안의 또 다른 한 가지는 집단의 지지를 얻는 것이다. 만약 집단 구성원들이 끝없는 불평과 비난을 현저히 감소시킬 만한 어떤 원칙을 도입한다면 비공식적으로 모이는 모임은 특별한 에너지 원천이 될 수 있다. 모스(Moss, 1981)는 유대감과 공동체 의식이 강한 집단이 상담자에게 강력한 치유력을 제공한다고 하였다. 이러한 집단은 관계 속에서 수용과 지지를 경험하게 하며, 누구나 자신의 존재를 인정받고 내면화할 수 있도록 돕는다. 이는 보편적이면서도 역동적이고 집중된 에너지를 형성하여, 개인의 심리적 회복과 성장에 긍정적인 영향을 미친다. 어떤 모양과 형태든 이와 같은 지지집단들은 조직 내에서 자생적으로 생겨난다. 이 안식처는 휴식을 취하거나 사례에 관하여 이야기하는 곳이다. 이전 상담을 하는 동안에 쌓였던 부정적 에너지를 내려놓고 방출하는 안전한 곳이다. 고립된 상황에서 일하는 상담자들은 종종 상담실 밖에서 매주 가슴과 마음으로 만나는 모임을 만든다(이지연, 황진숙, 2014).

자기관리 방안의 마지막은 상담자 치료이다. 좋은 상담자가 되기 위한 요점은 자신의 동기를 이해하고 상담과정에서 검토하는 것이다. 힐(Hill, 2005)은 상담자가 되기 원하는 사람들은 상담자가 되기 위해 그들의 동기와 자기 자신을 더 배우기 위해, 개인적 문제를 해결하기 위해 치료받기를 진심으로 추천한다. 자신의 이익을 위해, 치료에서 매우 가치 있는 경험이다. 상담자가 개인적 치료를 받는 것은 자신이나 자신의 문제에 몰두하거나 자신의 알지 못하는 부정적인 행동에 의해 자신의 상담 능력을 방해하는 개인적인 문제를 알 수 있게 한다. 더 나아가, 치료는 상담자가 성장하고 자신을 이해할 수 있도록 한다. 치료를 받는 것은 상담자 스스로 내담자로서 상담과정에 대해 배울 수 있게 한다. 따라서 내담자가 되어 보는 것은 무엇이 도움이 되고 도움이 되지 않는지 볼 수 있게 하고, 자신에 대한 고통스러운 요인을 드러내고 보이는 것이 얼마나 어려운 것인지 경험할 수 있게 한다. 또한 치료를 받는 것은 상담자에게 상담 회기에서 내담자가 어떻게 행동하기를 원하는지(혹은 원하지 않는지)에 대한 모델을 제공한다. 다른 말로 하면, 상담을 받는 쪽이 어떤 것인지에 대한 직접적인 경험은 매우 귀중한 경험이다(주은선, 2012).

토의 및 실습

1. 일반 상담자와 비교해서 상담자가 고유하게 갖추어야 할 자격 또는 자질은 무엇인지 생각해 보자.

2. 향후 미래사회에서 상담자에게 새롭게 요구될 만한 자격 또는 자질은 무엇인지 생각해 보자.

04
전화상담의 윤리

이 장에서는 전화상담의 윤리라는 주제로 윤리 및 상담 윤리란 무엇이며, 상담에서 왜 윤리가 필요하고 그 목적은 무엇인지 알아보고, 이러한 윤리를 준수하기 위한 윤리적 상담의 개념, 목적, 의의에 대해 살펴본다. 나아가 보다 세부적으로는 「생명의전화 국제협회 상담 윤리 요강」을 비롯한 상담 윤리의 기준 및 원칙의 개념과 내용 등에 대해 알아보고, 상담과정에서 발생하는 윤리적 문제에는 어떤 것들이 있으며, 이를 해결하기 위한 구체적인 윤리적 상담 실천 방안은 무엇인지 살펴본다.

1. 상담 윤리의 개념 및 목적

1) 상담 윤리의 개념

사전적 의미로, 윤리(倫理, ethics)란 '사람이 지켜야 할 도리'를 뜻하며, 전문가가 질적인 서비스를 제공하고 함께 작업하는 사람의 권리를 존중하는 원칙이고 규범이다. 또한 윤리적 방식으로 행동한다는 것은 직업을 다스리는 법과 규칙을 따르는 것을 포함한다(주은선, 2012). 그리고 윤리는 인간의 품행과 도덕적 의사결정에 관한 철학에 속해 있는 규율이다. 정신건강 전문가들은 윤리를 다른 사람들과의 관계에서 보여야 할 품행이나 행위의 기준(Levy, 1974), 또는 전문직 실천 기준이나 합의된 규정에 따른 수용 가능하거나 선한 행위의 실천(Cottone & Tarvydas, 2003)으로 정의하기도 한다. 사람들은 제각기 윤리적 입장을 발전시킴으로써 다른 사람들을 대하는 방식을 정하고, 다른 사람들이 자신을 대하는 방식을 기대하며, 선한 행동과 그렇지 않은 행동에 대한 결정을 내리는 데 지침으로 삼는다.

최근 들어, 상담 기관 및 상담자, 관계자들 간에 상담 윤리에 관한 논의 및 책임에 대한 인식이 증가하고 있다. 윤리를 상담이라는 전문직과 관련지어 보면, 전문가 집단의 일원으로서 옳고 그름으로 판단되는 일련의 품행에 해당된다. 따라서 윤리는 상담 전문직의 구성원들이 제정 · 공포하고 학회와 관련 기관의 윤리위원회와 자격관리위원회가 해석 · 적용 및 집행한다(강진령 외, 2009). 어떠한 직업과 상관없이 인간은 윤리적이어야 하며, 전화상담도 절대 예외가 될 수는 없다. 전화상담활동에서는 상담자가 반드시 지켜야 할 상담 윤리가 있다. 내담자에게 영향을 미치는 상담자의 가치관은 윤리적 의미를 내포하고 있다.

상담자도 전문직이므로 윤리적 책임이 따른다. 윤리란 사람들이 사회에서 어떤 방식으로 행동해야 할지에 대한 행동 표준이다. 우리나라의 경우 상담 윤리에 대한 공식적 관심은 1963년에 한국카운슬러협회가 창립되고 14년이 지난 1977년부터 윤리 요강 연구를 시작하여 1979년에 제정하면서 시작되었다고 할 수 있다. 그 후 한국상담심리학회에서 2004년 4월 16일 윤리강령을 제정하였고, 2005년 4월 17일 개정하여 현재까지 이르고 있다(강갑원, 2012). 한국생명의전화에서는 '생명의전화 국제협회'가 제정한 상담 윤리 요강을 사용하고 있다.

2) 상담 윤리의 필요성 및 목적

상담자는 내담자에게 도움을 주어 현재 상태보다 더 긍정적으로 변화시키고자 노력한다. 이러한 과정에서 상담자는 내담자를 도와줄 책임이 있을 뿐만 아니라 내담자에게 피해를 주는 행동을 해서는 안 될 의무가 있다. 윤리규정의 근본적인 목표는 내담자의 복지를 보호하는 것이다(최국환 외, 2007). 상담자는 내담자의 사적인 관심사와 호소내용을 경청하고, 대안을 숙의하며, 보다 나은 삶을 위한 선택을 할 수 있도록 돕는 역할을 담당한다. 다른 사람을 돕는 과정에서 상대방의 내면세계에 깊숙이 개입하기도 한다. 내담자를 보다 효과적으로 돕기 위해 상담자는 전문지식과 역량을 갖추고자 지속적으로 노력하고 전문가로서의 정체감을 발달시키기도 한다. 한 영역의 전문가로서 상담 관련 전문가들로 구성된 단체에 가입하여 다른 전문가들과 함께 활동하면서 전문가에게 요구되는 사회적 책무를 보다 깊이 인식하기도 한다(강진령 외, 2009).

상담자에게는 내담자를 돕기 위한 전문지식의 습득뿐 아니라 상담 실제에의 적용능력이 요구된다. 그러나 전문지식을 상담 실제에 적용하여 긍정적 성과를 도출해 내기 위해서는 상담자 윤리에 대한 지식과 실천의 중요성을 아무리 강조해도 지나침이 없다고 하겠다. 즉, 윤리적 상담은 내담자는 물론 상담자와 상담 성과를 보호하는 기능을 한다. 윤리적 상담을 위해 상담자는 무엇보다도 각 학회와 소속 기관에서 제정 · 공포한 상담자 윤리규정에 대해 잘 알고 있어야 한다. 윤리 기준에 대한 지식은 상담자가 흔히 부딪힐 수 있는 윤리적 딜레마를 능히 극복할 수 있도록 돕는 최소한의 의사결정의 잣대 역할을 하기 때문이다. 윤리적 갈등 상황에서 현명한 판단을 내릴 수 있다는 것은 윤리적 추론을 전개하고 의사결정 기술을 발전시켜 불필요한 윤리적 갈등에 휘말리지 않으며, 내담자에 대한 상담 서비스의 질을 한껏 높일 수 있는 역량을 갖추고 있음을 의미한다. 뿐만 아니라 정신건강 관련법에 대한 기본 지식을 갖춘다면 그만큼 법과 윤리, 그리고 임상적 차원의 다양한 현안들을 구분할 수 있고 윤리적 상담을 수행할 수 있는 기본 역량을 갖추었다고 볼 수 있다. 상담의 실제에 영향을 미치는 법률 지식은 내담자와의 관계에서 법적 문제 발생을 예방하고, 문제 발생 시 신속하게 대처할 수 있게 해 주기 때문이다(강진령 외, 2009).

그동안 상담에 대한 요구와 인식이 급격하게 변하고 상담 서비스의 범위가 점차 확대되면서 상담자의 법적 책임과 윤리에 관한 관심 또한 점차 증가되어 왔다. 그러나 상담자의 비윤리적 행위에 대한 구체적인 자료와 연구는 여전히 미비한 실정이다. 내담자는 심리적으로 혼돈 상태에 놓여 있거나 좌절과 실망을 거듭하고 낙담한 상태에서 전문가의 도움을 필요로 하므로 상담자의 언행은 자칫 내담자에게 심각한 영향을 미칠 수 있다. 따라서 내담자의 권리 옹호와 정신건강 증진을 위해서는 무엇보다도 상담자의 윤리적이고 책임 있는 행동이 요구되는 것도 바로 이러한 이유 때문이다. 이러한 점에서 상담과 관련된 법적, 윤리적 문제에 대한 이해를 높이는 한편, 다양한 윤리적 갈등 상황에 효과적으로 대처할 수 있는 지침이 요구되는 것이다(강진령 외, 2009).

2. 상담 윤리의 기준 및 원칙

1) 상담 윤리의 기준

(1) 상담 윤리 기준의 개념 및 필요성

상담자에게 책임 있는 윤리적 판단을 내리기 위한 중요한 자원의 하나는 윤리 기준의 철학적 토대를 설명하는 방대한 양의 문헌들이다. 다양한 연구물들을 통해 윤리 기준과 이론들이 정의되었고, 윤리 기준의 구체적인 조항들에 대한 근거가 마련되었기 때문이다. 본질적으로 이런 문헌들에서는 전문가의 행위에 관한 기준을 노인들의 지혜와 연결 지어서 어렵고 혼란스러운 윤리적 딜레마에 대처하는 방법으로 활용하기도 한다. 철학적인 문헌은 또한 책임 있는 전문가들의 행위의 기초가 되는 가치와 미덕을 명확히 구분함으로써 전문가의 입장에서 가치 판단이 필수적인 윤리적 상담을 두드러지게 하는 역할을 한다. 상담자의 윤리적 판단을 돕기 위한 자원으로는 철학적인 내용을 담은 문헌 외에도 상담의 실제에서 구체적인 윤리적 문제를 탐색한 문헌들을 들 수 있다. 이러한 문헌들은 상담 영역에서 책임 있게 대처하려는 전문가들에게 큰 도움이 되고 있다(강진령 외, 2009).

윤리 기준은 전문가의 품행과 책임에 대해 기본 틀을 제공하는 지침이다. 상담자는 윤리 기준을 참조함으로써 윤리적으로 문제가 없는 상담 서비스를 제공할 수 있을 뿐만 아니라 상담의 효과를 높일 수 있다. 전 세계적으로 정신건강 전문가들이 모이는 조직, 즉 상담, 심리학, 정신의학, 사회복지 관련 학회들은 이들의 전문적 활동에 대한 폭넓은 지침을 제공하는 윤리강령을 구비하고 있다. 이처럼 다양한 학회들의 윤리강령은 공통점이 있는가 하면 차이점도 있다. 특히 우리나라의 주요 학회들을 비롯한 미국의 학회 대부분이 일반 기준만을 제정 · 공포한 반면, 미국심리학회(American Psychological Association: APA)에서는 영역별로 세분화된 지침을 마련했다는 특색이 있다. 예를 들어, 민족, 언어, 문화가 다른 사람들에 대한 심리 서비스 제공자들을 위한 지침(1993), 동성애자 및 양성애자 내담자들을 위한 심리치료 지침(2000), 다문화 교육, 연수, 연구, 상담 및 조직 변화에 관한 심리학자들을 위한 지침(2003), 그리고 기록 보관 지침(1993)이 있다(강진령 외, 2009).

최근 미국 대부분의 주에서는 학교 및 기관의 상담사로 활동하기 위한 상담자의 면허(license)를 요구하고 있다. 각 주의 면허 교부법은 '활동 범위'를 규정하고 있다. 법은 상담자가 행할 수 있는(따라서 행할 수 없는) 것을 정확하게 조목조목 설명하고 있다. 상담자의 전문적 활동의 법적 측면에 덧붙여 미국상담학회(American Counseling Association: ACA)는 윤리강령을 규정하였는데, 이는 전문 활동에서 개인의 수용 가능한 행동 기준을 설명하고 있는 지침이다(홍창희 외, 2012). 미국상담학회 윤리강령에는 A: 상담 관계, B: 비밀유지, 증언거부 및 사생활 보호, C: 전문적 책임, D: 다른 전문가와의 관계, E: 평가, 사정 및 해석, F: 슈퍼비전, 훈련 및 교육, G: 연구와 출판, H: 윤리적 문제의 해결 등 여덟 부분이 있으며, 다양한 목적으로 기능한다. 여기에는 내담자를 돕는 합리적인 행동 방침에 관한 지침, 상담직의 가치를 최대로 실현시키는 행동 지침, 상담전문가의 '최상의 관행' 등이 언급되어 있다. 국내외 주요 상담 윤리강령(규정)의 세션(영역)은 〈표 4-1〉과 같다.

표 4-1 상담 윤리강령(규정) 비교

한국상담심리학회 '상담심리사' 윤리강령	한국상담학회 윤리규정	미국상담학회 윤리규정
1조 전문가로서의 태도	1. 사회관계	A: 상담 관계
2조 사회적 책임	2. 전문적 태도	B: 비밀보장, 증언거부, 사생활 보호
3조 내담자의 복지와 권리에 대한 존중	3. 정보의 보호	C: 전문가 책임
4조 상담 관계	4. 내담자의 복지	D: 다른 전문가들과의 관계
5조 정보의 보호 및 관리	5. 상담 관계	E: 평가, 사정, 해석
6조 심리 평가	6. 상담 연구	F: 수련감독, 연수 그리고 교수
7조 수련 감독 및 상담자 교육	7. 심리검사	G: 연구 및 출판
8조 윤리문제 해결	8. 타 전문직과의 관계	H: 윤리적 문제 해결
	9. 윤리문제 해결	

우리나라 대표적인 전화상담 기관인 한국생명의전화는 '생명의전화 국제협회'가 제정한 상담 윤리 요강을 사용하고 있으며, 상담의 본질, 상담의 책임성, 상담자의 자격에 관한 기준을 담고 있다. 구체적인 세부내용은 〈표 4-2〉와 같다.

표 4-2 생명의전화 국제협회 상담의 윤리 요강

1. 상담의 본질
   1) 생명의전화 상담은 '위기개입' 봉사이다.
   2) 상담은 다른 사람의 정신 기능의 향상을 촉진시킨다. 이러한 상담 봉사는 개별적으로 혹은 집단적으로, 전화로 혹은 면접상담으로 수행될 수 있다.
   3) 상담은 훈련받고 선발된 생명의전화 상담자들에 의해 제공된다. 상담자는 발달이론, 정신 병리학, 위기개입, 지지, 정서적 · 인지적 상담과 문제해결의 적절한 기술들을 이해하기 위한 훈련과 적용 능력을 갖추도록 한다.
   4) 상담의 목적은 내담자들이 능동적으로 자신의 감정을 충분히 경험하도록 하는 것이다. 상담은 그들의 현재 생각과 그들이 더 원하는 생각을 탐색하는 것과 그들의 삶의 변화를 촉진시키는 기회와 결과들을 숙고하게 하는 것이다. 또한 상담은 그들의 신체적, 정서적, 영적, 그리고 인지적 자아들의 제 측면들을 탐색하는 것이다.
   5) 상담 관계에서는 비밀 유지가 가장 기본적인 요소이다.

6) 상담의 좋은 규준을 유지한다는 것은 자기평가, 자기성장, 일부 상담자에 대한 교육지도(supervision)와 관련된다. 센터들은 상담자들에게 교육지도의 기회를 제공해야 한다.

2. 상담의 책임성

1) 상담은 신중히 약속한 책임 있는 행동이다.
2) 상담자는 이러한 윤리 요강에 나타난 원칙들을 지킬 책임이 있다.
3) 상담자는 그들이 대하는 모든 사람의 존엄성, 가치, 문화, 영성과 독특성을 존중해야 한다. 상담자은 모든 사람이 자기결정의 궁극적인 권리가 있다는 것을 인정해야 한다. 따라서 그들의 관심사에 대한 관심을 가져야 한다. 상담자는 내담자가 갖고 있는 관계성과 지지체게 안에서 그의 '삶의 기술'을 향상시기고 촉진시기기 위한 책임이 있다는 것을 수용한다.
4) 상담자는 자신의 전문성의 한계를 정하고 내담자에게 이를 분명히 할 책임이 있다.
5) 상담자는 내담자가 자신의 신념과 가치 안에서 자기 결정과 원하는 변화들을 만들 수 있다는 것을 존중해 준다.
6) 상담자는 자신의 정서적 욕구들이 상담 과정에서 내담자에게 투사되는 것이 부적절하다는 것을 인식할 책임이 있다.
7) 상담자는 상담 관계에서 내담자의 성적, 신체적, 언어적 남용을 허용하지 않는다.

3. 상담자의 자격

1) 상담자는 생명의전화의 상담자 자격을 부여받기 전에 기본적인 훈련, 선발, 수습기간을 거친다.
2) 상담자는 생명의전화 국제협회, 전국위원회, 해당 센터의 정책, 수칙, 헌장을 지킨다.
3) 상담자는 그의 전문적 성장과 자아인식을 증가시키는 방법 찾기를 힘쓴다.
4) 상담자는 전문적 능력이 있는 교육지도자(supervisor)로부터 정규적인 교육지도와 함께, 보고서(축어록)를 통한 상담훈련을 받는다.
5) 상담자는 그의 센터, 동료 상담자와 내담자에게 그가 상담하는 내용과 이유에 대해 책임성 있게 해야 한다. 상담자는 자신의 능력 범위 안에서 지역사회에 효과적인 봉사를 하고, 자신의 자격과 능력을 살필 수 있어야 한다. 상담자는 개인적 자원들이 고갈되었을 때를 알아야 하고 일시적이든, 영구적이든 상담을 계속하거나 중단하기를 판단할 수 있어야 한다.
6) 상담자는 자신의 능력에 대한 한계를 인정하고 그가 활동하는 나라의 법을 준수한다.

(2) 상담 윤리 기준의 목적

상담 윤리강령은 다음 세 가지 목적을 충족시키고 있다(Herlihy & Corey, 2006). 첫째, 건전한 윤리적 품행에 관하여 전문가들을 교육하기 위함이다. 둘째, 윤리 기준은 전문가의 책무성에 대한 구조(structure) 또는 틀(framework)을 제공한다. 셋째, 윤리강령은 상담 업무를 개선하는 데 촉매 역할을 한다. 그러므로 상담자들은 윤리강령 제정의 근본 목적이 내담자의 이익을 극대화시키는 상담 서비스를 제공함으로써 내담자의 복지를 보호하기 위함이라는 사실을 결코 잊어서는 안 된다. 또한 윤리강령은 일반인들 혹은 잠재적 내담자들을 보호하고 전문가들에게 업무 수행을 안내함으로써 가능한 한 최선의 서비스를 제공할 수 있도록 돕는 것이다(강진령 외, 2009). 미국상담학회가 정한 윤리규정의 목적은 〈표 4-3〉과 같으며, 생명의전화 국제협회 상담의 윤리 요강의 목적은 〈표 4-4〉와 같다.

표 4-3 미국상담학회 윤리규정(American Counseling Association Code of Ethics)

ACA 윤리규정의 목표(다섯 가지 주요 목적)
1. 윤리규정은 현재와 미래의 회원들 그리고 회원들로부터 서비스를 받는 사람들에게 회원들이 가지는 공통된 윤리적 책임의 성질이 어떤 것인지를 학회에서 분명하게 할 수 있게 한다. 2. 윤리규정은 학회의 사명을 지원하도록 돕는다. 3. 윤리규정은 학회 회원들의 윤리적 행위와 최선의 실천이 무엇인지를 밝혀 주는 원칙들을 세운다. 4. 윤리규정은 상담 서비스를 이용하는 사람들에게 최선을 다해 봉사하고 상담 전문직의 가치를 가장 잘 향상시킬 수 있는 전문가로서의 행동 방향을 만들어 갈 수 있도록 학회원들을 보조하기 위해 고안된 윤리적인 안내자의 역할을 수행한다. 5. 윤리규정은 학회 회원들에 대해 발의된 윤리적 고소와 심리 절차에 대한 기초로서의 역할을 한다.

표 4-4 생명의전화 국제협회 상담의 윤리 요강의 목적

이 윤리 요강은 생명의전화 운동을 펴는 국가의 센터들이 생명의전화 국제협회에 가입하는 인준 사항의 하나이며, 산하 모든 센터들이 따라야 하는 사항을 말한다.

목적

- 회원 국가의 센터와 상담자들에게 생명의전화 국제협회에서 제시하는 봉사의 기준들을 철저히 지키고 유지하게 하고자 한다.
- 높은 수준의 봉사를 유지하고 제공할 수 있다는 것을 사회에 알리고자 한다.

가치

- 봉사의 기준들은 협력, 성실성, 능력, 비밀성, 익명성, 책임성 등의 가치들로 구성한다.

(3) 상담 윤리 기준의 의의 및 한계

윤리강령은 내담자를 보호하고, 상담자에게는 지침을 제공하며, 전문가의 지위를 분명하게 밝히기 위한 목적으로 전문가 집단이 제정한다. 그러나 이러한 중요한 의의가 있음에도 불구하고 윤리강령은 최선의 진리를 포함하고 있지 못할 뿐 아니라 윤리적 딜레마에 대해 사전에 준비된 명확한 답변을 제공할 수 없다는 한계가 있다. 게다가 시대의 흐름에 따라 윤리에 관한 의식과 지식이 지속적으로 변하여 주기적으로 개정작업이 요구되기도 한다. 그러나 윤리강령이 아무리 유용하게 만들어졌다고 하더라도 상담자 개개인의 충분한 자료와 정보를 통한 판단과 선의를 결코 대체할 수는 없다. 이들은 복잡한 상황에서 어려운 결정을 내리는 데 반드시 사용되어야 하는 도구인 셈이다. 그래서 상담자는 단지 법이나 윤리 조항을 따르기보다는 훨씬 높은 수준에서 윤리적으로 행동할 것이 요구된다. 그러므로 상담자를 비롯한 정신건강 전문가는 최소한 자신의 전문 영역에 관한 윤리 기준을 숙지하고 있어야 한다. 하지만 상담자가 윤리적 결정을 내릴 때 윤리 기준은 일반적인 지침을 제공하지만, 구체적인 상황에서 상담자가 취해야 할 행동에 대해서는 명확하게 제시하지 않기 때문에 상담자는 독자적으로 윤리 기준을 구체적인 상황에 맞추어 해석하고 적용해야 한다. 이러한 관점에서 볼 때, 윤리강령은 책임 있는 전문가의 행동을 위한 요리책이 아니라(Welfel, 2006), 오직 제한된 사안들에 대해 지침을 제공할 뿐이라는 사실을 상담자는 명심해야 할 것이다. 이러한 이유로 윤리강령은 책임 있는 전문가 행동을 위한 필요조건을 충족시킬 수는 있지만 충분조건은 충족시키지 못한다고 할 수 있다(강진령 외, 2009).

상담자의 품행과 판단에 지침 역할을 하는 윤리강령으로는 각 상담 관련 학회가 제정한 윤리 기준들이 있다. 미국의 경우는 일찍이 미국상담학회, 미국학교 상담자학회 등에서 윤리지침을 제정 · 공포하여 이미 수차례에 걸쳐 시대에 걸맞은 수정 작업을 거쳐 오늘에 이르고 있다. 우리나라는 한국상담학회, 한국심리학회 산하의 한국상담심리학회가 상담자 윤리강령을 제공 · 공포하였다. 앞서 언급한 것처럼 윤리강령은 상담자가 준수해야 할 가장 기본 원칙만 제시한다. 따라서 윤리 기준이 아무리 잘 만들어졌다고 하더라도 모든 경우에 적용하기에는 한계가 있다. 그러므로 상담자는 법적 · 윤리적 문제들에 대한 학술지를 구독하거나, 다른 전문가들에게 조언을 구함으로써 모호하거나 부족한 부분을 보충해야 한다.

2) 상담 윤리의 원칙

많은 상담 전문가(예: 상담, 의학, 간호, 심리학, 사회사업 등)는 내담자와 종사자 모두를 보호하기 위해 윤리적 규준을 발전시켜 왔다. 이러한 규준은 전문가들이 추구하는 윤리적 책임을 강조한다. 전문가들이 책임감 있는 방식으로 행동하고, 내담자를 배려하고, 그들의 활동을 통해 사회에 공헌하도록 한다. 윤리적 규준은 옳은 답을 제공하기보다는 책임감 있는 태도와 윤리적 딜레마를 해결하는 데 지침을 제공한다. 또한 전문가가 해야 하는 것(예: 비밀보장에 대해 얘기하기)과 하지 말아야 하는(예: 내담자와 성적 관계) 행동의 구체적 원칙을 포함한다.

만약 상담 윤리 요강에 없는 사태가 발생하면 윤리의 원칙에 따라 상담 행위를 결정한다. 윤리의 원칙은 윤리 결정의 준거이며 도덕적 규율이나 상담 윤리 요강보다 더 포괄적이다. 상담 윤리 원칙에 해당되는 상담 윤리 강령 구성에 포함된 철학적 사조는 자율성, 선행, 무해성, 정의 및 공정, 성실, 엄수, 정직의 원칙이다

(Beauchamp & Childerss, 1994; Welfel, 2006; Meara, Schmidt, & Day, 1996; Kitchener, 1984). 세부적인 상담 윤리 원칙은 다음과 같다.

- 자율성(autonomy)의 원칙: 갈등이 있을 경우 내담자의 자율성을 최대한 존중해 주는 쪽으로 결정되어야 한다는 의미이다. 설령 내담자의 선택과 결정이 다소 잘못될 가능성이 있더라도 내담자의 자율적 선택과 행동을 존중해 주어야 한다. 단, 내담자의 자율성도 타인의 권리를 침해하지 않는 범위 내에서 존중된다.
- 선행(beneficence)의 원칙: 다른 사람을 돕고 성장을 촉진함으로써 좋은 일을 의도하는 것이다. 이 원칙은 내담자의 성장과 복지에 기여하는 방향으로 결정되어야 한다는 의미이다.
- 무해성(nonmaleficence)의 원칙: 내담자에게 조금의 해도 가지 않는 쪽으로 결정되어야 한다는 의미이다. 전문가는 자신의 중재와 행동이 내담자에게 부주의하게 해를 끼치지 않도록 확실히 할 것을 요구한다. 여기에는 내담자가 타인에게 피해를 주지 않아야 한다는 것도 포함된다.
- 정의 · 공정(justice)의 원칙: 어떤 경우에도 내담자가 차별 대우를 받지 않는 쪽으로 결정되어야 한다는 의미이다. 예를 들면, 인종, 성, 종교적 신념 등에 관계없이 동등한 대우를 받아야 한다. 모든 사람을 위한 기호와 수단의 균등함에 대한 보장이나 공평으로 정의할 수 있다.
- 성실(sincerity)의 원칙: 내담자를 상담할 때, 신뢰를 바탕으로 성심성의껏 최선을 다해야 한다는 의미이다. 여기서 성실이란 충실, 신뢰, 약속 이행 등을 뜻한다. 상담 계약을 이행하지 않거나(상담 약속 불이행, 비밀 보장 파기 등) 허위로 하는 것은 성실 원리를 위반한 예이다.
- 엄수(fidelity)의 원칙: 약속을 지키는 것과 다른 사람과의 관계에서 신뢰할 만하다는 것을 의미한다. 엄수는 상담자와 내담자 사이의 결정적 요소이다. 상담 과정에서 동의한 것을 신뢰할 만한 상담자의 신용이 없다면 매우 적은 전진만이 이루어질 수 있다.

- 정직(veracity)의 원칙: 진실을 말한다는 것으로 상담 상황에서 강력하고 필요한 원칙이다. 종종 내담자는 상담과정에서의 상호작용에 대하여 정직한 피드백을 제공하도록 상담자에게 의지한다.

생명의전화는 상담 윤리 원칙에 해당되는 '생명의전화 국제협회 상담의 행동 요강'을 지침으로 사용하고 있으며, 이 행동 요강은 한층 더 특별한 정보와 지침을 제공하여 윤리 요강을 보충하는 데 그 목적이 있다. 세부적인 내용은 〈표 4-5〉와 같다.

표 4-5 생명의전화 국제협회 상담의 행동 요강

1. 관리
   1) 상담자는 해당 생명의전화 센터의 상담훈련, 자격규정과 사용된 상담방법 등을 존중하며, 이들 내용을 필요시 내담자와 함께 나눌 수 있다.
   2) 상담자는 상담과정에서 내담자에게 제공할 수 있는 것을 분명히 한다. 이는 일부 내담자들에 대한 재정적 책임뿐 아니라, 상담의 횟수와 기간을 포함한다.
   3) 상담자는 상담을 요청하는 내담자의 기대를 살필 수 있어야 한다. 또한 내담자가 어떤 타 기관의 협력관계가 필요한지 혹은 관련된 치료를 받아야 하는지를 판단할 수 있어야 한다.
   4) 상담자는 내담자들에 대한 그들의 의무와 생명의전화 상담자로서의 성실성과 책임성들 사이의 갈등을 인식해야 한다.
   5) 상담자는 자신의 능력의 한계를 고려해야 하고 내담자가 요구할 때 적절한 대외 의뢰 조치(referral)를 취한다.
   6) 상담자는 내담자가 원하는 도움을 이미 받았을 때 혹은 상담이 더 이상 도움이 안 된다는 것이 명백할 때 상담을 종결한다.

2. 비밀성
   1) 내담자에 대한 정보를 직접적으로, 간접적으로 혹은 추론해서 얻게 되었든지 간에, 그것은 비밀로 다루어져야 한다. 이는 내담자가 밝히기를 원하지 않는 신분과 그의 인생과 환경의 어떤 다른 세부적인 사실들 및 그의 이름, 주소, 신체적 세부사항들을 포함한다.

2) '비밀에 부친다.'는 말은 생명의전화의 책임성적 위치에 있는 사람들을 제외한 다른 사람들, 또는 대중매체에 어떤 정보도 발설하지 않음을 말한다.
3) 위에 언급된 두 가지 요점을 인식하면서, 상담자는 만일 내담자가 자신 또는 다른 사람들에게 위험을 주거나 상해를 가할 수 있다고 생각된다면, 상담자는 내담자에게 그 비밀이 지켜질 수 없다는 것을 알리고, 이를 관계된 개인들이나 행정 당국에 알리는 적절한 조치를 취한다. 생명의전화 사무국은 이를 주목하고 수반되는 조치를 취한다.
4) 특수한 내담자에 대한 정보는 그의 승인을 얻어 센터 회보나 모임에 발표하기 위해서 사용하고 생명의전화 사무국의 허락을 받아야 한다. 단, 이때 익명성을 내담자가 원한다면 이를 지켜야 한다.
5) 상담사는 전문가들과 내담자에 대한 논의를 하는 것은, 그 목적하는 바가 해당 내담자와 상담과정에 결과적으로 도움이 되는 경우에 한한다.

토의 및 실습

1. 국내외 상담 관련 윤리 강령들의 내용 중에서 전화상담 윤리에 적용할 만한 것은 무엇인지 생각해 보자.

2. 향후 전화상담 분야에서 추가적으로 필요한 윤리 기준 또는 원칙은 무엇일지 생각해 보자.

PART 02

상담이론의 전화상담 적용

05 인간중심상담

인간중심상담은 칼 로저스에 의해 창안된 상담이론으로 인본주의 심리학에 뿌리를 두고 있는 상담기법이다. 본 장에서는 인간중심상담의 인간관, 주요 개념, 상담의 과정, 주요 기법을 고찰하고, 로저스의 인간중심상담이 전화상담에 어떻게 적용될 수 있는지 사례를 통해 제시한다.

1. 인간중심상담의 개요

인간중심상담은 1940년대 초 칼 로저스(Carl Rogers, 1902~1987)에 의해 창안되었으며, 인본주의 심리학에서 나온 개념에 뿌리를 두고 있다. 인간중심상담의 기본가정은 사람은 본질적으로 신뢰할 수 있고, 상담자의 직접적인 개입 없이도 자신을 이해하고 자신의 문제를 해결할 수 있는 충분한 능력이 있으며, 인간적 성숙과 자기실현을 추구하려는 동기를 가지고 있다고 보았다. 그렇기 때문에 상담은 심리적 부적응을 겪고 있는 사람뿐 아니라, 정상인에게도 가능성과 잠재력을 실현시킨다는 차원에서 적용할 수 있다.

로저스는 상담기법보다 상담 관계를 중요하게 생각하였으며, 상담자의 태도와 인간적인 특성, 내담자와 상담자의 관계의 질이 상담결과의 중요 결정요인이라는 것을 강조하였다.

2. 인간관

로저스가 초기부터 일관되게 강조하고 있는 주제는 내담자의 성장을 촉진하는 존경과 신뢰의 분위기만 갖추어지면, 내담자는 건설적인 방향으로 발전할 수 있는 능력이 있다는 믿음이다. 그러므로 그는 인간을 합목적이고, 전진적이며, 건설적이고 현실적인 존재인 동시에 아주 신뢰할 만한 선(善)한 존재라고 보았다. 또한 인간을 반결정론적인 입장에서 자유로운 존재로 보고 있다(정순례 외, 2020; 천성문 외, 2021).

- 모든 인간은 자기가 중심이 되는, 끊임없이 변화하는 세계 속에서 살아간다. 따라서 개인의 사적(私的)인 세계는 오직 자기 자신에게만 알려질 수 있다.
- 인간은 자기에게 경험되고 지각되는 대로 반응한다.
- 인간은 현상적 장(phenomenal field)에 대해 체계화된 전체로서 반응한다.
- 유기체는 한 가지 기본적인 경향성, 즉 경험하는 유기체를 유지하고 고양하고 실현시키는 경향성을 갖고 있다.
- 인간은 기본적으로 목적 지향적이다.

3. 주요 개념

1) 유기체와 현상적 장

유기체(organism)는 개인의 사상, 행동 및 신체 모두를 포함하는 전체로서의 한 개인을 말한다. 유기체는 그 자체 내에서 어떤 한 부분의 변경도 다른 부분의 변화를 유발하게 하는 성질을 갖는다.

현상적 장(phenomenal field)은 유기체, 즉 개인은 계속 변화하고 있는 세계 속에서 자신이 경험하고 지각한 장에 대하여 반응하는 존재이다. 이러한 개인이 경험하고 지각한 장은 사적(private)이고 주관적 경험의 세계인데 이를 '현상적 장' 혹은 '경험적 장(experiential field)'이라고 한다. 현상적 장은 그 사람 자신에게만 알려질 수 있는 그 개인의 내적 준거체제(internal frame of reference)이다.

그러므로 로저스는 내적 준거체제인 현상적 장, 즉 개인의 경험 세계는 '공감적 추론(empathic inference)'에 의하지 않고는 다른 사람에게 결코 알려질 수 없는 것이라고 주장한다.

2) 자아와 자아개념

자아(self)는 개인의 전체적인 현상적 장 혹은 경험적 장으로부터 분화된 부분을 말한다. 즉, 아동은 다른 사람들과 상호작용을 통하여 자신의 전체적인 경험의 장으로부터 '나(I)' 혹은 '나를 혹은 나에게(me)'로 한정짓는 하나의 심상(心象)을 형성하게 된다. 다시 말해서, 자아는 자기 자신의 존재에 대한 인식 혹은 기능 작용의 인식을 의미한다. 이와 같은 자아의 발달을 통해서 개인은 자기에게 속한 것 혹은 자기의 일부와 자신이 지각하는 다른 모든 대상들 사이를 구별할 수 있게 된다.

자아개념(self-concept)은 자아구조를 의미하는 것으로 인식할 수 있는 '자아지각들의 조직된 틀(organized configuration)'을 말한다. 즉, 자아개념이란 개인의 여러 특성과 능력에 대한 지각들, 다른 사람들이나 환경과 관련된 자신에 대한 지각과 개념들, 경험과 대상들과의 관련 속에서 지각되는 가치관, 그리고 긍정적 혹은 부정적인 것으로 지각되는 목표 및 이상을 말한다. 또한 자아개념은 현재의 모습에 대한 지각인 현실적 자아(real self)와 자기가 되고자 하고 또한 되어야 한다고 생각하는 이상적 자아(ideal self)를 포함한다.

3) 실현 경향성과 자아실현 경향성

로저스에 의하면 인간을 포함하는 모든 유기체는 그것 자체가 갖고 있는 고유한 가능성들을 건설적인 방향으로 성취하고자 하는 실현 경향성(actualizing tendency)을 갖고 있다. 이것은 우주 속에 작용하고 있는 형성적 경향성(formative tendency)의 부분으로서 생득적인 것이며, 인간에게 있어서 행동하는 데 최상의 동기로 간주되고 있다. 또한 이 경향성은 성장의 신체적 · 심리적 요소를 총망라하고 있다.

인생 초기에는 신체적 요소와 심리적 요소 중에서 신체적 요소가 우세하다. 그러나 성장하게 됨에 따라 자아(self)가 발달하기 시작하면서부터는 강조점이 신체적인 것에서 심리적인 것으로 옮겨가게 된다. 일단 자아가 출현하게 되면, 자아실현(self-actualization) 경향성이 나타난다. 평생을 지속하는 이 과정은 인간 생활에서 가장 중요한 목표이다. 자아실현은 한 인간이 자신이 되는 과정이며 그 개인의 독특한 특성과 잠재력을 발달시켜 가는 과정을 말한다. 이것은 좀 더 유능한 인간으로 되어가는 과정이라고 할 수 있다.

4) 자아의 발달과 적응 또는 부적응 행동

자아는 유아가 자기 경험의 한 부분을 나머지 모든 부분, 즉 전체의 경험적 장, 혹은 현상적 장으로부터 구분, 분리시킴으로써 분화된 것을 말한다. 이 자아는 어린 시절 부모나 주변의 중요한 타인들에 의한 평가 혹은 받는 사랑의 정도에 따라 건강하게도 또는 그렇지 못하게도 발달하게 된다.

(1) 유기체적 가치화 과정(organismic valuing process)

아동은 부모나 그 밖의 타인들을 포함하는 현상적 혹은 경험적 장에서 지각된 실재와 더불어 상호작용하는 과정에서 자신의 경험들을 실현경향의 욕구를 충족시킬 수 있는가 혹은 그렇지 못한 것인가 하는 기준에 의해서 평가한다. 욕구를 충족시키는 경험이면 긍정적 가치로, 그렇지 못하면 부정적 가치로 평가하는데 이를 유기체적 가치화 과정(organismic valuing process)이라고 한다.

(2) 긍정적 관심(positive regard)과 자기 관심(self-regard)

아동은 환경과의 상호작용 과정에서 타인으로부터의 긍정적 관심을 얻고자 하는 욕구를 발달시키게 된다. 이러한 긍정적 관심은 모든 인간에게 강력하게 작용하는 욕구이다. 이 욕구는 개인의 유기체적 가치화 과정보다 더 강력할 수도 있다. 아동은 그것이 진정 유기체의 실현 경향성을 충족시켜 줄 수 있는 것인지 어떤 것인지 상관하지 않고, 우선 다른 사람으로부터 긍정적 관심을 얻을 수 있다고 생각되는 행동을 하게 되고, 반면 그렇지 못할 것이라고 생각되는 행동은 피하게 된다. 즉, 여기서 다른 사람들이 하는 자신에 대한 평가 기준에 근거하여 자신을 평가하게 되는 자기관심의 욕구가 발달하게 된다. 그러니까 자기관심의 욕구는 자아경험에 따른 긍정적 관심의 욕구만족이나 혹은 좌절과 관련하여 발달하게 된다. 이것은 유기체의 경험과 일치하지 않는 자아개념을 형성하게 한다. 즉, 아동은 자기관심의 욕구에 기인하여 실제의 자기가 되려 하지 않고, 다른 사람이 그에게 요구하는 사람이 되려는 경향을 보인다.

(3) 조건적인 긍정적 관심(conditional positive regard)과 가치의 조건들 (conditions of worth)

아동은 부모나 타인으로부터 긍정적 관심을 얻지 못하면 그 인정받지 못한다는 사실을 자기 행동 전체에 확산시켜 적용한다. 그리하여 거부의 표현은 어떤 것이나 민감하게 되고, 자기가 기대하는 반응에 의존하여 자신의 행동을 계획하기 시작한다. 이와 같은 상황에서 아동은 조건적인 긍정적 관심을 학습하게 된다. 이것은 부모나 다른 중요한 타자들의 관심과 사랑이 아동 행동의 적절성 여부에 따라 달라지게 될 때, 아동이 학습하게 되는 것이다. 이 학습의 과정에서 가치의 조건들이 아동들에게 부과된다. 이렇게 되면 아동은 항상 부모나 타인들이 설정한 가치 혹은 기준에 어긋나지 않는 행동을 하게 된다. 그러한 가치의 조건들에 어긋나

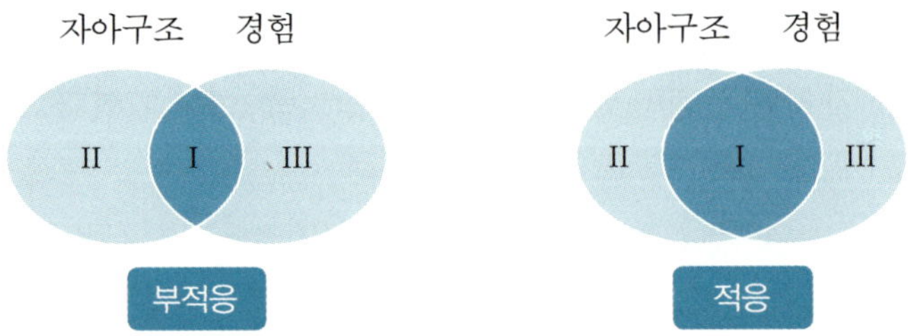

[그림 5-1] 로저스의 적응과 부적응 도식

는 행동을 하게 되면, 아동은 죄의식과 자신의 무능력감 또는 무가치감을 느끼게 되고 방어적인 성격을 형성하게 된다. 이런 방어의 결과로 개인의 자유는 제한되며 진정한 본성이나 자아가 완전히 표현할 수 없고 자아가 왜곡된다.

적응은 자아와 유기체의 경험 간 일치를 말한다. 따라서 모든 경험에 개방적인 특성을 지니고 있으며, 충분히 기능을 발휘할 수 있는 상태에 있는 것이다. 부적응은 자아와 유기체의 경험 간 불일치를 말하며 방어적인 특성을 지니고 있다. 이를 설명해 주는 로저스의 도식을 간결화하여 표시하면 [그림 5-1]과 같다.

- 경험을 표시하는 원은 인간 유기체의 현상적 혹은 경험적 장(場)을 말한다. 그것은 유동적이고 변화하는 장이다.
- 자아구조는 자아의 구조 혹은 자아의 개념으로 정의되어 온 개념의 틀을 말한다. 그것은 개인의 특성들과 관계성, 가치관들을 포함하고 있다.
- 영역 I은 현상적 장에서 자아의 경험과 유기체적 경험들이 일치되는 부분이다.
- 영역 II는 개인의 사회적 혹은 기타 경험으로서 그 개인 자신의 경험 중 한 부분이며, 이것은 지각이나 상징화의 과정에서 왜곡되어 온 현상적 장의 부분을 의미한다.
- 영역 III은 자아의 구조와 불일치하기 때문에 의식화가 거부되는 경험들을 의미한다.

5) 충분히 기능하는 인간: 좋은 삶

로저스는 좋은 삶 혹은 이상적인 삶을 사는 사람을 충분히 기능하는 인간(fully functional person)으로 기술하고 있다. 그는 충분히 기능하는 인간이란 하나의 존재 상태가 아니라 하나의 과정으로 보고, 충분히 기능하는 인간이 되어 가는 과정의 특성들을 다음과 같이 들고 있다(천성문 외, 2021).

(1) 경험에의 개방성이 증대되어 가는 과정이다

이것은 반대로 방어성의 감소를 의미한다. 우리가 자신의 경험에 충분히 개방할 수 있으면, 모든 자극들을 방어기제에 의해 왜곡됨이 없이 신경계를 통해서 자유롭게 전달할 수 있다. 그리하여 그 개인은 자신과 자신 속에 이루어지고 있는 경험에 대하여 보다 더 잘 경청할 수 있게 되고, 두려움이나 절망과 고통들을 더 잘 포용할 수 있게 된다. 따라서 그는 자신의 감정들을 있는 그대로 자유롭게 각성할 수 있음과 동시에 자유롭게 대처할 수 있다. 이처럼 심리적으로 자유로운 사람은 충분히 기능하는 사람이 될 수 있다.

(2) 실존적인 삶의 태도가 증대되어 가는 과정이다

자신의 새로운 경험에 대하여 방어적이지 않고 충분히 개방적인 사람은 삶의 순간순간이 새로운 것임을 알 수 있다. 그리하여 이러한 개인은 순간순간마다 내가 어떤 존재인가 또는 내가 무엇을 할 것인가를 발견할 수 있고, 그 삶에 충실할 수 있게 된다. 충분히 기능하는 사람은 자아구조가 매 시기 새로운 경험들에 끊임없이 개방되어 있으므로 충분히 기능할 수 있는 능력이 자아 방어 때문에 방해받지 않아 잘 적응할 수 있게 된다.

(3) 자신의 유기체에 대한 신뢰를 증대해 가는 과정이다

건강한 사람은 경험의 개방성으로 인해 의사결정에 유용한 모든 정보를 접하게 된다. 충분히 기능하는 사람은 자신의 유기체 전체를 통하여 어떤 한 상황의 여러 측면을 고려할 수 있다. 그 결과 상황의 모든 측면들을 가장 만족스럽게 할 수 있는 결정을 할 수 있게 된다. 그렇기 때문에 그는 자신의 유기체를 신뢰하게 된다.

4. 상담의 과정

1) 상담의 목적과 목표

인간중심상담의 궁극적 목적은 충분히 기능하는 인간이 되도록 돕는 것이다. 이러한 목적을 달성하기 위한 구체적인 목표는 상담의 과정에서 개인으로 하여금 방어적인 행동을 하게 하는 가치의 조건들의 해제를 도와서 유기체적 경험에의 개방성을 증대시킬 수 있도록 돕고, 그 결과 자아개념과 유기체의 경험 간 일치 정도를 높이는 것을 통해 충분히 기능하는 인간으로 성장시킨다(천성문 외, 2021).

2) 상담의 과정

내담자가 처음 상담실에 전화를 걸어 오는 것으로부터 상담 종료 시까지 상담하는 동안에 어떤 일이 일어나고, 또 전개되는지에 관한 과정을 요약, 기술해 보고자 한다.

① 개인이 도움을 얻기 위해 상담실에 전화를 걸어 온다.
② 조력 장면이 설정되는 것이 보통이다. 상담과정의 기본성격을 이해하도록 돕는다. 내담자는 자신의 문제해결의 답을 상담자가 갖고 있는 것이 아니라, 자유롭게 상담의 과정에서 상담자의 도움을 받아가면서 스스로 노력해 가는 과정임을 알게 한다.
③ 상담자는 내담자가 자신의 문제에 대한 감정을 자유롭게 표현할 수 있도록 격려한다.

④ 상담자는 내담자가 표현하는 부정적 감정을 수용하고, 인정하고 또한 명료화한다.

⑤ 개인의 부정적인 감정들이 아주 충분하게 표현되면, 성장할 수 있게 하는 긍정적 충동들이 희미하나마 시험적으로 표현되기 시작한다.

⑥ 상담자는 부정적인 감정들을 수용하고 인정하듯이 같은 태도로 이 긍정적인 감정들도 수용하고 인정한다. ⑥과 ⑦에서 내담자는 자신의 부정적 감정과 긍정적 감정이 꼭 같이 인격의 일부로 수용될 때, 현재 자신의 모습에 대한 통찰과 이해가 자연히 이루어진다.

⑦ 이 통찰과 자기이해 및 자기수용은 전체 상담과정에서 둘째로 중요한 측면이다. 즉, 이들은 새로운 수준의 통합된 성격발달의 기초가 된다.

⑧ 행동의 가능한 결정이나 방향이 분명해지게 된다.

⑨ 미미하지만 매우 중요하고 적극적인 행동이 나타난다.

⑩ 보다 진전된 통찰과 보다 완전하고 정확한 자기이해의 발달이 이루어진다.

⑪ 내담자의 통합된 적극적 행동이 증가한다.

⑫ 도움의 필요성이 감소되고, 상담관계가 끝낼 때가 되었다는 사실을 내담자가 깨닫고 인정하게 된다.

5. 주요 기법

로저스의 인간중심상담에 있어서 상담의 과정과 기술들을 구분하여 기술하는 것은 어렵다. 그는 특정기술보다는 상담과정에 있어서 상담의 관계성을 중시하고 있다. 여기에 제시하는 상담기법은 상담자와 내담자 사이의 상담관계를 설정하고 유지하는 방법을 말하는 것이다(박경애 외, 2010; 이장호 외, 2005: 천성문 외, 2021).

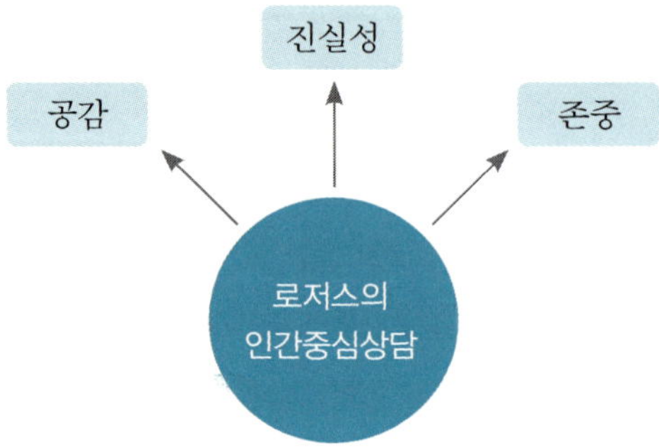

[그림 5-2] 로저스의 인간중심상담 기법

1) 진실성 혹은 일치성

로저스는 상담자가 상담관계에서 자기의 권위나 체면에 매이지 않고 자신을 있는 그대로 인정하고 표현하면 할수록 그만큼 내담자가 건설적인 방향으로 변화하고 성장할 수 있는 가능성이 커진다고 보았다. 그리하여 그는 상담자의 태도로서 진실성의 조건을 중요시하고 있다. 진실성(genuineness) 혹은 일치성(congruence)이란 상담자가 내담자와의 상담관계에서 순간순간 경험하는 자신의 감정이나 태도를 있는 그대로 솔직하게 인정하고, 경우에 따라서는 솔직하게 표현하는 상담자의 태도를 말하는 것이다. 이와 같은 상담자의 진실한 태도는 내담자와 더불어 탐색 없이 순수한 대인 간의 만남을 가능하게 하고 내담자의 개방적인 자기탐색을 촉진, 격려하게 된다.

2) 무조건적 긍정적 관심

로저스는 내담자가 어떤 상태에 놓여 있는 존재이든지 간에 그를 향한 무조건적이고 긍정적이고 수용적인 태도를 경험하고 있을 때, 치료적 변화가 일어날 가능성이 커진다고 주장하였다. 무조건적 긍정적인 관심(unconditional positive regard)이란 상담관계에서 상담자가 내담자를 구별하거나 비교하거나 선택하는 과정으로 평가 · 판단하지 않고 내담자가 나타내는 어떤 감정이나 그 밖의 행동 특성들도 그대로 수용하여 그를 소중히 여기고 존중하는 태도를 말한다. 평가 · 판단하지 않는다는 면에서 승인(approval)과는 다른 것이다. 로저스 역시 한 인간인 상담자가 무조건적인 긍정적 관심을 갖는다는 것은 매우 어렵다는 사실을 인정한다. 그러나 그는 적어도 상담과정이라는 짧은 기간 동안에는 완전하고 무조건적인 긍정적 관심을 가질 수 있다고 생각한다.

3) 정확한 공감적 이해(accurate empathic understanding)

이 상담자의 태도는 상담과정에서 상담자와 내담자가 상호작용하는 동안에 발생하는 내담자의 경험들과 감정들, 그리고 그러한 경험과 감정들이 상담과정에서 순간순간 내담자에게 갖는 의미를 민감하게 그리고 정확하게 이해하려는 노력을 말한다. 이것은 상담자가 내담자의 개인적인 지각 세계에 철저하게 익숙해지는 것을 의미한다. 이와 같이 상담자는 내담자가 있는 그대로의 자기 자신에 보다 가까이 접근할 수 있도록 도와서 내담자 자신 내에 자아와 유기체적 경험 간의 불일치성을 인지하고 해결할 수 있도록 한다.

6. 전화상담에의 적용

세계적으로 전화상담은 자살방지와 위기개입에 많이 사용되어 왔다. 전화상담은 24시간 이용할 수 있고 어디서나 전화를 걸 수 있기 때문에 상담에 있어서 시간과 장소의 한계를 넘어선 편리한 도구로 이용되고 있다. 그렇기에 위기에 처한 사람들과 자살하려는 사람들에게 구원의 밧줄이 될 수 있다. 더구나 내담자 주도성과 익명성이 보장되기 때문에 우리나라와 같이 체면문화가 발달된 나라에서 더욱 활용도가 높아질 수 있다.

인간중심상담은 예기치 않은 임신, 질병, 재난, 사랑하는 사람의 죽음과 같은 위기개입에 적용이 된다. 사람들이 위기에 처했을 때 문제를 해결하기 위한 첫 단계는 그 상황을 완전하게 표현할 수 있는 기회를 주는 것이다. 잘 들어 주고 이해해 주는 것은 위기에 처한 사람들의 마음을 편안하게 해 주고, 좀 더 명확하게 현실을 바라보게 하며, 문제를 해결할 수 있도록 도와준다.

인간중심상담은 대부분의 상담자 양성 교육의 주요 이론이다. 이 상담은 내담자가 스스로 문제를 해결할 수 있는 능력이 있다고 믿고 그가 스스로 문제를 해결해 나갈 수 있도록 돕는 것이다. 내담자의 이야기를 경청하고 그를 있는 그대로 수용하고 공감해 주는 것이다. 이 이론의 핵심 상담기술인 상담자의 진실성, 무조건적인 긍정적 존중, 정확한 공감적 이해는 내담자가 자신을 신뢰하고 자기문제를 해결해 나갈 동기를 갖게 한다.

전화상담 사례

사업 실패 등으로 자살위기에 처한 30대 후반 남성 전화자 P에 대한 축어록

다음은 연이은 사업 실패, 은행 빚 독촉 등으로 좌절과 절망 속에서 자살위기에 처한 30대 후반 남성 내담자에 대한 상담 사례이다. 상담자는 내담자의 문제해결을 위해 충고하고 조언하려 하기보다는 내담자가 스스로 문제를 해결해 나가도록 조력자의 입장에서 노력하고 있다. 내담자는 실패와 빚으로 인해 자포자기하고 싶은 충동을 느꼈지만 상담자의 따뜻한 인간미와 비심판적인 태도, 그리고 공감적인 이해를 하려는 일관된 노력이 내담자의 마음을 움직였다. 내담자는 지금은 죽고 싶은 충동에 사로잡혀 있지만 다른 한편 형님과 부인이라는 삶의 존재이유들이 있음을 발견하였다. 내담자는 자신의 양가감정을 통찰하게 되고 죽고 싶은 충동을 넘어서서 살아야 한다는 강한 동기를 갖게 되었다. 이 사례는 인간중심상담의 정신을 활용하여 자살위기 문제를 다루고 있다.

※ 상: 상담자, 전: 내담자

	전화상담 대화	분석
상1	(따르르릉~) 예, ○○○전화입니다.	
전1	거기가 전화상담하는 곳입니까?	
상2	예, 그렇습니다.	
전2	이런 이야기를 해도 되는지 몰라서…….	
상3	전화 주시길 잘하셨습니다. 어떤 이야기도 함께 나눌 수 있습니다.	상담할 수 있는 편안한 분위기 조성
전3	사실 답답해서요. 이런 이야기를 아무에게나 할 수도 없고…….	
상4	편하게 말씀하기 어려운 답답한 일이 있으신가 보군요.	
전4	선생님도 하는 사업이 잘되지 않아 실패한 적이 있으신가요. 한두 번이 아니라 계속 실패만 했다면 어떤 기분일까요?	
상5	상담실에는 사업 실패로 고통스러워하는 사람이 많지요. 그러니까 선생님도 하시는 사업이 잘되지 않았나 보군요.	내담자 얘기에 대해 공감하기
전5	예, 그래요. 요즘은 죽고 싶은 생각뿐입니나. 나 같이 주위에 피해만 주는 사람은 살 가치가 없는 것 같아요.	
상6	얼마나 힘들면 죽고 싶은 생각을 다 하셨을까요. 그 심정이 조금은 이해가 갑니다. 무엇이 그렇게 힘들었는지 함께 이야기해 보면 어떨까요.	무조건적인 긍정적 관심 표현하기
전6	사실 저는 대학을 졸업하고 IT 관련 사업을 시작했어요. 처음에는 남들이 모두 부러워할 정도로 잘 나갔습니다. 그런데 아시다시피 코로나가 터졌고, 그 후유증으로 제 사업은 한순간에 부도를 맞게 되었지요. 거래처가 갑자기 끊어졌어요. 그때부터 지금까지 저는 살아 있어도 산 것 같지 않았어요.	
상7	잘 나가던 사업이 일순간에 부도를 맞을 때 얼마나 힘드셨을까요. 그 이후의 고통은 큰 충격으로 다가왔을 것 같군요.	내담자의 얘기에 대한 정확한 공감적 이해
전7	죽고 싶은 심정이었지요. 가족들과 친구들, 그리고 많은 사람들이 저에게 얼마나 기대했는데…… 하루아침에 망하고 나니까 사람 보기가 겁나고 아무 일도 못할 것 같고, 죽고 싶고…….	
상8	주변의 기대가 컸던 사업이 망하고 보니까 막막하고 아무 일도	내담자의 얘기에 대한

못할 것 같은 심정이었군요. | 공감적 이해

전8 그래요. 그때 형님과 아내가 없었다면.......

상9 형님과 아내가 선생님을 도와주셨나요?

전9 예, 형님은 제가 좌절할까 봐 가지고 계신 돈을 제 사업에 많이 투자하셨지요. 저 때문에 전 재산을 모두 투자하고, 아직도 저와 같이 빚에 시달리고 계셔요. 형님께는 제가 몹쓸 인간이지요. 형수님은 시동생에게 돈을 퍼 준다고 형님과 말 안하고 산 지가 꽤 오래되었지요. 이혼한 것이나 마찬가지죠. 다 저 때문에 생긴 일입니다.

상10 형님이 많이 도와주셨는데 그 빚을 갚지 못하고, 형님과 형수님의 사이가 나빠져 죄책감을 많이 느끼시는 것 같아요. | 내담자의 얘기에 대한 공감적 이해

전10 제가 다 죽일 놈이죠. 저 때문에 다 벌어진 일이에요. 형님뿐 아니라 아내에게도 저는 몹쓸 인간입니다. 결혼해서 지금까지 맘 편하게 해 준 일이 한 번도 없이 고생만 하고...... (목이 메임)

상11 아내분께도 미안한 마음이 많으신 것 같아요. | 무조건적 긍정적 관심 표현

전11 아내도 저 때문에 돈 걱정을 많이 했죠...... 제가 돈이 필요하다면 처갓집에 가서 돈 빌려오느라고...... 사실 처갓집에는 얼굴을 들 수가 없어요. 처갓집에 저는 완전히 신임을 잃어서 출입을 안 한 지가 오래되었어요. 저 때문에 이젠 아내도 처갓집에 못갑니다. 제가 여러 명 사람 구실 못하게 해 놓았지요.

상12 아내에게도 몹쓸 짓을 시켰다고 자책하시는 것 같아요. | 내담자에 대한 탐색

전12 아내도 착한 사람인데 사람 잘못 만나서 이런 꼴이나 당하고.......

상13 형님이나 아내에게 미안한 마음이 무척 크신 것 같아요. | 내담자에 대한 탐색

전13 저 때문에 피해를 입은 사람이 어디 한둘이어야지요. 가족들 빚은 둘째 치고 은행에도 빚이 있어요....... 하는 일마다 안 되니까 사업체질은 아닌가 보다 하고 직장에 어렵게 들어갔어요. 직장에 다니니까 은행에서 월급을 차압하더군요. 그래서 조금이나마 갚아나가는데...... 3일 전에 은행 만기일이 되었다고 다음 주까지 갚으라고 하더군요. 이 은행에는 5,000만 원을 갚아야 하는데

이 돈을 어떻게 갚아야 하는지 앞이 깜깜하더군요. 이 통지서를 받고 저는 누구에게 더 이상 손을 내밀고 살 바에는 차라리 죽어 버리자고 생각했어요. 사실 저 같은 사람에게 더 이상 돈을 빌려 줄 사람도 없고요. 저는 이제 끝이구나 하는 생각이 들었어요.

상14 그래도 열심히 직장에 다니면서 조금씩 갚아나가는데 은행 빚 만기일이 다가오자 돈을 마련할 길은 없고, 차라리 죽을 생각까지도 하셨다는 거군요. 이렇게 빚을 지고 살고 싶지 않은데 빚을 지게 되고 다른 사람들에게 손을 내밀어야 하는 현실을 받아들이지 못하셨던 것 같아요. 원하는 대로 삶이 주어지지 않으니 얼마나 힘이 드세요.

> 내담자 얘기에 대한 직극적 공감

전14 제 나이 38세인데, 이렇게 살고 싶지 않았어요. 부모님을 일찍 여의고 형님과 함께 어렵게 살아왔는데 이렇게 끝나다니…… 생각하면 두렵습니다. 지금 한강으로 가다가 이렇게 전화를 걸었습니다. 선생님이 무척 좋으신 분 같군요. 저를 잘 이해하시는 것 같아요.

상15 절 칭찬하시니 감사합니다. 그런데 한강으로 간다는 것이 무슨 뜻이죠?

전15 이렇게 남들에게 피해만 주고 살 바에는 죽는 게 차라리 낫다고 생각했어요. 도저히 지금 그 돈을 마련할 수도 없고……

상16 죽고 싶은 심정이 있으셨군요. 그런데 혹시 은행 빚을 갚기 위해 어떤 노력을 하셨는데요?

> 내담자의 행동에 대한 직면

전16 집안 식구들에게는 말 못하고 옛날 친구들에게 전화를 해 보았어요. 그런데 모두 냉담하더군요. 제 상황을 모두 잘 알고 있으니까 저와는 거래를 안 하려고 해요. 친구도 돈 있을 때나 친구지…… 어렵게 사업하는 친구가 하나 있기는 있는데 그 친구에게는 미안해서 말을 꺼내지 못하겠어요.

상17 가족들에게도 친구들에게도 도움을 받을 수 없다는 생각이 들 때 얼마나 상심이 크셨을까요. 그래도 도움을 줄 만한 친구가 있긴 있는 것 같군요.

전17 그 친구는 내가 도와달라고 하면 5백만 원 정도는 빌려 줄 겁니다. 하지만 그 친구도 지금 너무 어려운 상황이라서 말을 못 꺼내겠어요.

상18 그래도 선생님이 부탁하면 선생님을 이해하고 도와줄 수 있는 친구가 있군요.

전18 예, 그 친구만은 내 입장을 걱정해 주었지요. 그러나 지금은 도저히 제가 전화할 수 없을 것 같습니다.

상19 선생님이 곤경에 처해 있어도 다른 가족이나 친구에게 폐를 끼치지 않고 싶어하시는 것 같아요. 사실 상대방의 입장을 생각하면 무리하게 부탁하기가 어려울 겁니다. 선생님은 참 좋으신 분 같아요. 자기보다 다른 사람들의 입장을 먼저 헤아리시는 분 같이 느껴져요.

내담자에 대한 긍정적 이해와 진실성 있는 표현

전19 그런 말을 많이 들었어요. 자기 실속을 차리지 못하고 다른 사람이 부탁하면 다 들어준다고. 이제는 내가 죽어 없어져야 다른 사람들에게 폐를 끼치지 않는다는 생각밖에 없어요.

상20 그러니까 선생님은 다른 사람들에게 더 이상 폐를 끼치지 않기 위한 방법으로 죽음을 생각하신 것 같아요.

내담자에 대한 행동 탐색하기

전20 이런 내가 너무 미워요. 어떤 때는 증오스럽기까지 해요. 차라리 죽는 편이 더 낫다고 생각했어요.

상21 그래서 자신의 생명을 한강에서 끊으려고 했던 것이군요.

전21 예, 한강 물에 풍덩 빠지면 아무도 모르게 그냥 사라지잖아요. 요즘은 그냥 증발해 버렸으면 좋겠다는 생각을 많이 합니다.

상22 이 세상에서 사라져 버리면 모든 문제가 해결될 것 같은 생각이 드셨나 보군요. 그러면 모든 문제가 깨끗이 해결될까요?

내담자의 현 상황에 대해 직면시키기

전22 (침묵 1분 30초)

상23 만약 선생님이 죽는다면 누가 가장 마음에 걸릴까요?

전23 (침묵 1분)(흐느낌) 제 아내와 형님을 생각하면 마음이 아픕니다. 이런 나쁜 생각을 하는 제 자신이 너무 밉습니다.

상24 만일 선생님이 자기 스스로 생명을 스스로 끊는다면 그동안 아

내담자에게 삶의 의미와

낌없이 선생님을 도와주었던 아내와 형님은 어떤 기분으로 살아가실까요?

동기 깨닫는 질문하기

전24 아마 아내는 무척 힘들어하겠지요. 저와 아내는 경제적으로 어려웠어도 사이가 좋았어요. 아내는 저를 위해 헌신적으로 살았지요(흐느낌). 우리 형님도 그간 저에게 퍼부은 공을 생각하면 허탈해하실 거예요. 한동안 아무것도 못하시겠지요. 그래서 제가 죽지 못하는 겁니다. 선생님, 저도 살고 싶습니다.

상25 이렇게 남들에게 폐만 끼치는 존재라고 생각하면 차라리 죽고 싶겠지만 사랑하는 아내와 형님을 생각하면 죽을 수도 없고 이러지도 저러지도 못하는 심정이시군요.

전25 맞아요. 죽고 싶은 마음이 들다가도 이래서는 안 되는데 하는 생각이 하루에도 열두 번씩 들었어요.

상26 저는 선생님과 대화를 하면서 지금은 죽고 싶은 마음이 들었지만 잘 살고 싶은 마음이 더 큰 것 같이 느껴졌어요. 두 가지 마음이 계속 교차하면서 선생님을 혼란에 빠뜨린 것 같군요.

내담자에게 진실성 있는 반응과 공감 표현

전26 예, 그래요. 선생님 말씀을 들으니까 제 마음을 알 수 있을 것 같아요.

상27 선생님의 이런 상황을 가족들이 알고 계신가요?

내담자의 현 상황에 대해 직면시키는 질문하기

전27 전혀 모릅니다. 나만 혼자 고민하고 있는 것이죠. 괜히 이런 이야기를 하면 충격을 받고 제 짐만 던져 주는 것 같아서요.

상28 그러니까 혼자 이 모든 어려움을 감당하려 하셨군요. 가족들에 대한 사랑이 남달리 크신 것 같아요. 선생님이 사업을 하다 안 된 것도 선생님 잘못만도 아니고 글로벌 위기 상황에서 발생한 것이기도 하고 자신만을 위해 한 일이 아니라 가족들을 위해 한 일인데 자신만의 잘못인 것처럼 믿고 계시지는 않았나 생각해 보았어요. 가족이란 기쁜 일도 슬픈 일도 함께 지는 것 아닌가요. 만약 선생님의 형님이 어려움에 처했다면 선생님께서도 도움을 주지 않았을까요?

내담자에 대한 존중과 격려

전28 (30초 침묵)

상29	이런 이야기를 아내에게 한번 이야기해 보는 것은 어떨까요? 아내는 선생님의 든든한 후원자이시니까…….	
전29	예.	
상30	감사해요. 그러면 저에게 이야기했던 모든 이야기를 선생님이 가장 사랑하는 아내에게 똑같이 이야기해 주시는 겁니다.	
전30	예, 그렇게 하겠습니다.	
상31	저와 한 가지 약속을 더 하셨으면 좋겠어요. 그것은 자신을 해치고 싶은 충동이 들면 언제나 이곳에 전화를 해 주시는 것입니다. 저희 상담실 전화는 ○○○-○○○○입니다. 저는 선생님의 어려움을 함께하고 싶어요. 선생님을 돕고 싶습니다.	내담자에게 진실성 있는 관심 표현
전31	예, 너무 감사합니다.	
상32	우리가 지금까지 한 시간을 이야기했는데 처음에 전화했을 때보다 기분이 어떠세요.	
전32	마음이 좀 가벼워진 것 같아요. 괜히 이런 이야기로 선생님을 괴롭힌 것 같아요.	
상33	아닙니다. 저도 선생님과 얘기하게 되어 기뻤습니다. 선생님 문제가 잘 해결되기를 빌겠습니다. 지금까지 내려만 왔으니 이젠 올라갈 일만 남았을 겁니다. 힘들면 다시 전화주세요.	내담자에게 승인/인정하기(Approval / Reassurance)
전33	예, 고맙습니다.	

토의 및 실습

1. 대인관계에서 로저스의 진실성, 무조건적인 긍정적 관심, 공감적 이해가 미치는 영향에 대해 경험을 나누어 보자.

2. 인간중심상담에서 충분히 기능하는 삶의 의미에 대해 생각해 보자.

3. 앞의 전화상담 사례를 읽고 느낀 점을 나누어 보자.

06 의미치료

의미치료는 빅터 프랭클 박사에 의해 창안된 상담이론으로 상담자가 내담자로 하여금 의미를 발견하도록 함으로써 문제를 해결하도록 도움을 주는 유용한 상담기법이다. 이 장에서는 의미치료의 인간관, 주요 개념, 상담의 과정, 주요 기법을 고찰하고, 프랭클의 의미치료가 전화상담에 어떻게 적용될 수 있는지 사례를 통해 제시하고자 한다.

1. 의미치료의 개요

의미치료는 빅터 프랭클(Victor E. Frankl, 1905~1997) 박사에 의해 주창된 실존주의 심리치료의 한 분파이다. 오스트리아의 수도 비엔나에서 정신과 전문의가 된 프랭클 박사는 나치가 정권을 잡자 유대인이란 이유로 부모와 아내와 자녀들과 함께 유대인 수용소에 수감되었다. 그를 제외한 가족들은 다른 유대인들과 마찬가지로 수용소에서 사망하였고, 프랭클 박사만 기적적으로 살아남았다. 그 자신의 독특한 사상과 수용소에서의 경험을 토대로 의미치료라는 새로운 심리치료법을 개발하여, 정신적으로 그리고 영적으로 장애가 있는 성격에 긍정적인 접근방식을 제공해 주게 되었다.

Logotherapy(의미치료)는 그리스어의 'logos'와 'therapy'의 합성어이다. 'logos'는 '의미(meaning)'를 뜻하므로, 의미치료는 기본적으로 인간 생존의 의미추구를 통한 실존의 궁극적인 문제에 대한 해답을 얻고자 하는 것이다. 따라서 신경증이 있는 사람은 인생의 과업에 대한 의식에서 도피하려는 사람이고, 그에게 이 과업을 의식하게 하고 그것을 충분히 깨우쳐 주면 신경증을 극복할 수 있는 능력을 기를 수 있게 된다.

2. 인간관

의미치료의 인간관은 인간이 최악의 조건하에서도 영적인 자유와 존엄성을 유지하는 능력을 가진다는 것이다. 이러한 인간관은 프랭클이 자신의 관찰과 수용소 경험에 의해 확인된 것으로서 [그림 6-1]과 같은 세 가지 특징을 지닌 존재로 보고 있다.

첫째, 인간은 동물과는 달리 영성(spirituality)의 특징을 지닌 존재이다. 인간은 신체적, 심리적, 영적인 세 가지 차원의 분리될 수 없는 통일체이다. 의미치료에서는 이들 3차원 중 어느 한 차원도 무시하지 않는다. 그러나 인간은 생물학적 욕구에 의해 결정되기도 하고 사회적 환경에 의해서 결정되기도 하지만 인간의 진정한

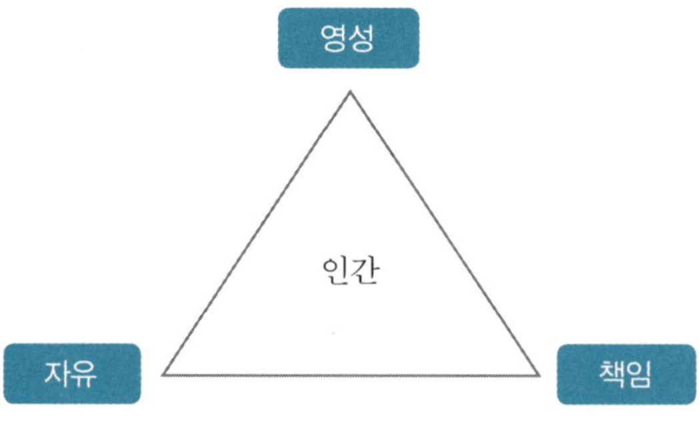

[그림 6-1] 프랭클의 인간관

출처: 이광자, 하상훈(2014), p. 99.

모습은 그러한 제약을 넘어선 영적 차원에 의해 결정된다고 보고 있다. 프랭클은 수용소에서 인간에게는 신체와 마음과는 독립적으로 영적인 자유의 흔적이 있고, 그곳에서조차도 인간의 존엄성이 유지됨을 발견하고, 영적인 자유는 결코 빼앗길 수 없으며 오히려 인생을 의미 있고 목적 지향적으로 만든다는 것을 확인하였다.

둘째, 인간은 자유(freedom)를 지닌 존재이다. 자유란 세 가지 측면에서의 자유를 의미한다. 여기서 세 가지 측면이란 본능, 유전적 성향, 그리고 환경을 말한다. 인간은 세상에 태어나면서 생물학적, 심리학적, 사회적 조건에 당연히 제약을 받지만, 가장 나쁜 환경에서도 그 자신에 초연해질 수 있는 '자기분리(self-detachment)'라는 인간만의 독특한 능력을 지니고 있다. 다시 말하면, 인간의 자유라고 하는 것은 인간이 처한 생물학적, 심리학적, 혹은 사회학적 상황으로부터의 자유, 즉 상황으로부터의 자유가 아니라 무엇으로 향하는 자유, 즉 '상황에 맞서는 자유'를 말한다.

셋째, 인간은 자신에 대해 책임(responsibility)을 지는 존재이다. 인간이 자신을 어떤 사람으로 만드는가에 대한 책임은 자신에게 있다. 따라서 인간은 자신과 자신의 삶의 특유한 의미를 실현할 책임이 있다. 프랭클은 인간 실존의 본질을 설명하면서 책임의 의미를 '마치 두 번째 인생을 사는 것처럼 살면서 지금 하려는 행동이 첫 번째 살 때는 그릇되었다는 것을 깨달은 것처럼 행동하는 것'이라고 하였다. 인간이 이러한 상태로 자신을 대하게 된다면 시시각각 부과되는 책임을 즉시 깨닫게 된다. 건강한 사람은 이러한 책임의식을 갖고 있기 때문에 자신에게 주어진 과업이나 삶이 충만하도록 생활해 나간다.

3. 주요 개념

1) 실존적 공허와 실존적 좌절

오늘날 정신적 문제를 일으키고 있는 사람들은 내적인 공허 상태에 있는데 이들의 공통적인 특징은 인생을 가치 있게 만들어 주는 인간 실존에 대한 궁극적인 의미의 결여나 상실을 경험하고 있다는 것이다. 실존적 공허(existential vacuum)는 현대인이 겪어야 하는 다음의 두 가지 상실의 결과에 의해 초래된다. 하나는 원시시대에 인간의 삶에 안정감을 주었던 기본적인 동물적 본능의 상실이고, 다른 하나는 전통 사회에서 인간의 생활을 지배하고 있던 관습이나 전통 그리고 가치의 상실이다. 복잡한 삶 속에서 선택을 강요당하는 현대인에게는 더 이상 동물적 본능이나 과거의 전통이 마땅히 해야 할 것을 지시해 주지 못한다. 그 결과 현대인은 끊임없이 선택의 필요성에 직면하면서도 무엇을 해야 할 것인지, 무엇을 하기를 원하는지에 대해 혼란스러울 수밖에 없다. 그 대신 현대인은 다른 사람들이 하고 있는 것을 하고 싶어 하거나(동조주의), 혹은 다른 사람들이 자기에게 하기를 원하는 것을 하게 된다(전체주의).

현대의 정신의학에서는 경제적인 괴로움이나 질병에 의한 괴로움보다는 실존적 공허감 때문에 고생하는 사람들이 많아졌다고 한다. 프랭클의 조사에 의하면, 조사 대상 오스트리아 학생 중 40%, 미국 학생 중 81%가 공허감을 갖고 있다고 고백했고, 100명의 성공한 하버드 동창생 대상 조사에서도 실존적 공허가 만연되어 있었다. 즉, 그들의 1/4은 삶이 어떤 의미를 가졌는가에 대해 회의적이었다. '실존적 공허'를 느끼게 되면 이 공허감에서 벗어나기 위해서 사람들은 잘못된 해결책에 집착하는 경향을 보인다. 주로 나타나는 잘못된 해결책은 '성'과 '물질'에 대한 과도한 집착이다. 그러나 물질과 성은 삶의 의미를 느끼게 해 주는 수단에 불과한 것이지 목적이 아니기 때문에 이에 대한 강한 집착은 더 깊은 실존적 공허감을 느끼게 하는 결과를 초래한다.

실존적 좌절(existential frustration)은 '의미에의 의지'가 좌절된 상태를 말한다. 실존적 좌절이 되면 내적 공허감, 자신의 삶에 대한 허무감, 권태 등을 느끼게 된다. 실존적 좌절은 가끔 권력에의 의지(will to power) 또는 쾌락에의 의지(will to pleasure)에 의하여 부분적으로 보상이 될 수 있다. 실존적 좌절은 그 자체로서는 병적인 것도 아니다. 모든 고통이 반드시 병적인 현상이 아닌 것처럼 실존적 좌절 자체는 영적인 고통이지 정신병은 아니다.

2) 심인성 신경증과 영인성 신경증

심인성 신경증(psychigenic neurosis)은 전통적 프로이트 학파가 내세우는 억압된 성욕, 어린 시절의 외상, 각기 다른 충동들 간의 갈등, 이드(id)와 자아(ego)와 초자아(superego) 사이의 갈등 등 심리적 차원에서 초래된 신경증을 말한다. 영인성 신경증(noogenic neurosis)은 가치의 갈등, 양심의 갈등, 혹은 최고의 가치인 삶의 궁극적 의미에의 탐색이 무위로 돌아갔을 때 발생한다. 따라서 영인성 신경증은 인간 실존의 심리적 차원에서 초래된 것이 아니라 영적인 차원에서 유래된 것이다. 영인성 신경증의 경우 일반적인 심리치료를 통해서는 치료될 수 없고, 인간 실존의 영적 차원을 취급하는 의미치료를 통해서 해결이 가능하다.

3) 의미에의 의지

인간 행동의 가장 중요하고 기본적인 동기는 자신의 삶의 의미를 찾으려고 하는 것이다. 프랑스에서 실시한 여론조사 결과 89%의 사람들이 삶을 위하여 '무엇인가 뜻 있는 것'이 필요하다는 점을 인정한 것으로 나타났다. 더욱이 61%의 사람들은 그들의 삶에 '그 무엇인가', 또는 '그 누군가' 있었으며, 그것들을 위해서는 죽을 각오까지 되어 있다고 인정했다. 또한 프랭클은 비엔나에 있는 진료소에서 환자들과 의료진을 대상으로 같은 여론조사를 실시하였는데 그 결과 프랑스에서 수천 명을 선발하여 실시한 것과 똑같았다고 하였다.

프랭클은 아우슈비츠의 강제수용소로 이송되었을 때 출판하려고 준비했던 원고를 몰수당하고 말았다. 그런데 이 원고를 다시 써야겠다는 강렬한 열망이 수용소의 혹독한 환경에서 살아남을 수 있도록 도와주었다. 예컨대, 그 원고를 다시 쓸 수 있도록 하기 위해서 조그만 종잇조각에 메모를 해 두었다. 프랭클은 바바리아에 있는 강제수용소의 어느 어두운 바라크 안에서 잃어버린 원고를 재편성하였다는 사실이 죽음의 위험을 극복하는 데 큰 도움이 되었다고 고백하였다.

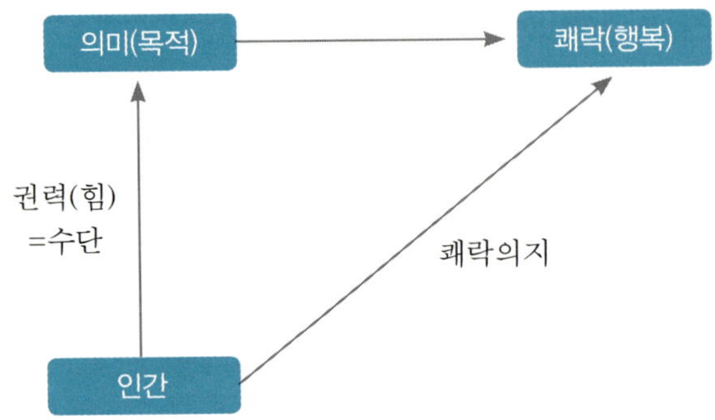

[그림 6-2] 의미에의 의지, 권력에의 의지, 쾌락에의 의지와의 관계

의미에의 의지(will to meaning)와 쾌락에의 의지(will to pleasure) 그리고 권력에의 의지(will to power)와의 관계를 보면, 의미(목적)를 추구하기 위해서 그 수단으로 권력(힘)이 필요하고, 그 성취의 결과 부산물로 쾌락(행복)이 온다는 것이다. 즉, 쾌락(행복)은 인간 노력의 목표가 아니라 하나의 결과, 즉 의미(목표)를 성취함으로써 생기는 부산물이라는 것이다. 그리고 권력(힘)은 그 자체가 목적이 아니라 목적에의 수단이라는 것이다([그림 6-2]).

4) 삶의 의미를 찾는 방법

(1) 삶의 의미란 무엇인가

삶은 어떠한 상황에서든 의미를 갖는다. 우리는 '의미에의 의지'를 가졌고, 우리가 의미를 충족시키고 있을 때만이 행복할 수 있다. 우리는 명백하게 제한된 상황에서도 우리 삶의 의미를 충족시킬 수 있는 자유를 가졌다(이광자, 하상훈, 2014).

① 순간적 의미

순간적 의미는 주어진 순간에 그 사람의 삶에 있어서 특별한 의미를 말한다. 인간은 반복되지 않는 순간순간의 시간들을 각자 살고 있으며 그 순간순간마다 반응하게 되고 인식하게 되는 독특한 의미를 갖게 된다. 대부분의 상황에서 순간적인 의미는 그다지 특별한 것이 아니다(아침에 일어나는 것, 아침 식사를 하는 것, 안전하게 운전하는 것 등). 그러나 어떤 순간은 민감하다(친구를 돕는 것, 다른 사람의 이야기를 듣는 것, 약속을 하는 것 등). 때때로 우리는 갈등을 일으키는 선택에 직면하게 된다(집에서 조용한 시간을 보낼 것인가 혹은 친구 집을 방문할 것인가, 가족과 야외로 나갈 것인가 혹은 정원 울타리를 고칠 것인가 등). 때때로 우리는 필연적인 결정의 순간을 맞이한다(결혼하는 것, 아기를 갖는 것, 인생의 행로를 결정하는 것, 은퇴하는 것 등). 이와 같이 살아가며 마주치는 모든 상황마다 인간에게 도전을 나타내고 그에게 풀어야 할 문제를 선사하기 때문에 삶의 의미에 대한 질문은 이미 예정된 것인지도 모른다. 그러므로 우리는 삶의 의미가 무엇이냐 물어서는 안 되고 바로 우리 자신이 삶으로부터 질문을 받고 있는 것임을 알아야 한다. 인간은 자기 자신의 삶에 쓸모 있는 사람이 됨으로써 삶에 대답할 수 있을 뿐이고 삶에 책임을 짐으로써만 대답할 수 있다(남기호, 2009).

② 궁극적 의미

궁극적인 의미는 어떤 한 질서를 전제 조건으로 갖는다. 우주의 장대한 질서라고 할 수 있다. 그 질서는 하나님이나 인생 혹은 자연으로 불릴 수 있고 혹은 널리 받아들여지고 있는 에코시스템(eco-system)으로 불릴 수 있다. 우리는 우주적 질서 속에 각자의 위치가 있다. 그 질서 속에서 우리는 극히 미미하더라도 한 개인으로서 어떤 일부분을 가지게 된다는 것이다. 프랭클이 궁극적 의미로 이해했던 이 장대한 질서는 우리가 증명하거나 발견할 수 없다. 우리는 단지 우리의 능력을 최고로 발휘하여 의미를 추구할 뿐이다. 의미에의 추구는 우리의 본체, 목적, 방향, 그리고 과제에 관한 질문들을 하게 한다. “나는 누구인가? 나의 목적은 무엇인가? 나는 무엇을 해야 하는가? 나는 지금 어디로 가는가?”라는 질문에 대답을 하는 것이다.

③ 실제적 접근

의미에 대한 추구는 순간의 상황에 대응하면서 인생의 단순한 임무를 받아들이는 평범한 하루하루의 차원에서 시작된다. 그리고 그 순간순간의 단순한 의미 뒤에는 더 큰 임무가 놓여 있다. 즉, 상황에 따라 즉각적인 임무를 넘어선 큰 임무가 있게 된다. 그리고 그 다음에는 보편적인 임무 이상의 것들이 남아 있다. 예를 들면, 간호사에게는 필요에 부응하고 우리 시대의 질병을 치료하는 것, 진실한 전달자가 되는 것, 양심적인 간호사가 되는 것이다. 아무튼 사람은 첫발부터 시작해야 한다. 위대한 의사가 되는 것도 가까이 있는 개개인의 환자에게 그리고 특별한 순간에 세심한 주의를 기울이지 않고는 될 수 없다.

(2) 삶의 의미를 찾는 방법

의미치료에 의하면 삶의 의미는 언제나 변하는 것이며, 그러나 결코 없어지지 않는다. 삶 속에 존재하는 이 의미를 세 가지 다른 방법으로 발견할 수 있다(이광자, 하상훈, 2014).

① 창조적 가치(무엇을 만들거나 생산하는 것과 관련된 가치)

창조적 가치의 실현은 개개인에게 있어서 독특하고 구체적인 과업에 대처하고 또 그것에 대한 사명을 자각할 때 생기는 것이다. 그것은 우리가 현재 가지고 있는 직업적인 과업일 수 있고, 시간과 노력을 들일 만한 가치가 있다고 믿는 어떤 취미일 수도 있다. 일반적으로 그런 것들이 무엇이든 인류에게 어떻게 이바지하고 자기 자신을 사람답게 하는 값진 것을 생산할 수 있으면 그 일에서 의미를 발견할 수 있다. 예를 들면, 가정주부가 집을 가꾸고 가족들을 잘 돌보고 음식을 정성스럽게 만드는 일에 의미와 가치를 부여하면 그것이 바로 창조적인 가치이다. 한 내담자가 프랭클에게 "선생님, 선생님은 정신과 의사이기 때문에 선생님의 직업에서 의미를 찾기가 쉬울 거예요. 그렇지만 목수인 나의 직업에선 무슨 의미를 찾을 수 있죠?"라고 물었다. 이때 프랭클은 "중요한 것은 당신 행동의 반경이 얼마나 크냐가 아니라 당신이 얼마나 그 범주 내에서 충실한가에 있습니다."라고 그 목수에게 대답했다. 그러나 자신이 몰두할 창조적 임무를 발견하지 못할 것 같은 사람들은 무의미하고 안일한 사람들이고, 방관자적인 구경꾼이며, 단순한 어부로 머무는 사람들이기 때문에 그들에게 창조적 가치를 인식시키고 생의 임무를 수행할 책임을 받아들이게 하기 위해 도전을 할 필요성이 있다.

② 경험적 가치(예술작품, 자연, 그리고 다른 사람과의 만남 경험)

경험적 가치의 실현은 자신이 직접 창조해 내지는 않지만 타인이 창조한 것을 경험함으로써 가치를 느끼는 것을 말한다. 자연의 신비체험, 미술, 음악, 문학 등 예술작품 감상, 운동경기 관람, 또는 다른 사람을 만나는 경험, 즉 사랑하는 경험을 하는 것이다. 좋아하는 완벽한 심포니의 완벽한 연주를 듣는 것, 자연 애호가에 있어서 산에 대한 것, 신앙심이 깊은 사람에게 잊지 못할 예배에 관한 것, 지적인 사람에게 감동적인 강연에 대한 것, 예술가에게 걸작에 대한 것, 과학자에게 발견의 순간에 대한 것 등은 삶의 의미를 갖게 한다. 이런 것들은 절정경험이라고 한다. "한 순간이 전체 인생을 소급하여 의미로 넘치게 할 수 있다."라고 프랭클은 말하고 있다. 그는 강제수용소에서 불현듯이 바라본 황혼이 그에게 의미했던 것은 아름다움의 경험이었다고 술회하고 있다. 가장 위대한 경험은 성숙한 사랑이다. 사랑은 다른 사람의 본질의 가장 깊은 면을 파악하는 유일한 방식이다. 한 사람을 사랑하지 않으면 그 사람의 본질을 완전히 이해할 수 없다. 그리고 사랑을 통해서 사랑하는 사람의 아직 실현되지는 않았지만, 실현되어야 할 가능성도 볼 수 있다. 그러므로 사랑을 하는 사람은 그 사랑에 의해서 사랑하는 사람의 잠재능력을 실현하는 것을 도와준다. 그가 할 수 있는 일, 그가 되어야 할 바를 깨닫게 함으로써 이 잠재능력을 실현시키는 것이다. 우리의 사랑을 통해서 다른 사람이 자신의 잠재능력을 실현시켜 나가는 것을 체험하는 것은 우리의 삶이 의미가 있다는 느낌을 갖게 하는 데 매우 중요한 요소이다. 이 점은 어린아이를 키우면서 온갖 괴로움을 즐거움으로 기꺼이 감내해 가는 어머니의 모습에서 쉽게 이해할 수 있을 것이다.

③ 태도적 가치(절망적인 상황에서 아무도 우리로부터 빼앗을 수 없는 내적 자유)

인간은 극한 상황에 처하여 창조도 경험도 하기 힘든 경우라도 태도적 가치를 통해 삶의 의미를 부여한다. 비록 극단적이고, 절망적인 상황에 처한다 하더라도 그 운명을 어떻게 맞느냐 하는 태도는 인간의 자유의지에 의하여 선택할 수 있기 때문이다. 즉, 우리는 그 운명적인 상황을 품위와 용기로 맞이할 수 있고 반대로 절망과 분노의 태도로 맞이할 수 있다. 고통은 희생처럼 그 의미를 발견하는 순간에 고통이 되기를 그치게 된다.

프랭클은 유대인 포로수용소에서 이 태도적 가치를 견지함으로써 자신의 삶의 의미를 부여할 수 있었고 3년간의 고통을 이겨낼 수 있었다. 의미치료에 의하면, 사람의 주요 관심사는 쾌락을 얻거나 고통을 피하는 것이 아니라, 자신의 삶의 의미를 깨닫는 것이다. 사람은 자신의 고통이 의미가 있다는 확실한 조건하에서 기꺼이 그 고통을 감수하게 된다. 용감히 고통을 겪음으로써 사람은 최후의 순간까지 의미를 갖는 것이며, 또 최후까지 이 의미를 지니게 된다. 그러므로 삶의 의미는 무제한적이다. 삶의 의미는 고난의 가능한 의미까지도 포함하기 때문이다.

불치병 환자인 암환자가 태도적 가치를 깨닫고 그 종말을 긍정적인 태도로 수용한다면 그는 지나온 삶을 음미하고 그것에 대해 감사할 수 있을 뿐 아니라 곧 죽을 수밖에 없기 때문이 아니라 살 수 있는 시간이 너무 짧기 때문에 그것이 소중하여 남은 시간을 보다 의미 있게 보낼 수 있을 것이다.

프랭클은 수용소에서의 자신의 경험을 다음과 같이 말하고 있다. "얼마 안 가서 꼭 죽을 것만 같이 느꼈다고 나는 기억하고 있다. 그러나 이런 위기 가운데서도 나의 관심사는 다른 대부분의 동료들과는 달랐다. 그들의 의문은 우리들은 여기서 살아나갈 수 있을까? 살아나가지 못하면 이 모든 고생이 무의미하다는 것이었다. 나의 의문은 이 모든 고통, 주위에서 무참히 죽어 가는 사람들, 이것은 의미를 가지고 있는 것인가? 만일 아무런 의미가 없다면 살아남을 궁극적 의미가 없기 때문이다. 도망갈 수 있느냐 없느냐와 같은 우연한 사건에 그 의미가 달려 있는 사람이란 궁극적으로 살 가치가 전혀 없기 때문이다."

4. 상담의 과정

1) 목적과 목표

(1) 목적

존재의 의미를 상실한 채 정신적으로 장애를 느끼는 내담자로 하여금 새로운 인생관과 세계관을 갖도록 하여 삶의 의미와 책임을 지니게 하는 데 있다. 즉, 영적으로나 정신적으로 어려움을 느끼고 있는 내담자에게 자신의 삶의 과업을 깨우치게 하고, 자신의 과업을 충분히 의식하고 자각하게 함으로써 자신의 능력을 성취하는 방법을 알게 해 주고, 삶의 의미에 직면하여 자신의 삶에 대한 의미와 책임을 발견하도록 도와주는 것이다(이광자, 하상훈, 2014).

(2) 목표

① 내담자가 자신의 증상과 거리를 유지하도록 돕는다

의미치료에서 내담자는 자신을 좀 더 객관적으로 바라볼 수 있게 되고, 내담자가 처한 신체적 · 심리적 · 환경적 제약에 대항하여 스스로의 태도를 결정하고 또한 자유로운 존재임을 인식하는 데 도움을 받게 된다. 의미치료에서는 내담자에게 신경증이나 정신병과 같이 심리적 차원에서 일어나는 병리적 증상으로부터 자신을 분리하도록 돕는 데 일차적인 목표가 있다.

② 내담자가 삶에 대한 부정적 태도를 긍정적 태도로 변화하도록 돕는다

내담자가 장애를 느끼는 것은 그들의 당면한 문제 자체가 아니라 그들이 문제를 바라보는 부정적 태도이다. 자신의 문제에 대한 부정적 태도를 갖게 되면 고통과 장애를 극복할 수 있는 내적인 힘이 방해를 받아 내담자는 자신이 추구하고자 하는 의미를 성취하지 못하고, 스스로를 그 문제에 대한 무기력한 희생자라는 실

존적 좌절을 경험하게 된다. 따라서 의미치료에서는 이러한 내담자의 부정적 태도를 변화시켜 건강하고 긍정적인 태도를 갖도록 돕는 데 목표를 둔다.

③ 내담자가 자신에 대한 책임감을 자각하고 수용하게 한다

인간은 누구나 신체적 · 심리적 · 사회적 제약을 가지고 있지만, 그러한 제약에 대해 어떤 태도를 갖느냐 하는 것은 개인의 자유이다. 이러한 태도를 선택하는 자유는 인간에게 그 선택에 대한 책임을 부여한다. 그렇기 때문에 인간은 자신의 신체적 · 환경적 여건이 어떠하든지 간에 자신의 모든 것에 대한 책임이 있다. 상담자는 내담자가 지금까지 받아들이기를 회피해 왔던 자유를 자각하고 책임을 수용하도록 하여 새로운 결단을 내리게 하고 그 결단을 실천하도록 돕는다. 그러므로 의미치료에서는 내담자가 자신의 책임성을 완전히 깨닫도록 돕는 것을 목표로 삼고 있다.

2) 의미치료의 4단계 과정

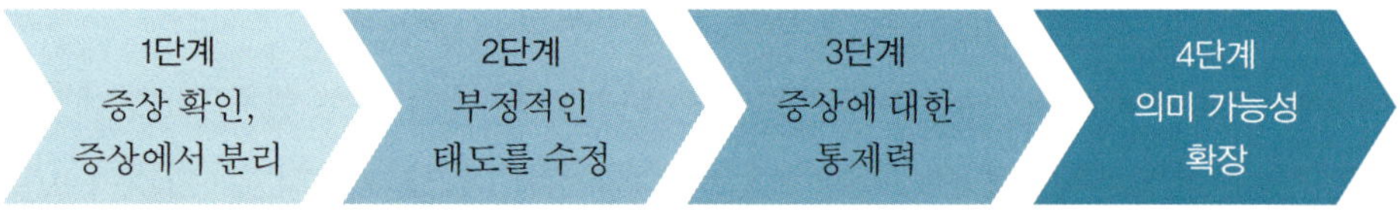

[그림 6-3] 의미치료의 4단계

출처: 이광자, 하상훈(2014), pp. 106-107.

(1) 1단계

증상을 확인한 후 내담자를 그들의 증상으로부터 분리하는 것이다. 상담자는 내담자와의 신뢰 관계를 형성해야 한다. 내담자는 자신을 신체적 · 심리적 · 사회적 운명의 무기력한 희생자로 느끼고 있다. 그러므로 상담자는 내담자에게 현재의 상황은 계속되지 않을 것이며, 어떠한 상황에서든지 저항할 수 있다는 것을 확신시켜야 한다. 즉, 내담자가 자신의 증상과 자신을 동일시하지 않도록 하고, 자

신의 잘못된 가설을 믿지 않도록 하는 것이다. 상담자는 내담자가 증상을 자신에게 설명하려는 노력과 부정적인 송환구조를 통해 이런 증상들은 피할 수 없는 덫이라는 확신을 점점 깊게 몰아감으로써 생긴 의존구조를 제거해야 한다.

(2) 2단계

내담자의 삶에 대한 부정적 태도를 수정하는 것이다. 1단계에서 내담자가 증상으로부터 거리를 유지하게 되면, 그들은 자신이나 자신의 삶에 대한 새로운 태도를 갖게 된다. 이때 상담자는 객관적이고 무비판적으로 내담자의 태도가 건강하지 못한 것인지 또는 심리적으로 어려움을 느끼는 것인지를 결정하고, 이러한 것이 내담자의 삶이나 생존에 긍정적인 영향을 주는 것으로 바라보도록 한다.

(3) 3단계

내담자의 증상이 사라지거나 통제될 수 있게 된다. 태도의 수정이 이루어지면 내담자로 하여금 증상을 약화시키거나 증상 자체를 통제할 수 있다는 사실을 받아들이도록 도와주는 것이다. 이 새로운 태도는 내담자가 자신의 운명을 받아들이도록 도와주고 견딜 수 있게 해 준다. 예를 들면, 상담자는 절단된 다리를 회생시킬 수는 없지만 좌절 속에서 운명에 저항하지 않고 무감각이나 절망에 굴복하지 않고 한 쪽 다리로만 살아갈 수 있도록 도와줄 수 있다.

(4) 4단계

내담자는 의미 가능성 확장을 위한 경험과 활동을 하게 된다. 상담자는 미래 정신건강의 예방적 측면에서 내담자가 의미 있는 활동과 경험을 하도록 돕는다. 상담자는 내담자의 현재 생활에 대한 새롭고 긍정적인 요인을 찾아내도록 하고, 미래의 정신건강을 위한 긍정적 태도를 갖도록 한다. 결국 내담자는 자신의 삶 속에 잠재되어 있는 모든 의미를 발견할 수 있는 가능성을 탐색하고, 자신이 처한 특수한 상황에 대해 더 확장되고 풍요로운 관점을 갖게 된다.

5. 주요 기법

의미치료에서 사용되는 주요 상담기법은 다음과 같다(이광자, 하상훈, 2014).

1) 태도 수정 기법

내담자가 자신의 삶과 당면한 문제에 대한 부정적 태도를 수정하는 것을 중요시한다. 부정주의, 회피주의, 실의, 사기 침체, 부정적 자기욕구 충족, 실패를 타인의 탓으로 돌리기, 실패를 전적으로 자기 탓으로 돌려 재기의 의지를 상실하는 경우 등 부정적 태도를 수정한다.

태도 수정 기법(attitude modification)에서는 바꿀 수 없는 무의미한 상황에서도 새롭고 의미 충만한 태도를 찾아내게 한다. 우정이 깨어짐, 결혼생활의 실패, 친한 사람의 죽음, 전문직을 잃었을 때의 실망감, 물질적 손해 등의 경우에 여기에서 벗어나기 위한 태도를 선택하는 것이다. 상담자는 내담자에게 자기 평가에 근거해 큰 의미가 있는 목표에 열의를 다해 집중하는 일을 하게 한다.

교통사고로 사지마비가 되어 절망에 빠져 있는 17세 소년이 "교통사고로 목이 부서졌지만 정신이 부서진 것은 아니다."라고 태도 변화가 되었을 때 고통을 극복하는 엄청난 원동력이 되었고, 후에 박사학위를 받아 사지마비자 재활에 헌신하게 되었다는 이야기는 우리에게 감동을 준다.

2) 역설적 의도

역설적 의도(paradoxical intend)는 인간은 자기중심적 관심이나 주의에서 벗어날 수 있는 자기분리(self-detachment)의 능력을 갖고 있는 존재라는 것을 전제로 한다. 역설적 의도는 내담자가 증상에서 도피하거나 싸우려는 것을 그만두게 하고 오히려 증상을 강화시킴으로써 증상에 집착하고 있는 자신의 모습을 보고 웃을 수 있는 기회를 제공하여 증상에 대한 태도를 변화시키는 기법이다.

의미치료에서 대면공포증, 강박증 등의 대부분의 신경증은 공포(phobia), 과도한 의도(hyper-intention), 과도한 주의(hyper-attention)에 그 원인이 있다고 보고 있다. 공포는 자신이 두려워하는 사건이 예상한 대로 생기게 한다. 예를 들면, 큰 방에 들어가거나 많은 사람을 대할 때 얼굴이 붉어지는 것을 두려워하는 사람은 사실 그런 상황에서 얼굴을 붉히게 된다. 과도한 의도는 자신이 어떤 일을 성취하려고 의식적으로 강하게 노력하면 할수록, 사실은 점점 더 그 일을 성취하기가 어려워지는 것이다. 예를 들면, 이 과도한 의도의 결과는 성적인 신경증에서 잘 나타난다. 남자가 자신의 성적인 능력을 여자에게 과시하려고 의식적으로 노력하면 할수록, 결과는 실패로 끝날 확률이 높아진다. 또 여성이 자신의 절정감을 경험하는 능력을 남자에게 보여 주려고 노력하면 할수록 점점 더 불감증에 걸리게 된다. 왜냐하면 성적인 즐거움은 사랑을 통해서 두 사람이 일치감을 느낄 때 부수적으로 오는 것이지, 그 자체가 목적이 아니기 때문이다. 과도한 주의는 지나치게 한 가지 일에 주의를 기울이기 때문에 생기는, 오히려 그 일이 성취되는 것을 방해하는 것이다. 특별한 신체적인 원인이 없이 생기는 불면증의 대부분은 잠이 오지 않는다는 사실에 너무 주의를 기울이기 때문에 오히려 잠이 오지 않는 경우가 많다.

공포, 과도한 의도 그리고 과도한 주의 때문에 생기는 신경증을 의미치료에서는 반대로 역설적 의도라는 방법을 통해서 치료한다. 역설적 의도는 일어날까 봐 두려워하는 사건을 일어나게 하려고 의식적으로 노력하는 것을 의미한다. 이렇게 하면 과도한 의도나 과도한 주의와는 반대가 되므로 오히려 의식적으로 일어나도록 노력하는 일이 일어나지 않게 된다. 그 과정은 다음과 같다. 신경증의 실제 원인이 신체적이거나 심리적이거나 관계없이 그 기저에는 무엇을 예상하고 근심하는 송환기제가 작용한다. 즉, 공포심은 신경증 등을 발생시키고 그 신경증은 공포심을 증가시키는 악순환을 되풀이하게 된다. 따라서 공포심을 없애기 위해서는 역설적 의도에 의해서 공포심에 대한 과도한 주의를 멈추고, 그 대신 공포심을 가볍게 생각한다면 그 악순환은 끊을 수 있다. 따라서 그 증후가 줄어들고 마침내는 없어져 버리게 된다.

사례 1

땀이 많이 나는 것을 두려워하는 의사가 있었다. 땀이 나는 것을 생각하고 두려워할 때마다 땀이 더 났다. 이 악순환을 끊기 위해서 프랭클은 그 의사에게 땀이 날 때마다 사람들에게 얼마나 많은 땀을 흘리는지 보여 주자고 결심하도록 하였다(역설적 의도). 일주일이 지난 후, 그 의사는 땀이 날까 봐 겁을 내게 하는 사람을 만날 때마다 "전에 1리터밖에 땀을 흘리지 못했는데 이번에는 10리터쯤 흘려야지!"라고 말하였다고 보고하였다. 그 결과 4년 동안 고생하던 땀 공포증이 단 한 번의 치료를 통하여 일주일 만에 깨끗이 없어졌다.

사례 2

몇 년 동안 손가락이 심하게 떨리는 증세로 고생하면서 실직의 위험에 처해 있는 경리사원이 있었다. 그는 그 증세 때문에 우울증에 걸려서 자살을 기도할 지경에 이르고 있었다. 프랭클의 조수는 그에게 지금까지 노력했던 것과는 반대의 일, 즉 가능한 한 깨끗이 그리고 알아보기 쉽게 쓰는 대신에 아무렇게나 갈겨 써 보려고 노력하도록 하였다(역설적 의도). 그는 "내가 얼마나 악필인가를 보여 주어야지." 하고 결심하였다. 그러나 아무렇게나 갈겨쓰려고 해도 그렇게 할 수가 없었다. "아무리 갈겨쓰려고 해도 도저히 그렇게 안 되더군요!"라고 그다음 말을 했다. 48시간 만에 그는 손가락 경련이 없어졌다.

3) 반성제거

반성제거(de-reflection)는 인간은 자기초월(self-transcendence) 능력을 지니고 있는 존재라는 것을 전제로 하고 있다. 의미치료에서는 내담자의 자기 문제에 대해 과도한 주의나 자기 관찰이 행동장애의 원인이 될 수 있다고 보고 있다. 이때, 그러한 과도한 주의를 내담자가 자기 밖의 다른 관심사로 돌리게 함으로써 건강하지 못한 자기반성으로부터 자유롭게 하는 것을 말한다.

이 기법은 불면증, 성기능장애, 약물남용의 치료에 효과적이며 특히 내담자의 문제가 과도한 자기관찰에 의해 일어난 경우에 도움이 된다. 루크(Luck, 1984)는 대안적인 행동에 대한 목록을 작성하게 하여 자신의 증상을 무시하는 과정을 다음과 같이 3단계로 구분하였다(이광자, 하상훈, 2014에서 재인용). 첫째, 증상과 그것에 대한 과도한 생각과의 관계를 설명한다. 그러한 과도한 반성(hyper-reflection)을 제거하기 위하여 공동으로 논의하여 계획을 수립한다. 둘째, 내담자의 삶을 풍요롭게 만드는 긍정적이고 바람직하며 건강한 활동을 생각하게 하고 그러한 활동 목록을 작성하게 한다. 셋째, 목록에 기록한 활동 중에 과도한 반성이 일어날 때마다 실행할 활동들을 선택한다. 이 과정에서 문제에 대한 관심이 다른 대안 선택에 의해 대치된다. 그리고 최종 선택이 이루어지면 반성제거는 일어난 셈이다.

사례 1

수면 장애를 가진 내담자는 잠자리에 누워서 잠이 들기만 생각하고 있으면 잠들기가 더 어려워졌다. 잠을 청하지만 잠들기 더 어려우니까 더 초조해지며 밤잠을 설치기 때문에 내일 겪게 될 손해가 더욱 걱정이 되기만 하였다. 문제를 생각할수록 잠은 더 안 오기 때문에 잠들기가 점점 더 어려워질 뿐이었다. 이때, 먼저 정지신호(stop sign)를 보낸다. 잠이 오지 않아 걱정하는 일 대신 일종의 역설적 기법을 사용하여 사고를 전환한다. "어찌 보면 깨어 있는 것도 좋다. 살아 있는 시간의 선물이기도 하다. 나는 어차피 내 생활의 1/3을 잠자는 데 바치게 된다."라고. 그리고 사고지표(guidepost)로서 다른 것을 생각하도록 한다. 오늘 하루의 일을 회고한다든가 혹은 주말계획을 세워 보는 일 혹은 어떤 소설의 마지막 세 페이지를 읽고 나서 결말을 예상해 보는 일과 같은 것이다.

사례 2

자신의 최적 상태에 대해서 늘 과도한 반성을 하는 탓으로 오히려 최적 상태 유지를 못하는 사람이 있었다. 아침에 일어나면 잠을 잘 잤는지와 나쁜 꿈을 걱정하며 아침식사와 영양가를 걱정하였다. 그리고 출근할까 망설이고 일할 의욕도 잃게 되었다. 이 사람은 늘 자신에게 내가 만족하고 있는지 따져 보므로 대개 만족스럽지 못한 결정을 내린다. 이런 경우 정지신호로서 부정적인 발언이 나올 때마다 중단하는 것이다. 그리고 사고지표로서 자기 자신과 자신의 삶에 대하여 전적으로 적극적인 측면을 찾아서 이야기하게 한다. 여기서는 사고의 전환이 필요하다. 그러기 위하여 자신에 대해서 좋아하는 점과 하고 싶은 일들을 적어서 목록을 작성해 본다. 자기 생애에서 겪었던 이런 적극적인 측면을 회고해 보면 불안도 극복할 수 있는 잊을 수 없는 일들을 회상하게 된다.

6. 전화상담에의 활용

의미치료는 인간에게 삶의 의미를 찾도록 도와주고자 고안되었다. 상담자는 인생에서 특별한 의미가 무엇이 되어야 한다고 말해 주는 것이 아니라 힘들더라도 의미를 발견할 수 있다고 말해 주는 것이다. 이러한 관점은 개인이 취하는 자세에 따라 인간의 고난(삶의 비극적이고 부정적인 측면)은 성취로 바뀔 수 있다는 사실을 의미한다. 프랭클은 인간은 고통, 죄책감, 절망, 죽음에 직면할 수 있으며, 그러한 직면을 통해서 절망을 극복하고 승리한다고 주장한다. 전화상담은 위기개입 자살방지를 위한 핫라인(hot-line) 목적으로 사용되기 때문에 수많은 사람들이 삶의 곤경과 위기, 자살 직전에 전화를 걸어 온다. 이때, 의미치료는 그들이 직면한 삶의 위기를 넘어가게 하며 그 위기를 통해서 삶의 의미를 발견할 수 있는 계기를 만들어 준다. 아무리 절망적인 상황이라도 그 상황을 하루아침에 바꿀 수는 없지만 그 상황에 대한 내 태도는 바꿀 수 있으며, 오히려 그 상황에 맞설 수 있는 힘을 갖고 있다는 인간 정신의 위대함을 깨닫게 한다.

전화상담 사례

임파부종이라는 선천적 희귀병을 앓고 있는 중학교 2학년 K양에 대한 축어록

다음의 전화상담 사례는 임파부종이라는 선천적 희귀병을 앓고 있는 중학교 2학년 K라는 소녀에 대한 축어록으로 의미치료 접근을 활용하여 상담을 진행하였다. 선천적 임파부종으로 자책하며 포기하고 싶은 K의 마음을 공감해 주면서 변경하기 어려운 자신의 고난에 대해 도전하고 의미를 발견할 수 있도록 돕고자 하였다. 상담자는 평생 불치병을 안고 살아가야 하는 K에게 "그것은 내 잘못이 아니다."라는 자기 수용의 태도, "현재 고치기 어려운 병이지만 이 병에 대한 내 태도는 내가 바꿀 수 있다."라고 생각하며 자신의 운명에 대한 태도의 수정, 자기 삶에 대한 의미와 가치를 발견하게 하고자 하였다.

전화상담 대화	분석
상1 네, ○○○전화입니다. 무엇을 도와드릴까요?	
전1 저, 고민이 있어서 전화했어요.	
상2 반가워요. 전화 잘했어요. 여기서는 무슨 이야기도 나눌 수 있답니다.	전화상담 관계형성을 위한 편안한 분위기 조성하기
전2 저는 중학교 2학년 여학생이에요. 태어날 때부터 선천적으로 엄마 쪽의 가족 유전으로 인해 임파부종이라는 다리가 굵어지는 병을 갖고 태어났어요. 지금까지 희귀병이어서 서울의 큰 병원에서도 못 고친다는 얘기뿐이에요.	
상3 그래요. 저는 의료전문가는 아니어서 임파부종에 대해 자세히 모르지만 이 병이 희귀병이고 서울의 큰 병원에서 못 고친다고 하니 학생이 받아들이기 무척 힘들었을 것 같네요.	전화자에게 감정 반영하기(Reflection of feelings)
전3 네, 맞아요. 다른 나라에서도 제 병을 못 고친다는 얘기는 제 마음에 못을 박는 것 같았어요. 아, 정말 사는 게 죽는 것보다 못하다는 생각이 들어요.	

상4 이제는 외국에서도 못 고치고 평생 이 병을 앓아야 한다고 생각하니 포기하고 싶은 마음이 들었을 것 같네요. 정말 많이 힘들지요.

전화자에게 감정 반영하기(Reflection of feelings)

전4 네, 특히 학교생활이 너무 너무 힘들어요. 1학년 때는 치마에 체육복 바지를 껴입고 다녔지만 하루가 다르게 애들의 시선과 말들이 저를 더 힘들게 했어요. 하루하루 버티기 힘들어요.

상5 정말 마음고생이 컸겠어요. 친구들이 K양의 고충을 잘 모르고 편견을 갖고 대하니 견디기 더 힘들었을 거예요.

전5 2학년인 지금은 며칠째 매일 학교에 7시에 가거든요. 다들 잠잘 시간에...... 아무튼 교복만 입고 가는데요. 애들 시선이 무섭습니다.

상6 다른 사람에게 자신의 몸을 보이고 싶지 않았군요.

대인관계를 회피하려고 하는 부적응행동에 대한 증상 확인

전6 화장실 가고 싶은데 12시간 참아서 배가 엄청 아픈 적도 있고요. 거의 매일 나에게 손해 보는 일만 하게 됩니다. 차라리 요즘은 학교를 그만두고 검정고시를 보고 싶어요.

상7 그렇군요. 검정고시를 보면 이런 불편한 상황과 시선에서 벗어날 수 있다고 생각했나 봐요. 부모님의 의견은 어떠한가요.

전화자에게 증상 확인

전7 아빠는 이런 소리하면 막 화를 냅니다. 아빠 마음 모르는 건 아니지만 내 마음과는 거리가 있어요. 엄마는 내가 검정고시 보는 것에 찬성하시는 것 같지만 엄마도 바라는 것은 아닌 듯해요.

상8 가족 모두 의견이 다르니 학생이 어떻게 해야 할지 갈피를 잡을 수 없었을 것 같아요.

전8 네, 그런데 이제 더는 참을 수가 없어요. 이미 정신적 충격으로 대인기피증, 우울증, 강박증이 뭔지는 잘 모르지만 제 심리적 상태가 최악이에요. 정말 죽고 싶어요.

상9 정신적 충격이 너무 커서 사람 만나는 것도 힘들고 어려운가 봐요.

전화자에게 증상 확인

전9 엄마가 나 때문에 술 먹고 힘들어할 때마다 진짜 어떻게 살아야 할지 모르겠어요.

상10 엄마까지 K양의 문제로 괴로워하면 마음이 더 힘들겠어요.

전10 네, 맞아요. 그럴 때마다 제가 왜 살아야 하는지 그 의미를 모르겠어요.

상11	K양은 자신에게 주어진 이러한 상황의 피해자라고 생각하는 것 같아요. 지금 무척 화가 나 있는 것 같아요.	전화자에게 감정 반영하기(Reflection of feelings)
전11	왜 나에게 이런 일이 생겨서 나를 이 지경으로 만들어 놓았는지 알 수가 없어요.	
상12	이런 일이 나에게 생기지 않고 남들처럼 살았으면 좋겠다는 말이군요.	전화자의 부정적 태도에 대한 감정 반영
전12	왜, 나에게만…… 다른 사람들은 괜찮은데…… 정말 억울해요.	
상13	그 마음 이해해요. 남들처럼 학교에 당당하게 다니고 싶고 희귀병으로 신체에 대한 자의식도 하지 않고 다니고 싶겠지요.	
전13	네.	
상14	그런데 이런 일이 K양 때문에 생긴 것이라고 생각하지는 않지요?	
전14	(침묵)	
상15	현재 이 모든 어려움은 결코 K양의 잘못은 아닙니다. 누구의 잘못도 아닙니다. K양이 이렇게 힘든 원인은 자신이 어떤 잘못을 해서가 아니라 선천적으로 그렇게 태어났기 때문이지요.	전화자의 부정적인 태도 수정
전15	그렇죠. 이제는 돌이킬 수 없죠.	
상16	하루아침에 이 병을 고칠 수는 없지만 이 병에 대한 K양의 마음은 바꿀 수 있다고 생각하는데요.	
전16	어떻게요?	
상17	이 병은 내 잘못이 아니라는 거죠. 이제 자신을 용서해 주었으면 해요. 내 잘못도 아닌데 이런 나를 미워만 하면 K양은 정말 불쌍하잖아요. 자신을 용서해 주고 따뜻한 눈으로 보아 주고 이해해 줄 수 있었으면 합니다. 자신을 가장 잘 아는 사람은 자신이니까요.	전화자의 부정적 태도 수정 및 반성제거
전17	그렇지요. 내가 가장 불쌍한 사람이니까.	
상18	병 때문에 아픈 사람을 놀리는 사람이 오히려 잘못된 사람이지요. 다른 사람이 편견을 갖고 대하더라도 '그것은 내 잘못이 아니다.'라고 주문을 외웠으면 해요. 나를 소중하게 생각하는 것입니다. 그리고 지금은 몰라도 언젠가는 그 병을 치료할 수 있는 길이 열릴 것이라는 믿음을 갖는 것입니다.	전화자의 증상에 대한 통제력 갖기

전18 말씀을 들으니까 제가 자신을 너무 함부로 대한 것 같네요. 사실 초등학교 6학년 때부터 자해를 해 왔거든요.

상19 그랬군요. 지금은 어떻게 생각해요?

전19 저도 그것이 나쁘다고 생각해요. 그러나 그땐 어쩔 수 없다고 생각했어요. 지금은 아니에요.

상20 그래요. 잘 생각했어요. 나는 K양이 다른 사람들보다 이 병 때문에 더 많이 생각하고 삶과 죽음에 대해 더 많이 고민했던 것 같아요. 그만큼 성숙하다고 할까? 어려운 사람을 더 잘 이해해 줄 수 있을 것 같은데요.

전화자에게 의미 가능성 확장

전20 사실 그렇죠(웃음). 제가 힘들었던 경험 때문에 앞으로 저와 같이 마음고생하는 사람들을 도와주는 일을 하고 싶다는 생각을 많이 했어요.

상21 오, 그래요. 정말 대단해요. 자신이 힘든 상황인데도 다른 어려운 상황에 있는 사람들을 돕는 일을 해 보고 싶다는 생각을 다했다니. 혹시 K양은 구체적으로 어떤 일을 해 보고 싶다고 생각한 것이 있나요?

전화자에게 의미 가능성 확장

전21 솔직히 말하면요. 제가 오은영 샘이 방송에 출현해서 힘든 사람들을 심리치료해 주는 것을 보면서 나도 저런 일을 해 보면 좋겠다고 생각했어요.

상22 그랬군요. 저도 오은영 샘 나오는 방송프로그램 가끔씩 봤어요. 그거 보면서 힘든 상황이 나오면 안타깝기도 한데 나중에 힘든 문제가 잘 해결되는 것을 보면서 기뻤죠. K양이 앞으로 그런 일을 해 보고 싶다고 생각했다니 참 기특하고, 멋지다고 생각해요.

전화자에게 의미 가능성 확장 (의미 발견하기)

전22 그렇게 말씀해 주시니 감사합니다. 그런데 정말 저도 그렇게 될 수 있을까요?

상23 물론이지요. K양은 자신이 직접 힘든 경험을 했기 때문에 마음 아픈 사람들의 심정을 더 잘 알아서 진심으로 치료해 줄 수 있을 거라고 생각해요. 화이팅!

전23 제게 큰 힘을 주시고 응원해 주셔서 감사합니다. 이곳에 전화하기 전에는 제가 많이 지치고 힘들었는데 통화하면서 힘을 얻었어요. 앞으로 제가 무엇을 준비해야 할지 구체적인 꿈을 찾게 되었습니다. 정말 감사합니다.

상24 그래요. K양에게 이번 전화통화가 도움이 되었다니 참 기쁘네요. 그건 K양이 다른 사람들을 도와주겠다는 마음씨가 곱고, 평소 삶의 준비 자세도 되어 있기 때문일 거예요.

전화자에게 승인/인정하기(Approval/Reassurance)

전24 그렇게 봐 주시니 감사합니다. 저도 선생님과 같이 남을 도와주는 사람이 되도록 힘써 볼게요. 긴 시간 제 얘기 들어 주셔서 감사합니다. 안녕히 계세요.

상25 네, 저도 K양의 꿈을 응원합니다.

토의 및 실습

1. 의미치료에서 쾌락에의 의지, 권력에의 의지, 의미에의 의지는 어떤 관계인가?

2. 나는 의미발견을 위해 창조적 가치, 경험적 가치, 태도적 가치를 어떻게 실현해 왔는지 나누어 보자.

3. 나의 문제를 의미치료의 4단계 과정을 통해 생각해 보자.

4. 앞의 전화상담 사례를 읽고 느낀 점을 나누어 보자.

07

현실치료

현실치료는 윌리엄 글래서에 의해 창안된 상담이론으로 상담자가 내담자에게 성공적인 정체감을 형성할 수 있도록 도움을 주는 데 유용한 상담기법이다. 이 장에서는 현실치료의 인간관, 주요 개념, 상담의 과정, 주요 기법을 고찰하고, 글래서의 현실치료가 전화상담에 어떻게 적용될 수 있는지 사례를 통해 제시한다.

1. 현실치료의 개요

현실치료(reality therapy)는 1950년대 미국의 정신과의사인 윌리엄 글래서(William Glasser, 1925~2013)에 의해 창안되었다. 현실치료는 상담자가 상담을 통해 자신은 물론 내담자에게 성공적인 정체감(success identity)을 형성할 수 있도록 도움을 주고자 한다. 현실치료는 내담자의 현재 행동에 초점을 두고 있다. 상담자는 내담자가 자신을 정확하게 볼 수 있도록 하며, 현실에 직면하게 하고, 자신이나 다른 사람들을 해치지 않고 자신의 욕구를 충족시키도록 돕는 데 주안점을 둔다.

현실치료의 핵심은 우리들의 행동 특히, 활동과 사고를 선택하는 책임이 우리에게 있다는 것을 강조한다. 현실치료 상담자들이 관심과 열정을 가지고 내담자의 이야기를 들어 줄 때, 상담자는 내담자가 자신의 욕구 때문에 혹은 타인의 행위로 인해 피해자라고 생각하는 것을 받아들이지 않는다. 내담자가 그들의 행동을 변화시킬 수 있는 가능하고 바람직한 방법이 있음을 깨닫기 시작할 때, 상담자는 비로소 내담자가 좀 더 책임 있는 행동을 계획하고 그 행동을 밀고 나갈 수 있도록 도와주는 것이다.

2. 인간관

현실치료에서는 인간의 삶과 본성이 어떤 힘에 의해 결정된다는 결정론적 입장에 반대하며, 자신의 의식 수준에서 행동하므로 궁극적으로 자기결정적이라고 믿는다. 즉, 인간은 본능에 의해 행동하기보다 의식하는 자율적, 책임 있는 존재라고 본다(천성문 외, 2021). 개인은 각자 자기 선택을 통해 삶을 살아가면서 자신의 정체감과 행동방식을 변화시킬 수 있다. 현실치료에서 바라보는 인간관을 요약하면 다음과 같다.

- 인간은 자신의 건강을 증진시키고 자신을 성장시키는 힘(growth power)을 가지고 있다. 이러한 힘이 있기 때문에 인간의 행동은 변화도 가능하다.
- 인간은 자기결정(self-determining)이 가능한 존재이다. 이것은 인간이 성장하는 힘을 가졌다는 데 근거한 것이다. 인간은 유전이나 환경 또는 과거에 의해서 결정되기보다도 자기 스스로에 의해 결정되는 면이 더 크다.
- 인간은 자신이나 환경을 통제할 수 있는 존재이다. 인간이 자신을 결정할 수 있는 것은 자기 자신과 환경을 어느 정도 통제할 수 있기 때문이다.
- 인간은 자신의 행동을 포함해 자신에 대해 책임질 수 있는 존재이다. 인간이 자신이나 환경을 통제할 수 있다는 것은 자신의 행동(doing), 느낌(feeling), 생각(thinking), 그리고 환경적 여건에 대해서도 책임질 수 있도록 스스로 통

제해 나갈 수 있다는 의미이다.
- 인간은 성공적인 정체감(success identity)을 발전시킬 수 있는 존재이다. 성공적인 정체감을 통해 인간은 만족스럽고 즐거우며 의미 있는 인간관계를 가지고 싶어 한다.
- 인간은 기본적 욕구를 충족시킬 수 있는 존재이다. 이러한 욕구에는 소속(belonging), 힘(power), 자유(freedom), 즐거움(fun), 그리고 생존(physical survival)이 있다.

3. 주요 개념

1) 선택이론(choice theory)

글래서의 통제 개념은 한 인간 개인이라는 생명체가 하나의 통제체제로서 어떻게 뇌의 작용에 의해 자신의 행동을 통제할 수 있는가를 설명해 주는 이론이다. 이 이론은 자신의 삶에 성취감을 북돋아 주고 또한 자신의 삶을 통제하는 긍정적인 개념으로 사용되었다. 1998년 글래서는 '통제'라는 용어 대신에 '선택'이라는 용어를 사용하였다. 즉, 인간은 스스로 자신의 삶을 선택하고 또한 자기 환경을 만들어 가면서 삶을 영위하는 것으로 보았다.

(1) 인간의 기본적 욕구

인간의 뇌는 의식기능이 없는 구뇌와 의식기능이 활발한 신뇌로 구성되어 있으며 이들은 서로 끊임없이 상호작용한다. 기본적인 인간의 욕구는 신뇌에 자리한 네 개의 심리적이고 정상적인 욕구, 즉 소속의 욕구, 힘에 대한 욕구, 자유에 대한 욕구, 즐거움의 욕구와 구뇌에 자리한 생존의 욕구 등 다섯 개로 구성되어 있으며, 그 욕구들이 개인의 행동을 유발시키는 근원이 된다(유영달, 2017; 정순례 외, 2015).

- 소속(belonging)의 욕구: 사랑하고, 나누고, 협력하고자 하는 욕구이다. 예를 들면, 결혼하고 싶다거나 친구를 사귀어 보고 싶다거나 학생들이 또래 집단에 소속하고 싶어 하는 행동을 말한다.
- 힘(power)에 대한 욕구: 경쟁하고 성취하고 중요한 존재이고 싶어 하는 속성을 말한다. 예를 들면, 사회적 지위나 명예, 부의 축적, 승진에 의한 힘의 위력을 가지려고 하는 것을 말한다.
- 자유(freedom)에 대한 욕구: 자신의 의도대로 움직이고 선택하려는 욕구로 독립성, 자율성과 밀접히 관련된다. 이러한 자유는 타인을 간섭하거나 방해, 혹은 타인의 권리를 침해함이 없이 행할 수 있어야 한다. 예를 들면, 원하는 것을 하고 싶어 하는 것, 대인관계에서의 자유, 의사표현의 자유, 하고 싶은 일의 자유 등을 들 수 있다.
- 즐거움(fun)의 욕구: 많은 새로운 것을 배우고 놀이를 통해 즐기고자 하는 욕구를 말한다. 이런 욕구를 충족시키기 위해서는 크든 작든 간에 좋은 감정과 웃음이 있어야 하며 무엇보다도 흥미를 가질 수 있는 행동을 해야 한다. 이 욕구충족 활동의 유형으로 단순한 놀이도 있지만 학습도 매우 중요한 활동이다. 예를 들어, 학습, 등산, 스포츠, 낚시, 골프, 자동차 경주, 그림 그리기, 노래 부르기 등 즐거움을 만드는 것은 개인의 주관적인 경험이 작용한다.
- 생존(survival)의 욕구: 살고자 하는 욕구로서 생식을 통한 자기 확장을 하고자 하는 속성을 의미한다. 이 욕구는 구뇌로부터 생성된 것으로서 구조가 작으며 수면, 호흡, 소화, 혈압조절 등 신체구조를 움직이고 건강하게 유지하도록 하는 중요한 과업을 수행하고 있다. 대부분의 경우 구뇌가 단독으로는 효과적으로 작동할 수 없기 때문에 신뇌의 도움이 필요하다.

인간은 이러한 다섯 가지 기본적 욕구에 의해 끊임없이 행동해야 한다. 순간순간 최선이라고 판단되는, 즉 자기 나름대로 창의적인 방법을 찾아 자신의 개인욕구를 충족시킨다. 이런 욕구들은 각각 많은 원함(wants), 질적인 세계를 충족시킴으로써 가능하다. 평생 동안 인간은 질적인 세계 속의 원함들과 현실세계 속에서의 경험과 비교에서 생기는 갈등 혹은 만족을 겪으며 살아간다.

(2) 자아정체감(self-identity)

정체감은 현실치료의 핵심적인 개념이다. 정체감은 자기 자신이 스스로에 대해 가지는 이미지(image)라고 볼 수 있다. 모든 사람은 태어나서 죽을 때까지 그 나름대로 자신에 대한 이미지, 즉 정체감 이미지(identity image)를 발전시키고 있다. 정체감 이미지에는 자신이 성공적이라고 여기는 성공적 정체감과 자신이 패배적이라고 여기는 패배적 정체감이 있다. 여기서 성공적 또는 패배적이라는 말은 지위, 명성, 재산과 관련된 것이 아니고 자아상(self-image)의 견지에서 말하는 것이다.

정체감은 부모를 포함한 다른 사람들과의 관계에서 발달하는데 대부분의 아이들은 자신을 성공적으로 본다. 그러나 초등학교에 입학하는 나이가 되면 사회적 기술, 언어적 기술, 지능 및 사고능력이 발달하게 된다. 이때 자신의 능력에 대해 성공적 혹은 패배적으로 정의하게 된다. 아동이 나이가 들면서 자신을 성공적이라고 여기면 성공적 정체감이 발달하고, 패배적이라고 여기면 패배적 정체감이 발달하게 된다. 성공적 정체감을 가진 사람은 패배적 정체감을 가진 사람보다도 더 효과적으로 자신을 통제하고, 강하며, 책임감 있고, 자기 훈련적이며, 기본적 욕구를 충족시키는 사람이다.

그런데 정체감은 타인과의 관계 속에서 한 인간으로 자기 자신을 보는 방법과 관련된 것이다. 글래서는 "거의 모든 사람들이 과제수행자로서가 아닌 한 인간으로서 수용되기를 원한다."라고 말하였다. 이는 개인적 정체감이 그의 업적보다 중요하다는 것으로 한 인간으로서 수용되는 것이 과업이나 목표의 성취보다 앞선다는 뜻이다.

(3) 3R

3R이란 현실치료에서 강조하는 책임(responsibility), 현실(reality), 옳고 그름(right and wrong)을 말한다. 각각에 대해 구체적으로 설명하면 다음과 같다(유영달, 2017).

① 책임(responsibility)

글래서는 책임이란 “다른 사람이 그들 자신의 욕구를 충족시키는 것을 방해하지 않는 범위 내에서 자신의 욕구를 충족시키는 능력”이라고 하였다. 이것은 책임이 자신의 행동에 대한 책임뿐 아니라 자신의 욕구를 충족시켜야 하는 책임도 중요함을 말하는 동시에 그 한계도 제시하는 것이다. 여기서 글래서는 정신건강과 책임을 같은 것으로 보고 있다. 즉, 자신의 책임을 잘 지는 사람은 정신적으로 건강한 사람이고, 자신의 책임을 잘 지지 않는 사람은 정신적으로 건강하지 못한 사람이라는 것이다. 책임 있는 인간은 자율적이다. 그러한 사람은 인생에서 그가 원하는 것이 무엇인지를 결정하고, 자신의 욕구나 목표를 충족시키기 위해 책임 있는 계획을 세울 수 있을 만큼 충분한 심리적인 내적 지지를 갖고 있다. 글래서는 정신건강이 책임 있는 행동의 원인이 되는 것이 아니고 책임 있는 행동이 정신건강의 원인이 된다고 주장한다. 즉, 불행과 고통은 무책임의 결과이지 무책임의 원인이 될 수 없다는 것이다.

② 현실(reality)

현실치료에서 말하는 책임은 다른 말로 표현한다면 현실을 직면하는 것이다. 현실과의 직면이란 현실세계의 모든 여건을 받아들여야 한다는 점, 현실세계에 대한 통제를 통해 자신의 욕구를 충족시켜야 한다는 것이다. 기본적 욕구의 충족이나 욕구충족에 도움이 되는 원함(want)은 현실세계가 정해 주는 범위 내에서만 가능하다. 현실치료에서는 내담자가 그들의 현실과 직면해야 한다는 사실을 강조한다. 무책임이 정신병이라고 볼 수 있는 것은 어떤 사람의 정신병이란 결국 그가 그의 현실을 거부하는 것으로 볼 수 있기 때문인데 현실을 거부하려는 것은 자신의 삶에 대한 책임을 지지 않으려고 스스로에게 설득하려는 것이다. 현실치료란 결국 내담자가 더욱 책임 있는 행동을 함으로써 자신의 문제를 해결할 수 있는 현실을 직면하도록 하는 것이다.

③ 옳고 그름(right and wrong)

옳고 그름과 같은 가치판단도 현실적으로 주어진 책임을 지는 사람에게 중요하다. 많은 상담이론에서는 가치판단을 배제하지만 글래서는 판단을 중요하게 생각한다. '선한 행동' '악한 행동'과 같은 것을 평가하지 않는다면 인간의 행동과 활동은 변덕스러워지기가 쉽고 독단적일 수 있다고 주장한다. 특히, 가치판단을 하지 않게 되면 문제를 현실적으로 해결할 수 없다고 하였다. 즉, 판단하지 않고 한 행동은 욕구를 충족시키기보다는 욕구 충족을 방해하는 경우가 많다는 것이다. 악한 행동을 하면 남의 비난이나 처벌 같은 현실적 책임을 면할 수 없기 때문이다. 따라서 기본적인 욕구 충족을 위해서도 판단이 필요하며 현실치료 상담자는 다른 사람에 대한 관심, 정직성과 같은 가치를 내담자에게 불어넣어야 한다.

이와 같이 3R의 개념은 현실치료에서 핵심적인 개념으로서 서로 연관되어 있음을 알 수 있다.

4. 상담의 과정

1) 상담의 목표

상담의 목표는 내담자들이 자신의 행복세상에서 자신이 선택한 사람들과 관계를 맺거나 재관계를 맺도록 도와주는 것이다. 사랑과 소속의 욕구가 충족되는 것에 덧붙여 힘, 자유, 즐거움을 포함하는 모든 욕구를 충족시키기 위한 더 좋은 방식을 배우도록 돕는 것이다. 우볼딩(Robert Wubbolding)은 현실치료의 상담 목표는 사회적으로 인정되고 윤리적인 영역에서 일하면서 내담자들이 건강을 증진시키고, 인간관계를 향상시키고, 내적 조절과 힘에 대한 감각을 가지고, 더 자율적이고, 삶을 즐기며, 현실적으로 성취가능한 목표를 설정하도록 돕는 것이라고 하였다.

2) 상담의 과정

현실치료는 크게 두 가지 과정, 상담환경 가꾸기와 내담자를 행동 변화로 인도하는 과정으로 구성되어 있다. 상담이란 두 과정을 조화롭게 엮어 내어 내담자로 하여금 그들의 삶을 스스로 평가하고 바람직하게 방향 선택을 결심하도록 함께 하는 작업을 의미한다([그림 7-1]).

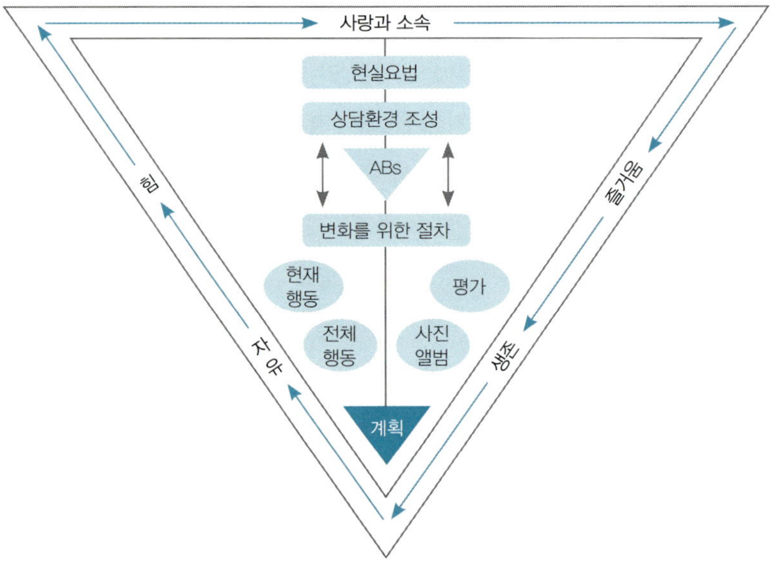

[그림 7-1] 선택이론과 현실치료의 마인드맵

5. 주요 기법

현실치료에서 주요 기법은 상담환경 가꾸기 기법으로 권장 사항과 금지 사항이 있고, 행동 변화를 위한 상담기법으로 욕구 · 원함 · 지각(want) 탐색하기, 전체 행동 탐색하기(total behavior), 행동과 계획에 대한 자기평가(evaluation), 계획하기(plan)가 있다(박경애 외, 2010; 유영달, 2017; 정순례, 2015).

1) 상담환경 가꾸기

(1) 권장 사항: 전 과정에 걸친 친밀한 관계 유지

상담자와 내담자가 서로 신뢰하고 상담자가 내담자에게 긍정적인 관심을 보일 때 비로소 상담의 효과가 높아진다.

- 주의를 기울이는 행동하기(Use attending behaviors): 얼굴 표정, 수용적 자세, 언어적 행동, 비언어적 행동 등은 상담자와 내담자 간의 관계를 증진시키는 데 도움을 준다.
- 항상 지켜야 할 사항들[Practice AB(always be)s]: 항상 예의가 있을 것(always be courteous), 항상 신념을 가질 것(always be determined), 항상 열정적일 것(always be enthusiastic), 항상 확고할 것(always be firm), 항상 진실할 것(always be genuine).
- 판단을 보류하기(Suspend judgement): 상담자가 내담자가 한 말에 대해 하나하나 판단을 내리면 내담자가 대화를 중단할 수 있기 때문에 상담자는 내담자가 말한 내용에 대해 가급적 판단을 연기한다.
- 예상하지 않는 행동하기(Do the unexpected): 상담자는 내담자가 강력히 저항을 하든지 계획을 세운 후 실천하지 않으려 한다면 상담자는 예상 밖의 활동을 한다. 예를 들어, 문제행동을 더욱 과장해 보라고 할 수도 있고 문제행동을 오히려 더 완벽하게 해 보도록 하는 것과 같이 역설적 기법을 사용하는 것이다.
- 유머를 사용하기(Use humor): 내담자와 친밀한 관계를 유지하는 데 도움이 되는 유머를 사용한다. 특히, 내담자가 난처해할 때 사용하여 긴장을 줄여 줄 수 있다.
- 자기 자신이 되기(Be yourself): 상담자는 그대로의 한 인간으로 가장 자기답게 상담한다.
- 자기 자신을 개방하기(Share yourself): 상담자의 진지하고도 개방적인 태도는 내

담자가 자기의 행복세계로 상담자를 들어오게 할 뿐 아니라 상담자에 대한 내담자의 신뢰를 증진시킬 수 있다.

- 은유적 표현에 귀 기울이기(Listen for metaphors): 내담자의 말 중 은유로 표현한 것의 의미를 분명히 알기 위해 상담자는 내담자의 말에 귀를 기울인다. 즉, 내담자의 표면적인 표현 이면에 그의 진심이 무엇인지 살펴야 한다.
- 주제에 귀 기울이기(Listen for themes): 내담자들의 주제를 경청한 후 그 이야기를 확인하고 반영해 준다. 주제는 내담자가 성공적이거나 자랑스러워하는 것을 택하는 것이 좋다.
- 요약하기와 초점 맞추기(Use summarize and focus): 내담자가 하는 이야기를 요약하여 내담자가 원하는 것에 초점을 맞출 수 있도록 도와준다.
- 결과를 허용하거나 부과하기(Allow or impose consequences): 내담자의 바람직하지 않은 행동에 대해 책임을 지게 한다.
- 침묵을 허용하기(Allow silence): 내담자의 침묵에 대해 인내심을 갖고 기다려 준다.
- 윤리적이 되기(Be ethical): 상담자의 윤리적인 태도는 내담자와의 관계에서 반드시 필요하다. 예를 들어, 내담자가 자신이나 타인의 안녕을 침해하는 것이 명백한 경우(자살 충동 혹은 타살의 위험) 상담자는 합법적이고 적절한 행동을 취하거나 보호관찰기관이나 내담자의 위반활동을 감독할 권한이 있는 기관에 알려야 할 의무가 있다.

(2) 금지 사항

- 변명을 받아들이지 않기(Don't accept excuse): 내담자들은 변명을 늘어놓을 때 상담자가 "왜"라는 질문을 하지 말아야 한다. 왜냐하면 변명을 허용하는 태도를 취하게 되면 책임감이 내담자에게서 상담자에게로 옮겨 가서 상담자는 문제를 해결해야 할 부담까지 짊어져야 하기 때문이다.
- 처벌하지 말고 비판하거나 논쟁하지 않기(Don't punish, criticize, or argue: Allow consequences): 내담자가 자신이 저지른 행동의 결과에 대해 책임을 지도록

허용해야 한다.

• 쉽게 포기하지 말기(Don't give up easily): 실행하기가 힘들기 때문에 어렵기는 하지만 내담자를 쉽게 포기하지 않는다.

2) 행동 변화를 위한 상담의 과정

현실치료에서 상담의 진행과정은 간략하게 W(want), D(doing), E(evaluation), P(plan)로 표기된다. W-D-E-P는 각각 욕구 · 원함 · 지각 탐색하기, 전체 행동 탐색하기, 행동에 대한 자기평가하기, 계획하기로 명명할 수 있다. 다음의 [그림 7-2]와 같이 상담이 진행된다.

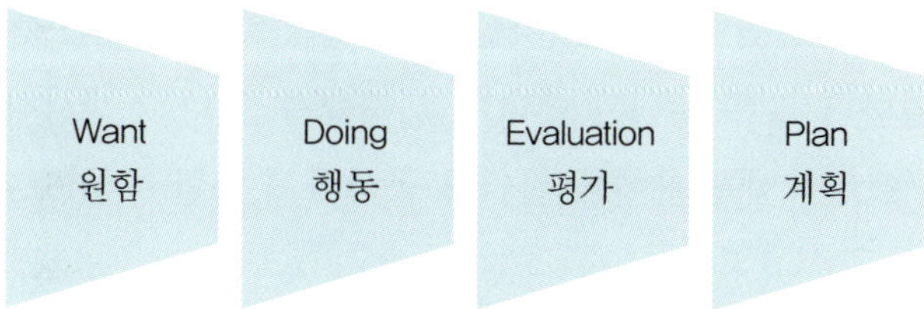

[그림 7-2] 상담의 진행과정

(1) 욕구 · 원함 · 지각 탐색하기(W: Want)

상담자가 내담자와 함께 내담자의 욕구 · 원함 · 지각을 탐색하여 내담자가 그것을 상담자와 나누기 위해 진지하게 상담에 임할 수 있도록 내담자로부터 약속을 받아 내는 단계이다.

• "무엇을 원하는가?"라고 묻기: 내담자가 자기 안의 원함, 욕구를 탐색하고 주위 사람들이 내담자에게 원하는 것이 무엇인지 알 수 있게 한다.
• "진정으로 원하는 것이 무엇인가?"라고 묻기: 계속적인 질문을 통해 내담자의 진정한 원함과 욕구가 무엇인지, 숨겨진 원함은 무엇인지 알도록 한다.

- "사람들이 당신에게 원하는 것이 무엇인가?"라고 묻기: 내담자가 자신에게 영향을 미치고 있는 세상을 어떻게 보고 있는지를 알 수 있게 하고, 주위 사람들과 내담자가 원하는 것이 일치하는지 혹은 불일치하는지 알아봄으로써 내담자의 근본적인 욕구가 무엇인지 확실하게 알 수 있도록 도와준다.
- "당신은 어떤 시각으로 사물과 환경을 바라보는가?"라고 묻기: 지각의 저장고인 내담자의 지각체계를 탐색한다. 외부 세계로부터 여과된 것을 점검하는 단계이다.
- "당신은 상담자에게 바라는 것이 무엇인가?"라고 묻기: 상담자가 내담자에게 어떤 도움을 제공해야 하는지, 주위 사람들에게 무엇을 원하는지, 내담자 자신이 상담 상황을 어떻게 바라보는지에 대해 내담자에게 이야기하게 한다.
- 상담에 참여하는 것에 대한 확약 얻기: "문제를 해결하기 위해 기꺼이 노력하겠습니까?" 혹은 "당신이 원하는 것을 얻고 또한 당신이 자기 행동을 변화시키기 위해 얼마나 많은 노력과 에너지를 쏟을 수 있다고 생각하십니까?" 등의 질문을 함으로써 내담자에게 진지하게 상담에 임할 수 있도록 약속을 받아낸다.

(2) 전체 행동 탐색하기(Direction and Doing: D)

[그림 7-3]에서 글래서의 선택(통제) 자동차를 보면 인간의 욕구들(basic needs)은 자동차 엔진에 해당하며, 원함(want)은 핸들이 전체 행동이라는 자동차를 움직이는 것이다. 전체 행동은 활동하기(acting), 생각하기(thinking), 느끼기(feeling), 그리고 신체 반응하기(physiology) 등 네 가지 요소로 구성되어 있다(천성문 외, 2021). 자동차의 앞바퀴는 활동하기와 생각하기, 뒷바퀴는 느끼기와 신체 반응하기에 해당한다. 앞바퀴의 활동하기 영역을 구체적으로 변화시킨다면 나머지 뒷바퀴도 자동적으로 따라오게 된다는 것이다. 적극적인 활동에 많이 관여할수록 좋은 감정과 유쾌한 생각, 그리고 더 좋은 생리적인 편안함이 수반될 수 있다는 것이다. 현실치료에서는 개인의 행동변화는 활동하기에서부터 그리고 환경변화는 그의 환경이나 타인의 행동을 변화시키기보다는 변화를 원하는 자신의 활동에서 시

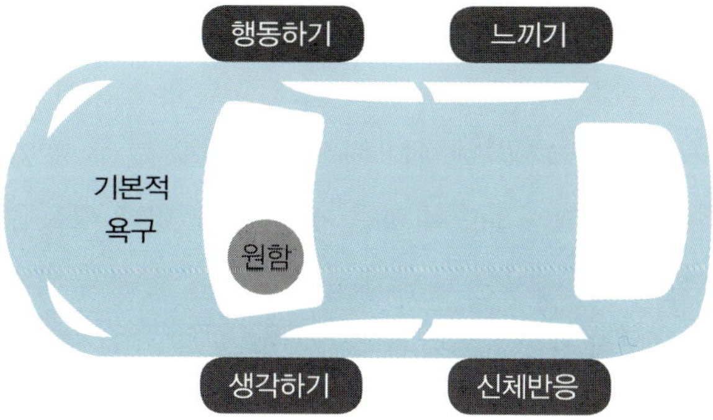

[그림 7-3] 글래서의 선택(통제) 자동차

작하는 것이 더 현실적이라고 본다.

전체 행동 탐색하기는 상담자가 상담과정 초기에 내담자에게 상담의 전반적인 방향, 즉 내담자가 어디로 가고 있는가를 탐색하도록 도와주는 절차이다(박경애 외, 2010; 정순례 외, 2015). 현실치료 상담에서는 이 단계에서 다음과 같은 질문을 하고 대답하도록 하는 것이 중요하다. "당신은 무엇을 하고 있습니까?(What are you doing?)"

- "당신은"(you): 내담자가 특히 자기 행동의 원인을 환경조건 혹은 남의 탓으로 돌리거나 변명을 하려는 행동을 중단시키는 효과가 있다. 자기행동의 주인임을 확인한다.
- "무엇"(what): 내담자의 내면세계로 들어갈 수 있으며 결국 내담자가 자기 행동의 효과성에 대한 가치판단을 하거나 평가를 하게 될 행동뿐 아니라 자기통제가 가능한 영역과 그렇지 않은 영역에 대해 확인해 볼 수 있는 기회를 제공한다.
- "하고"(doing): 전 행동 중 활동 요소를 탐색하는 이 절차는 감정 요소보다는 내담자가 선택해 왔던 활동 요소에 초점을 맞추는 것이다. 현실치료는 내담자의 행동이 곧 내담자의 선택이라는 원리에 기초하기 때문에 수시로 내담자에게 이것을 설명하는 것이 바람직하다. 즉, 전 행동 중 활동 요소를 보다 나은

것으로 선택하면 감정 요소 또한 자동적으로 변화된다는 것을 직간접적으로 설명한다.

- "있습니까?"(are): 내담자가 현재의 행동에 초점을 맞출 수 있도록 도와준다. "있습니까?"에 대해 묘사하도록 하는 것은 특히, 현재 행동을 강조하는 데 도움을 준다. 현실치료에서는 내담자들이 현재 생활에서 자신의 욕구를 충족시키기 위해 어떻게 행동하는가를 중요시한다.

(3) 행동에 대한 자기평가하기(Evaluation: E)

내담자의 행동 변화를 위한 가장 핵심적인 부분은 그들 스스로 자기평가를 하는 것이다. 상담자의 능숙한 질문을 통해 내담자가 자신의 행동과 자신의 수행능력을 평가한다(박경애 외, 2010; 정순례 외, 2015).

- "당신은 지금의 행동이 당신에게 도움이 됩니까?": 내담자 자신의 행동이 자신에게 최대의 이익을 가져다주는 행동인지를 보게 하며 내담자 자신으로부터 생기는 이러한 자기행동 평가 혹은 행동 가치판단의 기준이 문제해결의 출발점이 된다는 것을 내담자가 인식하도록 돕는다.
- "당신이 지금 하고 있는 것은 당신이 진정으로 원하는 것을 얻는 데 도움이 됩니까?": 내담자 자신의 최근 행동이 자신의 원함을 얻고 욕구를 충족시키는 데 효과가 있는가를 살펴본다.
- "당신이 행동하는 것이 규범에 어긋납니까?": 규범을 위반하는 내담자의 행동에 대해, 거울을 보는 것처럼 내담자 자신의 활동 요소를 관찰하는 데 도움을 준다.
- "당신이 원하는 것은 현실적이고 실현가능한 것입니까?: 내담자가 원하는 것이 현실적인지를 평가하도록 하여 내담자의 원함이 성취될 수 있는가에 초점을 둔다.
- "그런 식으로 보는 것이 당신에게 도움이 됩니까?": 내담자의 이차적인 지각수준, 특히 부정적인 지각 수준을 직면시키는 데 도움을 준다.

- "상담을 통해 당신의 인생의 변화를 가져오는 것에 대해 어떻게 약속을 하시겠습니까?": 내담자가 상담에 진지하게 참여하고 자신의 행동을 변화시킬 책임이 자신에게 있다는 것을 알려준다.
- "도움이 되는 계획입니까?": 평가과정의 한 과정으로 사용되며 계획과정 후에도 약속 설자의 한 부분으로 사용된다.

이상의 질문을 통해 내담자는 자신의 행동에 대해 관심을 갖게 된다. 이것은 자신의 행동에 대한 각성 수준을 높여 줄 것이고, 높아진 각성 수준으로 자신의 현재 행동에 대해 현실성 있는 판단을 하게 된다.

(4) 계획하기(Plan: P)

욕구 충족과 관련된 내담자의 현재 행동 중에서 비효과적이고 부정적인 것들을 찾아 이를 효과적이고 긍정적인 것으로 고치기 위해 계획을 세우는 것이다. 긍정적인 계획이란 자신의 욕구나 원함을 충족시키기 위해 현실적으로 받아들여질 수 있고, 타인에게 피해를 끼치지 않는 전체 행동을 말한다. 모든 계획은 활동에 대한 긍정적인 계획이어야 하며, 다음 사항을 염두에 두어야 한다(정순례 외, 2015).

- 욕구가 충족되는 계획(need fulfilling): 내담자의 진정한 욕구와 원함을 충족시킬 수 있는 계획이라야 한다.
- 단순한 계획(simple): 내담자에게 적합하고 명확하며 단순한 계획일수록 내담자에게 효과적이다.
- 현실적이고 실현가능한 계획(realistic and attainable): 내담자가 스스로 계획을 세우도록 도와주는 것은 내담자가 활동 요소를 지각하는 정도에 근거할 뿐 아니라 내담자가 가진 힘의 정도에 따라서 달라진다. 최소한의 계획이거나 하찮게 보이는 계획이라도 내담자가 자기 삶에 책임감을 느끼도록 도와주며, 성취감을 느끼도록 돕는다.
- 행위를 중지시키기보다는 행위를 하도록 하는 계획(something to do not to stop doing):

내담자가 가지고 있는 부정적인 사고를 긍정적인 사고로 바꾸는 데 도움을 준다.

- 행위자에 기초한 계획(dependent on the doer): 내담자가 다른 사람과는 무관할 수 있는 계획을 세우는 것이다.
- 구체적인 계획(specific): 상담자가 내담자에게 "무엇을 할 것인가?, 어디서 할 것인가?, 누구와 할 것인가?, 얼마나 자주 할 것인가?" 등의 질문을 함으로써 내담자가 주인이 되어 구체적이고 효과적인 계획을 세울 수 있도록 도와주는 것이다.
- 반복적인 계획(repetitive): 내담자가 긍정적인 계획과 실행을 반복적으로 함으로써 그 실행 횟수를 측정할 수 있고 내담자의 삶이 긍정적으로 바뀔 수 있도록 도와주는 것이다.
- 즉각적인 계획(immediate): 내담자가 오늘 바로 실행할 수 있는 계획을 설정하는 것이 중요하다.
- 현실적인 계획(realistic): 단기적이고 사소한 계획일지라도 내담자가 세운 계획은 실현가능한 계획이기 때문에 스스로 시작할 수 있다는 사실만으로도 그 계획은 가치가 있다.

6. 전화상담에의 적용

현실치료 상담자는 교사, 멘토, 모델로서 역할을 수행하면서 내담자들이 하는 활동이나 행동이 자신이나 타인에게 해를 끼치지 않으면서 자신의 기본욕구를 충족시키는지 여부를 평가하도록 내담자를 직면시킨다. 현실치료의 핵심은 개인이 좋은 관계를 형성하고, 효과적으로 선택하고, 잘 통제하도록 돕는 것이다. 사람들은 통제할 수 없는 상황의 희생자가 아니고 생활에 대해 책임을 지게 해야 한다. 그러므로 현실치료 상담자들은 내담자들이 자신의 행동을 변화시키기 위하여 현재 무엇을 할 수 있는지, 무엇을 할 의지가 있는지에 초점을 둔다. 전화상담은 일회성이라는 특징이 있기에 단기상담의 범주에 있다. 일회성 상담을 통해서 내담자가 자신이 원하는 것을 선택해 나가도록 하는 데 현실치료의 W(원함)-D(행위)-E(평가)-P(계획)는 매우 효과적인 역할을 할 것이다. 자신이 원하는 것이 무엇인지 확인하고 그 원하는 것을 이루기 위한 현재의 행동을 평가해 보며 향후 원하는 것을 이루기 위한 활동 계획을 세우는 것은 단순하지만 전화상담에서 매우 유용하게 사용될 것이다.

전화상담 사례

학업스트레스를 받고 가출을 생각하고 있는 중학교 2학년 D양에 대한 축어록

이 전화상담 사례를 보면 전화자는 사춘기 민감한 시기에 가정에서 부모님으로부터 학업에 대한 스트레스를 받고, 여가시간에도 공부하라는 부모님의 잔소리에 불만이 많아서 집을 나가버리고 싶다고 상담자에게 자신의 입장을 호소한다. 상담자는 우선 전화자의 원함(want)을 확인하고, 그 근본 원인이 가정에서 전화자가 공부를 잘하지 못해서 공부 잘하는 언니와 비교당하는 것임을 확인하였다. 그래서 상담자는 전화자의 전체 행동(doing)을 탐색하면서 집에서 자신의 욕구 충족을 위해 어떻게 행동하는지에 초점을 맞추어 전화상담을 진행하였다.

상담자는 전화자의 행동과 계획에 대해 자기평가(evaluation)를 해 보도록 한 결과 전화자는 가출하려는 계획에서 부모님의 동의를 받아야 하는 등의 현실적인 제약 사항과 가출 이후의 생활에 대해 생각해 보면서 가출하여 생활하는 것이 힘들다는 사실을 확인하였다. 그러면서 전화자는 실제로 가출하려는 욕구보다 집에서 자신의 마음을 좀 더 이해해 주었으면 하는 마음이 더 크다는 사실을 확인하였다. 상담자는 전화자가 앞으로 집에서 어떻게 잘 지낼 수 있는지 계획(plan)을 세울 수 있도록 현재의 가정 상황을 되돌아보게 하였다. 전화자는 이 전에 집에서 언니가 자신을 잘 이해해 주었던 것을 기억하였고, 집에서 학업스트레스를 다르게 풀지 않고, 가족 식구와 대화하면서 잘 지내 보겠다고 다짐하였다.

전화상담 대화	분석
전1 여보세요. 이곳이 ○○○전화가 맞나요.	
상1 네, 맞습니다. 무슨 하고 싶은 얘기가 있나 봐요.	
전2 저...... 여기에서 이런 내용을 말해도 되는지 잘 모르겠는데요~.	
상2 무슨 얘기든 괜찮아요. 어떤 내용인지 편하게 한번 얘기해 보세요.	상담 분위기 조성을 위해 개방형 질문하기
전3 그럼, 그냥 편하게 얘기해 볼게요. 우리 엄마 아빠, 너무 짜증 나요.	
상3 그래요. 엄마 아빠에게 화가 많이 나 있군요. 왜 그렇게 짜증이 나게 되었나요?	반영하기 및 문제 원인 탐색하기
전4 저는 지금 중학교 2학년인데요. 맨날 집에서 공부하라고만 해요. 학원에서 공부하고 오는 건데, 집에 오면 또 공부하라고 해요. 그래서 주말에 보고 싶은 TV 프로그램도 맘대로 못 보고, 친구들과 게임도 잘 못해요.	
상4 아··· 그래요. 때때로 P양이 쉬는 시간을 자유롭게 즐기고 싶은데 부모님께서 그럴 시간을 주시지 않으시니까 정말 속상한가 보네요.	전화자에게 감정 반영하기(Reflection of feelings)
전5 네, 맞아요. 맨날 집에서 공부는 안 하고 놀기만 한다고 부모님은 화만 내세요. 그래서 집에 있으면 마음이 편하지 않아요. 그래서 스트레스 짱 받고요, 더 공부하기 싫어져요. 차라리 집에서 도망치고 싶어요.	
상5 참 힘들겠어요. 그런데 집에서 나가는 것이 P양이 원하는 것인가요?	원함(wants), 욕구 탐색
전6 꼭, 제가 집을 나가고 싶어서 그런 건 아니에요. 그런데 요즘은 자꾸만 집에서 저를 싫어하니까 내쫓으려고 그러는 것 같은 기분이 들어요.	
상6 그래요. P양이 그렇게 생각할 수 있어요. 그런데 집에서 나가려는 이유를 정확히 알아야 해결책을 찾을 수 있어요. 혹시 P양은 부모님께서 하고 싶은 일을 못하게 잔소리해서 집을 나가고 싶	

은 건가요, 아니면 또 다른 이유가 있나요?

전7 솔직히 말하면요. 그게 전부는 아니고요. 저희 언니가 고등학생인데 학교에서 공부를 잘해요. 아빠도 명문 대학을 나와서 공부도 많이 하셨고 엄마도 마찬가지예요. 우리 집에서 저만 공부를 못해요.

상7 그런 집안 사정이 있었군요. 저라도 집에서 그런 분위기라면 마음이 편하지 않을 것 같은데요. 집에서 힘든 상황이 놓일 때, P양은 무엇을 하나요?

전체 행동(Behavior) 탐색하기

전8 집에서 받는 스트레스가 워낙 크니까 더 공부하기가 싫어져요. 책상에 앉아 있어도 그냥 멍해지고, 게임하거나 딴짓만 하게 돼요. 제 친구들은 맨날 PC방이나 노래방에서 재미있게 놀거든요. 그런데 저는 그렇게 하지 못해요. 가끔 친구들과 같이 놀아도 불안하고 답답해요. 제 마음속을 뭔가 꾹꾹 누르고 있는 것 같아요. 그냥 집만 들어가면 그래요. 저는 집안의 공기도 싫어요. 그리고 엄마, 아빠, 학원 선생님, 학교 선생님 다 저를 이해하지 못해요. 그래서 더 화가 나요.

상8 아, 그렇군요. 집에서 P양을 잘 이해하지 못하고, 스트레스만 주기 때문에 집에서 나가려고 생각한 것이군요.

전9 네. 맞아요. 그래서 제 베프(베스트 프렌드)와 함께 집에서 나가자고 얘기했어요.

상9 친구랑 집에서 나가는 것이 P양이 진정 원하는 해결책이라고 생각하나요?

행동에 대한 자기평가(self-evaluation)

전10 그건 잘 모르겠지만 지금 집에서 그대로 지내는 것보다 마음은 훨씬 편할 것 같아서요.

상10 그럴지도 모르죠. 그런데 집을 나가면 어디에서 지낼지, 먹고 자는 문제에 대해서 구체적으로 생각해 보았나요?

현실 상황에 대한 자기평가 요청

전11 생각을 조금 해 봤는데요. 대충 제가 통장에 모아둔 돈이 좀 있어요. 그리고 집에서 나오면 친구랑 제가 잘 아는 졸업한 학교 선배네 집에 잠시 있으려고 그래요.

상12 그렇군요. 선배 집에서 좀 오래 묵을 수 있나요? 집에서 나가 밖에서 생활하려면 돈도 많이 들 텐데. 어떻게 지낼 생각인가요?

전13 그게 좀 걱정이긴 한데요. 학교 선배가 알바할 자리도 알아 봐준다고 했어요.

상13 청소년들이 아르바이트를 하려면 연령대별 부모 동의를 받아야 하는 경우가 있어요. 법적으로 만 15세 이상이 되지 않으면 가족관계증명과 동의서, 취업허가증을 받아야 하는데 그건 잘 알고 있지요?

전14 아, 그래요? 그건 잘 몰랐어요. 부모동의서를 꼭 받아야 하나요?

상14 왜냐하면 청소년들이 아르바이트하면서 돈도 받지 못하고 잘못되는 경우가 많거든요. 그래서 청소년 근로사항이 법적으로 규정되어 있어요. 부모 허락하에 아르바이트를 해야 안심하고 사회경험을 할 수 있으니까요.

전화자에게 정보(Information) 제공하기

전15 하지만...... 그럼, 전 어떻게 하죠.

상15 혹시 선배는 지금 어떤 일을 하고 있나요?

전16 잘은 모르는데 저보다 나이가 2살 많은 학교 선배인데 고등학교 그만두고 어느 가게에 일 나가고 있다는 것만 알고 있어요.

상16 선배도 법정 연령 만 18세가 넘지 않으면 취업이 자유롭지 않아요. 그래서 아르바이트가 어떤 일인지 확실히 알고 나서 해야 해요. 더구나 요즘 좋지 않은 일, 특히 여학생 아르바이트의 경우에 나쁜 일이 많이 발생해서 주의해야 하고요.

전화자에게 정보(Information) 제공하기

전17 저도 그런 안 좋은 얘기는 방송에서 들은 적 있어요. 선배 하는 일에 대해서는 좀 더 확인해 볼게요.

상17 그런데 집을 나가는 것이 P양이 처음 갖고 있던 불만을 해결하는 방법이라고 생각하나요?

전18 저도 꼭 집을 나가야 한다고 생각한 것은 아니에요. 요즘 학교 중간고사 기간도 다가오고, 입시에 대해 신경도 예민해져서 친한 친구랑 한번 계획해 본 거예요.

상18 지금 P양은 부모님께 불만이 많은데 혹시 집에서 지내기 힘들다는 말을 가족에게 해 본 적이 있나요.

전19 아니요. 그냥 엄마에게 짜증만 내고 그랬어요. 왜 언니만 칭찬하냐고, 저한테는 잘 안 해 준다고 대들고 했는데, 아빠한테 예의 없다고 맞기도 했어요. 물론 제가 잘못은 했지만요. 그래서 아빠 집에 계실 때는 아예 말 안 해요.

상19 그랬군요. 물론 부모님께 직접 P양의 심정을 말씀드리는 것이 쉽지 않을 거예요. 이럴 때 화내면서 대드는 것은 좋은 해결방법이 아니에요. 가족 중에 말하기 편한 식구에게 조용히 한번 얘기해 보는 것은 어떤가요? 내가 지금 이러이러해서 힘들다, 좀 이해해 달라고 솔직하게 부탁해 보세요. 그 방법이 집을 나가는 것보다 근본적인 문제해결 방법이 될 수 있어요.

전화자에게 구체적인 계획(Plan)에 대해 질문하기

전20 음…… 아무래도 우리 집에서는 언니가 더 얘기하기는 편할 것 같아요. 저를 구박하고 잔소리를 늘어놓기는 해도 언니가 우리 집에서는 저를 가장 잘 이해해 주거든요.

상20 그래요. 언니에게 말을 건네면 언니가 P양의 응원군이 되어 줄 수 있을 거예요. 가족만큼 P양을 이해해 줄 수 있는 사람은 별로 없어요.

전21 네. 알겠습니다. 제 얘기 잘 들어주셔서 감사합니다. 전화 걸기 전에는 막 힘들고, 짜증 나고 그랬는데, 전화해서 얘기하다 보니까 기분도 좋아지고, 앞으로 잘될 것 같아요. 저도 공부하라는 말에 스트레스 받으면서 게임만 하지 않고 공부도 좀 해 볼 거예요.

상21 그래요. 좋아요. 앞으로도 P양이 자꾸만 기분 나쁘고 싫다고 생각하면 더 힘들 수 있어요. 또 지내다가 힘들면 언제든 ○○○전화에 통화하거나 주변 사람들에게 자신의 힘든 사항을 털어놓으면 도움이 될 거예요.

전화자의 계획(Plan)에 대한 긍정적 강화 제공

전22 좋은 말씀 감사합니다.

상22 도움이 되었다니 기뻐요. 그럼 힘내세요.

전23 네, 안녕히 계세요.

전화자에게 승인/인정하기(Approval/Reassurance)

토의 및 실습

1. 현실요법의 기본적 요구 다섯 가지를 읽어 보고 나는 어느 욕구가 가장 강한지 나누어 보자.

2. 변화의 과정으로 W-D-E-P를 적용하여 나의 문제를 분석해 보고 발표해 보자.

3. 현실요법에서 상담환경 가꾸기의 중요성에 대해 나누어 보자.

4. 앞의 전화상담 사례를 읽고 느낀 점을 나누어 보자.

PART 03

전화상담의 과정과 기법

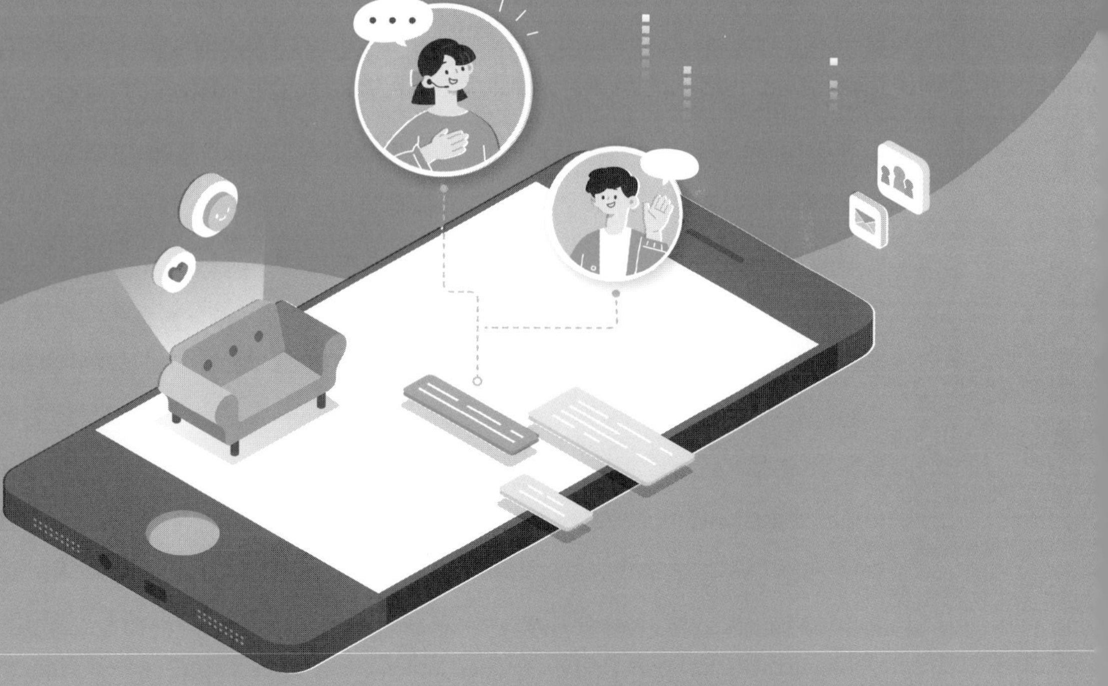

08
전화상담 과정

이 장에서는 전화상담 과정에 대해 전체적으로 조망한다. 전화상담 과정의 세부 단계를 뜻하는 영어 단어 첫머리 글자를 따서 밥과 같이 전화상담 과정에서 필수적으로 갖추어야 할 단계라는 의미로 'RICE'라고 명명하였다. 즉, 전화상담 과정을 관계형성(Rapport-formation), 탐색(Investigation), 직면(Confrontation), 종결(End)이라는 4단계로 정리하였다. 또한 각 단계별로 상담자가 주요 수행해야 할 상담 기법에 대하여 간략히 제시하였다.

1. 전화상담 과정의 이해

전화상담은 도움을 원하는 사람(내담자)이 먼저 전화를 걸어 도움을 줄 수 있는 사람(상담자)과 대화를 나누면서 이루어진다. 이러한 대화과정을 통해서 상담자는 내담자의 이야기를 경청, 공감하면서 그의 문제를 발견하고, 그 문제를 위하여 여러 방안들을 함께 탐색하면서 현재의 생활에도 잘 적응하고, 건강한 사회인으로 성장하도록 돕는 것을 목적으로 한다.

전화상담은 이웃을 잃어버린 사람들에게, 힘이 없고 외로운 사람들에게 마음 놓고 전화해서 이야기할 수 있는 마지막 창구가 되었다. 전화상담의 특성은 어려움에 처한 내담자가 자기의 문제를 호소할 때 그 문제에 초점을 두는 것이 아니고, 문제를 가진 사람에게 초점을 두고 상담을 한다는 것이다. 전화를 걸어서 하소연하는 사람의 고통과 슬픔을 함께 나누며, 그가 처한 위치에서 자기의 문제가 무엇인지 스스로 찾고 현실에 직면하며 건강한 자아를 찾도록 돕는다.

예를 들어, 결혼생활의 불행을 호소하는 주부와의 대화에서, '이혼을 해야 할 것 같은데 어떻게 하지요?'하는 내담자의 호소에 대해, 다음 두 질문에는 큰 차이가 있다.

질문 1 '결혼한 지 얼마나 되셨나요? 왜 이혼하려 하서요?'와 같은 사건이나 사실을 중심으로 하는 질문

질문 2 '이혼을 생각하고 계시는군요. 어떻게 이혼까지 생각하게 되었는지 이야기해 주실 수 있을까요?'와 같은 질문

질문 2 는 개방적인 대화로 내담자로 하여금 자기가 하고 싶은 마음의 이야기를 하도록 하는 수용하는 자세이고, 질문 1 은 사람 중심이 아닌 이혼이라는 사건 중심으로 대화의 방향이 상담자에 의해 정해지게 된다. 상담의 초점은 이혼이라는 사건 자체가 아니라 이혼을 생각하는 사람에게 두어야 한다.

1) 전화상담의 범위

전화상담기관에 전화를 하는 사람들은 그 기관이 무엇을 하는 곳인지 잘 모르면서 행여 도움을 받을 수 있을까 하고 전화하기도 한다. 상담자는 단순한 정보를 원하는 질문에서 전문적이고 치료를 필요로 하는 상담까지 접하게 된다.

- 단순정보 또는 기술적인 정보를 필요로 하는 문제
- 환경적인 문제나 심리적 갈등의 문제
- 전문적인 치료를 필요로 하는 문제

첫 번째 영역, 단순한 정보나 기술적인 정보를 필요로 하는 경우는 정보안내 또는 조언의 영역이므로 가능한 한 정확하고 효과적인 정보를 주는 지시적인 상담(directive counseling)을 한다. 이들은 정확한 답을 모르는 사람들이므로 필요한 답을 직접 알려 주면 된다.

두 번째 영역이 보통 전화상담에서 많이 만나게 되는 상담 영역이다. 이들은 스스로 헤어 나올 수 없는 어려운 환경에 있는, 또는 자신의 성격으로 인한 문제에 봉착한 사람들로 상담자가 해결책을 제시해 줄 수 있는 일정한 답이 있을 수 없다. 오히려 이들은 어떻게 해야 하는지 답은 알고 있는데 그렇게 행동할 수 없는 사람들이므로 비지시적인 상담(non-directive counseling)이 필요하다. 그래서 상담자가 문제해결을 위한 정답을 찾기보다는 경청으로 시작하는 상담 과정을 내담자와 함께 시작해야 한다.

세 번째 영역에 속하는 사람들은 우울증이나 조현병 등 정신건강문제를 가지고 있는 사람들로 전문적인 치료를 필요로 하는 사람들이다. 이들의 전화상담 비율도 많은데 초보 상담자는 이러한 사람들을 구별하기 어렵다. 어떤 사람이 전화하더라도 도움이 필요해서 전화한 사람이므로 부드러운 음성으로 진지하게 받는다. 대화가 계속되면서 심한 우울증이나 조현병으로 망상이 심한 사람의 이야기를 상담자가 경청하기도 어렵고 공감할 수도 없는 상황이 있다. 이러한 때에도 상담자는 한 사람을 존중하는 마음으로 침착하게 현실에 직면하도록 한다. 내담자가 처한 현실의 생활에 직면이 되지 않을 때 이 상담은 자원봉사자의 상담영역이 아닌 전문가의 치료영역임을 인식해야 한다.

그러나 상담자들이 한 가지 기억해야 하는 것은 치료를 필요로 하는 정신건강문제를 가진 사람들은 사회에서 고립되고 이웃으로부터 소외당하기에 늘 외롭고 버림받은 심리적 상태에 있다는 점이다. 그들 역시 우울증이나 조현병 그 자체로 대하기보다 우울감을 가지고 있는 사람, 조현병을 앓고 있는 사람으로, 즉 '그 문제를 가지고 고통받고 있는 사람'에 초점을 두고 대할 필요가 있다. 그러나 자원봉사자가 상담해서 오히려 내담자의 병을 깊게 할 수도 있으므로 전문가에게 의뢰하면서 상담은 10분 이내로 제한하는 것이 효과적이다. 그러나 정말로 새로운 문제가 생겨서 누구와 의논하고 싶은 때에는 전화해도 좋다는 따뜻한 마음을 전하도록 한다.

2) 전화상담의 한계점

전화상담으로 만나는 인간관계는 '현재의 한순간의 만남'이다. 가족관계에서 이루어지는 부모–자녀 간의 관계나 친구 간의 관계, 그리고 교사–학생 간의 만남과는 분명히 구별되어야 한다. 앞의 관계에서는 서로가 서로에 대해서 과거나 현재의 삶도 잘 알고 앞으로의 일에 대해서도 지켜봐 줄 수 있는 지속적인 관계이나 전화상담에서 만나는 상담자와 내담자의 관계는 호소하는 내담자가 살아온 과거나 현재에 대해서 전혀 모르거니와 장래에 대해서도 한순간도 다시 지켜봐 줄 수 없는 일회적 관계이다.

우리가 알 수 있는 것은 단지, 내담자가 말하는 고통의 내용이나 그의 주변생활에 대한 것이다. 즉, 불행한 어느 가정의 복잡한 문제를 한쪽의 호소만을 듣고 이해하려고 한다면 그것은 문제의 전체가 아니고 부분일 수도 있다.

전화상담은 상담봉사자와 내담자가 대화하는 한순간의 만남이고 그 시간은 길어야 1시간 정도이다. 그 시간에 내담자의 문제가 해결될 수는 없다. 상담자는 내담자의 호소를 듣고 어떤 해결책을 제시해 줄 수 있는 사람이 아니다. 그 문제는 내 문제가 아니고 내담자의 문제이므로 문제를 가지고 있는 그 사람은 그동안 그 문제를 해결하기 위해 여러 방안을 취하다가 전화를 한 사람이다. 그래서 짧은 시간 동안에 내담자는 자신의 어려운 상황을 이야기하고 상담자는 그 이야기를 그 사람 입장에서 들어 주면서 그가 하고 싶은 이야기를 충분히 할 수 있도록 돕는다. 내담자는 자신의 어려움을 알아주는 상담자의 공감반응을 통해 속에 있는 이야기를 다 털어놓음으로써 마음이 가벼워지고 맑아지면서 객관적으로 자신의 문제를 바라보게 된다. 상담자는 거울과 저울의 역할을 하면서 내담자의 마음을 비추어주고 여러 방안들을 저울질하여 장단점을 탐색하고 현재 상황에서 내담자가 취할 수 있는 가장 현실성 있고 가능한 행동을 선택할 수 있도록 돕는 역할을 한다.

한쪽의 이야기만을 듣고, 그 불행이 안타까워서 내담자의 삶 속에 뛰어 들어가 문제를 해결해 주겠다고 한다면, 그것이 진정한 의미의 도움인지 혹은 얼마나 큰 잘못을 저지르게 되는지 생각해 보아야 한다. 예를 들어서, 한 30대 주부가 전화를 걸어서 자신의 결혼생활이 불행해서 이혼을 생각하고 있는데 '이혼을 해도 될까요?' '어떻게 해야 하는지 알려 주세요.'라고 한다.

이때 상담자는 이 주부의 과거나 현재도 모르고 그가 말하는 부분만을 들어서 조금 알 뿐인데 이혼을 하는 것이 좋겠다거나 이혼을 안 하도록 해야겠다는 상담자 내면의 결정이 있어서는 안 된다는 것이다. 상담자가 알고 있는 것은 한 사람의 삶의 아주 작은 부분이고 그의 삶의 방향도, 그에 따른 방법도 내담자 자신의 몫이라는 것을 늘 기억해야 한다.

그러나 여기에서 중요한 것은 한 사람이 누구와 이야기하고 싶은 절실한 순간에 상담자는 그 자리에 겸허한 마음으로 앉아서 문제를 가진 그 사람과 진실한 인간관계를 맺으면서 마음으로 만나게 되는 것이다. 대화를 나누는 과정을 통해서 자신의 문제를 객관적으로 정리할 수 있게 되고, 전화상담의 목표인 현재에도 적응하고, 오늘보다 나은 내일의 삶을 계획할 수 있다. 1회 전화상담으로 내담자의 문제가 해결되리라는 욕심은 버려야 한다. 우리가 정말로 염려하고 보살피고자 하는 것은 그의 문제뿐만이 아니고 문제를 가지고 있는 그 사람의 고통에 있음을 잊어서는 안 된다.

3) 전화상담의 과정

'전화상담은 반드시 이렇게 받아야 한다.'는 공식은 있을 수 없다. 전화상담은 상담봉사자와 내담자 사이에서 일어나는 역동적인 상호관계이므로 상담의 이론이나 기술에 앞서 상담봉사자 자신의 인간적인 성숙과 상담에 임하는 자세가 중요하다. 힘들어하는 한 사람을 위해 그의 자리에서 그와 함께 고통을 나누고자 하는 겸허한 마음이 있을 때 상담의 이론이나 기술이 실질적으로 응용이 된다.

전화상담의 과정은 물 흐르듯 자연스러운 일련의 절차는 진행되어야 한다. 여

표 8-1 **전화상담 단계별 주요 수행 내용**

상담 과정	단계	단계명	주요 수행 내용
초기과정	1단계	관계 형성 단계 (Rapport-formation Stage)	경청(good listening) 공감(empathy) 반영(reflection)
중간과정	2단계	탐색 단계 (Investigation Stage)	탐색(exploring) 질문(question)
	3단계	직면 단계 (Confrontation Stage)	직면(confrontation) 의견 제시(suggestion)
종결과정	4단계	종결 단계 (End Stage)	종결(conclusion), 목표설정(goal setting)

기서 분명히 이야기하는 것은 상담의 중요한 기본 요소인 경청(listening)과 공감(empathy)은 상담 시작부터 종결까지 계속해서 이어진다. 반영(reflection), 명료화(clarifying), 탐색(exploring), 직면(confrontation)의 기술도 반드시 언제, 어떻게 해야 한다는 공식은 없다. 상황에 따라 융통성 있게 적용되어야 한다. 그래서 전화상담은 상담자가 가지고 있는 지식, 기술 그리고 인품만큼 이루어지는 것이다.

전화상담 과정의 한 단계 한 단계가 경계선이 선명하게 있는 것은 아니고 상황에 따라 자연스럽게 변화한다. 그러나 상담자는 전화상담의 과정이 있음을 알고 있으므로 자신이 상담 과정 중 어느 자리에 있는지, 현재 무엇을 하고 있는지, 상담이 어디로 가고 있는지를 아는 지침으로 활용한다.

단계적으로 상담자가 수행해야 할 역할을 전화상담 4단계 과정으로 정리하면 〈표 8-1〉과 같다.

다음의 [그림 8-1]에서 보는 바와 같이, 상담자는 1단계에서 내담자와 라포 형성을 통해서 관계를 형성하게 된다. 이 단계에서 내담자의 이야기를 경청하고 공감하면서, 그 내용을 반영하는 등의 일을 수행한다. 2단계에서는 본격적으로 상담 내용에 대한 탐색을 하는데 어떤 상황에서 문제 상황이 발생했는지, 그 전반에 대한 질문 등을 하면서 이해도를 높인다. 3단계는 직면 단계로 상담 내용에 대한

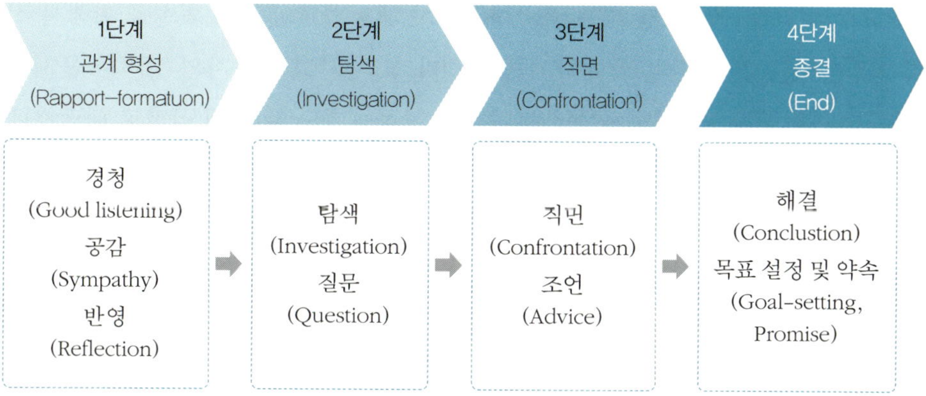

[그림 8-1] 전화상담의 과정

이해를 토대로 내담자에게 상황을 직면시키고, 때로는 조언을 하면서 그 문제를 해결하도록 고무시킨다. 4단계 종결 단계(End stage)에서는 전화상담을 마무리하면서 상담자가 내담자와 약속을 하거나 외부에 의뢰를 한다거나 격려 등을 통해 전화상담을 끝낸다.

[그림 8-1]에서 보는 바와 같이, 전화상담 과정을 표현하는 단어로 각 단계별 첫 영문자를 따서 'RICE'라고 명명하고자 한다. RICE는 사전적 의미로 쌀, 밥이라는 의미이다. 즉, 전화상담 과정에서 밥과 같이 필수적으로 갖추어야 할 단계로서 RICE를 반드시 포함해야 한다는 것을 뜻한다.

단계별로 상담자가 갖추어야 할 지식, 태도, 기술에 대한 상세 내용은 별도의 장으로 다루며, 이 장에서는 각 단계에 대한 축약적인 설명과 더불어 전체 전화상담 과정에서 상담자가 유의해야 할 사항에 대해 설명하고자 한다.

(1) 1단계: 관계 형성 단계(Rapport-formation stage)

시작 단계는 전화의 벨이 울림과 동시에 시작된다. 한 통의 전화는 전화를 건 사람 자신에 의해서 시작은 되지만 실제적인 접촉은 상담자가 전화에 응답할 때 비로소 시작된다. 거의 순간적인, 전화통화의 첫 몇 초가 대단히 중요한 영향을 준다. 첫 몇 분 동안의 접촉이 나머지 상담의 질을 결정할 수 있고 또 결정한다.

일회성이라는 전화상담의 특성상 상담자가 내담자와의 관계 형성을 위해서 전화상담 중에 많은 시간을 할애하기는 어렵다. 그렇다고 내담자의 상처나 문제를 마음 놓고 털어놓을 수 있는 상담 분위기를 형성하지도 않은 채 곧바로 내담자에게 전화하게 된 이유를 캐물을 수는 없다. 왜냐하면 그런 경우에 내담자의 마음을 쉽게 열 수 없을뿐더러 내담자가 가진 문제 상황을 정확히 파악할 수도 없기 때문이다. 따라서 전화상담 과정의 첫 단계에서 상담자는 내담자의 얘기를 경청, 공감, 때로는 수용적으로 적극 반영하면서 전화상담의 분위기를 형성하는 데 주력해야 한다.

관계 형성 단계에서는 무엇을 해야 한다기보다는 내담자의 이야기를 경청하고, 공감하면서 수용, 반영하는 것이 필요하다. 상담자는 내담자를 판단 없이 경청하고 이해하도록 노력해야 한다. 상담자가 전화상담 과정 중 관계 형성 단계에서 파악해야 할 주요 사항은 다음과 같다(이광자, 2006: 31-32).

- 현재 무엇이 내담자에게 가장 어려운 일인지 이야기할 수 있도록 전화상담을 시작한다.
- 내담자에게 일어났던 최근의 의미 있는 자료에 초점을 두고 호소하는 내용을 경청하면서 내용에 공감하는 표현을 한다.
- 일반적이고 모호한 내용에서 구체적인 내용으로 진행한다.
- 사건이나 살아온 이야기의 나열보다 주요 인간관계에 관련된 감정에 집중한다.
- 경청 후 상담자의 느낌을 표현하고, 내용 및 느낌에 대해 요약하고, 상호문제를 확인한다.
- 전화상담의 목표를 설정한다.

이 단계에서 사용하는 주요 전화상담 의사소통기법은 경청(good listening), 공감(empathy), 반영(reflection)이다. 경청은 상담자가 내담자의 얘기를 그 자체로 온전히 받아들이기 위해 최선의 노력을 다하는 듣는 행위이다. 공감은 상담자가 내담자의 입장에서 이해하기 위해 느낌을 이해하고 수용하는 과정이다. 반영은 내담자의 말에서 표현된 기본적인 태도, 주요 감정의 내용을 상담자가 다른 참신한 말로 부연해 주는 상담 기법이다.

(2) 2단계: 탐색 단계(Investigation stage)

두 번째 단계는 상담의 몸체에 속하는데 상담의 대부분의 시간이 소요되는 탐색 단계이다. 상담 과정에서 이 탐색의 과정이 너무 쉽게 지나가 버리거나 무시되는 경향이 있다. 예를 들어, 시작 단계에서 내담자의 관심과 문제를 얼마간 파악하게 되면 상담자는 곧바로 어떤 정보를 준다든지 문제해결을 위한 방안을 제시하는 것이다. 이렇게 중간 탐색과정을 무시할 때 수반되는 여러 실제적 위험성이 있다.

첫째로 시작 단계에서 드러난 문제는 사실 표현된 문제일 뿐이지 실제의 문제가 아닐 수 있다는 점이다. 상호간의 깊은 탐색의 과정을 통해서 처음에 심각하게 여겨졌던 문제는 그 중요성이 줄어들고 더 심각한 새로운 문제로 대체되는 경우가 있다.

둘째로 내담자가 자신의 문제 상황을 명료화하고 또 스스로 해결할 수 있기 위해서는 여러 가지 각도에서 문제를 관찰해야 한다. 표현된 표면상의 문제를 주도면밀하게 들여다보지 않고 곧바로 정보를 주고 해답을 제공하려는 태도는 내담자로 하여금 자기 스스로의 힘과 능력, 그리고 잠재력으로 깨달을 수 있는 기회를 박탈하는 것이다.

어떤 심각한 문제나 어려운 통화에서 가능하면 빨리 충고나 정보를 제공하려고 하는 것은 어쩌면 상담자가 그것을 다른 곳에 내던져 버리는 증후군의 표시일 수 있다. 상담자는 전화상담에서 다뤄질 수 있는 문제를 쉽게 정보제공이나 타 기관에 의뢰하는 등으로 벗어나려고 하지 말아야 한다.

이 단계에서 상담자는 무엇보다는 내담자에게 '힘을 주는(enabling)' 역할을 감당해야 한다. 상담자의 일은 내담자가 가능하면 자신의 임박한 문제가 무엇인지를 명료화할 수 있도록 돕는 일과 새로운 대안을 모색하게 하는 일이다. 또한 상담자는 내담자 자신의 힘으로만 자신의 문제를 해결할 수 있음을 인식시켜 주어야 한다. 또한 이 과정에서 유지하기 어려운 어떤 균형이 있음을 알아야 한다. 즉, 내담자로 하여금 자신의 문제를 자발적으로 얘기할 수 있도록 하는 것은 무척 중요한 일이지만 상담자는 중간 중간 적당한 질문과 재진술, 요약, 그리고 상담자 자신의 느낌들을 얘기함으로써 대화의 초점을 유지하는 일을 해야 한다.

관계 형성을 통해 내담자가 갖고 있는 문제 상황에 대해서 경청, 공감, 반영했다면 탐색 단계에서는 내담자의 말 중에서 드러나지 않은 부분을 구체적으로 명료화함으로써 내담자 스스로 문제 상황을 발견하도록 유도한다. 이 과정에서 상담자는 내담자가 갖고 있는 가장 큰 문제에 초점을 맞추어 이를 찾을 수 있도록 도와준다.

탐색을 위해서 주로 질문 기법을 사용하여 모호하거나 의심되는 부분을 질문하게 된다. 이때 사용하는 질문 유형으로는 동의를 구하거나 간략한 대답을 요구하는 폐쇄형 질문보다는 개방형 질문을 사용한다. 그러나 내담자의 진술이 정확한지를 확인하기 위해서 폐쇄형 질문을 사용하기도 한다.

탐색 단계에서 상담자가 수행해야 할 주요 사항은 다음과 같다(이광자, 2006: 32-33).

- 내담자의 장점과 문제를 파악한다.
- 탐색된 문제에 대한 이해와 지식을 나누기 위해서 질문을 한다. 예컨대, "이 문제에 대해 어떻게 생각하나요?"와 같이 문제에 대한 궁금증을 풀어 나간다.
- 드러난 문제와 관련 있는 다른 문제가 있는지를 내담자와 함께 탐색한다.
- 상담자는 내담자의 장점과 문제를 목록화하고, 이를 기록하여 확실하게 이해한다.
- 탐색한 여러 가지 문제 중에서 내담자가 가장 중요하다고 인식하는 문제에 대해서 깊이 있게 탐색, 질문한다.
- 상담내용을 명확히 하기 위해서 내담자가 탐색한 질문을 통합하여 진술한다.

이 단계에서 사용하는 주요 전화상담 의사소통기법은 탐색(investigation)과 질문(question)이다. 탐색은 전화상담 과정에서 내담자가 밝히지 않는 상담 내용을 구체적으로 명료화하고, 내담자가 스스로 발견하도록 유도하는 과정이다. 질문은 전화상담 과정에서 상담자가 명확하게 할 필요가 있는 전화상담 내용을 구체화, 명료화하는 상담 기법이다.

(3) 3단계: 직면 단계(Confrontation stage)

직면 단계에서는 상담자가 내담자 말 중에서 모순되는 것과 불일치하는 것을 솔직하고, 직접적으로 지적한다. 하지만 문제해결의 단초는 내담자에게 있다는 사실을 명심하여 스스로 문제를 인식하도록 해야 한다. 이때 상담자는 이를 발견할 수 있도록 조력해 주는 역할을 수행한다.

다양한 직면 기법을 활용해서 내담자가 문제 상황에 놓일 때 직면하도록 하는데 내담자의 문제 상황을 확인하고, 준비정도 고려, 직면의도 파악, 직면과 그에 따른 반응 탐색의 단계를 거친다. 의견 제시는 상담자의 일방적인 의견을 말하는 것이 아니며, 상호 소통해야 한다는 개선의 의미가 담겨 있다. 의견 제시 단계에서 내담자의 숨겨진 의도와 질문에 주의를 기울이는 것이 필요하다.

직면 단계에서 상담자가 수행해야 할 주요 사항은 다음과 같다(이광자, 2006: 33-34).

- 문제해결을 위한 내담자의 노력을 확인하고, 동시에 자기 탐색 노력을 강화하여 내담자에게 가장 적합한 대안, 방법, 사고, 행동 등을 확정하고 실천하도록 격려한다.
- 문제해결을 촉진시키는 데 필요한 정보를 제공한다.
- 내담자에게 가장 큰 문제가 무엇인지 정서적 반응을 확인한다.
- 문제해결을 위한 기능 수행능력 향상 과제를 부여한다.

이 단계에서 사용하는 주요 전화상담 의사소통기법은 직면(confrontation)과 의견 제시(suggestion)이다. 직면은 내담자가 자신의 말과 행동의 모순적 측면에 주의를 기울일 수 있도록 하는 상담 기술이며, 과정이다. 의견 제시는 내담자가 바람직한 해결방향을 선택할 수 있도록 의사결정에 필요한 통찰력 형성을 도와주는 정보제공 행위이다.

(4) 4단계: 종결 단계(End stage)

종결 단계는 전화상담 과정을 마무리하는 단계로서 전화상담 중에 내담자와 형성된 관계, 문제 탐색, 직면 등의 결과를 토대로 전화상담의 종결 여부를 결정하게 된다. 일단 전화상담 목적이 달성되었다고 판단되면 전화상담이 종결된다. 그러나 이 과정에서 내담자에게 전화상담 과정을 요약하게 함으로써 내용을 통합, 정리하게 도와주기도 한다. 때로는 내담자의 문제 상황을 해결하기 어려워 관련 전문기관에 대한 정보를 제공하는 등으로 전화상담을 종결하기도 한다.

종결 단계에서 상담자가 수행해야 할 주요 사항은 다음과 같다(이광자, 2006: 34-35).

- 문제가 복잡해서 계속적인 상담과 치료 등이 필요한 경우 관련 전문가나 관련 기관에 의뢰하거나 해당 정보를 내담자에게 제공한다.
- 현재 문제 상황이 정리되고 상담목표가 달성되었다고 판단되면 전화상담을 종결한다.
- 종결 단계 내담자에게 전화상담 과정에서 제시된 문제 상황에 대해서 요약하고, 문제를 해결하도록 고무시킨다.
- 전화상담 후 내담자의 느낌을 표현하게 한다.

이 단계에서 사용하는 주요 전화상담 의사소통기법은 요약(briefing)과 정보제공(giving information)이다. 요약은 전화상담 과정에서 드러난 문제 상황에 대하여 정리, 통합하여 새로운 해결책을 제시함으로써 종결 단계에 이르도록 하는 상담기법이다. 정보제공은 전화상담 과정에서 상담자가 내담자의 문제를 해결해 줄 수 없거나 내담자가 다른 기관의 정보를 원할 때 내담자에게 도움이 될 만한 타 기관을 정리하여 정보를 제공해 주는 것이다.

토의 및 실습

2~3명씩 조를 편성해서, 전화상담의 과정 4단계를 돌아가면서 한 단계씩 설명해 보자.

2. 관계 형성 단계

관계 형성 단계는 전화상담의 기초가 되는 중요 단계로 상담자가 내담자와 어떻게 관계맺음을 하느냐에 따라서 전화상담의 성공 여부가 결정된다. 상담자는 경청, 공감, 반영 등 일련의 전화상담 기법을 활용하여 내담자와 신뢰관계를 형성하면서 문제 상황에 대해서 알아가게 된다. 이 단계에서는 각각의 전화상담 기법에 대한 기본적 이해와 더불어 전화상담 기법 적용 시 유의해야 할 사항을 확인한다.

1) 경청

경청(good listening)은 모든 상담기술에서 기본이 된다. 특히, 전화상담은 면대면 상담이 아닌 전화라는 수단으로 내담자와 연결되는 만큼 수화기를 통해 전해지는 목소리에 전적으로 경청하는 행동이 다른 무엇보다 중요하다. 내담자가 지닌 문제 상황을 파악하는 데 경청만큼 효과적인 방법은 없다. 그러므로 전화상담의 초기단계에서 상담자는 내담자의 이야기를 진심으로 경청하고 있다는 느낌을 전해 줌으로써 친밀한 전화상담 분위기를 조성해야 한다.

경청은 사전적으로 '귀를 기울여 듣는다(傾聽).' '공경하는 마음으로 듣는다(敬聽).'는 뜻을 갖고 있다(네이버 전자사전, http://www. naver.com). 즉, 남의 얘기에 주의를 집중하여 잘 듣는다(good listening)는 것을 뜻한다. 남의 말을 잘 듣는다는 것은 자칫 누워서 떡 먹는 것처럼 쉬운 일이라고 자만할 수 있다. 그러나 이것은 생각만큼 쉽지 않다. 성인이 의식적으로 노력하지 않을 경우 주의 집중할 수 있는 시간은 대략 10~20초 사이에 불과하다. 그 이유는 사람들이 무의식적으로 상대방의 말에 귀를 기울였다가 딴생각하기를 반복하기 때문이다. 전화상담에서도 내담자의 이야기를 들으면서 어떻게 답해야 할지 생각하고 있다거나 의식적으로 계속해서 주의 집중을 하지 않으면 다른 생각에 빠지기 쉽다. 이와 같이 다른 사람의 이야기에 귀 기울이는 경청 행위가 힘들다는 것은 분명하다.

경청은 내담자의 이야기를 판단하거나 평가하지 않으면서 외현적으로 표현된 것뿐만 아니라 내포된 의미까지 듣고 이해하는 기술이다. 경청은 전하는 말의 내용뿐만 아니라 내면의 동기나 정서를 읽으면서 사려 깊은 태도로 듣고 그 의미를 이해하는 것이다. 겉으로는 듣는 척하면서 내담자의 이야기가 허황되거나 사실인지를 판단하는 것은 진정한 경청행위가 아니다. 또한 내담자의 이야기가 끝나기도 전에 중간에 끼어든다거나 성급하게 판단을 내리는 행위도 올바른 경청이라 할 수 없다. 경청을 통해 내담자는 자신이 충분히 존중받고 있음을 느끼게 되고 자신의 감정을 털어놓으면서 부정적인 감정을 정화할 수 있을 것이다. 상담자가 이해한 내용을 내담자에게 피드백하는 과정을 통해 상담자와 내담자 간 긍정적 인간관계를 형성하는 데 도움이 된다. 때로는 내담자가 비윤리적 행동에 대해 말하는 것조차 비난하지 않아야 하고, 오히려 이해할 수 있는 마음 자세를 가지고 이야기를 들을 수 있어야 한다. 요컨대, 경청은 상담자가 내담자의 얘기를 그 자체로 온전히 받아들이기 위해 최선의 노력을 다하는 헌신적인 듣기 행위이다. 경청의 목적은 상담 과정에서 경청함으로써 내담자를 이해하고 가깝게 느끼게 되고, 공감을 할 수 있으며, 그의 사정을 알게 하고 상황을 분별할 수 있게 된다.

(1) 경청의 중요성

전화상담 과정에서 경청이 강조되는 이유가 무엇일까? 그것은 내담자의 입장에서 볼 때 상담자의 경청 행위가 주는 효과가 크기 때문이다. 경청의 중요성에 대해서 살펴보면 다음과 같다(김상환, 2010: 16).

첫째, 감정을 발산시키고 싶은 욕구를 해결할 수 있다. 인간은 누구나 자기감정을 표출하고 싶은 기본적인 욕구를 지니고 있다. 특히, 자신의 억압된 감정은 두말할 나위도 없다. 한 우화에서 나오는 것처럼 "임금님 귀는 당나귀이다."라고 말하고 싶은 욕구와 같이 때로는 개인이 간직한 비밀에 대해 털어놓고도 싶고, 자신의 슬픔과 분노 등에 대해서도 솔직하게 내놓고 싶어 한다. 그래서 대부분의 전화상담 말미에는 별로 문제가 해결된 것은 없지만 마음이 편해졌다고 말하는 내담자들이 제법 많다. 마치 성당에서 행해지는 고해성사와 같이 전화상담이 묵었던 감정을 해소하는 작용을 하는 것이다.

둘째, 정서적으로 친밀해지고 싶은 욕구를 충족할 수 있다. 친밀한 정서적 교류에 있어서 중요한 것은 앎을 공유하는 것이다. 내담자는 자신의 얘기를 통해 정서적으로 공감을 받고 싶어 한다. 이러한 일차적인 욕구 해결 수단이 경청이다. 누군가가 나의 이야기를 판단하지 않고, 여과 없이 받아 줄 수 있다면 그만큼 정서적 친밀감을 누릴 수 있을 것이다.

셋째, 자기 가치를 인정받고 존중받고 싶은 욕구를 해소해 준다. 주변에 자신의 얘기를 속 시원하게 털어놓을 대상이 없다는 것은 참으로 불행한 일이다. 누군가가 내담자의 얘기를 진지하게 들어 준다는 것은 인간으로서 자신의 존재감을 인정받는 것이므로 자아존중감 향상에 기여한다.

요컨대, 전화는 접근이 용이하고, 익명성이 보장된다. 따라서 내담자의 이야기에 귀 기울여 줄 수 있는 상담자가 있다면, 내담자는 자신의 감정을 쉽게 발산시킬 수 있고, 정서적으로 친밀한 욕구 충족과 자기 가치를 존중받을 수 있다. 더불어 상담자에게는 내담자를 보다 깊이 이해할 수 있는 기초가 되므로 경청은 전화상담에 있어서 매우 중요하다.

(2) 경청의 종류

경청은 타인이 전달하려는 내용을 정확하고, 분명하게 듣는 것으로부터 시작한다. 이때 상담자는 내담자의 이야기를 집중해서 들으면서 동시에 잘 듣고 있다는 것을 알려 줄 수 있도록 응대해야 한다. 상대방의 말을 잘 들어 준다는 것만큼 전화상담 초기에 훌륭한 상담 방법은 없다.

효율적인 전화상담을 위해서 내담자의 이야기를 정확하게 들었는지 확인하고, 전달하는 등 명확한 의사소통이 필요하다. 이러한 의사소통 방법에는 크게 수동적 경청, 능동적 경청이 있다.

① 수동적 경청

수동적 경청(passive listening)은 고개를 끄덕거리거나 시선을 마주치는 것과 같은 비언어적인 것과 '음' '아' '예' '그렇군요'와 같이 용기를 북돋아 주는 언어적인 것이 있다. 비언어적인 것은 전화상담에서 표현될 수 없기 때문에 언어적인 표현을 사용하게 된다. 수동적 경청은 상대방의 감정을 실제적으로 표현하는 것이 아니기 때문에 능동적 경청에서 주는 확신에는 미치지 못한다. 단지 내담자의 말을 계속해서 듣고 있다는 것을 확인하면서, 이해하고 있음을 가정한다.

② 능동적 경청

능동적 경청(active listening)은 내담자의 표현을 정리해서 말해 주기 때문에 상대방의 상태를 상담자가 이해하고 있음을 알게 할 수 있다. 예컨대, 내담자가 "화가 난다."라고 자신의 감정을 표현했다면 상담자는 이러한 말을 듣고는 "지금 당신은 그 문제에 신경을 많이 쓰고 있군요."라고 반응하여 그러한 내담자의 감정을 잘 이해하고 있음을 알게 한다. 능동적 경청은 내담자의 이야기를 잘 파악하고, 동시에 음성에서 나타나는 섬세한 변화를 알아차리고 의미와 감정을 알아듣는 것이다.

능동적 경청은 초보상담자에게 쉽지 않고, 능숙한 상담자조차도 관심 기울이기가 필요한 행동이다. 상대방에게 전적으로 관심을 기울이면서 내담자의 감정을 알아내기 위해서 노력하는 행동은 전화상담에서 유효한 의사소통 기술이다.

'능동적 경청'은 '적극적 경청'이라고도 표현하기도 하는데 김계현과 박경석(2001)은 "내담자의 느낌, 욕구를 들으면서 말하고자 하는 의도를 듣는 것이 경청의 핵심이다."라고 말한다. 내담자와 상담자의 능동적 경청 과정을 살펴보면 [그림 8-2]와 같다.

내담자는 먼저 자신의 느낌과 욕구 또는 동기를 상담자에게 표현하기 위해서 적절한 언어를 선택하려고 노력한다. 상담자는 내담자의 의사표현을 듣고, 그것의 의미를 해석하고 궁극적으로 말하려는 의도를 이해하는 것이 능동적 경청이다.

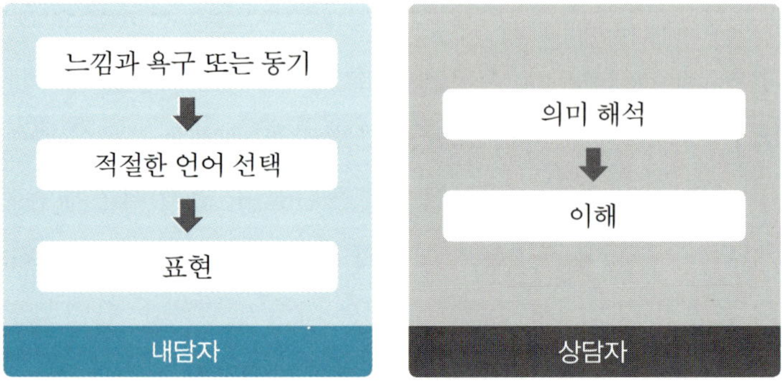

[그림 8-2] 내담자와 상담자의 능동적 경청 과정

출처: 김계현, 박경석(2001), p. 180.

(3) 경청하는 방법

첫째, 정확하게 듣는다. 내담자의 말의 내용과 표현하는 방법, 그리고 포함하고 있는 감정까지 듣는다.

둘째, 요점을 파악하고 듣는다. "지금 무엇을 말하고 있는가?"와 같은 개방적인 질문으로 그가 원하는 이야기를 하도록 도와주고 듣는다. 이때 상담자의 성급한 짐작이나 편견은 금물이다.

셋째, 내담자의 의도를 생각하며 듣는다. 말하는 과정에서 표현되지는 않지만 내포하고 있는 많은 감정들(슬픈 마음, 외로운 마음, 소외당한 쓸쓸함, 그리고 이렇게 전화한 심정)까지를 함께 듣는다.

넷째, 객관적으로 사실과 거짓을 분별하며 듣는다. 말하는 내용과 그에 따른 느낌을 함께 경청한다. 이것이 같지 않을 때는 그에 대해 질문한다.

상담자의 자세는 내담자의 입장에서 이해하며 마음을 같이 하되 누구의 편을 들어주거나 무조건 동정해서는 안 된다. 상담자가 사리를 분별할 객관성을 잃었을 때에는 이 대화가 상담의 과정이라고 할 수 없다. 좋은 경청은 상담자가 내담자의 사정을 이해하려는 노력과 그를 한 인간으로 존중할 때 이루어진다.

(4) 경청해야 할 내용

상담자는 어떤 내용을 능동적으로 경청해야 하는지를 알아야 한다. 상담자가 전화상담 과정에서 경청해야 할 주요 사항은 호소하는 내용, 원함, 감정이다(김계현, 박경석, 2001: 180-183). 이에 대해서 자세히 살펴보면 다음과 같다.

① 호소하는 내용

호소내용은 내담자가 말하려고 하는 이야기의 개요를 뜻한다. 언제, 어디서, 어떤 사람들과의 관계에서, 무엇이, 어떻게, 왜 발생했는지 육하 원칙에 의거해서 상황을 파악해야 한다. 때로 정확하지 않은 사실 정보에 대해서 상담자가 내담자에게 질문하거나 확인이 필요한 경우도 발생한다. 이때 전체 이야기의 흐름을 방해하지 않으면서 반드시 알아야 할 정보를 자연스럽게 획득할 수 있는 전문적인 상담 능력이 필요하다.

② 원함

내담자가 전화상담을 요청했을 때에는 무엇인가 바라는 것이 있다는 것이다. 이것이 내담자의 원함이다. 그런데 내담자는 혼란스러운 상태에서 자신이 바라는 것을 깨닫지 못하거나, 분명히 표현하지 못하는 경우가 발생한다. 때로는 이야기를 우회적으로 말하기 때문에 원하는 것을 제대로 파악하기 힘든 경우도 발생한다.

경우에 따라서는 상담자가 부주의하거나 선택적 듣기로 인해서 이야기 중에서 표현된 내담자의 바라는 것을 놓치기도 한다. 따라서 상담자는 적극적으로 내담자가 원하는 것을 찾아내야 한다. 특히, 상담자는 시간이 한정되어 있으므로 신속히 내담자가 원하는 것을 파악하여 전화상담 과정에서 이것에 집중하는 전략이 필요하다.

내담자가 원하는 것을 짧은 시간 동안에 파악하는 것은 정말 힘들다. 그러나 내담자의 성장하려는 동기와 전화상담의 궁극적인 목적이 무엇일지를 능동적으로 경청한다면 내담자가 원하는 것이 무엇인지 파악하는 것이 그렇게 어렵지만은 않다.

③ 감정 듣기

전화상담을 요청하는 사람은 위기상황을 맞아서 위기감과 무력감을 경험하게 되어 더 많은 공감이 필요하다. '사마리탄(Samaritans)'이라는 상담기관을 창설한 차드 바라(Chad Varah)는 경청치료(listening theraphy)라는 용어를 사용하면서 경청의 중요성을 강조한다(김계현, 박경석, 2001: 187).

내담자가 호소하는 내용이 막연하고 추상적이더라도 내담자의 말을 경청하면서 감정의 흐름을 파악하려고 노력해야 한다. 대부분의 내담자는 아픈 상처와 힘든 상황을 호소한다. 따라서 그들이 비합리적이고 편견을 가지고 있더라도 근본적으로 내담자의 감정 상태에 귀 기울여 주어야 한다.

(5) 잘못된 경청과 올바른 경청

① 경청을 방해하는 잘못된 행위

전화상담 과정에서 상담자는 무의식적으로 경청을 방해하는 잘못된 습관을 표출한다. 그러므로 경청을 방해하는 다음과 같은 행위는 가급적 하지 않도록 의식적으로 노력해야 한다.

- 내담자가 말하는 중간에 자꾸 끼어들어서 언어나 사고의 흐름을 중단시킨다.
- 자꾸 이야기를 재촉해서 내담자가 시간에 쫓긴다는 느낌을 갖게 만든다.
- 내담자가 미처 말을 끝내기도 전에 그의 생각을 넘겨짚고 성급한 결론이나 평가를 내린다.
- 내담자가 이야기하는 동안 딴생각을 하거나 자신이 대답할 말을 생각한다.
- 마치 마음을 정한 것처럼 "그래, 하지만……"이라고 말하면서 내담자의 문제를 어떤 틀에 맞추려고 애쓴다. 자신의 기준을 가지고 내담자를 평가한다.
- "그 이야기를 들으니 생각나는데……" 또는 "별것 아니네. 내 얘기 좀 들어봐."라는 말로 내담자의 말허리를 잘라버린다.
- 이전에 내담자가 이야기한 것을 까맣게 잊어버린다.

- 세부적인 것까지 너무 꼬치꼬치 묻거나 폐쇄형 질문을 한다.
- 중요한 이야기인데 메모하지 않는다.
- 침묵이 흐르거나 이야기가 중단될 때 그 시간을 채워야 한다고 생각한다.

② 경청을 촉신하는 효과적인 행위

훌륭한 경청자는 내담자가 자신의 이야기를 잘 들어 주고 있다는 느낌을 갖도록 만들면서 전화상담의 분위기를 잘 이끈다. 이러한 효과적인 경청 기술을 제시하면 다음과 같다.

- 한 제목의 이야기를 계속하도록 이끈다. 어떤 상황에서 이야기가 단절되면 "그 다음에는요?" "또 어떻게 되었나요?"라는 질문을 통해 내담자가 다시 이야기를 계속하도록 유도한다.
- 이야기 속의 사건의 때와 순서를 명확히 알도록 한다. 내담자에게 현실적인 측면을 명확하게 하는 동시에 사건의 인과관계 등을 알기 위해서 사건의 발생 순서를 정확히 말하도록 요청한다.
- 관찰한 대로의 느낌을 조용한 말로 표시한다. 내담자가 노출한 이야기를 토대로 상담자가 느낀 생각을 조심스럽게 표현함으로써 내담자의 자기인식을 촉진시킨다. 예컨대, "조금 긴장하고 있는 것 같은데요."와 같은 것이다.
- 생각한 대로, 느낀 대로 표현하도록 격려한다. 내담자가 말한 상담 내용을 상담자가 다르게 이해할 수 있다. 그래도 내담자가 자유롭게 감정을 표현하고, 말할 수 있도록 격려함으로써 전화상담 분위기 형성을 원활하게 만들 수 있다.
- 진실을 모두 아는 체하지 않는다. 지나치게 적극적 경청을 하다보면 내담자의 이야기를 모두 아는 것 같이 반응할 우려가 있다. 적절한 수준에서 내담자의 이야기에 반응한다.
- 침묵을 경청한다. 이야기 도중에 침묵 상황이 오더라도 당황하지 않고, 내담자가 이야기를 하도록 기다려 준다. 대부분의 사람들은 침묵, 즉 말하지 않는

것에 대한 두려움을 가지고 있다. 그러나 '듣는다' 혹은 '경청한다'는 것은 말하지 않는 것을 뜻한다고 여기기가 쉽다. 그러나 달변보다도 더 큰 힘을 가지고 있는 것이 침묵이다.

- 중요한 이야기는 메모하면서 중간중간 잘 듣고 있음을 확인시킨다. 내담자가 이야기한 내용 중에서 중요한 사항이나 기억이 필요한 사항은 메모지에 기록하면서 전화상담에 임한다. 전화상담 과정에서 이전에 내담자가 말한 가족관계나 관련 사항을 말해 줌으로써 상담자가 경청하고 있음을 확인시키면 좀 더 신뢰할 수 있는 전화상담 분위기를 연출할 수 있다.
- 상담자의 관심과 필요는 제쳐 두고 내담자의 이야기에 집중한다. 전화상담 과정에서 집중하지 않으면 상담자가 딴생각을 하는 경우나 상담자의 답변이나 관심에 집중하는 경우가 발생한다. 온전히 내담자의 말에 집중하면서 그 의도와 상담 내용을 파악하려고 애쓴다.

(6) 주요 경청방법

- 격려하기: 내담자가 자기 개방을 지속할 수 있도록 돕는 상담자의 언어적 · 비언어적 행위이다. 경청하면서 이루어지는 상담자의 언어적 · 비언어적 격려 메시지는 내담자가 말하고 있는 것을 명료화하고, 더 많이 이야기하도록 촉진한다.
- 반영하기: 내담자가 방금 말한 것을 다시 말하기를 통해 그의 감정과 행동을 이해하는 것이다. 상담자의 반영하기를 통해 내담자는 자신이 진술한 내용을 다시 들을 수 있고, 상담자가 자신의 이야기를 경청했음을 확인할 수 있다.
- 요약하기: 내담자에게 집중하면서 그가 전달하는 메시지를 명료화하고 그 기저에 존재하는 정서를 파악하면서 요약 · 정리한다.

관계 형성 단계 전화상담 사례 1

	전화상담 대화	슈퍼비전
전1	그냥 이야기를 나누고 싶어서 전화했어요. 힘들어요.	힘든 일이 있으시군요.
상1	어떤 일 때문에 힘이 드세요?	
전2	모르겠어요. 선생님.	무슨 일인지 모르지만 많이 힘드시다는 말씀이군요.
상2	뭐 때문에 힘드신지 모르겠다는 말씀이신가요?	
전3	(침묵)	마음이 편안해지면 천천히 말씀하셔도 됩니다. 기다리겠습니다.
상3	편안하게 말씀하세요. 기다리겠습니다.	
전4	내 탓이고 후회감이 들어요. 저 이제 혼자 살아야 해요. 이혼하고 혼자 살아야 해요.	이혼하고 혼자 살아야 하는 상황이 두려우신 거 같습니다. 그에 대한 후회와 죄책감도 있으시고.......
상4	내 탓이라고 생각하는 이유는 무엇인가요?	

종합 평가

1. 상담 초기 관계 형성 단계에서는 어떤 일 때문에 힘이 드는지 사실을 확인하는 질문(상1)보다 내담자가 방금 말한 내용을 다시 말하기를 하여 계속 말할 수 있게 반영해 주는 것이 좋다.
2. 초기 단계에서는 내담자와 상담자 간의 신뢰관계 형성이 중요하므로 뭐 때문에 힘이 드는지 사실(fact)을 확인하는 질문(상2)보다 현재 표현한 감정(feeling)을 잘 경청하고 공감하는 반응이 필요하다.
3. 아직 관계 형성 단계에서 내 탓이라고 생각하는 이유를 질문하는 것은(상4) 이르다. 이것은 탐색 단계에서 가능하다.

관계 형성 단계 전화상담 사례 2

	전화상담 대화	슈퍼비전
상1	네, ○○○전화입니다.	키가 작으시다구요?
전1	(우울한 목소리로) 키가 작습니다.	
상2	키가 몇이시죠?	
전2	158cm요.......	
상3	158이시면 작은 키는 아니시네요.	158cm인데, 작다고 생각하시는군요.
전3	(목소리가 바뀌며) 선생님도 열등감이 있으세요?	열등감요? 키와 열등감이 관련되나 보군요.
상4	그럼요, 저도 열등감이 있지요.	

종합 평가
1. 상담 초기에는 사실관계 확인보다 경청, 공감을 하면서 먼저 신뢰관계를 형성하는 것이 중요하다. 사실보다 내담자의 감정에 초점을 두어 내담자의 말을 반복하여 계속 말하게 한다. 2. 상담자는 판단자가 아니다. 내담자 본인이 어떻게 생각하느냐가 중요하다. 3. 화제를 전환하는 질문에 대하여 바로 답하기보다 바로 전에 나왔던 키와 어떤 관련이 있는지 질문하여 대화가 이어가도록 한다.

2) 공감

공감(共感, empathy)은 다른 사람의 경험이나 느낌을 부분적으로 혹은 일시적으로 함께 나누는 능력이다. 상대방의 내부 세계를 느끼고, 느낀 것을 적절하게 전달하는 것이다. 즉, 공감은 내담자의 관점에서 세계를 보고 내담자가 이야기하고자 하는 것, 느끼고 있는 것, 전하고자 하는 것을 파악하고 이해하는 과정이며, 내담자의 관점과 경험을 함께 공유할 수 있는 능력으로, 한 사람이 다른 사람의 구두 속에 잠시 들어가서 그 구두 속에서 일어나는 상황을 함께 경험하고 느끼며 관계를 가지는 과정이다.

대부분의 내담자는 누군가에게 쉽게 말할 수 없는 상황에서 자신의 감정 상태를 충분히 수용해 주면서 들어 줄 사람을 찾는다. 그런데 동양문화권의 정서상 자신의 느낌이나 감정을 쉽게 표현하는 것은 미덕이 아니라고 배워 왔다. 따라서 우리나라 사람들은 감정 표현을 절세하는 풍토에서 자라서 자신의 감정을 표현하는 것을 꺼린다. 그러므로 상담자조차도 남의 감정에 민감하게 반응하는 것은 좀처럼 쉽지 않고, 상담자가 공감적 이해를 하기도 힘든 실정에 놓이게 되었다.

공감은 전화상담의 초기 단계에서 중요한 의사소통 기술의 하나이다. 공감은 상담자와 내담자를 긴밀하게 관계 형성을 해 줄 뿐만 아니라 공감적 이해를 통해서 치료 효과를 주는 등 상담 과정에서 중요한 기능을 수행한다. 그러므로 상담자는 공감 기술을 습득함으로써 다음과 같은 전화상담 과정에서 얻을 수 있는 효과를 얻고자 노력해야 한다(이수용 외, 2010: 253).

첫째, 내담자는 자신을 방어하기보다 진정한 자기를 만나고자 하는 용기를 얻게 되면서 자신을 보는 시각을 새롭게 할 수 있다.

둘째, 내담자에게 과도한 불안 없이 자신을 솔직하게 개방함으로써 객관적인 입장에서 자신의 문제를 탐색하며, 상담자의 직면을 수용하여 성장하는 밑거름으로 활용할 수 있다.

셋째, 문제를 해결할 수 없는 상황에서도 그 문제를 안고 삶을 지탱하며 살아갈 힘을 제공해 준다.

요컨대, 공감은 상담자와 내담자 사이에 가슴을 맞닿게 함으로써 희망과 신뢰, 확신을 갖게 해 주는 등 전화상담 관계를 효율적으로 만드는 데 필수적인 요소이다(이광자, 2006: 54).

한편, 오해하지 않아야 할 것은 공감은 동일한(syn–) 감정 상태(–pathy)를 표현하는 영어 단어인 'sympathy(동정)'가 아니라는 것이다. 상담자가 내담자와 동일시하는 것이 아니라 상담자로서 정체성을 유지하는 동시에 객관적 입장에서 내담자의 내면세계를 경험하는 것이다. 상담자가 내담자의 눈높이 또는 같은 입장에서 전적으로 이해하려고 노력하는 것이다.

공감과 동정

동정(sympathy, feeling for)은 남의 불행을 가엽게 여겨 온정을 베푸는 것이고 동정하는 과정에서는 듣는 사람(listener)이 주체가 된다. 상대의 느낌을 듣기는 하되, 듣는 사람에게 초점을 맞춘다.

공감(empathy, feeling with)은 그가 누구인지, 자신에 대해서, 그가 살고 있는 환경에 대해서 무엇을 느끼는지 그(caller, 말하는 사람)가 주체가 되어 상대의 느낌에 초점을 두고 함께(feeling with)하며 이해하는 과정이다.

또한 공감은 타인의 감정을 그들의 감정으로 이해한다는 점에서 자신의 과거 경험과 자기개념에 따르는 주관적, 자기중심적인 느낌을 전달하는 투사(projection)와도 의미가 다르다(이광자, 2006).

공감과 투사

투사(projection)는 내 자신의 관념이나 경험을 통해서 다른 사람의 이야기를 듣고, 이해하려는 것이다. 투사는 말하는 사람(caller)이 초점이 아니고 듣는 사람(listener)이 주체이기에 대화과정에서 투사가 일어나면 대화의 내용이나 느낌을 잘못 이해하게 되어 좋은 상담이 이루어질 수 없다. 투사는 자신의 느낌을 상대에게 돌려주는 주관적이고 자기중심적인 것이다.

공감(empathy)은 나와 타인이 분명히 다른 존재이지만 대화를 나누는 이 순간에는 그의 삶 속에 부분적으로 잠시 들어가서 그가 느끼는 고통과 아픔, 외로움을 온몸으로 함께 느끼는 과정이다.

공감은 두 사람 사이에 서로의 느낌을 이해하고 수용하기 시작했다는 것을 뜻한다. 기초적인 수준에서 공감적 반응은 내담자의 준거기준을 이해하고 내담자의 감정을 정확히 밝혀내는 것이다. 이보다 발전된 공감은 내담자로 하여금 한 단계 더 나아가서 표현에 더 깊은 감정과 의미를 추가함으로써 자성하도록 하는 것이다. 그리므로 진정으로 발전된 공감은 자신의 마음을 비우고 선 존재로 듣는 것이다. 이를 위해서는 선입견이나 고정관념을 버려야 한다. 다시 말해, 공감이란 우리의 모든 관심을 상대방이 말하는 것 그 자체에 두는 것이다. 내담자가 자신을 충분히 표현하고, 이해받았다고 느낄 수 있는 시간과 공간을 내 주는 것이다.

상담자의 중요한 반응기법인 공감은 경청에서 비롯된다. 즉, 상담자가 적극적인 경청을 통해 내담자를 잘 이해하고, 반영해 주는 것이 공감이다. 그런데 마음의 문을 열고 열심히 경청했는데도 내담자가 이야기를 털어놓아서 편하다거나 이해받고 있다는 느낌을 느낄 수 없을 때도 있다. 왜 그럴까? 상담자 자신은 경청하였으나 그 다음 단계인 공감이 이루어지지 않기 때문이다. 감정의 표현을 절제하고 사는 것이 미덕이라고 부모에게서 교육받고 자라 온 우리는 우리 자신의 감정 흐름이나 다른 사람의 느낌을 인식하고 표현하는 데 대단히 서투르다.

(1) 공감은 느낌에 대한 반응이다

공감은 느낌에서 시작한다. 우리는 일상에서 일어나는 사건들에 대해서는 관심을 가지고 어떻게 되어 가나 주시를 하면서도 실제 그 상황에서 힘들어하는 사람의 고통, 즉 느낌에 대해서는 무심하기가 쉽다. 공감은 '그가 어떻게 무엇을 느끼는가?'에 초점을 두고 서로의 느낌을 이해하고 수용한다는 것을 나타내면서 시작한다. 상대를 이해하는 것으로 충분한 것이 아니고 그의 상처받은 느낌이 이해받고 있고 그럴 수밖에 없다고 받아들여지고 있음을 표현함으로써 그의 느낌을 함께 나누는 것이다.

공감적으로 경청한다는 것은 상대가 느끼는 감정에 동의하지 않더라도, 그의 격한 감정이 나를 불편하게 하더라도, 그의 감정이 부당하다는 생각이 들더라도, 한 사람의 인격을 존중함으로써 그의 느낌을 이해하는 것이다.

(2) 공감은 배워서 얻어지는 기술이다

공감은 태어나면서 가지고 태어나는 능력이 아니다. 갓 태어난 어린아이는 자신과 주변 상황의 다른 것들을 구별할 능력이 없다. 성장하면서 자신의 느낌과 다른 사람의 느낌을 구별하는 것을 배우게 된다. 이러한 학습은 나이가 들어 감에 따라 자신이 다른 사람과 분리된 존재라는 것을 알면서도 다른 사람의 느낌을 함께하는 성숙한 공감의 기본이 되는 것이다.

내 안에 흐르는 느낌을 알고 그 느낌을 표현하면서 살아오지 못한 사람들은 이 공감 과정에서 느끼는 것(feeling)과 생각하는 것(thinking)을 혼동하는 수가 있다. 생각하는 것은 머리로 하는 것이고, 사건이나 정보를 다루는 것이다. 느끼는 것은 온몸으로 하는 것이고 다른 사람과 함께 마음을 나누는 것이다. 이 두 가지는 인간관계를 성립하는 데 중요한 요소이고 소통방식이다. 공감훈련에 있어서 '생각'과 '느낌'의 차이를 정확하게 알고 이해하는 것이 필요하다.

나는 ________ 생각한다. → 머리로 → 사건의 내용, 사실, 계획, 논리
나는 ________ 느낀다. → 가슴으로 → 여러 종류의 감정들, 감정 상태

(3) 공감은 결과가 아닌 과정이다

공감이 이루어지기 위해서는 네 가지 단계의 공감 과정이 동시에 혼합되어야 한다.

첫째, 자신의 느낌에 초점을 맞춘다.

둘째, 그 느낌을 표현한다.

셋째, 다른 사람의 느낌에 초점을 맞춘다.

넷째, 다른 사람의 느낌에 반응한다.

공감이 이루어질 때와 이루어지지 않을 때

공감이 이루어질 때	공감이 이루어지지 않을 때
• 대화가 계속된다. • 천천히 진행된다. • 침묵이 흐른다. • 상대의 입장에서 느낀다. • 내 마음의 문을 연다. • 내담자의 느낌을 보살피고 존중한다. • 현재, 이 순간에 초점을 둔다. • 현재의 느낌을 중시한다. • 두 사람 사이에 가깝게, 편안하게 그 관계가 이루어진다.	• 대화가 이 문제에서 저 문제로 껑충 뛴다. • 상대의 생각이나 느낌을 거부한다. • '이런 종류의 사람일 것이다.'라고 단정해 버린다. • 지나간 이야기에 매달린다. • 권위의식을 가진다. • 대단하게 보이고 싶어 한다. • 충고한다. • 지시한다.

(4) 공감의 방법

상담자는 정확한 공감을 전달하기 위해 내담자의 이야기를 되돌려 주거나 요약하거나 다른 말로 표현하는 등 상담자 자신이 이해한 바를 확인하려는 노력이 필요하다.

- 핵심 메시지에 대해 반응하기: 상담자는 내담자가 말하고 표현하는 것 중에서 핵심이라고 여겨지는 것이 무엇인지, 무엇이 가장 중요한 문제인지를 계속 질문하면서 그와 함께 검토해 나가는 방법을 찾아야 한다.
- 내담자의 감정 전달하기: 상담자는 내담자가 표현한 경험, 행동, 정서, 감정의 종류와 강도를 잘 읽고, 이를 이해했음을 효과적으로 전달할 수 있어야 한다.
- 말보다 상황에 반응하기: 상담자는 내담자가 살고 있는 환경 속에서 그의 말을 경청해야 하고 그의 문제가 환경에서 비롯된 것인지 내담자 자신에게서 비롯된 것인지 스스로 생각하도록 도전시킬 수 있어야 한다.
- 정확한 이해인지 확인하기: 공감은 상담자가 지각한 내용을 확인하는 도구가

되기도 한다. 상담자가 이해한 것이 맞는다면, 내담자는 언어적 · 비언어적으로 수긍하는 메시지를 보내거나, 구체적인 경험, 행동, 감정을 통해 문제 상황을 더욱 명료화시키면서 상담 과정을 앞으로 나아가게 한다.

공감 전화상담 사례

상1: 네. OOO전화입니다. 무엇을 도와드릴까요?

전1: ...... (침묵)

상2: 여보세요? (잠시 침묵) 편안하게 이야기하셔도 돼요.

전2: ......요즘 계속 죽고 싶은데...... 편안하게 가고 싶어요. (목소리에 힘이 없음)

상3: 그런 생각이 들 정도로 요즘 너무 힘드신 일이 많은가 보군요.

전3: 나도 이러면 안 된다는 것 아는데, 이겨 내고 싶은데......

상4: 이러면 안 된다는 것도 알고, 이겨 내고도 싶은데 뭔가 돌파구를 찾지 못하신다는 말씀이신가요?

전4: 돌파구를 찾아가야 되는데 이제는 너무 지쳐서...... 점점 힘들어지고 어려워져요....... 밤마다 이렇게 힘들어요. 편해지고 싶다는 생각이 앞서 있는 것 같아요.

상5: 그러시군요. 그동안 혼자서만 이렇게 애를 쓰면서 살아오셨군요.

전5: 혼자 있는 것을 좋아해요. 많이 외로워서 그런가 싶기도 한데...... 요즘에 아무것도 하기 싫어요.

(5) 공감적 이해의 수준

① 수준별 공감

상담자가 내담자와 공감하는 수준을 나누면 다음과 같다(이수용 외, 2010: 256-257).

- 역효과적 공감: 상담자가 내담자의 생각이나 감정을 인식하지 못하고, 상담자의 가치관이나 틀에 맞추어 반응하는 공감 수준

- 비효과적 공감: 상담자가 내담자의 생각이나 감정에 대해 인식하고 있으나 내담자의 피상적인 인지와 정서에만 반응하여 표현하는 공감 수준
- 효과적 공감: 상담자가 내담자의 내면적인 생각이나 감정을 이해하면서 표현하는 공감 수준을 말한다.
- 전문가적 공감: 상담자가 내담자가 표현하지 못하는 생각이나 감정까지 이해하고 표현하는 공감 수준

이상의 공감적 이해 수준을 한 가지 전화상담 사례에 적용시켜 보면 다음과 같다.

전화상담 사례

"직장동료들에게 잘 대해 주려고 하는데 오히려 동료들이 자꾸만 나를 따돌리려고 해요."

공감 수준	공감 내용
역효과적 공감	"그런 나쁜 동료들과는 상대하지 말아요."
비효과적 공감	"동료들과 잘 지내려 하는데 오히려 그들이 자신을 멀리하려고 해서 속상하군요."
효과적 공감	"동료들과 좋은 관계를 맺으려고 노력하는데도 잘되지 않아서 속상하고, 직장동료관계에 대해 힘들어하는군요."
전문가적 공감	"동료들과 좋은 관계를 맺어 보고자 나름대로 노력하고 있는데 자신의 생각대로 되지 않아서 앞으로 어떻게 직장에서 동료와의 관계를 회복할 수 있을지 고민이 많이 되시는군요."

② 감정지각의 수준

감정지각의 주요 요소인 표면감정과 이면감정을 어느 정도 정확하게 반응하느냐를 기초로 다음의 네 가지 수준으로 구분한다.

- 1수준: 내담자의 말이나 의도와는 상관이 없는 반응

- 2수준: 내담자의 표면감정을 부분적으로 의식하는 반응
- 3수준: 내담자의 표면감정을 정확히 반영한 반응
- 4수준: 표면감정뿐 아니라 이면감정까지 파악한 반응

이상의 감정지각 수준에 한 가지 상담 사례를 적용시켜 보면 다음과 같다.

전화상담 사례

"직장동료들에게 잘 대해 주려고 하는데 오히려 동료들이 자꾸만 나를 따돌리려고 해요."

감정지각 수준	감정지각 내용
1수준	"그런 동료들하고는 함께 하려고 노력하지 말아요. 괜히 자신만 더 힘들어지니까 아예 신경 쓰지 마세요."
2수준	"참 속상하고, 힘들겠네요."
3수준	"동료들에게 잘해 주려고 하는데 그것도 몰라주고 오히려 자신을 따돌려서 괴롭고, 힘들겠어요."
4수준	"동료들에게 잘해 주려고 노력하는데도 그런 마음도 몰라주고 힘들게 하다니 무척 속상하겠어요. 그러면서도 자신이 그들에게 앞으로 어떻게 대해 주어야 할지 걱정하고 있군요."

앞의 감정지각 수준에서 상담자는 1, 2수준의 내담자의 표면감정을 넘어서 3, 4수준의 이면감정을 이해할 수 있도록 공감능력 향상을 위해 노력해야 한다.

(6) 공감능력의 향상 방안

전화상담에서 공감능력은 단순 상담기술 차원이 아니라 상담자 내면에 대한 성찰, 내담자에 대한 태도, 내면적 역동을 민감하게 바라보는 능력 등 상담자의 전인적 성숙도와 밀접하게 관련되어 있다. 이러한 공감능력은 타고난다기보다는 후천적인 노력에 의해 충분히 향상될 수 있다. 상담자의 공감능력을 향상시킬 수 있

는 방안을 제시하면 다음과 같다(이수용, 2010: 255-256).

첫째, 상담자는 내담자의 고통이나 갈등을 유발하는 사건, 상황 그리고 내담자의 느낌을 상담자의 언어로 표현해 본다.

둘째, 내담자의 느낌을 표현하는 표면감정뿐 아니라 이면에 있는 기대와 욕구를 파악할 수 있는 감정 용어로 표현해 본다.

셋째, 내담자의 감정을 우회적이거나 추상적으로 다루기보다 직접적으로 다루어 보도록 노력한다.

넷째, 상담자의 공감을 표현하는 언어적 반응이 단순히 언어적 반복이 되지 않도록 유의하면서 구체적이고, 시각적이며, 정확한 표현이 될 수 있도록 노력한다.

요컨대, 상담자의 공감능력 향상을 위해서는 내담자가 어떻게 느끼고 있는지를 주의 깊게 경청해야 한다. 또한 상담자는 내담자의 표면과 이면감정을 모두 묘사하는 단어나 문장을 생각하면서 적절한 단어, 문장으로 표현하여 전달하고자 노

표 8-2 공감적 의사소통의 기술척도

척도	상담자의 반응	특징	수준
1.0~1.5	내담자의 주요 관심사에서 이탈하여 상담이 흐름에서 엉뚱한 방향으로 흐르거나, 충고, 훈계와 같은 부적절한 반응을 보임	엉뚱한 반응	최저 수준의 반응
2.0~2.5	내담자가 말한 것 중 일부분은 반응하고, 나머지는 공감하지 않거나 묵살함	삭제적 반응	부족한 반응
3.0~3.5	내담자의 말과 연관된 내담자의 감정을 상담자가 반영해 주는 수준	정확한 공감 반응	기초적 수준의 공감적 의사소통
4.0~4.5	내담자의 말의 이면에 깔린 감정을 파악하여 공감하고, 내담자가 미처 언급하지 못한 마음까지도 공감해 주는 반응	첨가적 공감 반응	고차적 수준의 공감적 의사소통
5.0	상담자가 내담자의 문제를 해결하는 방향으로 활동을 인도하는 반응	주도적 (활동지향적) 반응	

출처: 노안영, 송현종(2006), p. 128.

력해야 한다.

카커프(Carkhuff)는 내담자의 호소를 듣고 나서 상담자가 보내는 반응을 평가하는 척도를 개발하였는데 상담자의 반응을 1.0~5.0점으로 평정하였다(노안영, 송현종, 2006: 128에서 재인용). 〈표 8-2〉에서 제시하는 것과 같이, 그가 제시한 공감적 반응의 변별척도를 토대로 자신이 어느 정도나 전화상담 과정에서 공감을 하고 있는지를 확인하면 공감능력을 향상시키는 데 도움이 될 것이다.

이 척도에 따르면 공감적 의사소통 기술척도가 적어도 3.0 이상은 되어야 상담자가 내용 반영과 감정 반영 기술을 효과적으로 사용한다고 판정한다(노안영, 송현종, 2006: 128).

3) 반영

반영(reflection)은 내담자가 표현하는 언어적 메시지의 핵심을 거울처럼 비추어 주는 기술을 의미한다. 즉, 상담자가 내담자의 말에서 표현된 기본적인 태도와 주요 감정의 내용을 상담자가 다른 참신한 말로 부연해 주는 시도라고 할 수 있다. 반영은 공감 반응의 일종이며, 상담자의 해석과 덧붙임이 더해진 것으로 주로 내담자의 감정에 초점을 맞추어 반영한다는 점에서 공감과 유사하다. 다소 차이가 있다면 공감이 내담자가 표현한 감정언어를 그대로 반복하는 것이라면 반영은 내담자가 그렇게 표현하지는 않았지만 느낄 것이라고 여겨지는 감정을 상담자가 제시하는 것이라고 할 수 있다.

반영적 경청(reflective listening)은 상대에 대한 관심과 깊은 공감, 이해, 존중을 표현하여 내담자가 한 말을 편견 없이 무비판적인 태도로 돌려주며, 내담자의 말을 정확히 듣고 그 의미를 재진술하는 것이다. 반영할 때는 경청하는 자세가 필수이므로 반영적 경청이라는 말을 쓴다. 내담자의 목소리 톤이나 비언어적인 단서 등이 전달하는 의미를 잘 살펴보고, 이해하여 언어적으로 반영하는 것이다. 반영한 후에는 '제가 이해한 것이 맞나요? 잘 이해했는지 모르겠습니다.'와 같이 의문문보다 진술문으로 하는 것이 좋다. 가령 '시간 낭비라고 생각하는 건가요?'보다

'시간 낭비라고 생각하시는군요.'라는 표현이 좋다.

반영의 기술은 크게 두 가지 목적을 가지고 있다. 첫째는 상담자로서 자신의 아이디어나 관심은 그대로 유지하면서 내담자의 이야기를 경청하는 것이고, 둘째는 이야기하고 있는 내용을 상담자가 얼마나 잘 느끼고 이해하고 있는지, 얼마나 세심하게 경청하고 있는지를 내담자에게 전달하는 일이다(이광자, 2006: 71).

반영은 "~한 기분인 것 같습니다."라는 문구를 통해서 내담자의 현재 마음의 상태를 적절하게 표현한다. 만약 내담자가 "맞아요. 바로 그거예요."라는 말을 한다면 상담자가 내담자에게 최상의 반영을 한 것으로 추정할 수 있다. 이와 같이 전화상담 과정에서 상담자의 적절한 반영은 내담자가 자신의 심정을 충분히 이해받고 있다는 느낌을 갖게 해 준다.

(1) 효과적인 반영이 주는 유익

상담자로부터 적절한 반영을 받게 되면 내담자는 여러 가지 유익을 얻게 된다.

첫째, 상담자가 자신의 말을 경청하고 있음을 깨닫게 되며, 자신이 존중받고 있다는 느낌을 갖게 한다.

둘째, 내담자가 상담자에게 제대로 이해받고 있으며, 마음이 수용되고 있음을 느끼게 됨으로써 관계 형성이 촉진된다.

셋째, 상담자의 반영을 통해 내담자는 자신의 감정과 생각을 명료화할 수 있으며, 자신의 내면을 깊이 통찰할 수 있는 통로가 될 수 있다.

넷째, 내담자로 하여금 자신의 감정을 스스로 인정하고 수용하도록 만드는 데 도움을 준다.

다섯째, 특정 상황이나 사람, 혹은 대상이나 생각 등에 대한 내담자 자신의 감정을 표현할 수 있도록 한다.

(2) 반영의 유형과 기법

반영의 유형은 크게 경험반영, 느낌반영, 내용반영의 세 가지로 구분할 수 있다.

① 경험반영

상담자가 객관적으로 관찰한 것을 판단이나 평가가 배제된 상태로 피드백해 주는 것을 말한다. 주로 비언어적 형태로 느낌을 반영하지만 전화상담의 특성상 말의 속도, 깊이 숨을 내쉬는 것, 한숨 소리 등을 통해 내담자의 현재의 심리적인 상태를 알 수 있다. 경험을 반영할 때 전화 통화로 파악된 느낌을 전달한다.

내담자: "목소리가 기운이 없어 보이네요. 지금 일이 매우 힘들게 만드는 것 같아요."

② 느낌반영

상담자가 이해하고, 함께 느끼고 있음을 내담자가 알 수 있도록 상담자의 입장에서 다르게 말로써 표현하는 것이다. 내용보다는 느낌에 중심을 두어 분명하게 반영함으로써 내담자가 혼란된 정서적 느낌에 초점을 둘 수 있게 한다. 그럼으로써 내담자가 자신의 느낌에 대한 자각을 할 수 있게 된다.

내담자: 직장 관계가 힘들어요. 회사를 그만두어야 하나 싶기도 하고요.

상담자: 회사를 그만둘까 하는 생각이 들 정도로 힘이 드시는군요. / 그 상사로 인해 직장을 그만두고 싶을 만큼 많은 상처를 받았나 보군요."

③ 내용반영

내담자가 전화상담 과정에서 제시한 정보, 사실을 듣고 이를 상담자 자신의 단어로 요약하여 전해 주는 것이다. 내담자의 말 중에서 단어를 반복하는 것이 좋지만 상담자가 전화상담 내용을 토대로 적절한 단어를 찾아내서 분명하게 표현하는 것도 좋다.

내담자: 금주 토요일에 있을 자격시험 때문에 긴장되고 겁이 납니다.

상담자: 자격시험 때문에 긴장이 되고, 걱정이 많이 되는군요.

내담자: (울면서) 남편이 동창들이랑 여행 간다고 하면서 여자들도 껴서 같이 간 것 같은데 남자들끼리만 갔다고 자꾸만 거짓말을 해요. 바람은 안 피운 것 같은데...... 마음을 추스를 수가 없어요. 제가 잘못하고 있나요?

상담자: 남편이 거짓말을 하셨다고 생각하셔서 마음을 추스르실 수가 없군요.

표 8-3 반영을 표시하는 기법

내담자의 감정 파악하기	내담자가 느끼고 있는 감정이나 느낌을 먼저 파악한다.
중요한 감정 선별하기	여러 가지의 감정 중에서 내담자에게 가장 중요한 감정을 먼저 확인한다.
현재 감정에 초점을 두기	내담자의 상황에 대한 현재 감정을 확인하고 표현할 수 있도록 한다.
감정의 수준 구별하기	내담자의 감정의 강도가 어느 정도인지 '약간' '매우' 등의 수식어로 표현하도록 한다.
가설적으로 감정 표현하기	가설적으로 표현하여 내담자 스스로 자신에게 관심을 기울이고 탐색할 수 있도록 한다.
다시 말하기 재진술 (restating)	내담자의 진술을 그대로 반복하여 확인해 주는 기법이다. 내담자가 풀어놓은 이야기를 비교적 짧은 말로 축약하여 자신의 말로 재진술하는 것이다. 반복해서 말하는 것은 대화 내용을 더 잘 기억하게 해 주며, 듣기의 걸림돌을 제거함으로써 상담자의 잘못된 생각이나 오해를 잡아주는 장점이 있다. 더불어 내담자에게는 상담자가 자신의 이야기를 잘 듣고 있다는 것을 확인시켜 주는 의미도 있다. 그러나 상담자가 내담자의 말을 그대로 반복해서 따라한다는 느낌을 지속적으로 주지 않도록 주의해야 한다.
바꾸어 말하기 (paraphrasing)	내담자가 말한 용어와 동일한 의미를 지닌 다른 단어를 사용하여 요점만 추려서 간단하게 반복해서 말해 주는 것이다. 다시 말하기가 간단한 문장을 반영할 때 사용되는 반면에 바꾸어 말하기는 긴 문장을 그대로 인용하기 어려우므로 핵심을 요약해서 이야기하게 된다. 바꾸어 말하기는 상담자가 내담자의 이야기를 잘 이해하고 있다는 것을 알려 줌과 동시에 잘못 이해한 부분을 교정할 기회를 얻을 수 있는 장점을 갖고 있다. 결국 내담자가 자신의 이야기를 다른 사람의 말로 다시 듣고 생각할 기회를 갖게 되고, 자신 내부를 더 깊이 반영하는 계기가 된다.

의역하기	전화가가 한 말의 내용에 대해서 의미를 유추하거나 추측하여 다시 말하는 것이다.
느낌 반영	상담자가 이해하고, 함께 느끼고 있음을 내담자가 알 수 있도록 상담자의 입장에서 다르게 말로써 표현하는 것이다. 내용보다는 느낌에 중심을 두어 분명하게 반영함으로써 내담자가 혼란된 정서적 느낌에 초점을 둘 수 있게 한다. 그럼으로써 내담자가 자신의 느낌에 대한 자각을 할 수 있게 된다.

▶ 예: "아무 일도 일어나지 않았는데 요즘 더 우울해요."

기법	정의	예
다시 말하기	내담자의 말을 반복하기	요즘 더 우울해졌다는 거군요.
바꾸어 말하기	내담자가 말한 용어와 동일한 의미를 지닌 단어를 사용하여 요점만 추려서 간단하게 반복해서 말해 주기	슬픔이 더 심해지는데 왜 그런지 모르겠다는 말씀이군요.
의역하기	전화자가 한 말의 내용에 대해서 의미를 유추하거나 추측하여 다시 말하기	왜 그렇게 기분이 변하는지 알고 싶으신 거군요.
느낌 반영	감정의 표현과 은유를 가지고 정서적 측면을 강조하기	우울감의 원인을 알 수 없다는 면이 힘들게 느껴지는군요.

(3) 효과적인 반영 기법 적용

의사소통 과정에서 내담자의 이야기를 효과적으로 반영하기 위해서는 다음과 같은 반영 기법을 적용할 필요가 있다(이광자, 2006: 80-82; 이수용 외, 2010: 266-267; 주은선, 2001: 228-231).

① 상담자가 표출하는 여러 가지 감정 중에서 가장 강렬하게 이야기하는 것을 찾아서 공감적 반영을 한다. 예컨대, 감정 어휘와 감정 원인에 대한 포착을 위해서 "당신은 ~때문에 ~하게 느끼는군요."라는 형태로 표현한다.

② 상투적이고, 판에 박힌 반영은 피하고, 반영하는 표현을 다각화한다.
"당신은 ~게 느낀다는 것처럼 들리는군요."

"나는 당신이 ~게 느끼는지 궁금하네요."
"나는 당신이 ~게 느낀다고 생각하고 있어요."
"그래서 당신이 말하는 것은 당신이 ~게 느꼈다는 것이군요."

③ 상담자가 사용하는 언어가 내담자의 감정유형, 문화적 배경, 교육수준에 적합해야 한다. 예컨대, 상담자는 내담자의 대화 내용이나 말투 등을 토대로 이에 상응하는 표현으로 재진술하는 것이 좋다.

④ 반영은 내담자의 말보다 가급적 짧고 간결하게 유지하고, 내담자가 하는 모든 말을 반영시키기보다는 핵심적인 내용에 초점을 맞추어야 한다. 너무 많이 말하면 내담자와의 이야기 흐름을 끊을 수 있다.

⑤ 내담자가 받아들일 준비가 되지 않은 느낌에 대해 깊이 파고들려고 해서는 안 된다. 충분한 경청과 공감이 진행된 후에 적절한 반영 시기를 찾아서 적용하는 것이 필요하다.

⑥ 내담자의 과거 경험보다는 현재 경험에 초점을 맞추도록 한다. 예컨대, "과거에 화난 경험보다 현재 그 상황을 설명하면서 화가 난 것처럼 들리는군요."

⑦ 상담자는 자신의 재진술이 내담자가 말하고 있는 내용을 잘 담고 있는지 내담자에게 확인하는 과정을 거치는 것이 중요하다. 만약 부정확한 반영을 했다면 내담자에게 느끼는 것을 더 설명하도록 부탁하고 그 감정을 이해하려고 노력해야 한다.

⑧ 공감적 어조를 사용하고, 관심을 전달하면서 상담자가 이해하려고 노력하고 있음을 보여 주어야 한다.

⑨ 내담자의 초점이 다른 사람에게 가 있다고 하더라도 다른 사람보다는 내담자에게 초점을 맞추어야 한다.

⑩ 상담자의 재진술은 내담자가 말한 내용에 대한 비판이나 평가를 담고 있지 않아야 한다. 재진술하기는 모든 말을 반복하기보다 가장 중요한 내용에 집중해야 하므로 짧고 명료하게 표현하도록 해야 한다.

표 8-4 재진술의 유형과 방법

재진술의 유형	방법
이야기 재진술	내담자가 이야기한 것을 그대로 표현한다.
의미 재진술	내담자가 한 이야기를 상담자가 자신의 말로 표현한다.
초점 맞추기	내담자의 이야기 중 한 가지 핵심 내용이나 주제에 집중하도록 표현한다.
요약하기	내담자가 지금까지 이야기한 것을 요약하여 표현하거나, 선택하여 요약하거나, 이득과 손실이 되는 부분을 요약하여 표현한다.

(4) 반영의 정확성

상담자는 내담자의 현재의 감정을 비교적 근접하게 표현하기 위해서는 다양한 감정어휘를 알아야 할 필요가 있다. 다음의 〈표 8-5〉에서 보는 바와 같이 같은 감정 표현이라고 하더라도 이를 표현하는 단어는 무수히 많다. 상담자가 평소 알고 표현하는 감정 단어가 많으면 좋겠지만 대부분의 경우에는 한정적이다. 감정표현이 별로 없는 사람, 특히 문화 풍토에 비추어 볼 때, 여성에 비해 남성의 감정표출이 절제되므로 이에 대해 예민하게 내담자의 감정을 짚을 수 있어야 한다. 정확한

표 8-5 적절한 감정에 대한 공감, 반영을 위한 단어 목록

긍정적 감정 표현	
감정	관련 단어
고요하고 편안한	느긋하게, 조용한, 침착한, 편안한, 차분한, 안전한, 마음 편한, 고요한, 원숙한, 진정된, 부드러운, 온순한, 평화로운
기쁘고 행복한	흥이 난, 유쾌한, 자유분방한, 운 좋은, 명랑한, 경탄할 만한, 우스운, 즐거운, 의기양양한, 낙관적인, 황홀한, 너무 기뻐 어찌할 바 모르는, 흥분한, 좋은, 매혹된, 즐거운, 아주 멋진, 만족하는, 재미있는, 우스운, 기쁜, 아름다운, 유머 있는 뛰어난, 행복한, 굉장한, 기분 좋은, 흥분되는, 유머러스한, 명랑한
활기차고 활동적인	활동적인, 열렬한, 모험심 있는, 기운 있는, 활기찬, 두려움을 모르는, 쾌활한, 힘 있는, 흥분한

유능하고 능력 있는	권위 있는, 중요한, 대담한, 독립심이 강한, 용감한, 영향력 있는, 재기가 뛰어난, 위엄 있는, 유능한, 남자다운, 능력 있는, 용맹한, 자신만만한, 강력한, 용감한, 권력 있는, 멋있는, 자랑스러운, 지배적인, 책임이 있는, 효력 있는, 자립의, 실력 있는, 한결같은, 확고한, 힘센, 대담한, 성공한, 힘 있는, 확신하는, 영웅의, 슬기로운
배려하고 돌봐 주는	형제다운, 공손한, 돌봐 주는, 인정 있는, 자비로운, 관심을 가진, 위안이 되는, 친절한, 걱정하는, 상냥한, 이해심 있는, 우정 있는, 관대한, 착한, 아량 있는, 잘 돌봐 주는, 온화한, 동정심 있는, 후한, 도움이 되는, 이타적인
공손하고 사랑스러운	선망의, 애정 있는, 사랑스러운, 존경할 만한, 사랑받는, 훌륭한

출처: 주은선 역(2001), pp. 217-221에서 재인용.

반영은 내담자의 감정을 명료화하는 데 도움을 주는 반면에 그렇지 못한 경우에는 오히려 상담 진행을 저해하기도 한다. 그렇다고 너무 걱정하지 않아도 될 것은 상담자가 심령술사나 족집게가 아니므로 내담자의 감정 상태를 정확히 반영할 수 없다. 정확한 반영보다 진정한 공감을 전달하려는 것이 중요하며, 이러한 상담자의 마음을 내담자도 느낄 수 있다는 점을 명심해야 한다.

표 8-6 부정적 감정에 대한 공감, 반영을 위한 단어 목록

부정적 감정 표현	
감정	단어
긴장되고 불안한	겁먹은, 초조해하는, 불안한, 겁에 질린, 안절부절 못하는, 긴장한, 참을성 없는, 편안치 않은, 신경과민의, 걱정스러운, 신경질적인
슬프고 우울한	풀이 죽은, 비참한, 쓸쓸한, 애처로운, 의기소침한, 슬픈, 우울한, 거무칙칙한, 침울한, 비탄에 잠긴, 울적한, 음울한, 마음이 내키지 않는, 눈물 어린, 상심한, 불행한, 외로운, 사랑받지 못한, 기운 없는, 기분이 언짢은

화나고 적대적인	흥분한, 몸쓸, 괴롭히는, 적대적인, 화나는, 지각없는 , 성가신, 몰인정한, 상극인, 비열한, 성질 나쁜, 난폭한, 호전적인, 짜증이 나 있는, 신랄한, 교란된, 유독한, 통렬한, 살벌한, 분개한, 냉혈의, 버릇없는, 투쟁적인, 무자비한, 수난, 가학적인, 잔인한, 악의에 찬, 넌더리나서, 노발대발하는, 성난, 앙심을 품은, 노하여 날뛰는, 보복적인, 가혹한, 폭력적인, 미운, 악덕의, 무정한
피곤하고 냉담한	냉담한, 쇠약한, 지루한, 졸음이 오는, 지쳐버린, 나태한, 지칠대로 지친, 피곤한, 지친, 기진맥진한
혼란스럽고 당황스러운	당황스러운, 산만한, 어리둥절한, 흔들리는, 혼란스런, 멍해진, 의심스러운, 말문이 막힌, 주저하는, 꼼짝 못하는, 정신이 팔린, 불확실한, 난처한, 자신이 없는, 어찌할 바 모르는
비난받고 부끄러운	학대받는, 추방당한, 얕잡아 보이는, 무시하는, 깔보임당하는, 질책받는, 비난받는, 조소받는, 난처한, 경멸당하는, 굴욕감 느끼는, 부끄러운, 놀림받는, 욕설받는, 조롱받는
불충분하고 약한	겁많은, 무력한, 연약한, 미약한, 여린, 병약한, 허약한, 변변찮은, 어찌할 수 없는, 사소한, 손상당한, 할 수 없는, 불충분한, 부적당한, 무능한, 시시한, 쓸모없는, 무자격의, 효과가 없는, 가치 없는, 비능률적인, 열등한, 상처입기 쉬운, 하찮은, 약한, 서투른, 보잘 것 없는, 굴종적인

토의 및 실습

1. 경청 연습

① 두 사람이 짝을 지어 1번과 2번을 정한다.

② 먼저 1번이 1분 동안 요즘 고민되는 이야기를 털어놓는다.

③ 2번은 1번의 이야기를 오로지 듣기만 한다.

④ 2번은 듣고 난 다음 들은 내용을 그대로 되뇌어 말한다. (요약 아님)

⑤ 끝나고 나면 이번에는 2번이 1분 동안 요즘 고민되는 이야기를 털어놓고 1번은 잘 듣고 나서 1분 후에 그대로 되뇌어 말한다.

–경청 실습 후 평가

1. 듣기만 하는 것이 어떠했나?
2. 1분이 길게 느껴지나, 짧게 느껴지나?
3. 내가 말할 때와 들은 것을 되뇔 때의 시간 차이가 어떻게 느껴졌나? (예: 말할 때는 1분이 짧았는데 되뇔 때는 1분이 길다)
4. 1분 들은 내용을 왜 그대로 1분 동안 되뇔 수 없었나?

2. 경청/공감 연습

① 세 사람이 짝을 지어 경청/공감 역할 훈련을 실시해 본다.

② 상담자와 내담자 역할을 하는 두 사람이 등을 대고 앉는다. 다른 한 사람은 관찰자 역할을 수행한다.

③ 상담자가 "네, OOO전화입니다."라는 말로 시작한다.

④ 내담자는 5분간 요즘 걱정되는 일에 대해 이야기를 시작한다.

⑤ 상담자는 적극 경청과 공감 반응을 하며 상담한다.

⑥ 관찰자는 상담을 잘 관찰하고 분석하여 상담이 끝난 후 세 사람이 함께 느낌을 나눈다.

⑦ 돌아가면서 상담자, 내담자, 관찰자 역할을 해 본다.

3. 〈반영 연습〉 두 사람이 짝을 지어서 느낌과 내용을 반영하는 역할 훈련을 실시해 본다.

"당신은 ~때문에(내용 중점) ~라고 느낀다(느낌 중전)"라는 말을 사용하여 역할 훈련을 해 보라. 순서를 바꿔 가면서 역할을 수행해 보고, 상호 피드백하는 시간을 갖는다.

3. 탐색 단계

탐색 단계(investigation stage)는 상담자가 전화상담 내용을 보다 구체적으로 명료화하는 상담 과정이다. 상담자는 탐색 단계에서 내담자가 말한 내용 중에서 외부로 드러나지 않은 부분을 스스로 정리하도록 도와주고, 질문을 통해서 문제를 명료화하도록 유도한다. 이 과정에서 사용하는 각종 질문 유형, 효과적인 질문 방법 등에 대해서 살펴본다.

1) 탐색

탐색(探索)은 사전적인 의미로 보면 "드러나지 않은 사물이나 현상 따위를 찾아내거나 밝히기 위하여 살피어 찾음"이라는 뜻이다(네이버 전자사전, http://www.naver.com). 즉, 탐색은 전화상담 과정에서 내담자가 밝히지 않는 상담 내용을 구체적으로 명료화하고, 내담자가 스스로 발견하도록 유도하는 과정이다.

탐색은 전화상담에서 주로 내담자가 현재 겪고 있는 가장 큰 문제 상황이 무엇인지 초점을 맞추기 위해서 사용된다. 간혹 초보상담자가 깊이 있는 탐색 단계를 제대로 진행하지 못하고 문제 주변을 맴도는 경우가 발생한다. 상담자가 이러한 전화상담 과정에서 어려움을 겪게 되는 이유는 너무 포괄적이고 애매한 진술이나 반영을 사용하거나, 문제의 여러 측면을 알아보기 위해 개방형 질문을 사용하지 않을 때 발생한다.

경청과 공감, 효과적인 반영만으로도 내담자가 가진 문제 상황을 어느 정도 탐색할 수 있지만 탐색 단계에서는 관계 형성을 통해서 보다 모호한 문제를 구체적으로 명료화해야 한다. 이때 주의가 필요한 점은 구체적 명료화를 하는 주체가 상담자가 아니라 내담자라는 사실이다. 상담자가 내담자의 문제가 무엇인지를 찾는 것이 아니다. 그가 어떤 위치에서 무엇 때문에 고통받고 있는지 경청과정을 통해서 스스로 정리하고 분명하게 하는 데 탐색의 목적이 있다. 즉, 상담자는 내담자가 갖고 있는 문제를 대신 탐색하기보다는 그가 스스로 찾을 수 있도록 돕는 것이다.

(1) 탐색의 단계

탐색의 단계는 다음과 같이 이루어진다.

① 내담자의 느낌을 경청한다. 표면과 이면에 흐르는 모든 느낌들에 주의를 기울인다.
② 내담자의 느낌을 인정한다. 동의하고 싶지 않더라도 그것이 그의 느낌이라면 인정해야 한다.
③ 느낌이 일어나는 사건들을 명백히 한다. 잘 이해하지 못했을 때에는 다시 질문하도록 한다.
④ 반영기법으로 점검한다. 정확하게 들었는지 확인하기 위하여 상담자가 이해한 상황이나 느낌을 상담자의 말로 되돌려 준다.
"내가 이해하기에 당신이 말하는 것은……"
"내가 정확히 들었는지 말씀드려 볼까요? 당신이 말하고자 하는 것은 ~이 맞습니까?"

이와 같이 상담에서는 상담자가 내담자의 말을 적당히 알고 적당히 말하는 것은 허용되지 않는다. 문제로 고통을 받고 있는 내담자의 선 자리, 그의 문제와 느낌을 분명히 아는 것이 필요하다.

그래서 탐색은 내담자의 삶 속에 실제로 있는 것들을 그대로 보도록 인식하고 명료화하는 과정이다. 탐색 단계에서 폐쇄형 질문은 대화의 흐름을 끊고 상대로 하여금 초조하고 불안하게 한다. 왜냐하면 질문자의 마음속에 이미 기대하는 답이 있어서 그렇게 유도되는 경우가 있고, 자신도 모르게 내담자를 조종하는 경우가 있기 때문이다.

(2) 탐색에 사용되는 질문

일반적으로 심리 상태가 매우 혼란스럽거나 관계 형성이 부족한 경우 내담자는 모호한 말로 상담자에게 자신의 내면을 표출하는 경우가 많다. 이런 경우에 상담자는 물론 내담자 스스로도 자신의 감정이나 생각, 문제 상황, 자신이 상담을 통해 얻으려고 하는 기대 등에 대해 알지 못하고 있는 상태이다(이수용 외, 2010: 268). 이때 상담자는 내담자의 말을 이해하고 있는 척하는 태도를 버리고, 내담자가 진술한 상담 내용을 분명하게 할 필요가 있다. 특히, 상담 내용이 복잡해서 잘 이해가 되지 않거나 기존에 했던 말과 다르게 말할 때, 내담자의 말이 막연할 때 상담자는 탐색 과정에서 문제를 명료화하기 위해서 다음과 같이 질문하게 된다(이광자, 2006: 88).

"제가 확실히 그 문제에 대해 이해하지 못했는데 다시 말씀해 주시겠어요?"

"제가 그것을 잘 못 알아들었는데요. 좀 더 자세히 말씀해 주세요."

이때 주의해야 할 것은 상담자가 부드럽게 말을 건네야 한다는 사실이다. 잘못하게 되면 상담자가 내담자를 취조하거나 비난하는 것으로 전달될 우려가 높다. 왜냐하면 상담 내용이 대부분이 비윤리적인 내용이나 사회적인 문제를 지닌 내용이기 때문이다. 따라서 상담자는 조심스럽지만 정확한 문제 파악을 위해서 내담자에게 질문해야 한다.

(3) 탐색이 필요한 상담 내용

상담자는 내담자가 주로 사용하는 어휘나 추상적인 개념, 내담자가 모호하게 느끼는 감정적 단어, 내담자가 말하는 모호한 대답을 통해서 탐색 단계에서 명료화할 필요가 있는 단서를 찾아낼 수 있다. 구체적으로 탐색을 통해 명료화해야 하는 내담자에 대한 상담 내용은 다음과 같다(이수용 외, 2010: 269-270).

- 내담자의 생각
- 내담자의 느낌 및 태도
- 내담자의 행동

- 내담자의 발달사
- 인간관계
- 문제 상황 및 증상
- 기타 문제에 대한 태도 등 내담자의 모든 부분

(4) 탐색 단계에서 상담자의 역할

상담자가 내담자에게 분명히 말할 것을 요구하거나 직면하게 되면 내담자는 점점 더 혼란스러워하거나 방어적인 태도를 취하기 쉽다. 이때 상담자가 적절하게 반응과 질문을 함으로써 내담자를 이해하고 생각을 정리할 수 있도록 안내하는 역할을 해야 한다. 탐색 과정에서 상담자가 수행해야 할 역할을 정리하면 다음과 같다.

① 질문하기보다는 하고 싶은 이야기를 할 수 있게 경청하면서 충분하게 기회를 제공한다.
② 자신의 문제가 무엇인지 스스로 발견하고 확인하게 돕는다.
③ 문제를 감당할 수 있게 세분한다.
④ 정말로 고통의 요인이 되는 문제가 무엇인지 알아보는 데 시간을 보낸다.
⑤ 이야기 내용과 감정이 엇갈릴 때에는 모순되는 점을 질문한다.
⑥ 내담자가 정보만을 알고 싶어할 때에도 이야기를 들어 줄 의사가 있음을 알린다.
⑦ 복잡한 문제로 혼란을 겪을 때 '오늘(now)' '여기(here)'라는 현실에 초점을 둔다.

이상으로 탐색 단계에서 탐색의 개념, 탐색 시 사용되는 질문 방법, 탐색이 필요한 상담 내용 등에 대해서 살펴보았다. 다음에는 구체적 명료화 과정에서 중요한 상담기술인 질문에 대해 살펴볼 것이다.

2) 질문

질문(question)은 사전적으로 "모르거나 의심나는 것을 물음"이라는 뜻이다(네이버 전자사전, http://www. naver.com). 전화상담 과정에서 상담자가 명확하게 할 필요가 있는 전화상담 내용에 대해서 내담자에게 질문함으로써 전화상담 내용을 구체화하고, 명확하게 한다.

많은 사람들이 오해하는 사실 중 하나는 상담자가 질문을 많이 할수록 내담자에게 관심이 많고, 상담 내용이나 문제 상황을 더 깊이 이해할 수 있다고 생각한다는 것이다. 오히려 상담자가 질문을 너무 많이 하게 되면 내담자가 답변하면서 자신의 문제를 설명하게 되는 상황을 귀찮게 여기거나, 전화상담의 전체 흐름을 바꿔놓을 우려가 있다. 따라서 상담자가 내담자에게 질문을 하더라도 어떠한 질문을 하는지가 더 중요하다(이광자, 2006: 95).

상담자가 질문할 때에도 내담자가 상담 내용을 취조당하거나 해명해야 하는 것처럼 느끼지 않도록 주의해야 한다. 이러한 우려는 마치 상담자가 내담자보다 더 높은 위치에서 내담자에게 도움을 주거나 해결책을 줄 것으로 여기는 것과 같은 태도를 갖고 있기 때문에 발생한다. 상담자는 항상 내담자를 조력하기 위한 존재라는 사실을 명심하고, 질문을 하게 되더라도 이것이 내담자가 어떻게 느낄지, 상담 내용을 명확화하는 데 도움이 되는 질문인지도 고려하는 것이 좋다.

(1) 질문의 유형

질문에는 다양한 유형이 있다. 폐쇄형 질문과 개방형 질문, 간접 질문과 직접 질문이 있으며, 기타로 의혹 말하기, 확인하기 등이 있다. 이러한 질문 유형별 특성 및 차이점을 살펴보면 다음과 같다.

① 폐쇄형 질문

폐쇄형 질문(close-ended)은 '예' '아니요' 혹은 확인 등의 간략한 대답을 요구하는 질문의 유형을 말한다. 주로 내담자와 관련된 정보를 알려고 할 때 사용한다.

예컨대, "댁의 자녀가 몇 명인가요?" "언제 그 일이 발생했나요?" "자살을 생각해 본 적이 있나요?" 등으로 전화상담 내용을 파악하기 위한 질문이다.

때로는 내담자의 이야기가 사실인지 확인하거나 그 진술이 정확한지, 상담자가 파악한 사항이 맞는지를 확인할 때도 폐쇄형 질문을 사용한다.

"내가 한 말이 맞나요?"

"내가 당신의 말을 제대로 이해했나요?"

② 개방형 질문

개방형 질문(open-ended)은 내담자가 자신과 관련된 사항에 대해 설명할 수 있도록 제시하는 질문 유형을 말한다. 개방형 질문은 주로 '어떻게', '무엇' 등의 의문사항이 포함되는 질문형으로 제시된다. 개방형 질문을 하게 되면 내담자는 자신의 말한 내용을 분명하게 하고, 자신을 탐색할 수 있는 계기를 제공받을 수 있다. 이를 통해서 자신의 문제에 대한 정화 작용 뿐 아니라 치료적 효과도 경험할 수 있다.

"가족 사항에 대해 상세히 말씀해 주시겠어요?"

"어떤 이유로 자살을 생각하게 되었나요?"

적절한 질문 유형 사용법

폐쇄형 질문이 범위가 좁고 특정한 답변을 내담자에게 요구함으로써 답변 내용을 축소하고, 취조당하는 것 같은 느낌을 줌으로써 전화상담 과정에서 상호작용을 통제하게 된다. 또한 폐쇄형 질문이 이어지면 대화의 흐름이 끊어지고, 내담자를 초조하고 불안하게 할 수 있다. 폐쇄형 질문의 경우 질문자가 이미 예상 답변을 갖고 있거나 유도하려는 생각을 갖게 하기도 한다.

반면에 개방형 질문은 포괄적이며, 동시에 내담자의 관점, 의견, 사고, 감정까지도 끌어내는 등 모든 길을 열어 준다. 또한 개방형 질문은 내담자가 어떤 방향으로 가든지 자유롭게 기술하도록 함으로써 바람직한 상호관계를 촉진시켜 준다.

전화상담 과정에서 상담자는 가급적 폐쇄형 질문의 수를 줄이고 개방형 질문을 하도록 노력해야 한다. 폐쇄형 질문을 사용해야 한다면, 상담자가 직접적으로 물어볼 필요가 있을 때 사용하는 것이 적절하다. 그러나 폐쇄형 질문은 감정의 반영, 재진술, 개방형 질문과 같은 주요 과정이 아니고 의사소통하는 데 조미료 역할을 하는 정도로 조심스럽게 사용하는 것이 좋다. 특히 주의할 것은 탐색과정에서 제시하는 폐쇄형 질문이 내담자의 문제를 확인하는 데 도움이 되기 때문인지 아니면 상담자가 자신의 호기심 때문에 하는 것인지를 돌아볼 필요가 있다. 가급적 폐쇄형 질문을 개방형 질문으로 바꿔서 사용하는 것이 좋다.

③ 간접 질문

간접 질문은 내담자에게 개방형 질문 형태로 하고 싶은 말을 하도록 시작함으로써 대화를 촉진하는 기법이다. 질문 내용이 물음표가 아닌 마침표로 끝난다. 간접 질문은 관심을 보여 주면서도 질문처럼 느껴지지 않는다는 점에서 가치가 있다. 이렇게 상담자가 간접 질문을 하는 이유는 좀 더 내담자의 느낌과 생각을 탐색하기 위한 목적이기도 하며, 내담자가 자신의 이야기를 하는 과정에서 스스로 문제를 발견하도록 도우려는 의도가 담겨 있다.

"아버지에 대해 좀 더 자세히 말씀해 주세요."

"그 문제에 대해 어떻게 생각하는지 궁금하네요."

④ 직접 질문

직접 질문은 대화 내용을 보다 구체적으로 제시하게 하는 의사소통 기법이다. 내담자에게 이야기한 내용을 보다 분명하게 설명하도록 요청하면서 대화의 주제를 이어 나간다. 직접 질문은 전형적인 질문 형식과 같이 물음표가 붙어 있다. 따라서 직접 질문은 내담자에게 상담 내용의 초점을 계속해서 유지하도록 하면서 내담자의 반응을 구체적으로 이끌 수 있다는 장점이 있다.

"당신에게 아버지는 어떤 분이십니까?"

"당신은 그 문제에 대해 어떻게 생각합니까?"

⑤ 기타 질문 방법

- 의혹 말하기(voicing doubt): 내담자가 말한 내용 중에서 비현실적인 측면에 대해 알려 주어 내담자의 생각이나 말이 사실이 아니라는 것을 깨닫게 하는 질문 방법이다. 이 질문 방법은 내담자가 확신하고 있는 어떤 생각에 대해 '틈'을 넣어 줌으로써 다른 사람들은 내담자와 같이 생각하지 않을 수도 있다는 것을 인정하도록 하는 것이 중요하다.

  "그런 일이 정말 발생할 수 있을까요?"
- 확인하기(verifying): 명료하기가 내담자의 말을 구체적으로 분명하게 하는 것이라면 확인하기는 내담자의 말에 대하여 해석을 동일하게 하는지 여부를 확인하는 질문 방법이다. 상담자가 들은 내용이 맞는지를 확인한다는 점에서 모호한 상담 내용을 정확한 의사소통 기법을 활용하여 분명하게 하는 효과적인 피드백 방법이다.

  "저는 그 말씀을 이렇게 이해했는데 그것이 맞습니까?"

(2) 상담 과정에서 효과적인 질문을 위한 지침

상담자는 내담자에게 질문할 때, 다음의 지침을 확인한다면 효과적으로 질문하는 데 도움을 받을 수 있다.

- 신중하게 질문한다.
- 이 질문이 내담자에게 도움이 될 때 질문한다.
- 개방형 질문을 한다. 단순하게 답할 수 있는 폐쇄형 질문은 피한다.
- '왜'라는 질문은 삼간다.

- 답이 이미 포함된 질문은 안 하도록 한다.
- 중복되는 질문은 피한다.
- 계속 집중적으로 질문하지 않는다.
- 질문하는 음성은 부드럽게 한다.

토의 및 실습

1. **탐색 연습** **세 사람이 짝을 지어서 탐색하는 역할 훈련을 실시해 본다.**
   이때 한 사람은 상담자, 다른 한 사람은 내담자, 나머지 한 사람은 관찰자의 역할을 수행한다. 어떤 전화상담 주제를 가지고 해도 상관없지만 가능한 문제 상황을 선정해서 전화상담하는 형태를 취하도록 한다. 순서를 바꿔 가면서 서로 역할을 수행해 보고, 상호 피드백하는 시간을 갖는다.

2. **질문 연습** **두 사람이 짝을 지어서 질문하는 역할 훈련을 실시해 본다.**
   이때 한 사람은 상담자, 다른 한 사람은 내담자이다. 어떠한 전화상담 주제를 가지고 얘기해도 좋은데 그 이야기를 듣고 한 번은 폐쇄형 질문을 하고, 다음번에는 동일한 질문 내용을 개방형 질문 형태로 해 보라. 돌아가면서 서로 역할을 수행해 보고, 상호 피드백하는 시간을 갖는다.

4. 직면 단계

직면 단계(confrontation stage)는 상담자가 내담자의 문제 상황을 직접 지적함으로써 자신의 문제를 인식하고 발견하도록 도와주는 전화상담 과정이다. 다양한 직면 기법과 직면 시 유의사항 등에 대해 살펴보며, 아울러 상담자가 내담자에게 문제 상황에 대하여 의견을 제시하는 기법과 효과적인 의견 제시 방법에 대해서 알아본다.

1) 직면

경청과 공감으로 두 사람 사이에 신뢰의 관계가 형성되고, 기술적인 반영기법으로 자신의 문제가 무엇인지 탐색하고 나면 마지막 종결단계로 가기 위해서 거쳐야 하는 관문이 직면이다.

직면은 내담자가 그 자신이나 상황에 대해서 설명하는 것이 상담자의 인식, 느낌, 관찰과 불분명할 때 그 상황을 내담자에게 간결하게 되도록 지적하여 주고 인식시켜 주는 것이다. 상담 과정 중 올바른 직면이 되면 혼란스러웠던 문제들이 정리되고, 내담자는 자신을 괴롭혔던 내적 갈등이 무엇인지 분명히 알게 된다.

그러나 직면은 상담자 중심으로 활용되는 것이기에 상담자 자신의 인격이나 진실함이 요구된다. 자신의 과거 경험이나 지식 그리고 감정의 흐름을 가지고 상담에 임하지만, 상담 순간에는 내담자의 세계 속으로 들어가 함께 하려는 의도적인 노력이 필요하다. 직면은 삶의 가치, 인간의 요구, 갈등들을 분명하게 도와주는 필요한 기법이나 어렵고 위험한 영역이기도 하다. 간혹 직면한다고 해서 상담자가 내담자와 대립하는 것으로 오해하기도 한다. 단지 상담자가 내담자의 행동이나 말이 전화상담의 전체 목표와 불일치가 일어나는 것을 지적할 뿐이다. 즉, 직면은 내담자가 자신의 말과 행동의 모순적 측면에 주의를 기울일 수 있도록 하는 상담기술이다.

직면은 상담에서 매우 어려운 특수영역으로 때때로 내담자에게 직면시키는 과정에서 위험이 발생하기도 한다. 내담자가 자신의 모순된 생각, 말, 행동에 대하여 상담자로부터 지적당하기 때문에 내담자가 감정적으로 격한 반응을 보일 수 있다. 또한 상담자로부터 지적을 당하는 것이 내담자가 자신을 비난한다는 느낌을 받는다고 생각하기도 한다. 따라서 신뢰관계가 충분히 이루어진 상태에서 겸손한 태도로 내담자가 상황을 객관적으로 볼 수 있도록 직면이 진행된다면 그 진실은 내담자에게 전달된다. 더불어 내담자가 한 말이나 행동에 근거를 두고서 주의하여 사용되어야 하고, 추측성 정보에 근거해서 내담자의 말의 불일치를 비판하는 형식으로 직면이 수행되어서는 곤란하다.

한편 반영(reflection)과 직면(confrontation)은 의미상으로 차이가 있다. 전자가 내담자가 표현하거나 표현하지 않은 사실이나 느낌을 상담자의 말로 거울과 같이 반사시켜 주는 것이고, 후자는 상담자가 내담자에 대해서 인식되었거나 관찰된 사실, 느낌을 마주보게 해 주는 것이다(이영민 외, 1996).

요컨대, 직면은 상담자가 내담자에게 관계 형성과 탐색 과정을 통해 찾은 상담내용에 근거하여 문제 상황을 지적해 주고, 내담자 스스로 문제를 인식하도록 도와주기 위해서 의도적으로 행해지는 고도의 상담 기법이다.

(1) 직면의 효과

직면은 내담자의 성장과 변화를 촉진시키거나 상황을 변화시키는 잠재력을 지니고 있다. 따라서 전화상담 과정에서 상담자가 내담자로 하여금 제대로 문제 상황에 직면하도록 유도하게 된다면 다음과 같은 효과를 발휘할 수 있다.

첫째, 자신의 말과 행동 속에 있는 모순을 발견하거나 깨닫게 한다. 내담자는 자신의 이야기에서 불일치나 문제를 있는 그대로 보기 어렵다. 이때 내담자에게 직면하게 함으로써 자신의 모순을 알 수 있는 기회를 준다.

둘째, 내담자에게 자신의 말과 행동 습관에 대해 피드백해 줄 기회를 준다. 직면을 통해서 상담자는 내담자에게 언제 다른 사람의 피드백을 회피하거나 무시하는지 자신의 행동 습관을 이해시킬 수 있다.

셋째, 내담자가 자기 각성과 변화를 가질 수 있도록 동기를 증가시켜 준다. 문제 상황의 해결 주체는 내담자로, 직면은 상담자가 내담자에게 스스로 문제 상황과 내용을 변화시킬 수 있도록 동기부여를 해 준다.

넷째, 내담자가 자기 문제에 대해 새롭게 조망하고, 목표 설정과 해결을 행해 다른 단계로 나아가도록 도와준다. 내담자에게 문제 상황에 맞부딪치게 함으로써 기존 방식에서 탈피하여 새로운 목표와 문제해결 방법으로 나아갈 수 있는 단초를 제공해 줄 수 있다.

결국 직면을 통해 내담자는 자신의 말과 행동에 대해서 객관적으로 바라보면서 이해할 뿐 아니라 문제 상황을 실제로 보고 경험할 수 있게 한다(김충기 외, 2001: 312). 그러므로 상담자가 내담자에게 올바로 직면하게 함으로써 내담자가 자신을 괴롭혔던 문제에 대하여 해결의 실마리를 스스로 발견할 수 있도록 도와줄 수 있다.

(2) 직면의 표현 방식과 다양한 직면 기법

① 직면의 표현 방식

직면을 표현하는 방식은 크게 두 가지로 구분할 수 있다(이영민 외, 1996: 91).

첫째, 내적인 사실에 대한 직면으로, 말로써 표현되지 않는 내담자의 내면세계를 상담자의 관찰이나 인식으로 직면시키는 것이다.

"남편에 대해서 별 관심이 없다고 말하지만, 늦게 귀가하는 남편에 대해서 신경을 많이 쓰고 있는 것 같이 보입니다."

둘째, 외적인 사실에 대한 직면으로, 내담자에 대한 상담자의 개인적인 생각, 진실성에 대하여, 혹은 그 사실에 대해 표현하는 것이다.

"나는 무엇이 진실인지 모르겠습니다."

"지금 두 가지 다른 이야기를 하고 계십니다."

② 여러 종류의 직면 기법

상담 과정에서 직면기법을 적용할 수 있는 상황은 다음과 같다.

- 능동적인 경청: 내담자의 생각이나 느낌에 정면으로 부딪친다.
- 자기 노출: 상담자가 상담 과정에서 알게 된 사실을 적절하게 표출한다.
- 허용: 상담자가 어떤 방향으로 전화상담을 끌고가는지 내담자의 동의를 받는다.
- 피드백: 상담자와 내담자 간에 발생하는 상호작용에 반응하는 것을 나타낸다.
- 긍정: 상담자가 전화상담 중에 내담자에게 용기를 주면서 인정하고 있음을 표시한다.
- 도전: 내담자에게 모순된 것, 회피하는 것, 실현가능한 것들을 부딪치도록 유도한다.

(3) 직면의 시점과 세부 진행 단계

① 직면의 시점

상담자가 내담자에게 문제 상황에 직면시키는 시점이 확정되어 있는 것은 아니다. 일반적으로 경청, 공감, 반영을 통해 관계 형성이 원활하고, 탐색과정을 거쳐서 내담자가 자신의 문제를 어느 정도 파악하게 되면 직면 단계에 돌입하는 시기가 된 것으로 추정할 수 있다. 상담자가 구체적으로 내담자에게 문제 상황에 직면하도록 하는 시점은 다음과 같다.

- 내담자의 말과 행동 사이에서 모순점이 발견될 때
- 행동과 감정이 불일치가 일어나는 발언을 하고 있을 때
- 내적인 변화를 경험하고 있지만 아직 외적인 행동으로 드러나지 않을 때 격려하고 행동의 변화를 촉구하기 위해서
- 자신이나 다른 사람의 삶에 위협적인 행동을 하는 위기상황일 때

- 자기 행동을 바꾸려 하기보다는 내담자가 흔히 변명을 찾거나 다른 사람 탓을 하거나 문제를 회피하는 방어 전략을 취할 때
- 개인적인 가치관과 사회적인 가치관이 들어맞지 않을 때
- 비현실적인 삶의 목표를 갖고 있는 내담자에게 실현가능한 목표를 찾게 할 때

② 직면의 세부 진행 단계

전화상담 과정에서 내담자에게 직면시키도록 할 때, 내담자가 직면 상황을 잘 받아들일 수 있도록 조심스럽고 신중하게 접근할 필요가 있다. 이를 위해서 직면 단계에서 다음과 같이 체계적인 접근이 필요하다(주은선, 2001: 317-323).

- 1단계 내담자 탐색하기: 상담자는 내담자에게 문제 상황에 직면시키기 이전에 내담자의 말 중에서 모순되거나 비합리적인 증거들을 잘 듣고서 수집해야 한다. 이 과정에서 내담자의 상태를 명료화할 수 있다.
- 2단계 내담자의 유형, 준비 정도를 고려하고 적절한 직면 설정하기: 상담자는 직면과 변화를 받아들일 준비가 되었는지를 알려 주는 단서를 찾아서 이를 내담자가 문제로 느낄 수 있도록 동기화시켜야 한다. 내담자의 개별 특성, 상담자와의 관계 형성, 탐색 진행 정도에 따라서 내담자의 적절한 직면 여부에 차이가 발생한다.
- 3단계 의도 파악하기: 상담자가 직면시키는 이유가 무엇인지를 명확히 해야 한다. 단지 상담자의 필요에 의해서 수행하기보다는 직면을 통해서 내담자 스스로 문제 상황을 인식하고 발견해 나갈 수 있도록 하기 위하여 실시되는 것인지 판단해야 한다.
- 4단계 직면 제시하기: 상담자는 직면이 평가나 비판이 되지 않도록 주의하면서 내담자 스스로를 인식하고, 변화시키는 방향으로 제시되도록 신중하고 조심스럽게 진행되어야 한다. 예컨대, "당신은 …라고 이야기하면서도 한편으로는 …라고 이야기하고 있어요."라고 불일치 상황을 내담자에게 제시한다.
- 5단계 내담자의 반응 탐색하기: 직면은 내담자에게 때로는 부정적인 영향을 미

칠 수 있으므로 내담자의 반응을 탐색하면서 직면 상황이 어떻게 작용했는지를 판단한다.

(4) 직면 시 유의 사항

상담자가 전화상담 과정에서 직면기법을 적용할 때 유의해야 할 사항은 다음과 같다(이광자, 2006: 111-112; 주은선, 2001: 326-327).

첫째, 직면은 내담자에게 지적하거나 비판하는 것이 아니라는 사실을 명심해야 한다. 내담자가 받아들일 자세를 갖게 하기 위해서는 상담자가 직면 시에 따뜻하고, 겸손한 태도, 고통을 함께 나누는 공감 자세가 필요하다.

둘째, 직면기법을 적용하기 전에 내담자에게 적절한 직면 시기에 대해 판단하여야 한다. 관계 형성과 탐색 과정이 충분한지를 확인하여 내담자가 문제 상황에 맞닿을 준비가 되었는지를 확인하는 것이 필요하다.

셋째, 내담자의 개인적 특성을 고려하여 직면 기법을 적용하여야 한다. 직면시키는 방법도 다양한 만큼 개인이 비교적 잘 받아들일 수 있는 직면 기법을 적용하는 것이 바람직하다.

넷째, 내담자의 귀에 거슬리지 않는 단어나 말을 사용해야 한다. 내담자를 자극하거나 문제 상황을 드러내서 불편하게 하는 경우는 올바른 직면이 아니다. 가급적 내담자가 자신의 문제 상황을 돌아보고 정리할 수 있는 기회를 제공하려고 노력해야 한다.

다섯째, 일단 직면 단계에 들어가게 된다면, 앞서 내담자에게 사과한다거나 그 가치를 축소시키는 등 직면의 목적을 훼손시키는 말은 삼가야 한다. 예컨대, "이렇게 말해서 미안하지만…" 또는 "이것이 옳다고 확신하지는 못하지만…"이라고 말하는 것은 상담자 스스로 직면의 가치를 평가절하시키는 행동이므로 자제해야 한다.

여섯째, 직면 후 내담자의 반응을 민감하게 주시하여야 한다. 간혹 내담자가 직면사항에 대해서 당황하거나 힘들어하는 것 같이 느껴진다면, 일단 미안함을 표하고 내담자가 어떻게 느끼고 있는지 물어보라.

(5) 직면 단계에서 상담자에게 필요한 능력

상담자는 내담자에게 효과적으로 직면 기술을 사용하기 위해서는 다음과 같은 능력을 갖추어야 한다.

- 자신에게 어떤 느낌이 생길 때마다 그것을 인식할 수 있는 능력
- 그러한 느낌을 분명하고 간결하게 진술할 수 있는 능력
- 내담자의 진술이나 행동에 대해 솔직한 반응을 보여 주고, 그러한 반응에 대한 구체적인 이유를 제시할 수 있는 능력
- 자기가 한 반응에 대해 내담자가 반응할 기회를 줄 수 있는 능력

그런데 상담을 마무리하는 과정에서 두 종류의 어려운 내담자를 만나게 된다.

첫 번째 유형은 문제의 책임을 받아들이지 않고, 자신의 성장이나 생활의 개선도 거부하는 사람들, 장난전화, 음란성 전화, 되풀이 전화를 하는 사람들이다.

"다 해 보았어요."

"아무 소용 없어요."

"이것저것 다 해 보았는데 되는 게 하나도 없어요."

상담자가 직면을 시킬 때, 이와 같이 모든 것을 거부하는 상태에서 상담자가 계속 도우려고 노력하면 상담자는 어려움을 겪게 되고 오히려 정신건강에 상처를 입게 된다. 현실의 직면을 거부하는 내담자와는 더 이상 상담이 가능하지 않기 때문에 통화시간을 제한하는 것이 현명하다.

"미안합니다. 제가 도움이 되지 못하는군요."

"전문가를 찾으시는 것이 어떨까요?"

두 번째 유형은 이와는 반대로 자기의 문제도 상담자가 찾고, 해결까지도 해 주기를 바라는 의존적인 사람들로 이들에겐 다음과 같은 질문을 한다.

"어떻게 할까요?"

"뭘 해야 할지 가르쳐 주세요."

'그런 대답도 못 해 줄 거면 왜 거기 앉아 계세요?'라고 대답을 강요하기도 한다.

이럴 때 상담자는 있는 그대로 그의 상황을 직면시켜 주어야 한다.

"결정을 제가 대신 해 주기를 원하시나요?"

"제가 당신의 삶을 대신 살아 줄 순 없지요."

자기 삶의 책임도 본인이 져야 하고 문제를 위한 해결의 방향도 스스로 찾아야 한다는 사실을 직면하게 해 주는 것이 좋다.

2) 의견 제시

의견 제시(suggestion)는 "어떤 대상이나 문제에 대하여 가지는 생각을 밝히는 것"을 뜻한다(네이버 전자사전, http://www.naver.com). 즉, 전화상담에서 의견 제시는 상담자로서 내담자가 갖고 있는 문제 상황에 대해서 생각하거나 느낀 것을 말로 표현하는 행동이다.

의견 제시는 조언(advice)이나 충고(recommend)와는 그 의미가 다르다. 조언과 충고는 둘 다 상위 직급에 있는 사람이 결점이나 문제를 짚어 주는 것으로 위에서 아래로 향하는 일방향적인 측면이 강조된다. 따라서 조언이나 충고는 내담자의 독립성을 방해하고, 자기관리가 없는 것처럼 받아들여질 수 있다. 반면에 의견 제시는 상담자와 내담자가 동등한 위치에서 내담자가 고민하고 힘들어하는 문제를 해결하고 의사 결정하는 데 도움을 주기 위해서 정보를 제공하는 것이다. 따라서 의견 제시는 의견 교환과 마찬가지로 상호관계적이며, 쌍방향적인 개선의 의미를 담고 있다. 의견 제시와 조언, 충고의 관계를 정리해 보면, 의견 제시에 조언, 충고가 포함된다고 할 수 있다. 그러므로 조언이나 정보 제공도 일종의 의견 제시로 분류된다.

요컨대, 의견 제시는 내담자가 바람직한 해결방향을 선택할 수 있도록 의사결정에 필요한 통찰력 형성을 도와주는 정보제공 행위이다.

(1) 의견 제시 단계에서 주의가 필요한 전화상담 내용

전화상담 과정에서 많은 내담자가 자신의 의사결정 이전에 상담자의 의견 제시를 요청하는 경우가 자주 발생한다. 이때 상담자는 단순히 지금까지 들었던 사전 정보에 기반하여 쉽게 의견을 제시하는 오류를 범한다. 내담자가 상담자의 의견을 물어보는 이유는 매우 다양하기 때문에 섣불리 내담자의 질문에 답하는 경우에는 전화상담이 잘못된 결과를 초래할 수 있다. 따라서 상담자는 다음과 같은 전화상담 내용에 대해 의견 제시를 요청받을 때 주의를 기울여야 한다.

① 전후 맥락 없이 던져진 질문

전화상담 과정에서 전후 맥락과 관계없이 내담자가 갑자기 돌출적으로 불쑥 제기하는 질문에 대해서 상담자가 깊이 생각하지 않고 쉽게 답하는 경우가 발생한다. 예컨대, 치명적 질병이나 동성 및 근친결혼, 자위행위 등이 이에 해당한다.

"암이 발견되면 대부분 죽게 되지요?"

"동성 간에 결혼하면 안 되지요?"

② 대수롭지 않게 지나가듯 던지는 말

전화상담 과정에서 내담자는 전혀 신경 쓰지 않는 것처럼 휙 던지듯이 말하는 경우가 있다. 내담자의 말대로 상담자가 의식하지 않고 그냥 지나치면 중요한 의사결정과 관련된 정보를 놓치게 되는 경우가 발생한다.

"그리 중요한 사항은 아닌데요......."

"그냥 제가 잘 몰라서 묻는 건데요......."

③ 다른 사람의 얘기처럼 묻는 질문

내담자와 관련된 사항이 아닌 것처럼 말하면서 자신의 고민이나 문제를 물어보는 경우가 있다. 예컨대, 아는 사람이나 친구를 들먹이면서 낙태나 질병에 관해서 상담자에게 묻는 것이 이에 해당한다.

"제가 아는 사람 중에 아빠에게 성폭력을 당한 사람이 있어요......."

"제 친구 중에서 임신한 애가 있는데......."

④ 믿기 어렵다는 투로 하는 농담조의 질문

내담자 자신의 이야기를 웃긴 얘기로 포장하여 전하면서 슬쩍 넘어가는 질문이다. 농담이라고 하지만 내담자와 직결된다거나 평소 자신이 갖고 있는 고민이 얘기 속에 담겨 있는 경우가 많다.

"제가 웃긴 얘기 한번 해 드릴게요. 시험 기간 중에 여자 속옷을 훔쳐서 입고 있으면 시험을 잘 본다고 하던데요. 참 재미있지요."

⑤ 가정하에 진행되는 얘기임을 강조하는 질문

내담자가 실제 발생한 상황이 아니라 그러한 일이 발생하는 경우를 가정하여 질문하는 경우가 종종 있다. 가령 치명적 질병이나 따돌림으로 인한 자살 등이 그 예이다.

"만약 어떤 아이가 학교에서 따돌림을 당하여 죽게 되면 가해한 학생들은 큰 처벌을 받게 되겠죠?"

이와 같은 내담자의 질문은 상담자를 당황하게 하거나 미처 눈치채지 못하고 지나가게 할 수 있다. 이때 상담자는 이러한 질문에 어떠한 의견을 제시하고 조언을 해야 하는지 효과적인 대처 방안을 모색해야 한다.

(2) 의견 제시의 원칙과 효과적인 진행 방법

① 의견 제시의 원칙

상담자가 내담자의 질문에 대하여 의견을 제시하기 이전에 먼저 다음과 같은 사항을 확인해야 한다(이광자, 2006: 121).

- 내담자가 지금까지 친구, 친척, 교사 등 다른 사람에게 들었거나 책, 인터넷 등에서 획득한 지식은 어떤 것인가?
- 알고 있는 지식에 관계없이 본인이 사실이라고 믿고 있는 것은 어떤 것인가?

- 알고 있는 지식이나 본인이 믿고 있는 것이 어떤 것인지에 관계없이 본인이 지금 그것에 대하여 무엇을 하려고 의도하는가?
- 상담자의 답변과 상관없이 내담자의 행동 방향이 이미 결정되어 있는가?

만약 이러한 확인 사항이 밝혀지지 않는다면, 상담자는 답변을 유보하거나 거절하는 것을 원칙으로 삼는 것이 좋다. 왜냐하면 내담자의 질문에는 의도나 문제에 대한 고민이 포함되어 있으므로 상담자가 전적으로 질문에 대해 주의를 기울이지 않으면 이미 내담자가 결정된 사실에 다른 의견을 제시하는 오류를 범할 수 있고, 내담자의 선행 지식이나 의도에 빗나가는 의견을 제시하여 더 큰 혼란을 줄 수 있기 때문이다.

② 효과적인 의견 제시 방법

상담자가 내담자의 상담 내용이나 질문에 대하여 효과적으로 의견을 제시하는 것은 쉽지 않다. 왜냐하면 내담자의 상황에 따라서 상담 내용이 다양하고, 질문 내용도 예측이 불가능할 정도로 곤란한 질문이 제기될 수 있기 때문이다. 때로는 내담자의 의도를 파악하기가 쉽지 않다. 그러나 상담자는 내담자와의 상담 내용에 집중하면서 다음과 같은 의견 제시 방법을 참조하게 된다면 의견 제시하는 데 큰 어려움이 없을 것이다.

첫째, 의견 제시 이전에 내담자의 동의를 구한다. 내담자의 의견 요청이 없었는데 상담자가 먼저 의견을 제시하는 경우에 내담자의 사전 동의를 받는 것이 좋다. 가끔은 내담자가 상담자의 의견을 받아들일 준비나 태도가 되어 있지 않은 상태에서 불필요한 갈등을 초래할 수 있다. 따라서 상담자는 최대한 예의를 갖추어 자신의 의견을 제시해도 좋은지 물어보는 것이 좋다.

"저도 그것과 유사한 일을 겪었는데요. 그 일에 대해 얘기해 주어도 될까요."

만약 내담자가 마지못해서 상담자의 의견 제시에 동의하는 것처럼 느껴진다면 의견 제시를 신속히 마무리하고, 반대로 상담자의 의견에 내담자가 흥미를 보이면 의견 제시를 계속하여 해결방안에 도움을 주는 정보를 제공한다.

둘째, 내담자의 유일무이성과 고유성을 인정한다. 유사한 전화상담 내용이라고 하더라도 전화상담 결과는 모두 다르다. 이는 내담자가 독특한 특성을 지닌 유일무이한 존재이기 때문이다. 그러므로 내담자가 상담자의 의견을 받아들일 수 있고, 혹은 거부할 수 있다.

"저의 의견 제시가 지금 당신이 처한 상황에 적용될 수 있다고 생각하십니까?"

때때로 상담자가 마치 아랫사람에게 충고하는 태도로 내담자에게 자신의 의견을 전달하고, 심지어 내담자에게 의견을 강하게 주입하려고 한다. 의견 제시는 조언이나 충고와 다르다는 사실을 명심하고, 최종적으로 내담자가 결정한다는 사실을 주지해야 한다. 다만 상담자는 내담자가 최선의 선택을 할 수 있도록 가능성과 정보를 제공한다는 사실을 잊지 않아야 한다.

셋째, 제시된 의견에 대해서 합리적 근거를 제시한다.

상담자는 자신이 제시하는 의견에 대해서 합리적 근거를 제시하여 내담자에게 유효한 정보와 판단 자료를 제공해야 한다.

"제가 생각하기에 첫 번째 안이 더 괜찮다고 판단하고, 많은 사람들이 이것에 동의한 바 있습니다. 그러나 선생님은 무엇이 더 좋다고 생각하십니까?"

가끔 상담자가 자신의 경험에 의존하여 내담자에게 의견을 강요하는 경우가 발생한다. 최종 책임은 내담자에게 있기 때문에 이러한 행동은 상담자의 책임 있는 행동이 아니다. 상담자가 자신이 제시한 의견의 합리적 근거를 제시하지만 판단은 내담자의 몫이라는 것을 분명하게 해야 한다.

토의 및 실습

1. **직면 연습** 세 사람이 짝을 지어서 직면하는 역할 훈련을 실시해 본다.
   이때 한 사람은 상담자, 다른 한 사람은 내담자, 나머지 한 사람은 관찰자의 역할을 수행한다. 어떤 전화상담 주제를 가지고 해도 상관없지만 가능한 문제 상황을 선정해서 전화상담하는 형태를 취하도록 한다. 순서를 바꿔 가면서 직면 역할을 수행해 보고, 상호 피드백하는 시간을 갖는다.

2. **의견 제시 연습** 세 사람이 짝을 지어서 의견을 제시하는 역할 훈련을 실시해 본다.
   이때 한 사람은 상담자, 다른 한 사람은 내담자, 나머지 한 사람은 관찰자의 역할을 수행한다. 어떤 전화상담 주제를 가지고 해도 상관없지만 가능한 문제 상황을 선정해서 전화상담하는 형태를 취하도록 한다. 순서를 바꿔가면서 의견 제시 역할을 수행해 보고, 상호 피드백 하는 시간을 갖는다.

5. 종결 단계

종결 단계(end stage)는 전화상담을 마무리하는 과정이다. 이 단계에서는 지금까지 진행된 관계 형성, 탐색, 직면 등의 과정을 거쳐서 제시된 단서를 토대로 전화상담 종결여부를 판단한다. 이 과정에서 요약 및 타 기관 정보 제공 등의 상담 기법을 살펴본다. 또한 변화를 위한 목표설정의 필요성, 고려사항 등을 확인하여 내담자가 전화상담의 효과를 산출하도록 돕는다.

1) 종결

전화상담 종결(end)은 상담자와 내담자의 전화상담이 종결 국면에 근접했다는 사실을 알려 주는 자연스러운 과정으로 전화상담 과정을 모두 끝내는 것을 말한다. 전화상담의 종결은 현실적인 상황이나 그에 따른 문제들이 탐색되고, 이러한 상황이 일어난 것은 자신에게도 책임이 있다는 것을 인정하면서 종결 단계에 이른다. 내담자의 문제는 그의 생활 속에서 생긴 것이고, 생활의 한 부분이기에 해결의 방향 설정도, 그에 따르는 책임도 내담자에게 있음을 기억해야 한다.

고통의 요인이 무엇인지 알았으면 그 문제에 대하여 어떻게 생각하고 있는가, 무엇을 하기 원하는가, 무엇을 할 수 있는가를 알아야 한다. 자신의 성장이나 삶의 개선도 자기 자신이 원하고 노력할 때 이루어지는 것이다.

혹 상담자는 종료하고자 하나 내담자가 그렇게 생각하지 않는 경우가 있는데 내담자의 요구를 잘 탐색해서 전화상담 지속 여부를 판단해야 한다. 반대로 내담자는 종료를 원하지만 상담자가 판단하기에 종료하기에 이르다고 판단되는 경우가 있다. 이때는 상담자가 내담자에게 좀 더 전화상담을 지속해도 되는지 양해를 구해야 한다. 그러나 상담자가 억지로 내담자의 의지에 반해서 전화상담을 계속 끌고 간다거나 전화상담을 지속하도록 강요하면 안 된다.

(1) 전화상담의 종결 시기와 방법

전화상담 속성상 상담자나 내담자 모두가 자신의 판단으로 전화상담을 지속할 필요가 있는지를 판단하여 전화상담의 종료를 결정할 수 있다. 또한 전화상담의 목적이 달성되었다면 종결 단계에 이르렀다고 판단할 수 있다. 그 외에도 여러 가지 사정에 의하여 전화상담을 종결해야 하는 상황이 발생하는데 그것을 결정하는 시기와 방법은 다음과 같다(김계현, 박경석, 2001: 230-238).

① 전화상담 목표가 달성되었다고 판단될 때

전화상담 과정에서 설정한 목표가 달성되었다고 상담자와 내담자 모두가 느끼게 되면 서서히 종료 시점에 진입했다고 볼 수 있다. 따라서 상담자는 내담자에게 상담 내용 정리를 요청하면서 전화상담의 결과를 판단해 볼 수 있다.

"어느 정도 친구 관계 갈등 문제의 실마리가 잡혔다고 보이는데요. 이제 정리를 해 볼까요?"

그러나 내담자가 갑작스런 정리에 당황한다거나, 상담 내용 정리 등의 종결 준비가 덜 되었다고 판단되면 전화상담 시간을 연장할 수 있다. 만약 내담자가 전화상담을 끝내는 것이 서운하여 주저한다거나 상담자에게 의존하는 경우라면 상담자는 적극적으로 종료하는 것이 좋다.

"마무리를 하니 서운하신가 봐요. 오늘 나눈 얘기를 잘 기억해서 문제를 풀어나가시고, 부족함이 있다면 나중에 다시 통화하는 것이 어떨까요?"

② 내담자의 정서가 안정감이 느껴질 때

전화상담이 진행되면서 내담자의 정서에서도 변화를 느낄 수 있다. 내담자가 처음에 불안해하거나 분노감을 갖는 것으로 느껴졌다면 전화상담 과정에서 자신의 감정을 표출되면서 점차 안정감을 찾아가는 것을 알 수 있다. 그런 경우 내담자의 정서 변화에 대해 물어보면서 정리 단계에 돌입한다.

"처음에 힘들었던 감정이 많이 회복되어 여유를 찾은 것으로 느껴지는데요. 어떻게 생각하세요?"

만일 내담자가 심리적으로 안정을 찾았다는 데 동의하면 종결 단계에 바로 들어갈 수 있다.

③ 내담자의 원함이 상담자의 능력을 벗어날 때

상담자와 내담자 간에 적절한 조합이 이루어질 때 전화상담의 효과가 높아진다. 내담자의 상담내용이 상담자가 이를 받아 줄 수 있는 능력 범위를 넘어선다고 판단되면, 상담자는 내담자에게 양해를 구하고 신속히 종결 단계를 밟는 것이 좋다. 감당하지 못하는 전화상담 내용을 계속해서 듣고 있는 것은 상담자뿐만 아니라 내담자에게도 전혀 도움이 되지 않기 때문이다.

"전화하신 분의 상담 내용을 들어 보니, 제가 상담하기에는 벅찬 것 같다는 생각이 드네요. 저 말고 다른 상담자들이 계시니 그쪽으로 연결해 드리는 것은 어떠세요?"

반대로 내담자가 자신의 문제를 다른 상담자와 얘기해 보고 싶다고 말하는 경우도 있다.

"전화 받으신 분께서는 목소리가 어린 것 같은데, 혹시 결혼은 하셨나요? 결혼생활에 대해 좀 더 진지하게 얘기해 보고 싶은데요."

그 시간대에 내담자가 요청한 전화를 받을 수 있는 상담자가 있다면 그쪽으로 전화를 바로 연결해 줄 수 있다. 만일 그 시간대에 내담자가 제시한 조건에 해당하는 상담자가 없다면, 양해를 구하고 다음에 통화하거나 지금 건 전화상담을 지속할지를 물어볼 수 있다.

④ 전화상담이 길어지거나 상담자가 담당하는 시간이 다 되어 갈 때

전화상담이 예상 외로 길어진다거나 약속된 봉사 시간이 끝나가는 경우에 종결 단계에 들어가는 것이 좋다. 전화상담 내용에 따라서 다르지만 1시간을 훌쩍 넘긴 긴 상담전화는 자칫 내용 반복으로 지속될 우려가 높다. 전화상담 내용이 너무 길어지게 되면 상담자도 집중력이 떨어지므로 가급적 빨리 종료하는 것이 좋다. 상담 봉사 시간이 10~20분 정도 밖에 남아 있지 않은 경우에는 추가로 상담 전화

를 받지 않는 것이 바람직하다. 중간에 시간에 쫓기거나 이후 상담봉사원을 기다리게 하는 등의 피해가 나타날 수 있기 때문이다. 이런 경우에는 내담자에게 현재 상황에 대해 양해를 구하여 전화상담 내용을 정리하고 종결 단계에 돌입하는 것이 현명하다.

"지금까지 긴 시간 동안 많은 얘기를 나눈 것 같은데요. 이제 얘기를 서서히 정리해 보는 것은 어떨까요?"

"전화상담 중에 대단히 죄송합니다. 저에게 주어진 전화상담 시간이 다 되어 가는데 지금까지 상담 내용을 천천히 정리해 보면 어떨까요?"

만약 전화상담 내용이 매우 심각하거나 내용 전개상 쉽게 종료하지 못할 상황이라면 시간에 얽매이지 않고 좀 더 여유롭게 전화상담을 지속해도 괜찮다. 그러나 내담자에게 양해를 구해서 동의를 얻는다면, 다음 상담자로 연계해 주거나 다음번에 전화를 부탁하는 것도 좋다.

"전화상담 중에 죄송합니다만, 제가 상담 시간이 곧 종료하게 되어서 전화상담이 더 많이 필요하다고 생각되시면 다른 상담자로 교체하시거나 다음에 다시 통화하는 것은 어떨까요?"

(2) 종결 단계에서 할 수 있는 주요 상담 기법

① 요약하기

전화상담 과정 중 종결 단계에서 요약하는 목적은 내담자가 의식하지 못한 면을 학습시키고 문제해결 과정을 인식하고 자신의 생각과 느낌을 탐색하도록 돕는 데 있다. 좋은 요약은 관련 있는 자료를 묶어서 표현하며, 산만한 내용을 정리해 준다. 전화상담을 종결하는 단계에서 지금까지 나눈 전화상담 내용을 명확히 해주기 때문에 전화상담 내용을 정리, 통합하여 새로운 해결책을 제시함으로써 자연스럽게 종결 국면으로 진입하도록 도와준다.

"우리는 지금까지 당신의 아내와 발생된 갈등 상황에 대해 얘기를 나누었는데, 함께 정리한 내용을 간략히 말씀해 주시겠어요?"

전화상담 내용 요약은 상담자보다는 내담자가 스스로 하도록 놓아 두는 것이 바람직하다. 왜냐하면 내담자가 요약을 하다 보면 자신의 생각과 느낌에 대하여 책임감을 갖게 될 뿐 아니라 문제 상황에 대해 내담자가 이해한 정도를 확인할 수도 있다. 상담자가 결말을 제시하더라도 최종은 내담자가 전화상담을 끝맺을 수 있도록 여운을 남기는 것이 좋다.

② 관련 기관 정보 제공하기

종결 단계에서 내담자의 문제를 해결해 줄 수 없거나 내담자가 기타 다른 정보를 원한다면 타 기관에 대한 정보를 제공해 주는 것이 좋다. 다만 다른 기관에 대한 정보를 제공할 때에도 내담자에게 도움이 될 만한 기관인지 여부를 판단해야 한다. 만약 유사한 성격의 관련 기관이 있다면 그중에서 어떤 기관이 내담자에게 더 도움이 될지를 판단하여 정보제공 기관을 선별해서 내담자에게 기관에 대한 정보를 제공해 주는 것이 좋다. 이때, 상담자가 제공할 수 있는 기관에 대한 정보를 잘 숙지하고 있어야 한다. 그렇지 않다면 잘 정리된 관련 기관 명부를 보관하고 즉시 제시할 수 있도록 평소 관련 기관의 특성을 파악하고 있어야 한다. 외부 기관에 대한 정보는 전화상담기관의 성격과 특성에 맞게(자살 위기, 아동, 청소년, 가정폭력, 사회복지서비스 등) 정보를 수집하여 각 기관의 전화상담실에 비치해 두고 활용할 필요가 있다.

2) 목표 설정

(1) 목표 설정의 필요성

종결 단계는 내담자가 어떠한 행동을 해야 하는지 결정하고, 전화상담을 최종적으로 마무리하는 단계를 말한다. 이 마무리 단계에서는 내담자가 자기의 길을 찾고, 결정하고, 밀고 나갈 수 있는 의지를 갖도록 돕는 것을 목적으로 한다. 상담자는 내담자에게 다음과 같이 질문하여 내담자가 목표를 정하고 나아갈 수 있도록 도와주어야 한다.

"이 상황에서 이제 앞으로 어떻게 하려고 하십니까?"

전화상담 과정을 통해서 상담자는 궁극적으로 내담자가 갖고 있는 문제 상황을 해결하고 변화시킬 수 있도록 돕는데 만약 내담자가 관계 형성, 탐색, 직면 단계 등을 거쳐서 종결 단계에 도달하여 그 이전 문제 상황과 크게 다르지 않게 변화가 발견되지 않았다면 이는 전화상담 과정에 문제가 있는 것이다. 따라서 내담자에게 현재의 문제 상황을 변화시킬 수 있도록 목표를 설정하는 것이 필요하다.

첫째, 내담자 생활 속에 이미 존재하고 있는 가능성을 찾는다. 과거 이와 비슷한 경우에 어떻게 처리했으며 지금의 문제를 도울 수 있는 가능성은 무엇인지, 아직까지 활용하지 못하고 살았던 잠재능력은 무엇인지를 함께 찾는다.

둘째, 행동을 위해 도움이 될 자원들에 대해 의논한다. 부모, 형제, 친구 등 찾아가서 의논할 대상이 있는지 그 상황에 적용되는 관계 기관에 자원들을 의논한다. 그러나 선택이나 결정에 따른 책임이 내담자에게 있음을 알도록 한다.

셋째, 구체적인 행동계획을 세우도록 돕는다. 손쉽게 달성할 수 있는 가능한 일이 이루어지도록 한다. 아주 작은 일이라도 도움이 될 수 있는 것이라면 안하는 것보다 하는 게 좋다는 것을 알려 준다. 계획을 상담자의 입을 통해서 다시 듣게 해준다. 무조건 의존적인 사람에게는 독립적으로, 다른 사람의 도움을 거부하는 독자적인 사람에게는 상호의존하는 것을 배우게 하는 좋은 기회가 되도록 한다. 상호의존이란 이 세상을 현실적으로 건강하게 살아가는 한 방법인 것이다.

넷째, 위로와 격려로 모든 일이 잘 되기를 바라는 진심을 전한다. 상담 과정 처음에서 마무리 단계에 이르기까지 가장 중요한 것은 상담자의 내적 성숙과 상담에 임하는 태도와 인간에 대한 신념이라고 본다.

상담자 자신이 살아온 경험이나 많은 지식이 상담에 도움이 될 수도 있지만, 경우에 따라서는 경청에 방해물이 되기도 한다. 상담자 자신이 가지고 있는 욕구나 필요를 일체 버리고 상담하는 순간에는 '나' 아닌 '다른 사람'을 위하여 함께 할 때 내담자는 건강한 상담자의 자아를 통해 잃어버린 자아를 찾을 수 있으리라 본다. 그 감정을 하찮게 보거나, 해결해 주려고 할 수도 있다. 그러나 가장 중요한 것은 그 느낌이 어떠한 감정이든 있는 그대로 이해하고 받아들여지고 있음을 알리는 것이다.

(2) 목표 설정 시 고려 사항

내담자의 변화를 위한 목표 설정에는 다음과 같은 사항이 반드시 고려되어야 한다.

첫째, 분명히 정의된 목표가 있어야 한다. 전화상담을 종결하는 단계에서 내담자가 전화상담을 통해 발견한 문제를 해결하려는 명확한 목표가 제시되어야 한다.

둘째, 상담자와 내담자 간의 상호 동의가 이루어져야 한다. 여기서 수립한 목표는 일방적인 것이 아니라 전화상담 과정 안에서 상담자와 내담자 간의 상호작용을 통해 최종 인정한 것이어야 한다.

셋째, 범위나 시간, 사람, 방법 등이 분명하게 진술되어야 한다. 목표 달성을 위해서는 과거형 시제를 사용하지 않으며, 회피적인 단어("…하고자 한다." "…할 것이다."), 모호한 말('더욱 더' '더 나은'), 가정하는 단어('만일' '아마도') 등은 사용하지 않아야 한다.

넷째, 현실적으로 달성가능한 목표여야 한다. 아무리 좋은 목표 설정이라고 하더라도 도달하기 어려운 목표는 세우지 않는 것보다 못하다. 오히려 내담자를 좌절하게 하거나 다시 원위치로 돌아가게 하는 등 부정적인 감정을 갖게 할 우려가 있기 때문에 현실적인 측면을 강조한 목표 설정이 필요하다.

다섯째, 측정가능한 목표이어야 한다. 문제 상황의 변화와 해결을 위한 목표 달성 여부를 측정할 수 있도록 목표가 설정되어야 한다. 이를 위해서는 가급적 객관적인 행동 지표로 목표가 진술될 필요가 있다.

여섯째, 법적, 윤리적으로 용인되는 목표이어야 한다. 아무리 훌륭한 목표이고, 측정가능한 도달 목표라 하더라도 그 목표 설정이 국가 사회적으로 허용될 수 있는 목표가 아니라면 이는 잘못된 것이다. 변화를 위한 목표가 법적, 윤리적으로 바람직한 목표인지를 점검해야 한다.

요컨대, 상담자는 내담자가 전화상담을 통해 최종적으로 자신의 문제를 변화시킬 수 있도록 목표를 설정하고 이를 달성하기 위한 의지를 북돋을 수 있도록 도와주어야 한다.

토의 및 실습

종결 연습 **세 사람이 짝을 지어서 종료하는 역할 훈련을 실시해 본다.**

이때 한 사람은 상담자, 다른 한 사람은 내담자, 나머지 한 사람은 관찰자의 역할을 수행한다. 어떤 전화상담 주제를 가지고 해도 상관없지만 가능한 문제 상황을 선정해서 전화상담하는 형태를 취하도록 한다. 순서를 바꿔가면서 서로 역할을 수행해 보고, 상호 피드백하는 시간을 갖는다.

09

전화상담 사례

이 장에서는 서울생명의전화에 걸려 온 전화상담 유형 중에서 가족문제 전화상담과 정신건강 전화상담, 반복 전화상담 사례를 축어록을 통해 분석하고 슈퍼비전한 예시를 살펴본다.[1)]

1) 모든 내용은 실제 사례가 아니며 교육을 위해 작성되었다.
상: 상담자, 전: 전화자

1. 가족문제 전화상담 사례

1) 부부간의 문제

전화자: 남편의 외도로 억울함을 호소하는 중년 여성

	전화상담 대화	분석
전1	제가 지금 어떻게 해야 할지 모르겠어서요. 여기가 해외라 주변에 편하게 얘기할 수 있는 사람도 없고...... 여기에는 어떤 이야기도 말해도 되는 거죠?	상담 초기: 전화자의 말을 잘 공감하고 '다시 말하기' 기법으로 경청
상1	네, 말씀하셔도 됩니다. 어떤 일이신가요?	
전2	얼마 전에 남편이 외도했단 사실을 알게 됐어요. 따로 만나는 사람이 있더라고요.	
상2	남편이 따로 만나는 여자가 있다고요?	다시 말하기
전3	네. 동네 이웃이요.	
상3	너무 충격이셨겠어요.	
전4	그쵸. 사실 몇 달 전부터 어딘가 이상하다고 느끼긴 했는데...... 남편이 먼저 이야기하더라고요. 처음엔 듣고 너무 화도 나고 충격도 너무 커서 어떻게 반응했는지도 기억이 안 나요. 남편은 이제 끝낼 생각이라고 빨리 정리하겠다는 이야기만 계속 하고.......	
상4	네.	
전5	그때 제가 남편 핸드폰을 뺏어서 그 여자랑 대화한 걸 봤거든요? 그런데 그 여자한테는 저랑은 이혼하고 관계를 정리하겠다 했더라고요. 남편이 그러니 그 여자는 이 남자가 부인을 정리하고 자기한테 올 거라고 철석같이 믿고 기다리겠다고 하고.......	전화자의 말에 대해 반영적 경청을 하며 계속해서 이야기하도록 이끈다.
상5	그 여자는 남편이 부부관계를 정리하고 자기에게 오길 기다리겠다고 했다고요?	

전6 네. 남편이 제 욕도 하고 저랑 비교하면서 그 여자를 치켜올려 주고...... 당신밖에 없다고....... (울음)

상6 아이고......

전7 그러고 있는데 너무 열 받아서 가만히는 못 있겠는 거예요. 그래서 바로 그 여잘 찾아갔거든요. 그랬더니 오히려 저를 비웃는 태도였어요. 이 여자는 남편이 가정엔 이미 마음이 떴고 자기가 최우선이라고 믿고 있더라고요. 남편이 제 흉을 그렇게 봤으니 제가 또 얼마나 우스웠겠어요. 저는 별것도 아니라 생각했겠죠.

상7 네.

전8 지금 부인이면 뭐 어떻게 할 거냐고 이미 사이도 안 좋고 어차피 곧 헤어질 건데...... 너는 남편한테 아무 존재도 아니라고....... (울음)

상8 아...... 그럼 정말 그동안 남편하고 사이가 많이 안 좋으셨던 건가요?

중간 단계: 전화자로 하여금 자신의 문제를 객관적으로 보도록 돕기 위한 탐색과정을 거친다.

전9 아니요. 그럼 이렇게까지 화나지 않았을 거예요. 오히려 좋은 편이었다고 생각해요. 남편이 '고맙다.' '사랑한다.' 이런 표현도 잘하는 편이었거든요. 남편도 아이들한테 너네 엄마 때문에 우리가 이렇게 산다면서 엄마한테 잘해야 한다는 이야기도 많이 하고.......

상9 부인분이 남편한테 아주 잘하셨나 봐요?

전10 네, 사실 해외로 오게 되면서 고생을 많이 했는데 제가 정말 열심히 내조했거든요. 그래도 우리 집 가장이니까 기죽지 말라고...... 남편도 때마다 고맙다고 덕분에 자기가 힘난다고 말해주니 저도 더 힘내서 뒷바라지했고.......

상10 그동안 서로 굉장히 의지하면서 지내는 관계였을 것 같은데요?

전11 네.

상11 음, 그러면 부인에 대해서 고맙다고 생각을 하고는 있는데 다른 여성을 좋아했었다는 거죠?

확인하기

전12 그렇죠....... 그런데 지금은 또 더 사랑하는 건 저래요. 그러면서 그 여자와의 관계는 정리하겠다고 하더니 사실 지금까지도 정리가 안 된 것 같아요. 얼마 전에도 그 여자랑 연락하는 걸 보기도 했고요. 이 정도면 정리하고 싶은 마음이 없는 거 아니에요?

상12 그러니까 남편 입장에서는 부인은 부인대로 고맙고 사랑하는 마음이 있고 그 여자와의 관계는 끊어 내기 어려운 걸까요? 이거는 두 마리 토끼를 다 잡고 싶은 그런 마음인 거네요?

> 요약하기: 지금까지 이야기한 내용을 초점화한다. 적절한 질문을 하여 전화자로 하여금 자신의 문제를 이해하도록 돕는다.

전13 그런 거 아닐까요? 그런데 저 스스로도 답답한 건 이 와중에 이 가정을 깨고 싶진 않다는 마음이 드는 거예요. 한편으로는 당장 다 끊어 내고 떠나보내고 싶은데 또 한편으로는 못 그러겠고 근데 너무 억울하고...... (울음) 어떻게 해야 할지 모르겠어요.

상13 정말 그러시겠어요. 그동안 같이 고생하면서 얼마나 가정을 열심히 챙기셨어요.

> 공감

전14 (크게 울음) 저요, 생활비도 아껴보려고 별짓을 다 했는데 남편은 그게 궁상맞아 보여 싫었대요.

상14 그렇게 희생적으로 살아왔는데 지금 이렇게 되니 허무한 느낌도 들겠어요.

> 반영적 경청

전15 그 희생을 다 아는 사람이 이렇게 했다는 게...... 속 편하게 바람피우고 있는 줄도 모르고 남편 눈치도 엄청 봐 가면서 좋은 거 다 갖다 먹이고 좋은 거 입히고 뒷바라지 다 하고...... 내가 이 먼 곳까지 따라와서 뭐 하고 있는 건지.......

상15 아이고 세상에.......

전16 진짜 바보 멍청이죠, 이게 지금.......

상16 에휴...... 자책하지 마세요. 아까 자녀가 있다고 하셨던 거 같은데 자녀들은 몇 살인가요?

> 탐색 단계는 전화자로 하여금 사실을 객관적으로 파악하게 하는 단계이므로 자녀에 대한 질문도 적절하다.

전17 아홉 살, 여섯 살이에요. 애들도 그렇게 애지중지하고 보물처럼 여기는 사람이었는데.......

상17 보물처럼...... 그런데 현실적으로 이혼하고 그 여자한테 간다 하면 그 보물 같은 자식도, 부인도 놓고 가야 해서 지금 당장은 달콤한 사탕처럼 유혹될지 모르겠지만 그 달콤함이 오래갈 수 없다는 걸 조금만 생각하면 알고 있을 텐데요.

전18 네, 그렇대요. 그래서 자긴 마음속에 가족이 항상 1등이래요. 그래서 그 여자도 정리하려고 하는 거라고…… 그런데 그런 사람이 바람을 펴요?

상18 조심스럽지만 지금 남편분의 이야기를 듣다 보니까 부인과 가족을 사랑하지 않아서 그 여자한테 간 거는 아닌 거 같단 생각이 들어요.

> 상담자의 분석적인 의견을 제시하여 전화자로 하여금 새로운 시각을 갖게 할 수 있다.

전19 (침묵)

상19 그러니까 부인을 사랑하는 것도 맞긴 맞는데, 또 마음에 채워지지 않는 무언가가 있는 건 아닐까 하는 생각이 드네요.

전20 뭔가 마음 한쪽이 허하다는 이야기를 종종 하긴 했어요. 저도 그런 부분이 짠하게 느껴지기도 했고 그래서 본인이 하고 싶다는 건 거의 반대도 없이 지원해 줬어요. 이렇게 해외까지 오게 된 것도 남편을 위해서였고요.

상20 세상에 그렇게 다 해 줬는데…….

전21 그런데 이렇게 됐네요. 남편 사랑도 못 갖고…… 제가 그렇게 열심히 지원해 주고 노력했는데도 다 채워지지 않았나 봐요. 다른 여자의 사랑까지 필요했나 보죠.

상21 그런데 저쪽 여자도 사랑을 온전히 다 가진 건 아닐 거예요. 제가 느끼기엔 그 여자한테 남편이 준 사랑도 마음의 일부분인 거지 덜 채워진 부분은 어떤 여자여도 그걸 다 채워 주는 건 어려울 거예요. 그나마 지금 부인께서 남편을 가장 많이 채운 여자이겠죠. 뭔가 2% 모자란 그거를 찾아서 여기저기 기웃기웃할지 모르지만, 그걸 다 채워 줄 사람은 아마 없을 것 같은데…… 남편이 가지고 있는 내면적인 문제가 있기 때문에 그건 힘들 거 같단 생각이 드는데 어떻게 생각하세요?

> 탐색: 전화자로 하여금 자신의 문제를 하나의 그림을 그려서 그 생김새를 분명하게 보도록 해 준다.

전22 글쎄요…… 그냥 지금 이 상황이 너무 억울하고 감정이 솟구쳐 올라서 이성적인 판단이 잘 안 돼요. 그렇다고 헤어지자고 질러 버리는 것도 못하겠고요.

상22 맞아요. 헤어지는 것도 현실적으로 너무 복잡해지고 헤어졌다고

> 부부문제는 자녀와 시댁

지금보다 더 나은 삶이 있냐 하는 보장도 없으니까 선택이 쉽지 않을 거예요. 혹시 이 문제에 대해 시댁 식구들은 알고 계세요?

전23 아니요. 아무도 몰라요. 사실 남편이 시댁 식구들이랑 데면데면해서 거의 연락도 안 하거든요.

상23 그렇군요. 시부모님이나 시댁 식구들은 어떤 분들이세요?

전24 남편과 그렇게 사이가 좋은 것 같진 않아요. 사랑이 넘치는 부모님 같은 느낌은 아니시죠.

상24 저도 그렇지 않을까 생각했어요. 남편이 자꾸 마음 한구석이 허하다고 느끼는 것도, 이렇게 한 아내에게 마음을 정착하지 못하는 것도 아마 부모님의 사랑을 충분히 받지 않아 그런 것이 아닐까 했어요.

과의 관련도 있으므로 그에 대한 질문을 함으로써 다른 방안도 탐색해 볼 수 있다.

전25 이제 저는 어떻게 하면 좋죠?

상25 글쎄요…… 이거는 부인의 문제라기보다도 남편이 아들로서 부모님에게로부터 채움 받지 못한 사랑, 그 채워지지 않는 그 부분을 찾아서 헤매고 있다고 생각이 들어서 결국은 부인에게로 돌아올 것 같아요. 그게 좀 빨리 철이 들면 다행인데, 조금 시간이 걸리면은 마음이 너무 힘들어지겠지요.

상담자의 탐색의 안목을 전화자에게 주입시키지 않고 보다 넓은 시야에서 문제를 바라보게 한다.

전26 (한숨) 지금 너무 답답한 게 다 끝내 버리고 싶은 마음이 되게 크거든요. 그런데 솔직히 그냥 모른 척 살까 하는 마음도 있어요. 이 고민이 계속 돼요. 특히 애들이 걱정되거든요. 사실 어떤 결과를 선택하든 집 안에서 하하 호호 하면서만 지내진 못할 거잖아요.

상26 네, 그렇죠. 맞아요. 하아…… 혹시 남편에게 지금 이렇게 마음이 오락가락하고 힘든 걸 다 얘기해 보셨어요?

전27 네. 다 얘기했죠. 남편은 계속 '그 여잘 정리할 거다.' '다 정리했다.' 이 얘기뿐이에요. 그런데 여전히 그 여자하고 연락 중이죠.

그동안 남편에게 어떻게 접근해 보았는지 이야기하게 함으로써 다른 방안을 함께 생각해 본다.

상27 음…… 그러니까 아마 저런 거 아닐까 하는 생각이 드네요. 남자들 중에 술을 많이 먹는 사람들이 술이 몸에 나쁘고 술로 인해 여러 가지 많은 문제가 생긴다는 걸 알고 가족들에게 약속하잖아요. '내가 이제 절대 술을 안 먹고 다니겠다.' 그래 놓고도 또 밖에 나가면 뿌리치지 못하고 몸이 저절로 땡겨서 술을 마시러 가는, 좀 그런 거랑 닮은 거 같은 생각이 들어요.

전28 지금 그 말씀은 위로가 많이 되네요.

상28 어휴, 이게 젊었을 때 그러다가도 나중에 나이 들어서 기력도 빠지고 하면 그때 돼서 철드는 사람도 많던데요...... 지금은 부인이 훨씬 더 인격적인 면에서 성숙되시고 남편분이 아직 거기에 못 미치시네요.

> 상담자의 이런 분석에 대해 전화자는?

전29 선생님, 당분간 어떻게 해야 맞는 걸까요?

상29 글쎄요. 가장 먼저는 부인이 얼마나 힘든지 분명히 알릴 필요가 있어요. 그동안 남편에게 쏟았던 정성, 노력들이 모두 허무하게 날아간 것 같다. 내 삶이 모두 무너진 것 같다고요. 모든 게 견디기 힘들지만 현실적인 여러 가지 문제들 때문에 지금 당장은 어떻게든 버텨 볼 생각이다. 하지만 가장 중요한 건 남편의 태도에 달려 있다고 달라진 모습을 이야기하세요. 다시 한번 같은 일이 발생하면 더 이상은 못 버틴다고요. 이렇게 책임을 느끼게끔 분명히 밝혀야 할 것 같아요. 그리고 당분간은 남편의 태도를 더 지켜봐야 하지 않을까요?

> 종결 단계: 갑작스런 전화자의 이런 질문에 대해 바로 답하기보다는 '부인 생각은 어떻게 할 생각이셔요?'라고 먼저 전화자의 마음을 알아본 후에 상담자의 의견을 표현하는 것이 좋다.
> 이 문제는 전화자의 문제이므로 나름대로 여러 방안을 해 보았을 것이다.

전30 그게...... 잘 모르겠어요. 이 분노를 가지고 제가 '앞으로 다시 잘해 보자.' 이 말 하려면 그 분노가 사그라들어야 할 수 있는 상황인데 분노를 못 삭이고 있어서요. '한 번만 더 그러면' 하는 이야기를 안 해 본 것도 아니고, 그런데도 그 여자랑은 계속 관계를 이어가고 있는걸 제 눈으로 기어이 확인을 하고 있는 거잖아요, 상황이. 이건 그냥 갈라서는 게 맞는 거 같아요.

상30 이미 다 해 봤으니까 갈라서는 게 맞다?

전31 네. 말씀하신 과정을 제가 했잖아요.

> 상담자의 말에 대한 전화자의 이 반응은 이미 다 해 봤다는 얘기로 돌아왔다.

상31 남편이랑 이야기 나눈 지 얼마 안 됐잖아요. 물론 그 시간이 느끼기에 1년 같고 10년 같이 느껴질 수 있지만 심리적으로는 긴 시간을 지난 것 같지만 실제로는 얼마 안 지났거든요. 그 남편도 머리로는 잘못된 것을 알지만 몸으로 고쳐지기까지는 시간이 필요할 수도 있어요. 어떤 것을 무너뜨리는 것은 순식간이에요. 아기들 블록 가지고 놀 때도 하나하나 쌓는 데는 시간이 오래 걸리지만 그걸 허무는 건 순식간이거든요. 그러니까 결혼 관계 그런 걸 깨는 거는 언제라도 그냥 쉽게 할 수 있어요. 그런데 그 세운다는 게 너무 힘들고 오래 걸리는 일이니까...... 깨기까지가 신중해야 하죠.

전32 네. 상담 감사합니다.

상32 예. 정말 힘든 시간을 보내시는데 너무 분노가 마음에 쌓여 있으면 병이 될 수도 있고 그러니까, 정말 답답하고 힘들면 전화 또 하세요. 제가 못 받으면 다른 분이 받을 수도 있겠는데, 한번 한 이야기 또 하기 힘들겠지만 이야기하는 대로 그만큼 더 풀어질 수도 있고, 다른 상담선생님이 그분 나름대로 조언을 해 줄 수 있으니까 그렇게 하세요.

전33 네, 감사합니다.

지금까지는 상담이 잘 진행되다가 종결 단계에서 상31 반응 이후에 갑자기 싸늘해지며 종결된 이유가 무엇일까?

종결 단계에서는 앞으로 어떻게 할 것인지 전화자가 이야기하게 해야 한다.

종합 평가

- 상1~8 상담 초기

전화자의 말을 잘 공감하고 '다시 말하기' 기법으로 경청.

전화자의 말에 대해 반영적 경청을 하며 계속해서 이야기하도록 이끔.

- 상9~28 중간 단계

전화자로 하여금 자신의 문제를 객관적으로 보도록 돕기 위한 탐색과정 확인하기와 요약하기: 지금까지 이야기 되어 온 내용을 초점화하고, 적절한 질문을 하여 전화자로 하여금 자신의 문제를 이해하도록 도움. 탐색 단계는 전화자로 하여금 사실을 객관적으로 파악하게 하는 단계이므로 자녀에 대한 질문도 적절함.

- 상29~32 종결 단계

전32에서 갑자기 종결로 가게 된 이유가 무엇일까? 지금까지의 상담 내용은 전화자가 요약할 수 있도록 하는 게 바람직함.

2) 부모와의 문제

전화자: 어머니와의 관계 개선을 원하는 40대 남성

	전화상담 대화	분석
상1	안녕하세요, ○○○전화입니다.	
전1	네. 안녕하세요.	
상2	무슨 일 있으신가요?	
전2	제가 어머니와 문제가 좀 있어요. 해결해 보고 싶은데 어렵네요.	
상3	어머니와 해결되지 않은 문제가 지금 선생님을 많이 괴롭히고 있군요.	상담 초기 단계: 경청 공감 표현
전3	네. 어머니가 저에게 있는 얘기, 없는 얘기, 모든 이야기를 쏟아내는 게 너무 힘들어요. 특히 온갖 힘든 얘기들을 시도 때도 없이 얘기해요. 다른 사람들한테는 안 그러시거든요. 저를 감정 쓰레기통으로 생각하시는 건지...... 나한테만 왜 이러시는 건지.......	
상4	선생님 이외의 다른 사람들에게는 그렇게 대하지 않는데 유독 선생님에게만 감정 쓰레기통처럼 대하니 이해가 안 되셨군요.	공감 표현
전4	네, 이해가 안 되고 화가 나요.	
상5	네.	
전5	또 문제가 있어요. 지금 집안 재산 문제가 좀 있어요. 그 건 때문에 형님이랑 어머니가 트러블이 좀 있거든요. 점점 다툼이 심해지는데 어머니가 상처받진 않을지 걱정이 돼요. 그 사이에서 제가 어떻게 하면 좋을지도 모르겠고요. 그래도 어머니가 걱정되니까 어머니 편을 들고 싶다가도 그냥 모른 척하는 게 맞는 것 같기도 하고.......	공감 표현
상6	어머니가 걱정되어 불안하시군요.	
전6	네.	
상7	일단은 지금 선생님께서 가장 초기에 말씀하신 어머니와의 관계	중간 단계: 전화자의 문제

	를 더 회복하고 싶은 얘기로 대화를 시작했는데, 지금 당장에 문제가 또 있는 거네요. 이것 또한 어떻게 해야 할지 감이 안 오시구요.	를 요약하면서 공감 표현
전7	네.	
상8	이러지도 저러지도 못한 상황이 많이 답답하시겠어요.	
전8	네. 맞아요. 답답하죠.	
상9	네.	
전9	그런데 옛날부터 어머니는 형에게는 관대하셨거든요. 재산도 주고 모든 애정을 쏟아부으셨어요. 저에게는 그렇지 않으셨구요. 사실 지금도 그러세요. 지금은 다투고 있지만 다 형에게 맞춰 주고 해 주려고 하고, 형을 걱정하시거든요. 그런데 왜 저한테만 이러실까요? 온갖 모진 말, 거절하는 말만 하시고, 절 감정 쓰레기통으로 쓰고...... 저도 자식인데 저한텐 애정이 없으신 걸까요? 어머니가 어떤 마음인지 알고 싶어요.	
상10	조금이라도 더 따뜻하게 다른 형제에게 하는 것처럼 선생님을 대해 주었으면 얼마나 좋았을까요.	전화자의 감정을 잘 공감하면서 표현
전10	(울먹거리며) 네. 맞아요. 어머니께 분노가 느껴지고 한편으로는 또 죄책감도 느껴져요.	
상11	어머니에 대한 분노감과 죄책감이 동시에 느껴지신다구요.	
전11	전 어머니의 마음이 어떤 건지 알기만 해도 충분할 것 같아요. 그냥 말 한마디라도 너도 내 귀한 자식이다 해 주시면 그동안 서운했던 거 다 잊고 어머니랑 잘 지내보려 노력할 거에요. 만약 그렇지 않다고 한다면 어머니랑은 더 이상 인연을 이어가기 어려울 것 같아요.	
상12	네. 선생님의 어머님을 향한 진심이 느껴집니다.	전화자의 진심을 알아주고 전화자가 노력한 것도 알아주는 상담자의 반응으로 전화자가 충분히 자신의 문제를 드러내고 탐색할 수 있게 한다.
전12	사실 예전에 어머니랑 이 문제에 대해 이야기를 한 적이 있어요. 왜 형한테는 안 그러면서 나한테만 이러냐고. 그동안 많이 힘들었다고요. 그런데 어머니는 그냥 대화를 피해 버리시더라구요. 다 지난 일이라고.......	
상13	이전에도 관계 개선을 위해 노력하셨군요.	

전13 네. 그런데 잘 안됐죠. 어머니는 제 얘길 들으려고 하지 않으세요.

상14 아무래도 지나온 세월이 선생님으로 하여금 어머니와의 신뢰가 떨어지게 한 것 같아요.

전14 아무래도 그렇죠. 항상 이런 식이니까...... 내가 뭐라고 이야기하든 그냥 흘려 넘겨 버리시는 것 같아요. 대답도 아무 말이나 대강하는 것 같고요. 어머니의 대답들이 다 진심으로 느껴지지가 않아요.

상15 네. 여태껏 어머니로부터 경험하신 것들이 얼마나 힘들었으면 그랬을까요.

전15 네.......

상16 그렇다면 오늘은 어떻게 하면 어머니의 진심을 들을 수 있는지 구체적으로 얘기해 보는 건 어떨까요?

구체적으로 방안을 함께 탐색한다.

전16 네. 저한테 필요한 건 그 얘기인 것 같아요.

상17 좋아요. 인간은 세월이 흐르면서 자신의 방식대로 표현하고 살아가는 성격이 형성이 돼요. 이것들은 잘 변하지 않죠. 선생님도 그렇게 성격이 형성되고 그런 태도를 가지면서 살아가는 거잖아요.

전17 네.

상18 그래서 첫 번째 생각해 볼 것은 내가 타인을 변화시키는 것은 쉽지 않다라는 거예요. 오히려 그의 성격을 인정하고, 표현방식을 수용하고, 내가 그 사람을 바라보는 관점에 변화를 주기 위해 노력하는 것이 더 현명하다고 봐요.

전18 네.

상19 어떻게 보면 선생님은 듣고 싶은 진심을 어머니에게 요구하는 격이 될 수 있어요. 이렇게 된다면 어머님이 어떠한 말을 하든 그것을 진심으로 못 받아들일 수도 있죠. 어머님의 표현방식이 서툴지만 진심으로 얘기했음에도 불구하고 선생님은 그 진심이 듣고 싶은 방식, 내용이 아니라면 또 받아들이기 어렵고 감정의 골이 더 깊어지는 악순환을 겪을 수 있어요.

전19 네...... 맞아요.

상20 그래도 선생님의 지금까지 대화를 보았을 때, 본인의 감정을 많이 되돌아보고, 어머니를 이해하기 위해 최선의 노력을 다하고 있는 걸로 보여요.

전20 네.

상21 하지만 아직 어머니는 선생님만큼이나 그러지 못한 걸로 보이구요.

> 상담자의 거울과 같은 역할이 잘 드러나는 장면이다.

전21 네.

상22 사실 진심이라는 것은 한순간의 대화로 모든 걸 표현하는 것이 어려운 거 같아요. 오히려 그동안 살면서 나에게 해 왔던 행동, 표현 등 종합적인 것을 좀 더 고려해 보는 것이 진심에 가깝겠죠.

전22 네.

상23 초기에 어머니가 본인에게만 감정 쓰레기통처럼 사소한 얘기도 다 한다고 말씀하셨죠? 형에게는 그러지 않고 물질적인 재산도 공유하는데?

> 상담자의 눈에 비친 전화자의 문제 상황을 초점화하고 구체적으로 탐색하도록 돕기 위해 요약한다.

전23 네, 맞아요.

상24 그 말은 다른 자식에게는 그렇게라도 안 하면 교류를 못 하니깐 불안해서 그럴 수 있고, 선생님에게는 어머님이 충분히 의지할 수 있는 대상이 되니깐 자신의 모든 사소한 얘기를 다 한다고 생각이 들어요. 물론 그 방식에 있어서 선생님이 힘들었지만요.

전24 네. 맞아요.

상25 만약 선생님이 어머니의 진솔한 마음을 듣고 싶다면 어머니의 마음 속도를 따라가 보는 건 어떨까요?

> 새로운 대안을 생각해 내도록 돕는다.

전25 어머니의 마음속도요?

상26 네. 선생님은 충분히 마음을 잘 들여다보고 행동으로 이끌 준비가 된 강점이 있어요. 하지만 아직 어머님은 다른 자녀와의 재산 문제나, 또 다른 이차적인 스트레스로 인해 선생님과 진심을 나눌 여력이 없을 수 있어요.

> 전화자의 강점을 알려주면서 격려한다.

전26 네. 그럴 수 있겠네요.

상27 어머니는 선생님에게 거절의 말만 하고 모진 말들을 많이 하셨

> 전화자의 마음을 마치 거

는데도 불구하고 선생님은 아직 어머니에 대한 애정이 있으세요. 그 애정이 큰 것에 비해 아직 어머니와 상호관계를 쌓는 과정에서 진척이 느려 그 차이에 답답함을 많이 느끼는 거 같구요.

울처럼 반영적 경청을 표현한다.

전27 맞아요. 너무 답답합니다.

상28 선생님의 속도와 어머니의 속도가 일치한다면 어머님이 어떠한 얘기를 하든 그걸 진심으로 선생님이 받아들일 수 있지 않을까 생각해요.

전28 음 사실 그동안 전 어머니의 진실한 마음을 듣고 싶은데 어머니가 어떤 말씀을 하셔도 진심으로 느껴지지 않았어요. 그런데 사실 제가 진심이 아니다라고 판단하는 것도 제 생각에서부터 비롯된 거네요.

상29 네, 그렇게 된다면 결국 진심을 들을지언정 진심으로 들리지 않을 거예요.

전29 그렇군요. 지금 생각해 보니 지금까지는 어머니를 수용하려고 하기보다는 어머니가 나를 납득시키도록 오히려 강요했던 것 같단 생각이 들어요. 어쩌면 제가 어머니에게 진심을 자꾸 요구하는 게 제 마음이 불안하니까 어머니에게 어떤 감정, 마음을 갈구한 것 같아요. 저부터 스스로의 마음을 잘 알고 건강하게 유지하고 있었더라면 어머니의 모습을 충분히 수용할 수 있었을 것 같네요.

전화자의 자기성찰

상30 그래도 선생님에게는 어머니에 대한 애정이 큰 것이 강점이고, 본인의 감정을 누구보다 잘 알고 있으니 어머니와의 대화를 통해 어머님의 속도를 천천히 들여다보면서 같이 맞추어 가면 좋을 듯합니다.

종결 단계: 상담자가 상담내용을 요약정리한다. 전화자가 앞으로 구체적으로 어떻게 할지 이야기하게 하면 더 좋을 것이다.

전30 맞아요. 제 스스로도 제 마음을 잘 다독여 보고 어머니를 수용하고 속도를 맞춰 가 봐야겠어요. 그럼 어머니와의 관계도 더욱 나아지겠죠? 선생님 덕분에 많은 생각을 할 수 있었습니다. 감사합니다.

상31 네. 선생님 좋은 하루 되시고, 끝까지 응원하겠습니다. 감사합니다.

종합 평가

- 상6까지 초기 신뢰 단계를 경청과 공감으로 잘 진행
- 상7에서 전화자의 문제를 요약하면서 중간 단계로 진입
- 상12~15 전화자의 진심을 알아주고 전화자가 노력한 것도 알아주는 상담자의 반응으로 전화자는 충분히 자신의 문제를 드러내고 탐색할 수 있게 함
- 상20~22, 27 상담자의 거울과 같은 역할이 잘 드러나는 장면
- 상25~26 새로운 대안을 생각해 내도록 도움. 전화자의 강점을 알려주면서 격려
- 상30 종결 단계에서는 상담자가 상담 내용을 요약정리하여 전화자가 앞으로 구체적으로 어떻게 할지 이야기하게 하고 종료하면 더 좋을 것

2. 정신건강 전화상담 사례

전화자: 우울과 자살충동을 느끼는 20대 여성

전화상담 대화	분석
전1 선생님, 저 다 포기하고 싶어요. 여기에도 여러 번 전화했어요. 그런데 마음이 나아지질 않고 우울하고 불안하고 죽고 싶은 마음밖에 없어요.	
상1 그러시군요. 전화 잘하셨습니다. 많이 힘드셨던 것 같은데 이제까지 무슨 일이 있으셨는지 자세히 말씀해 주시겠어요?	
전2 사실 저 이전에도 여러 번 시도해 봤거든요. 술에 취해서 도로에도 뛰어들어 보고 번개탄도 피우고 손목도 그어 봤어요. 지금 저 담당하는 정신건강복지센터 선생님한테도 계속 전화가 오는데 계속 피하고 있어요. 약도 끊은지 꽤 됐구요. 지금 오랫동안 약을 먹지 않았어요.	
상2 말씀 듣고 보니 개인적으로 어려운 문제가 있고 그 문제로 힘들어 여러 번 자살 시도를 하셨다는 말씀이시네요. 얼마나 힘드셔서 그러셨을지...... 그렇게 된 어떤 이유가 있었는지 말씀해 주실 수 있으신지요.	상담 초기 단계에서 전화자의 마음을 경청, 공감하여 신뢰관계가 형성된 후 바로 중간 단계인 탐색단계로 들어간다.
전3 하...... 제가 히키코모리거든요. 어렸을 때 학교폭력도 당하고 집에 들어간다고 챙겨 주는 사람도 없으니 그냥 혼자 방에 틀어박혀 있었어요. 겨우 졸업하고 힘들게 들어간 직장에서도 괴롭힘을 당해서 금방 그만뒀구요. 다시 방에만 있게 됐죠. 세상 사람들이 다 저를 싫어하는 거 같아요. 인생이 뭐 이래요?	
상3 그러셨군요. 여러 문제를 한꺼번에 겪으면서 문제를 이겨 내지 못하고 포기를 하셨던 것 같은데요. 어떻게 해야 할지 잘 몰라서 쉽게 절망에 빠졌을 것 같아 안타깝네요.	반영적 경청을 하며 전화자의 마음을 공감해 준다.

전4 부모님은 옛날에 저 버리고 도망갔고 고모랑 살았거든요. 그런데 고모가 알코올중독이 심했어요. 오히려 어릴 때부터 제가 고모를 챙겨야 했어요. 고모 때문에 매일매일 너무 괴로웠구요. 절 돌봐주는 사람은 아무도 없었어요. (울음)

상4 어린 나이에 정말 극복하기 어려운 상황이었다고 생각이 되네요. 그런데 오랫동안 약을 먹지 않았다고 했는데 약을 먹지 않은 이유가 있을까요?

> 정신과에서 중요한 약물 복용을 중단하게 된 이유를 질문함으로써 전화자의 상황에 대해 깊숙이 들어가려 한다.

전5 고모가 올해 초쯤 돌아가셨어요. 혼자 장례도 치러야 하고 이런 저런 일들 처리하다보니까 상태가 점점 나빠졌어요. 응급실, 중환자실을 계속 돌아다녔어요. 그전에 입원도 하고 약도 잘 먹을 땐 괜찮았었는데 지금은 완전 바닥을 친 것 같아요.

상5 약을 중단하면서 증상이 더 심해졌네요. 그러면 어쨌든 약을 다시 복용하는 것이 일단은 도움을 줄 수 있지 않을까요?

전6 그러고 싶은데 밖에 나가는 게 너무 무서워요. 사람들 만나야 하는 것도 무섭고요. 정신과는 예약을 먼저 해야 하는데 예약 전화도 하기 힘들고 겨우 예약해도 당일이 되면 못 나가겠어요. 그런데 혼자 있으면 자꾸 죽고 싶단 생각밖에 안 나서 무서워요.

상6 그렇군요. 약을 타 오려고 해도 그것조차 쉽지 않은 상황이시군요. 참 안타깝습니다. 그래도 이런 상황에서 다시 시작하기 위해서는 무언가를 하긴 해야 하는데 무엇이 가장 우선적이라고 생각하는지, 어떻게 하면 좋을지 생각해 보면 어떨까요?

> 상담자의 의견을 바로 제시하기보다 전화자의 생각이 어떤지 질문하는 것은 문제의 주도권을 전화자에게 주는 것으로 좋은 방법이다.

전7 모르겠어요. 제가 뭘 할 수 있을까요. 사실 뭘 하고 싶지도 않고요. 이제는 너무 힘들어서 날마다 자살충동만 들고 다 내려놓고 싶어요.

상7 그래도 지금 전화를 주셨다는 것은 살고 싶은 마음이 있다고 말하는 거라고 생각합니다. 과거 어려움과 상처는 있지만 그래도 살고자 하는 마음은 그보다 더 크다고 생각해요. 이것에 대해 어떻게 생각하는지요?

전8 음…… 맞아요. 어쩌면 살고 싶은 마음이 있을지도 모르겠어요.

> 상7과 8에서도 상담자는 전화자의 마음을 읽어 주고 그의 생각을 먼저 탐색하게 하는 바람직한 방법이다.

그런데 어떻게 살아요. 살 방법이 없는데.......

상8 자, 그럼 우리 잘 생각해 보면 좋을 것 같아요. 지금 우리는 살아야 하고, 살기 위해서 가장 먼저 어떻게 하면 좋을 것 같은지요?

전9 약이 가장 필요할 것 같긴 해요. 그전에 약 먹을 땐 괜찮았으니까. 당장 힘든데 먹을 약도 없다고 생각하니까 더 불안하고 자살충동이 들면 어떻게 해야 할지 걱정돼요. 그런데 또 약을 먹는다고 모든 게 해결되진 않는 거 같기도 하고.......

상9 그럼 우리 하나하나씩 풀어가기로 해요. 저도 약을 먼저 먹고 마음의 안정을 찾는 것이 가장 중요하다고 생각해요. 그러고 나서 살기 위한 방법을 찾기 시작하면 도움의 손길은 얼마든지 있다고 생각해요.

전10 그럴까요. 제가 사실 내일 병원을 가기로 예약해 두었어요. 내일 병원을 다녀오면 일단 약을 먹을 수 있는데 내일 나갈 수 있을지, 오늘 밤에 또 자살충동이 들진 않을지 걱정이 돼요.

상10 아 그래요, 다행입니다. 내일 꼭 약을 받기로 해요. 그리고 오늘 밤은 만약 그런 충동이 생기면 제가 알려주는 번호로 전화를 하세요. 여기로 전화하면 밤에도 이야기를 나누고 도움을 줄 수 있는 곳이에요. 한번 적어 보겠어요? 109 보건복지부 자살예방 상담전화, 그리고 1588-9191 생명의전화 상담전화번호입니다. 그리고 저와 약속을 해 주세요. 내일은 꼭 약을 받으러 가서 약을 받아 와 복용하고 이제는 죽을 생각하거나 포기하지 말고 이런 상황에서 다시 시작하도록 노력하자구요.

> 전화상담 종결이 다가오면서 전화자가 해야 할 일을 매우 구체적으로 제시함으로써 전화자가 해야 할 일을 분명히 한다.

전11 네. 그런데 그 약속 꼭 해야 하나요? 번호는 적어 놨어요.......

상11 내가 혼자 한다고 생각하면 마음이 흔들릴 수 있지만 약속을 하면 그 순간 저와 한 약속을 떠올리게 되잖아요. 누군가 전화 주신 분이 살기를 간절히 원하는 사람이 있다는 것을 기억해 주셨으면 하는 거예요. 그리고 전화 주신 분이 살기 원하는 사람들은 저뿐만 아니라 많이 있다는 것을 꼭 기억하길 바라요. 약속할 수 있지요?

> 종결하면서 전화자의 현재 느낌이 어떤지 질문하고 종결한다.
> 예) "처음에 전화하셨을 때는 죽고 싶고 다 포기하고 싶다고 하셨는데,

전12 네, 알겠어요. 약속할게요.

상12 네, 약 받아서 꼭 드시도록 하고, 오늘 밤에 무슨 일 있으면 알려 준 전화번호로 전화해서 어떤 이야기든 나눠 보세요. 그리고 약 먹은 후에 마음이 안정되면 선생님이 필요한 도움을 하나 하나씩 잘 받아 나가도록 해요. 그렇게 하실 수 있겠지요?

전13 네, 한번 해 볼게요.

상13 혹시 다른 도움이 필요하시거나 질문이 있으신지요?

전14 아니요. 괜찮습니다. 오늘 이야기 감사합니다.

상14 네, 그럼 도움이 필요하시면 언제든지 다시 전화 주세요. 감사합니다.

지금은 마음이 어떠신가요?"

종합 평가

- 상담 초기 단계에서 신뢰관계가 형성된 후 바로 중간 단계인 탐색 단계로 넘어가 속도감 있게 상담이 진행되었음. 상3에서 반영적 경청을 하면서 전화자의 마음을 공감함.
- 정신과에서 중요한 약물복용을 중단하게 된 이유를 질문함으로써 전화자의 상황에 대해 깊숙이 들어가려 함.
- 상6에서도 상담자의 의견을 바로 제시하기보다 전화자의 생각이 어떤지 질문하는 방법은 문제의 주도권을 전화자에게 주는 것으로 좋음.
- 상7과 8에서도 전화자의 마음을 읽어주고 그의 생각을 먼저 탐색하게 하는 바람직한 방법
- 상10부터는 상담 종결이 다가오면서 전화자가 해야 할 일을 구체적으로 제시함으로써 분명히 함.
- 항상 종결하기 전에 전화자의 현재 느낌이 어떤지 질문하고 마무리하는 것이 필요함.

예) "처음에 전화하셨을 때는 죽고 싶고 다 포기하고 싶다고 하셨는데, 지금은 마음이 어떠신가요?"

3. 반복 전화상담 사례

전화자: 상담자에 대한 불만을 호소하는 70대 남성 전화자. 평소에 반복적으로 전화를 걸어 신변잡기적 이야기를 함

전화상담 대화	분석
상1 여보세요. ○○○전화 맞죠? 이전에 상담했던 분이 아닌가?	
상1 네. 오늘은 제가 받게 되었습니다. 어떤 어려움 때문에 연락을 주셨을까요?	
전2 내가 여기에 전화하다 황당한 일을 겪어서...... 며칠 전에 영 마음이 힘들어서 상담을 하려고 전화를 했는데 말이야. 한창 이야기를 하고 있는데 다짜고짜 '습관적으로 전화를 많이 하시네요. 객관적으로 몇 번 전화하셨는지 세어 보신 적 있으십니까?'라면서 '상담전화에 의존적인 것 같은데 어떻게 생각하세요?'라는 거야~.	
상2 네. 어려웠던 이야기를 하시는데 상담자에게 그런 질문을 받으셔서 기분이 언짢으셨나 보네요.	이전 상담에 대한 불만을 표현하는 전화자에 대해 상담자가 담담하게 경청하며 공감하는 반응을 보인다.
전3 언짢죠. 조금 이야길 들어 보고 '아, 이 사람이 오늘도 힘든 일을 겪어 전화할 수밖에 없었구나.' 이해하고 들어 주면 될 것을 그렇게 말하니 얼마나 기분 나빠요. 안 그래도 지금 힘들어서 전화했구만 이야기를 들어 주기는커녕 '습관적이다. 의존적이다.' 이런 이야길 하니 내가 어디 맘 편히 이야기하겠어요?	
상3 네. 기분이 많이 좋지 않으셨겠지만, 힘드실 때 전화를 통해 도움을 요청하는 것 또한 용기라고 생각합니다.	
전4 죽고 싶은 사람들 전화하라고 해 놓고 그렇게 이야길 하면 죽으란 이야기지. 힘드니까 이야기하고 싶고 위로도 받고 싶고 의지하고 싶고 그래서 전화를 하는 건데 말이야. 거기다 대고 어떻게 이야기를 그렇게 해요? 내가 전화를 몇 번 했든 내가 힘들고 전	

화할 만 하니까 한 거 아니겠어요? 그 사람을 이해할 수가 없어요. 너무 이상한 사람 아니에요?

상4 제가 그 상담자와 지금 전화를 거신 분의 전반적인 전화 내용을 알 순 없지만, 아마 그 상담자분도 객관적으로 얼마나 전화를 하시고 상담을 원하시는지 파악해 보고자 질문을 드렸던 것 같습니다. 하지만 전화자께서 이해를 그렇게 하신 부분에서 기분이 좋지 않았을 수 있다는 건 충분히 이해됩니다. 하지만 오해를 하신 부분도 있는 것 같습니다.

전화자의 불만에 대해 방어적 반응을 하기보다 전화자의 마음을 이해한다는 표현을 한다.

전5 그리 이야기해 주시니 마음이 한결 편해지네요. 선생님처럼 좋게 이야기해 주고 하면 나도 다 이해를 하잖아요. 그런데 그 사람은 그러더니 다른 전화가 많이 오고 있다고 툭 끊어 버리더라고요. 어찌나 황당하던지. 그런 사람은 상담할 능력이 없는 거예요.

상5 네, 대화라는 것이 얼굴을 보고 이야기를 하는 것이 좋지만 전화로 목소리만으로 대화를 하다 보니 오해가 생겼던 것 같습니다. 지금 저와의 대화가 도움이 되셨나요?

상담 초기에 전화자의 전화 이유와 불만을 침착하게 경청하고 반응을 해 준 후, 다시 현재로 돌아와서 질문하는 것이 좋다.

전6 그럼요. 무척이요. 선생님 덕분에 처음 전화했을 때 안 좋았던 감정이 다 해소된 기분이에요. 제가 너무 좋은 선생님을 만났네요. 선생님께서 그 상담자의 행동에 대해 잘 풀어서 이야기해 주시니까 조금 다르게 이해할 수 있게 된 거 같아요.

상6 네. 그렇게 이야기해 주셔서 감사합니다. 지금까지 전 상담자에 대해서 이야기를 하셨었는데 그러면 아까 처음에 그 전 상담자에게 전화를 하셨을 때의 문제도 해결이 되셨을까요? 상담자에 대한 이야기를 많이 한 것 같아서요. 선생님께서 전화를 거셨던 어려움이 아까 통화에서 해결이 되셨는지 여쭙고 싶네요.

전7 에휴, 해결이 전혀 안 됐죠. 제 얘기 좀 들어 보세요. 선생님, 우리 삶이라는 게 얼마나 힘든 거예요? 저도 참 힘든 인생이었습니다. 그런데 다들 어떻게든 잘 살아 보자, 잘 살아 보자 하면서 열심히들 살잖아요. 어떻게 하면 잘 살런지 생각도 많이 하고.

상7 네, 맞습니다. 인생을 되돌아보는 것도 좋구요. 앞으로 어떻게 살아야 하는지 고민해 보시는 것도 굉장히 좋은 것 같습니다. 삶의 의미를 찾아가는 것이 인생에 있어서 중요하다고 생각하는데 선생님께서 그렇게 살고 계신 것 같습니다.

전8 그리 말씀해 주시니 감사하네요. 그런데 이제 어떻게 인생을 살아가야 하는지가 또 문제인 거죠. 점점 나이는 계속 드는데 말이죠.

상8 맞는 말씀이십니다. 혹시 아까 상담자에게 전화를 거셨던 부분이 해결이 안 되셨다면 지금 말씀해 주실 수 있으신가요?

과거 일에 대한 반복적 이야기에서 탈피해서 현재의 문제로 초점화한다.

전9 아, 그건 요양원 때문에요. 지금 요양원에 있는데 지내기가 너무 불편해요. 주변 아는 사람들이 좋다, 좋다 해서 골라 온 데인데 살다보니 불편한 게 한두 개가 아니에요. 건물도 너무 노후됐고 관리도 안 되고...... 아휴. 지내는 데가 불편하니까 내 몸도 다 아프다니까요?

상9 생활에서 어려움이 많으신 걸로 이해하면 될까요? 신체적으로 불편한 것에 대해 이야기를 하고 싶으신 걸까요?

전10 아니, 내 몸 아픈 건 내가 관리하거나 의사 선생한테 말하면 되는데 건물이 영 엉망이에요. 지을 때 어떻게 지은 건지 공기도 너무 안 좋고 뭔가 순환에 문제가 있는 거 같은데 냉난방도 엉망이고요. 이거 뭐 순환배관 같은 델 열어 봐야 하는 거 아닐까요? 구청 같은 데 물어봐야 하나?

상10 네. 그렇군요. 제가 건축설계 쪽에 대해서는 자세하게 알지 못하여 정확하게 대답해 드릴 순 없지만 관련하여 도움을 받으실 수 있는 곳에 대해 정보를 제공해 드려도 될까요?

전11 아이고, 또 이렇게 친절하게 안내도 해 주시려고 하고~ 괜찮아요. 그 상담자하고 통화하고 불편했던 마음이 싹 가시니까 이것도 다 괜찮아졌어요. 선생님께서 너무 이야기를 잘 들어 주시고 잘 풀어 주시니까~ 기분이 정말 좋네요.

상11 네, 감사합니다. 다른 상담자님도 전화 주신 분께 도움을 드리고자 하다가 의도가 전달이 잘되지 않아서 그렇게 된 것 같습니다. 저와의 통화가 도움이 되셨을까요?

종료하기 전에 전화자의 의견을 묻고 상담을 진행시킨다.

전12 그럼요. 선생님, 제가 나이가 들고 몸도 안 좋고 하지만 남은 삶을 잘 살아 보려고 하거든요? 더 늙으면 어떻게 될지 어떤 모습이 좋을지 고민도 많이 하게 되고요.

상12 그렇죠. 노화가 진행되면서 다양한 변화를 맞이하게 되는데 그 부분에서 힘들어하시는 분이 많죠. 그런데도 전화 주신 분께서는 잘 이겨 내고 계신 것 같고 이겨 낼 힘이 있으신 것 같습니다.

전13 그런가요? 저기 그런데 혹시 통화가 좀 더 가능한가요?

상13 전화 통화는 앞으로 5분 정도 더 가능할 것 같습니다. 다른 전화도 많아서 짧게 통화를 더 해야 할 것 같습니다. 전화 주신 분께서 현재 심적으로 불편하시고 ○○○전화에 전화를 하셨던 내용에 대해 말씀해 주시면 좋을 것 같습니다.

반복전화자에 대해 이와 같이 시간제한을 하는 것이 좋다.

전14 그럼 오늘은 도움도 많이 받았으니 괜찮을 것 같아요.

상14 도움이 되었다니 다행입니다. 지금처럼 힘드신 일 있으면 전화 주시면 좋을 것 같습니다.

종료하기 전에 반복전화와 관련하여 전화자의 생각을 좀 더 들어 볼 수 없을까?

전15 아휴~ 정말 좋은 선생님을 만났어. 아까 그 상담자는 정말 자격도 없는 거야. 그렇죠? 선생님 감사해요. 덕분에 정말 기분이 좋아졌어요.

상15 좋게 이야기해 주셔서 다시 한번 감사합니다. 다음에도 힘드신 일 있으면 전화 주세요. 즐거운 하루 되세요.

종합 평가

- 반복전화자에 대한 대응이 쉽지 않음을 보여 주는 사례.
- 상담초기에 방어적 반응보다 전화자의 마음을 이해한다는 표현이 좋음.
- 과거 일에 대한 반복적인 이야기에 반응하지 말고 현재에 초점을 두고 오늘 전화에 대한 직접적이고 구체적인 이유를 말하게 하라. 예) "오늘은 기분이 어떠세요?" "오늘 어떤 일이 생겼나요?" "오늘 하고 싶은 일이 있으세요?"
- 반복전화라는 느낌이 있을 경우는 상13과 같이 시간을 제한하고 "10분간 이야기할 수 있습니다. 다른 전화자들이 이야기할 기회를 주어야 하지요." 도움이 되지 못하는 상태에서는 전화자가 자기의 환상이나 거짓 사연을 되풀이할 때 그것을 들어 줌으로써 증상이 깊어질 우려가 있음.

토의 및 실습

앞의 각 전화상담 사례를 읽고 느낀 점을 나누어 보자.

PART 04

문제별 전화상담

10

생애위기 상담

생애위기 상담은 한 개인이 생애 주기 동안 겪을 수 있는 다양한 위기 상황에 대처하고 극복할 수 있도록 돕는 상담이다. 이 장에서는 위기에 대한 일반적인 개념, 과정, 방법을 살펴보고 청소년기, 성인기, 노년기 세 시기로 나누어 각 시기마다 겪을 수 있는 위기를 어떻게 대처하고 상담할 것인지에 대해 고찰해 보고자 한다.

1. 위기의 이해와 개입

1) 위기의 본질

'위기'라는 단어는 중국어로 '위험(危險)'과 '기회(機會)'를 의미한다. 위기는 개인과 가족을 위험에 처하게 할 수 있으며, 심지어 자살이나 정신과적 질병으로 이어질 수도 있다. 그러나 위기는 또한 고통스러운 삶의 문제에 대처하는 새로운 기술을 배울 수 있는 기회가 될 수 있다. 심리적 위기의 긍정적인 결과는 정서적인 성장이나 평형상태를 유지하는 것이다. 위기를 민첩하게 인식하는 것은 장기간의 불능을 방지하고, 새로운 대처기술을 배울 수 있도록 한다.

대부분의 사람들은 정서적인 균형을 유지하며 스트레스에 잘 대처한다. 그러나 스트레스가 지나치게 심하면 평소의 문제해결기술로 대처가 안 되어 평형상태가 깨지게 된다. 해결할 수 없는 문제에 직면하면 긴장과 불안이 증가하고, 결과적으로 자신의 역할을 잘 감당할 수 없게 되는데, 이것이 위기이다. 위기에 처한 사람은 문제를 해결할 수단을 찾거나, 미해결 상태에 적응해야 한다. 이때 새로운 평형상태가 일어난다. 위기의 결과는 평소에 정서적인 지지와 이해를 받아 왔던 사람들로부터 받는 지지의 종류에 달려 있다.

2) 위기의 특성

위기의 특성은 다음과 같다.

첫째, 위기는 병리적인 사건이 아니며 기간이 제한되어 있다.

둘째, 위기는 발생에서 회복되기까지 일정한 단계와 과정이 있다.

셋째, 위기상태는 불안정하고 변화하기 쉬운 상태이다.

넷째, 위기는 인간의 성장과 발전을 위한 좋은 기회이다.

다섯째, 위기는 객관적이기보다 주관적이다. 위기이지만 느끼지 못하는 경우도 있다.

여섯째, 위기는 꼭 나쁜 일에만 오는 것이 아니다(예: 결혼의 위기).

일곱째, 해석과 평가에 따라 위기감이 다르다.

여덟째, 위기반응과 정신질환은 구별되어야 한다.

3) 위기상담방법

위기상담은 짧고 집중적이며, 시간이 제한된 치료 전략으로서 스트레스 사건에 적응적으로 대처하도록 돕는 데 효과적이다. 위기상담은 비용이 적게 들고, 단기적인 치료로 직접적인 문제해결에 초점을 두며, 대개 6주의 시간적 제한을 둔다. 위기상담의 목표는 위기 전 기능수준으로 돌아가는 것이다. 때로는 개인이 새로운 문제해결방법을 학습하여 위기 전 단계보다 더 높은 수준의 성숙단계로 나아가기도 한다.

(1) 위기상담의 ABC 원리

A: 상담 관계를 확립한다(Achieve the contact).

- 관심 기울이기 행동이 필요하다.
- 정확한 경청: 대화를 중단시키지 않고, 비판단적으로 듣는다.
- 위기 촉발 원인을 찾아내려고 노력한다.
- 필요하면 감정의 정화를 돕는다.
- 희망적인 생각을 갖도록 분위기를 만든다.

B: 문제의 정곡을 찾는다(Boil down the problem).

- 감정이 압도하여 이성을 흐트러뜨릴 수 있다.
- 행동, 감정, 신체, 대인관계, 인지 이상을 찾는다.
- 감정을 인지하여 알아차리게 한다.
- 문제의 정곡에 생각을 집중한다.

C: 적극적으로 문제를 해결한다(Cope actively).

- 장기 목표보다 우선 단기 목표를 수립한다.
- 목표 달성이 가능한 모든 자원을 찾는다.
- 사회적 조력망과 행정적 조력망을 찾는 데 주저하지 않는다.
- 대안 제시: 상담자의 적극적 개입이 필요하다.
- 실행 및 평가: 추후 상담 계획을 세운다.

(2) 위기상담 기법

위기상담을 위해 적극적, 중점적, 탐색적인 기술들을 활용한다. 개입은 신속한 해결을 위한 목표를 가지고 있다. 수동적인 접근은 위기 상황의 시간적 한계성 때문에 적절하지 않다. 상담자는 여러 개입기술들을 시도하는 창의성과 유연성이 있어야 한다. 이러한 기술에는 감정 정화, 명료화, 제안, 조정, 행동의 재강화, 방어의 지지, 자긍심의 고양, 해결책의 탐색 등이 있다.

① 감정 정화

감정 정화(abreaction)는 내담자가 정서적으로 부담을 느끼는 부분에 대해 이야기함으로써 일어나는 감정의 발산이다. 사건에 대한 감정을 현실화함으로써 긴장이 감소된다. 특정한 상황과 최근의 사건들, 그리고 특정 위기와 관계된 중요한 사람에 대한 감정을 혼자 독백하게 함으로써 감정 정화를 격려할 수 있다. 상담자는 개방적 질문을 하고 내담자의 말을 재진술해 줌으로써 보다 많은 감정이 표현되도록 한다.

② 명료화

명료화(clarification)는 내담자가 사건, 행동, 감정의 관계를 인지적으로 이해하도록 돕는 데 활용된다. 예를 들어, 승진에서 누락된 후 너무 아파서 일하러 갈 수 없었음을 알도록 하는 것이 명료화이다. 명료화는 내담자가 감정과 위기의 발전과정을 더 잘 이해할 수 있도록 한다.

③ 암시

암시(suggestion)는 내담자가 한 가지 생각 혹은 신념을 받아들이도록 영향을 주는 것이다. 위기상담에서 내담자는 상담자를 능력 있고, 차분하며, 희망적이고 감정이입을 하는 사람으로 인식한다. 상담자가 도와줄 수 있다고 믿음으로써 내담자는 보다 낙관적이 되고, 덜 불안해하며, 상담자를 즐겁게 해 주기를 원한다.

④ 조종

조종(manipulation)은 상담자가 내담자의 감정, 바람, 신념에 대한 가치를 치료적 과정에서 활용하는 기술이다. 제안처럼 조종도 내담자에게 영향을 줄 수 있는 한 방법이다. 예를 들어, 상담자가 내담자의 독립성에 대해 지적함으로써, 자신의 독립성에 자부심을 가진 내담자에게 자신의 문제를 해결해야 하는 책임을 가지게 한다.

⑤ 행동의 재강화

행동의 재강화(reinforcement of behavior)는 내담자의 건강하고 적응적인 행동을 격려하고 동의함으로써 내담자에게 긍정적 반응을 강하게 하도록 하는 것이다.

⑥ 방어의 지지

방어의 지지(support of defense mechanisms)는 건강한 방어기제를 활용하도록 격려하고 비적응적인 것은 사용하지 않도록 한다. 방어기제는 스트레스 상황에 대처하고, 자긍심과 자아정체감을 유지하기 위해 활용된다. 비적응적인 방어기제는 현실을 효과적으로 다룰 수 없다는 사실을 부정하고, 왜곡할 때 발생한다. 상담자는 내담자가 적응적 방어기제를 사용하고 비적응적인 것은 사용하지 않도록 격려해야 한다. 예를 들어, 남편이 이혼을 통보했음에도 그 사실을 부정할 때, 상담자는 내담자가 문제를 현실적으로 직면하고 다루지 않음을 지적할 수 있다.

⑦ 대처방안 탐색

대처방안 탐색(exploration of coping strategies)은 대체적인 대처방법을 검토하게 한다. 과거에 성공적으로 불안을 감소시키기 위해 사용되었던 행동이 현재 시도되지 않는다면 그 가능성을 탐색하게 한다. 새로운 대처방식이 찾아지고, 종종 내담자는 원래의 대처방식을 심도 깊게 고안하게 된다.

⑧ 자긍심 고양

자긍심 고양(enhancement of self-esteem)은 특히 중요한 기술이다. 위기 시에 내담자는 무력감을 느끼고, 부적절감에 휩싸이게 된다. 외부에서 도움을 구할 필요가 있음을 알게 되는 것도 더욱 부적절감을 증가시킨다. 상담자는 내담자의 느낌을 받아 주고 들어 주며, 존중해 주고, 도움을 받고자 하는 노력을 칭찬해 줌으로써 가치 있는 존재임을 전달해 준다.

⑨ 해결의 탐색

상담자와 내담자는 적극적으로 위기에 대한 해결책을 탐색(exploration of solutions)해야 한다. 대화하는 동안 불안이 감소됨으로써 이전에는 생각지 못했던 해답이 분명하게 나타나게 된다.

⑩ 새로운 사회세계에 다시 개방(reopening to a new social world)

위기가 개인의 삶에서 중요한 의미 있는 타인의 상실에 의해 발생되었다면, 빈자리를 채우기 위해 새로운 사람을 소개하는 것은 극도로 효과적일 수 있다. '상실한' 사람에게서 받았던 지지와 만족을 새로운 관계의 사람에게서 비슷한 정도의 수준을 기대할 수 있다면 효과적이다.

⑪ 위기의 해결과 예상되는 계획(resolving the crisis and planning ahead)

긴장과 불안을 감소시키기 위해 성공적으로 사용했던 적응적인 대처방식을 재강화한다. 대처능력이 증가하고 긍정적인 변화가 발생함에 따라서, 상담자는 그 개인이 이미 이루었던 발전을 재경험하고 재확인하도록 돕는다. 상담자는 미래를 위해 현실적인 계획을 세우는 데 필요한 지지를 제공하고, 현재 경험이 미래의 위기에 대처하는 데 도움이 될 수 있는 방식에 대하여 의견을 나눈다.

2. 청소년기의 위기와 상담

1) 서론: 청소년기의 위기란 무엇인가

(1) 청소년기의 정의와 특성

청소년기는 일반적으로 10대 초반부터 20대 초반까지를 포함하며, 신체적, 정서적, 사회적 변화가 급격히 일어나는 시기라고 정의할 수 있다.

청소년기의 특성은 다음과 같이 나타난다.

① 자아 정체성의 형성

청소년기는 자아 정체성을 형성하는 중요한 시기이다. 이 시기에는 자신이 누구인지, 무엇을 원하는지에 대한 탐색이 이루어진다. 청소년들은 자신의 가치관, 신념, 목표 등을 재정립하며, 이를 통해 자신의 정체성을 확립하려고 한다. 다양한 활동과 경험을 통해 자신이 어떤 사람인지, 어떤 직업을 갖고 싶은지 등을 탐색한다.

② 신체 변화

청소년기는 사춘기를 거치며 신체적 변화가 급격히 일어난다. 이는 키와 체중의 증가, 성적 발달, 2차 성징의 발현 등을 포함하고 있다. 이러한 변화는 청소년들이 자신의 신체에 대해 새로운 인식을 갖게 하며, 자아 이미지와 자존감에 큰 영향을 미치게 된다. 여드름이나 체중 변화는 청소년들의 자아 이미지에 부정적인 영향을 미칠 수 있다.

③ 성적 발달

청소년기는 성적 정체성과 성 역할에 대한 인식이 형성되는 시기이다. 청소년들은 자신의 성적 지향성과 성 역할에 대해 탐색하며, 이를 통해 자신의 성적 정체성을 확립한다. 이성 또는 동성에 대한 감정을 탐색하며, 자신의 성적 지향성을 이해하려고 한다.

④ 대인관계의 복잡화

청소년기는 또래 관계가 중요해지며, 사회적 상호작용이 복잡해지는 시기이다. 청소년들은 친구 관계, 연애 관계 등을 통해 사회적 기술을 배우고, 자신의 사회적 정체성을 확립하게 된다. 친구들과의 관계에서 소속감을 느끼며, 이를 통해 자신의 사회적 위치를 이해하게 된다.

⑤ 정체성 탐색과 독립성 추구

청소년기는 정체성을 탐색하고 독립성을 추구하는 시기이다. 이는 부모와의 갈등, 사회적 규범에 대한 반발 등으로 나타날 수 있다. 청소년들은 자신의 독립성을 주장하며, 부모의 권위에 도전하거나 사회적 규범에 반발하는 행동을 보일 수 있다. 자신의 의견을 강하게 주장하거나, 부모의 기대와 다른 선택을 하기도 한다.

(2) 청소년의 위기 개념

청소년기의 위기는 신체적, 정서적, 사회적 변화로 인해 겪는 심리적 갈등과 도전이다. 자아 정체성의 혼란, 사회적 압박, 정서적 불안정 등이 주요 특징이다.

청소년의 위기에 대한 이론적 배경은 다음과 같다.

① 에릭 에릭슨의 '자아 정체성 대 역할 혼미' 이론

에릭슨(Erik Erikson)은 청소년기를 정체성 대 역할 혼미(identity vs. role confusion)의 단계로 설명한다. 이 시기에 청소년은 자신의 정체성을 형성하려고 노력하며, 이를 성공적으로 이루지 못하면 역할 혼란을 겪을 수 있다. 청소년들은 자신의 가치관, 신념, 목표 등을 탐색하며, 이를 통해 자신의 정체성을 확립하려고 한다. 그러나 이 과정에서 실패하거나 혼란을 겪으면, 자신이 누구인지에 대한 불확실성과 역할 혼란을 경험할 수 있다.

② 제임스 마샤의 자아 정체성 이론

마샤(James Marcia)는 자아 정체성 형성을 네 가지 상태로 구분하고 있다. 정체성 성취(identity achievement)는 청소년이 자신의 정체성을 확립하고, 자신의 가치관과 목표를 명확히 한 상태이다. 이는 자아 정체성 탐색과 결정을 성공적으로 마친 결과이다. 그리고 정체성 유예(identity moratorium)는 청소년이 자아 정체성을 탐색 중인 상태로, 아직 결정을 내리지 않은 상태이다. 이는 다양한 가능성을 탐색하며, 자신의 정체성을 찾기 위한 과정이다. 또한 정체성 혼미(identity diffusion)는 청소년이 자아 정체성에 대해 탐색하지 않고, 결정을 내리지 않은 상태이다.

정체성에 대한 관심이 부족하거나, 혼란스러운 상태를 의미한다. 끝으로 정체성 유실(identity foreclosure)은 청소년이 자아 정체성을 탐색하지 않고, 부모나 사회의 기대에 따라 정체성을 수용한 상태이다. 이는 자신의 가치관과 목표를 충분히 탐색하지 않은 결과이다.

2) 청소년기의 주요 위기와 도전

(1) 개인적 위기

① 자아 정체성의 혼란

청소년기는 자신이 누구인지에 대한 혼란과 정체성 탐색 과정에서의 갈등을 겪는 시기이다. 이 시기에는 개인적 신념과 가치를 재정립하는 과정이 필요하며, 자신이 어떤 사람인지, 어떤 가치관을 가지고 있는지에 대한 명확한 이해를 형성하려는 노력이 이루어진다.

② 정서적 불안정

청소년기는 감정의 급격한 변화, 우울증, 불안장애 등의 정서적 문제를 겪을 수 있는 시기이다. 학업 스트레스나 또래 관계에서의 갈등 등은 정서적 불안정성을 초래할 수 있으며, 이는 청소년기의 심리적 안정에 큰 영향을 미친다. 이 시기는 청소년들이 자신의 감정을 조절하고, 스트레스를 관리하는 능력을 개발하는 시기라고 할 수 있다.

③ 신체적 변화와 자아 이미지

청소년기는 신체적 변화가 급격히 일어나는 시기이다. 이러한 변화는 자아 이미지와 자존감에 큰 영향을 미칠 수 있다. 그리고 신체 변화와 사회적 기대의 불일치가 문제를 일으킬 수 있다. 체중 증가나 여드름 등은 자아 이미지에 부정적인 영향을 미칠 수 있다. 이 시기는 청소년들이 자신의 신체에 대해 긍정적인 인식을 형성하는 시기이다.

(2) 대인관계의 위기

① 가족과의 갈등

청소년기는 부모와의 관계에서 갈등이 발생할 수 있는 시기이다. 규칙에 대한 반발, 독립성 추구와 가족 간의 갈등이 주요 문제로 나타날 수 있으며, 부모의 기대와 청소년의 욕구가 충돌할 때 갈등이 발생할 수 있다. 이 시기는 청소년들이 자신의 독립성을 주장하고, 부모와의 관계를 재정립하는 시기이다.

② 친구 및 사회적 관계

청소년기는 또래와의 관계에서 문제가 발생할 수 있는 시기이다. 사회적 압력, 왕따, 집단 내 갈등 등이 주요 문제로 나타나며, 또래 집단에서의 소외감은 큰 심리적 스트레스를 초래할 수 있다. 이 시기는 청소년들이 사회적 기술을 개발하고, 건강한 대인관계를 형성하는 데 중요한 시기이다.

(3) 학교 및 학업의 위기

① 학업 스트레스

청소년기는 학업 부담, 성적 압박, 진로 선택에 대한 불안을 겪을 수 있는 시기이다. 이러한 문제들은 스트레스와 심리적 영향을 초래할 수 있다. 시험 성적에 대한 압박은 큰 스트레스를 유발할 수 있다. 이 시기는 청소년들이 학업 스트레스를 관리하고, 효과적인 학습 전략을 개발하는 데 중요한 시기이다.

② 학교생활의 갈등

청소년기는 학교 내에서 친구 관계, 교사와의 갈등, 학교 규칙과의 충돌 등을 겪을 수 있는 시기이다. 이러한 갈등은 학교생활의 만족도와 질에 큰 영향을 미칠 수 있다. 이 시기는 청소년들이 학교생활에서의 갈등을 해결하고, 긍정적인 학교 경험을 형성하는 데 중요한 시기이다.

(4) 정체성의 위기와 사회적 압력

① 성적 정체성과 성 역할

청소년기는 성적 정체성의 혼란과 성 역할에 대한 사회적 기대와 갈등을 겪을 수 있는 시기이다. 성적 지향성에 대한 혼란과 같은 문제는 심리적 도전을 초래할 수 있다. 이 시기는 청소년들이 자신의 성적 정체성을 이해하고, 이를 긍정적으로 수용하는 데 중요한 시기이다.

② 사회적 압력과 행동 문제

청소년기는 사회적 압력에 따른 부적절한 행동, 범죄, 약물 사용 등의 문제를 겪을 수 있는 시기이다. 또래 압력으로 인해 문제행동이 발생할 수 있으며, 이를 해결하기 위한 대처 전략이 필요하다. 이 시기는 청소년들이 사회적 압력을 인식하고, 건강한 대처 전략을 개발하는 시기이다.

3) 청소년기 위기 전화상담 사례 연구

상담 배경

14세 남학생 P는 학교에서 지속적으로 친구들에게 따돌림을 당하며 극심한 불안과 우울증을 겪고 있었다. 그는 자신이 느끼는 감정을 솔직하게 표현하는 데 어려움을 겪었으며, 특히 친구들 앞에서는 더욱 감정을 억눌렀다. 부모와의 관계도 소원해져 대화가 거의 없었고, 주로 방 안에서 혼자 시간을 보내는 상황이었다. 결국 P군은 자살을 생각하게 되었고, "살아갈 이유가 없다."며 죽고 싶다는 말을 하며 전화를 걸어 왔다.

주요 전화상담 내용

(상: 상담자, 전: 전화자)

	전화상담 대화
상1	P군, 나는 P군의 이야기를 들으면서 마음이 무척 아프네요. 얼마나 힘들었을지 조금은 알 것 같아요. 학교에서 무슨 일이 있었는지 좀 더 이야기해 줄 수 있을까요?
전1	네…… 매일이 지옥 같아요. 아무도 저를 좋아하지 않는 것 같고, 친구들이 저를 따돌리고 무시해요. 학교에 가고 싶지 않아요.
상2	그렇군요. 친구들에게 따돌림을 당하고 있어서 정말 많이 힘들었겠어요. 그럴 때는 학교에 가고 싶지 않을 거예요. 혹시 그런 상황에 대해 누군가에게 이야기해 본 적이 있나요? 부모님이나 선생님하고.
전2	아니요…… 부모님하고도 거의 대화를 안 하고요. 부모님은 이야기해 보았자 야단만 맞을 겁니다. 선생님은 내 편이 아닌 것 같아요. 그냥 혼자 있으면 조금 나아질 줄 알았는데, 더 나빠졌어요. 요즘은 내가 필요 없는 존재 같이 느껴져요.
상3	혼자 있으면 불안과 우울이 더 커질 수 있을 거예요. P군이 얼마나 힘든지 용기를 내서 이야기해 줘서 고마워요. 나는 P군이 조금이라도 덜 외롭고 힘들 수 있도록 도와주고 싶어요.
전3	요즘은 정말 힘들어요. 아무도 내 편은 없는 것 같아요. 죽고 싶다는 생각밖에 안 들어요.
상4	얼마나 힘들면 죽고 싶다는 생각을 다 했을까요. P군 혼자서만 이런 상황을 견뎌 낼 필요는 없는 것 같아요. 혹시 내가 P군을 잘 이해하고 도와줄 수 있는 전문 선생님이 있는 곳을 알려 주어도 될까요?

상담 과정

① 감정 확인 및 공감: 상담자는 P군이 느끼는 감정을 인정하고, 그가 안전하게 자신의 이야기를 할 수 있는 분위기를 제공했다. P군이 겪는 고통을 경청하며 그의 감정을 구체적으로 표현할 수 있도록 도왔다.

② 안전 계획 수립: P군이 자살생각을 강하게 호소한 상황이므로, 상담자는 우선 P군의 안전을 확보하기 위한 계획을 수립했다. 신뢰할 수 있는 어른이나 친구에게 상황을 알리고, 위기 상황 시 즉각 도움을 받을 수 있는 방법을 논의했다.

③ 지원 자원 연결: 상담자는 P군에게 학교 내 상담교사나 정신건강전문가와의 상담을 연결해 줄 것을 제안했다. 또한, 부모와의 대화를 중재하는 방법에 대해도 이야기를 나누었다.

기대하는 상담 결과

상담 후 P군은 우울감과 자살 충동을 극복하기 위한 첫 단추를 끼우게 되었고, 상담자의 지지와 격려를 통해 상황을 조금 더 명확하게 바라볼 수 있게 되었다. 추가 상담을 통해 P군이 계속해서 정서적 지원을 받을 수 있는 계획을 세웠으며, 필요시 부모와의 관계 회복을 도와줄 외부 도움을 받기로 했다.

3. 중년의 위기와 상담

1) 서론: 중년의 위기란 무엇인가

(1) 중년의 정의와 특성

중년은 일반적으로 40대 중반에서 60대 초반까지를 포함하는 생애 주기의 중요한 단계로 정의된다. 이 시기는 신체적, 정서적, 사회적 변화가 두드러지는 시기로, 개인은 자아 정체성의 재평가와 재정립을 요구받게 된다. 중년은 삶의 한가운데에 서서 과거를 돌아보고, 현재를 점검하며, 미래를 준비하는 전환기이다. 이 과정에서 자아에 대한 새로운 인식을 형성하거나 기존의 자아상을 유지하려는 노력이 나타나며, 이는 삶의 의미를 재구성하는 계기가 된다.

중년의 주요 특성은 다음과 같다.

- 신체적 변화: 노화의 징후가 본격화되며, 체력 저하, 건강 문제, 외모의 변화 등이 두드러진다. 이러한 변화는 개인의 자존감과 심리적 상태에 영향을 미칠 수 있다.
- 직업적 정체성: 이 시기는 종종 직업적 성공의 정점에 도달하거나, 경력 전환을 고려하는 시점이다. 직업적 목표와 성취에 대한 재평가가 이루어지며, 새로운 도전과 안정을 동시에 추구하는 복합적인 감정이 수반된다.
- 가족 역할의 변화: 자녀의 성장과 독립, 부모의 노화와 사별 등으로 인해 가족 내 역할에 큰 변화가 발생한다. 부부 관계의 재구성, 부모로서의 역할 변화, 노부모 돌봄 등의 과제가 중년기에 두드러진다.
- 미래에 대한 불안과 반성: 중년은 종종 자신의 남은 시간을 의식하면서, 삶의 목적과 목표를 다시 설정하려는 시기이다. 과거의 성취와 실패를 돌아보며, 앞으로의 인생에서 무엇을 중요하게 여길 것인가에 대한 고민이 깊어진다.

(2) 중년의 위기 개념

중년의 위기는 개인이 인생의 중간 지점에 이르러 겪는 심리적, 정서적 갈등과 혼란을 의미한다. 이는 신체적 변화, 사회적 역할의 변화, 자아 정체성의 재평가 과정에서 발생할 수 있으며, 삶의 의미와 목적에 대한 고민이 심화되는 시점이다. 중년의 위기는 단순한 위기라기보다는 삶의 방향을 재정비하는 중요한 전환기로 볼 수 있다.

중년의 위기는 여러 심리학적 이론에서 설명된다. 다니엘 레빈슨(Daniel Levinson)의 '성인 발달 이론'에 따르면, 중년기는 삶의 재구조화가 이루어지는 시기로, 개인이 과거의 선택을 돌아보며 새로운 방향을 설정하려는 노력이 나타난다고 하였다. 이는 자아 정체성의 변화를 동반하며, 직업적·가족적·사회적 역할에서 새로운 의미를 찾는 과정으로 나타난다. 에릭 에릭슨의 '심리사회적 발달 단계'에서는 중년을 '생산성 대 침체성'의 단계로 설명하고 있다. 이 시기의 개인은 자신의 성취가 타인이나 다음 세대에 의미 있는 영향을 미치는지 성찰하게 되며, 이를 통해 긍정적인 자아 정체성을 형성하거나, 그렇지 않으면 침체와 좌절을 경험할 수 있다. 중년의 위기는 자아 성찰과 성장의 기회이기도 하지만, 그 과정에서 스트레스와 갈등이 수반될 수 있다. 결론적으로, 중년의 위기는 개인의 인생 전반을 돌아보고 새로운 방향을 설정하는 중요한 시기로, 긍정적으로 잘 극복하면 더 성숙한 자아로 나아갈 수 있는 기회를 제공한다.

2) 중년의 주요 위기와 도전

(1) 개인적 위기

① 자아 징체싱의 재정립

중년은 자아 정체성을 다시 정의하는 시기이다. 과거의 성취와 실패를 재평가하며, 새로운 목표와 삶의 방향을 설정하게 된다. 이 시기에는 종종 자신의 가치관과 역할을 재고하며, 자아 존중감의 변화가 두드러진다. 특히, 젊은 시절 설정했던 목표가 얼마나 달성되었는지, 그리고 앞으로 어떤 목표를 설정해야 하는지 고민하게 된다. 이러한 과정에서 자아 존중감이 흔들리거나, 삶의 의미를 재탐색하면서 혼란을 겪을 수 있다.

② 신체적 변화와 건강 문제

신체적 노화는 중년기의 중요한 도전 중 하나이다. 체력 저하, 체중 증가, 만성 질환의 발병 등은 신체적 건강뿐만 아니라 심리적 안정에도 영향을 미칠 수 있다. 이러한 변화는 불안과 스트레스를 유발하며, 건강에 대한 염려가 일상적인 고민이 되기도 한다. 이에 따라 생활 습관을 개선하고, 건강을 유지하기 위한 노력이 필요하다. 운동, 식습관 개선, 정기적인 건강 검진 등이 요구되며, 신체적 변화를 수용하는 심리적 준비도 필요하다.

③ 성격 변화와 심리적 불안

중년기에는 성격의 변화와 함께 심리적 불안이 증가할 수 있다. 과거에 비해 더욱 내성적이거나 감정적으로 예민해지는 경우가 많으며, 삶에 대한 회의감이나 미래에 대한 불확실성이 심리적 불안정을 초래할 수 있다. 우울증, 불안장애, 자아 정체성의 혼란 등이 심리적 위기로 나타나며, 이는 개인의 대인관계와 일상생활에도 영향을 미칠 수 있다. 이러한 심리적 어려움은 전문 상담이나 심리치료를 통해 관리될 수 있으며, 가족과의 소통도 중요한 역할을 한다.

(2) 관계적 위기

① 결혼 생활의 변화와 갈등

중년기에 접어들면서 결혼 생활에서의 변화가 두드러진다. 자녀 양육이 끝나면서 부부는 다시 서로에게 집중하게 되지만, 그동안 누적된 감정적 거리감이나 역할 변화로 인해 갈등이 발생할 수 있다. '빈 둥지 증후군'으로 인해 자녀가 떠난 집에서의 공허감이 커지고, 부부 관계를 재조정해야 하는 상황이 나타난다. 또한 성격 변화나 관심사의 차이로 인해 배우자 간의 소통이 어려워질 수 있으며, 이는 결혼 생활의 질에 영향을 미친다. 이러한 도전은 상담이나 적극적인 소통을 통해 해결할 수 있다.

② 자녀와의 관계 변화

중년기에는 자녀가 성년이 되어 독립하는 과정에서 부모와의 관계가 변화한다. 자녀의 독립은 부모에게는 자부심을 줄 수 있지만 동시에 역할 상실로 인한 감정적 공허감을 동반하기도 한다. 또한, 자녀와의 소통 방식도 달라지며, 부모는 자녀의 독립을 지지하면서도 새로운 방식으로 관계를 유지하려는 노력이 필요하다. 이 과정에서 부모는 자녀와의 새로운 관계를 재정립하고, 자신만의 삶에 더 많은 에너지를 쏟는 것이 필요할 수 있다.

③ 친구 및 사회적 네트워크의 변화

중년기는 사회적 관계에서도 변화가 두드러지는 시기이다. 직장 동료나 친구들과의 관계가 변화하거나 약화되면서 외로움과 고립감을 경험할 수 있다. 특히 은퇴를 앞두고 있거나 이미 퇴직한 경우, 사회적 네트워크가 축소되면서 사회적 지지가 부족해지는 상황이 발생할 수 있다. 이러한 고립감은 심리적 위기를 악화시킬 수 있으며, 중년기는 의도적으로 새로운 사회적 네트워크를 형성하거나 유지하려는 노력이 필요하다. 취미 활동이나 지역 사회 참여는 사회적 유대감을 강화하는 좋은 방법이 될 수 있다.

(3) 직업적 위기

① 경력의 정체와 직무 만족도 저하

중년기는 직업적 경력에 대한 재평가가 이루어지는 시기이다. 직장에서 더 이상 새로운 성취를 이루기 어렵거나, 자신의 능력이 한계에 다다랐다고 느끼는 경우, 경력의 정체에 대한 불안감이 커질 수 있다. 직무에 대한 만족도가 감소하면서 직업적 목표와 의미를 다시 생각하게 되며, 이는 개인의 자존감과도 연결된다. 새로운 목표를 설정하거나 직업적 역량을 강화하기 위한 자기 개발이 필요할 수 있다.

② 직업적 성공과 실패에 대한 평가

중년기에 접어들면서, 개인은 자신의 직업적 성공과 실패를 돌아보게 된다. 이 과정에서 성취감과 자부심을 느끼기도 하지만, 반대로 지나친 자기비판으로 인해 우울감이나 무력감을 느낄 수 있다. 성공한 경력이라 할지라도 새로운 도전이 부족하다면 심리적 침체를 겪을 수 있으며, 실패한 경력이라 판단될 경우 더욱 큰 좌절감을 경험할 수 있다. 이러한 상황에서 경력의 의미를 재평가하고, 남은 경력 기간 동안 새로운 목표를 설정하는 것이 중요하다.

③ 은퇴 계획과 직업적 전환

은퇴는 중년기 후반에 직면하는 중요한 이슈이다. 은퇴를 준비하면서 직업적 정체성의 상실과 새로운 역할에 대한 불안감이 생길 수 있다. 직업적 정체성은 개인의 자아 정체성과 밀접하게 연결되어 있기 때문에 은퇴 과정에서 자신의 새로운 역할을 찾는 것이 중요하다. 은퇴 후에도 의미 있는 활동을 통해 삶의 만족도를 유지하려는 노력이 필요하며, 은퇴 전 미리 계획을 세우는 것이 심리적 안정에 기여할 수 있다.

3) 중년기 위기 전화상담 사례 연구

상담 배경

50대 중반인 A씨는 직장에서의 성취감을 상실하고, 자녀들이 모두 독립하면서 가족 내 역할 변화에 적응하지 못해 자아 정체성의 혼란을 겪고 있었다. 그 결과, A씨는 삶의 의미를 잃고 심한 우울감에 빠졌다. A씨는 자신의 존재 가치에 대해 의문을 제기하며, 앞으로의 삶을 어떻게 살아가야 할지 모르는 혼란 속에서 전화를 걸어 왔다.

주요 전화상담 내용

(상: 상담자, 전: 전화자)

	전화상담 대화
상1	사연을 듣고 보니 지금 많이 힘드신 것 같아요. 어떤 점이 가장 힘이 드시는지요?
전1	삶에 아무 의미가 없다고 느껴져요. 직장에서도 더 이상 성취감을 느끼지 못하고, 자녀들도 다 떠나고 나니 가족 안에서도 제 역할이 없어진 것 같아요.
상2	직장에서의 성취감 상실과 자녀들의 독립이 A씨에게 큰 변화를 가져왔군요. 이 변화가 A씨의 정체성에 많은 혼란을 주고 있다는 말씀이신가 봐요?
전2	네, 맞아요. 예전에는 제가 뭘 위해 살고 있는지 분명했는데, 이제는 왜 살아야 하는지 모르겠어요.

상3	지금 A씨께서 느끼고 계신 혼란과 상실감은 아주 자연스러운 감정입니다. 중년의 변화는 많은 분들이 겪는 중요한 전환점이에요. 하지만 지금 이 순간을 통해 새로운 자신을 발견하는 기회가 될 수 있어요.
전3	그렇지만 지금은 그저 공허할 뿐이에요. 제가 아무것도 이뤄놓지 못한 것 같고, 앞으로도 할 수 있을지 모르겠어요.
상4	A씨, 지금의 감정이 얼마나 무거운지 이해됩니다. 하지만 지금처럼 이렇게 이야기해 주시는 것이 정말 중요한 첫걸음이에요. 삶의 새로운 목적과 의미를 찾아가는 과정에서 지원받을 수 있는 방법을 함께 찾아볼 수 있을까요?

상담 과정

① 공감과 감정 확인: 상담자는 A씨가 겪고 있는 혼란과 상실감을 진심으로 공감하며, 그의 감정을 인정했다. A씨의 혼란스러운 감정을 구체적으로 표현할 수 있도록 도와주고, 감정을 숨기지 않고 솔직히 말할 수 있도록 안전한 공간을 제공했다.

② 자아 정체성 탐색: 상담자는 A씨의 자아 정체성 혼란을 중년의 자연스러운 변화로 설명하며, 이를 새로운 기회로 삼을 수 있는 가능성을 제시했다. A씨가 느끼는 상실감이 일시적인 것임을 강조하며, 새로운 목표와 역할을 찾아가는 과정에서의 긍정적인 가능성을 탐색했다.

③ 구체적인 지원 제안: 상담자는 A씨에게 직장 외의 새로운 관심사나 목표를 설정하고, 이를 통해 자아 성취감을 다시 찾아가는 방법을 제안했다. 또한 가족 내에서의 역할 변화에 적응하는 데 필요한 감정적 지원을 받을 수 있도록 심리 상담이나 그룹 활동을 권유했다.

④ 안전망 마련: A씨의 우울감이 깊어질 경우 자살충동으로 이어질 가능성을 염두에 두고, 추가적인 정기 상담 및 전문가의 도움을 받는 계획을 수립했다. A씨가 혼자 고립되지 않도록 가까운 친구나 가족과의 대화를 권장하며, 감정이 심각해질 때 즉각적으로 연락할 수 있는 인진밍을 구축했다.

기대하는 상담 결과

상담을 통해 A씨는 자신의 감정을 명확히 표현하고, 혼란 속에서도 새로운 목표를 설정할 수 있는 희망을 갖게 되었다. 상담자의 공감과 지지를 통해 A씨는 자신의 감정이 정당하며 이를 극복할 수 있다는 자신감을 얻게 되었고, 앞으로의 삶에서 자아 정체성과 역할을 재정립하는 과정을 시작하기로 했다.

4. 노년의 위기와 상담

1) 서론: 노년의 위기란 무엇인가

(1) 노년기의 정의와 특성

노년기는 일반적으로 60대 이상으로 정의되며, 은퇴와 노화가 주요 특징이다. 이 시기는 신체적, 정신적, 사회적 변화가 두드러지는 시점이다.

노년기의 특성은 신체적 변화, 사회적 역할의 변화, 정서적 변화를 겪으며, 삶의 마지막 단계에 대한 인식 변화와 준비를 해야 한다는 것이다.

① 신체적 변화

이 시기는 먼저 기억력 감퇴라는 현상이 일어난다. 나이가 들면서 단기 기억력과 작업 기억력이 감소할 수 있다. 이는 일상생활에서의 작은 실수나 잊어버림으로 나타날 수 있다. 그리고 고혈압, 당뇨병, 관절염, 심혈관 질환 등 만성 질환의 발생률이 높아진다. 이러한 질병들은 일상생활의 질을 저하시킬 수 있다. 또한 신체 기능도 저하되어, 근력 감소, 균형 감각 저하, 시력 및 청력의 약화 등이 나타나며, 이러한 변화들은 독립적인 생활을 유지하는 데 어려움을 초래할 수 있다.

② 사회적 역할의 변화

이 시기는 모든 일에서 은퇴를 하게 된다. 직장에서의 역할이 사라지면서 정체성의 혼란을 겪을 수 있다. 이러한 변화들은 자존감 저하와 연결될 수 있다. 그리고 가족 구조가 변화되어, 자녀의 독립, 배우자의 사망 등으로 인해 가족 내 역할이 변화하고, 결과적으로 정서적 지지의 감소로 이어질 수 있다. 또한 사회적 고립 현상이 나타난다. 친구나 동료의 상실로 인해 사회적 네트워크가 축소되며, 이러한 상황은 고립감과 외로움을 증가시킬 수 있다.

③ 정서적 변화

이 시기는 신체적, 사회적 변화로 인해 우울감을 느낄 수 있다. 이러한 정서적 어려움은 일상생활의 동기 부여와 즐거움을 감소시킬 수 있다. 그리고 사회적 네트워크의 축소로 인해 고립감을 느낄 수 있으며, 이로 인해 정신건강에 부정적인 영향을 미칠 수 있다. 또한 은퇴, 가족의 변화 등으로 인해 상실감을 경험할 수 있고, 이것은 삶의 의미를 재탐색하는 과정을 필요로 한다.

④ 삶의 마지막 단계에 대한 인식 변화와 준비

이 시기는 죽음에 대한 인식을 더 크게 할 수 있다. 죽음에 대한 두려움과 불안을 느낄 수 있으며, 이를 통해 삶의 의미를 재탐색하는 동기가 될 수 있다. 그리고 자신의 삶을 돌아보고, 삶의 의미를 새롭게 정의하는 과정은 긍정적인 삶의 태도를 유지하는 데 도움이 될 수 있다.

(2) 노년의 위기 개념

노년의 위기는 노화 과정에서 겪는 심리적, 사회적 갈등을 의미한다. 이 시기에 사람들은 자신의 인생을 돌아보고, 죽음과 삶의 의미를 새롭게 탐색하게 된다.

에릭 에릭슨의 생애 발달 이론에서 보면 이 시기는 여덟 가지 단계 중 마지막 단계로서, 통합성 대 절망(Integrity vs. Despair)을 느끼는 시기이다. 이 시기에 사람들은 자신의 삶을 통합하고 의미를 찾으려 노력한다. 성공적으로 통합하면 지혜를 얻지만, 실패하면 절망에 빠질 수 있다. 여기서 성공적으로 통합한 사람들은 지혜를 얻으며, 이는 삶의 경험을 통해 얻은 통찰력과 이해를 의미한다. 이는 노년기의 중요한 심리적 자원이 된다. 그리고 폴 발테스(Paul Baltes)의 생애 발달의 선택과 통제 이론에서 보면, 노년기를 선택과 통제의 과정으로 보며, 노년기에는 선택의 기회가 줄어들고 통제할 수 있는 능력이 감소한다고 설명하고 있다. 이를 극복하기 위해서는 선택적 최적화와 보상 전략(Selective Optimization with Compensation: SOC)이 필요하다고 한다. 선택적 최적화는 중요한 목표에 집중하고, 보상 전략은 손실을 보완하는 방법을 찾는 것을 의미한다. 신체 기능이 저하될 경우 보조 기구를 사용하거나 새로운 취미를 찾는 것이 보상 전략이 될 수 있다.

2) 노년의 주요 위기와 도전

(1) 개인적 위기

① 건강과 신체적 변화

노화로 인해 신체적 질병(예: 만성 질환, 통증 등)과 신체 기능의 감소가 발생하게 된다. 이러한 변화는 심리적인 부분에 영향을 미치며, 불안, 우울, 신체 이미지의 변화 등을 초래할 수 있다. 관절염으로 인한 통증은 일상생활의 질을 저하시킬 수 있으며, 이는 정서적 불안감을 유발할 수 있다.

② 기억력과 인지 기능 저하

노화로 인해 인지 기능이 감퇴할 수 있다. 기억력 감퇴, 인지 속도 저하 등은 자아 정체성에 대한 불안감을 증가시킬 수 있으며, 이는 독립성에 대한 우려와 함께 스트레스를 유발할 수 있다. 일상적인 일들을 잊어버리는 빈도가 증가하면 자존감이 저하될 수 있다.

③ 자아 정체성의 변화

은퇴와 사회적 역할의 변화로 인해 자아 정체성의 위기가 발생할 수 있다. 직장에서의 역할이 사라지면서 자신이 더 이상 유용하지 않다고 느낄 수 있으며, 이는 삶의 의미에 대한 고민으로 이어질 수 있다.

(2) 관계적 위기

① 가족과의 관계 변화

자녀의 독립, 배우자의 사별, 손자와의 관계 변화 등은 가족 내 관계에 영향을 미치게 된다. 이로 인해 외로움, 고립감, 가족 내 갈등이 발생할 수 있다. 배우자의 사별은 깊은 상실감을 초래할 수 있으며, 이는 정서적 지지의 감소로 이어질 수 있다.

② 사회적 고립과 외로움

은퇴 후 사회적 네트워크의 축소로 인해 외로움과 고립감이 증가할 수 있다. 사회적 지원 부족은 개인의 정신적 건강에 부정적인 영향을 미칠 수 있다. 친구나 동료의 상실은 사회적 고립감을 증가시킬 수 있다.

(3) 경제적 위기

① 재정적 불안

은퇴 후 경제적 자원의 부족이나 불안정성으로 인해 재정적 스트레스가 발생할 수 있다. 연금, 의료비, 생활비 등 경제적 문제는 심리적 부담을 가중시킨다. 예상치 못한 의료비 지출은 재정적 불안을 초래할 수 있다.

② 경제적 자원 관리

자산 관리, 지출 계획 등 경제적 자원을 효과적으로 관리하는 방법과 관련된 어려움이 있다. 복잡한 금융 상품을 이해하고 관리하는 것이 어려울 수 있다.

(4) 죽음과 삶의 의미에 대한 고민

① 죽음에 대한 불안

죽음에 대한 두려움과 불안, 죽음을 준비하는 과정에서의 심리적 갈등이 있다. 이는 삶의 마지막 단계에서 중요한 문제로 다가올 수 있다. 죽음에 대한 두려움은 일상생활의 질을 저하시킬 수 있다.

② 삶의 의미 탐색

인생의 마지막 단계에서 삶의 의미와 유산을 재조명하고, 남은 인생의 목표를 설정하는 과정이 필요하다. 자신의 삶을 돌아보고 의미 있는 활동을 찾는 것이 긍정적인 삶의 태도를 유지하는 데 도움이 될 것이다.

3) 노년기 위기 전화상담 사례 연구

상담 배경

70대 남성 B씨는 혼자 살고 있으며, 경제적인 어려움과 만성적인 관절염으로 인해 일상생활에서 큰 불편을 겪고 있다. 그는 이러한 신체적 어려움으로 인해 우울증과 불안을 경험하고 있으며, 삶에 대한 회의감도 느끼고 있다. B씨는 가족이나 친구들과의 소통이 거의 없고, 고립된 상태에서 점점 더 깊은 우울감에 빠지게 되었다. 그는 더 이상 삶에 대한 의욕을 느끼지 못하고 있으며, 이러한 고통을 해결하고자 위기 전화상담을 받게 되었다.

주요 전화상담 내용

(상: 상담자, 전: 전화자)

	전화상담 대화
상1	이야기를 듣고 보니 지금 무척 힘드신 것 같아요. 어떤 점이 가장 힘들게 느껴지시나요?
전1	혼자 사는 것도 힘들고, 관절염 때문에 몸이 아파서 아무것도 할 수가 없어요. 돈도 없고, 살고 싶지 않아요.
상2	관절염으로 인해 몸이 불편하시고, 경제적인 어려움도 있으셔서 많이 힘드실 것 같습니다. 그동안 누구에게 이런 이야기를 해 보신 적 있으세요?
전2	아니요. 가족도 없고, 친구들도 다 연락이 끊긴 지 오래됐어요. 이제는 혼자 있는 게 너무 힘들어요.
상3	혼자서 이 모든 것을 감당하고 계셨군요. 혼자 계시면서 많이 외롭고 고통스러우셨을 것 같아요. 저와 함께 이야기를 나누면서 조금씩 이 상황을 어떻게 대처할 수 있을지 생각해 보면 좋겠어요.
전3	하지만 나이가 들었고, 몸도 안 좋고, 내가 뭘 할 수 있을지 모르겠어요. 그냥 모든 게 끝났으면 좋겠어요.
상4	지금 느끼시는 고통은 정말 크신 것 같아요. 하지만 저와 함께 이 상황이 어떻게 조금씩 나아질 수 있을지 이야기해 볼 수 있었으면 해요. 혼자서 모든 것을 감당할 필요는 없어요. 우리가 함께 해결책을 찾아보도록 해요.

상담 과정

① 공감과 감정 표현 지원: 상담자는 B씨가 겪고 있는 신체적 고통과 경제적 어려움을 진심으로 공감하며, B씨가 자신의 감정을 솔직하게 표현할 수 있도록 지지했다. B씨가 느끼는 외로움과 우울감이 자연스럽고 이해할 수 있는 감정임을 인정하며, 그가 겪고 있는 상황을 함께 나누었다.

② 실질적 지원 방법 논의: B씨의 경제적 어려움과 관절염으로 인한 일상생활의 불편함을 고려하여, 상담자는 지역사회에서 제공할 수 있는 복지 혜택이나 지원 프로그램에 대해 안내했다. 예를 들어, 노인을 위한 사회적 지원 프로그램, 건강관리 서비스, 그리고 저소득층을 위한 지원책 등을 소개하며 B씨가 실질적인 도움을 받을 수 있는 방법을 함께 모색했다.

③ 정서적 지지와 고립 완화: B씨가 사회적 고립으로 인해 더욱 깊은 우울감에 빠져 있다는 점을 인식한 상담자는, 지역의 노인 커뮤니티나 지원 단체와 연결할 수 있는 방법을 제안했다. B씨가 혼자 있지 않고 정서적 지지를 받을 수 있는 관계망을 형성하도록 돕기 위해, 상담자는 추가적인 상담을 통해 그의 상황을 지속적으로 지지할 계획을 제안했다.

④ 위기 대처 및 안전망 구축: B씨의 심리적 상태가 위기 상황에 있을 가능성을 고려하여, 상담자는 자살 예방과 관련된 안전망을 마련했다. 필요시 즉각적으로 연락할 수 있는 위기 지원 라인과 가까운 병원 또는 정신건강 전문가의 도움을 받을 수 있는 방법을 제시해 주었다.

기대하는 상담 결과

상담 후 B씨는 자신의 상황을 보다 명확히 인식하고, 실질적인 도움을 받을 수 있는 방법에 대한 정보와 정서적 지지를 제공받았다. 상담자와의 대화를 통해 B씨는 자신이 고립되지 않았으며, 앞으로도 지원을 받을 수 있다는 희망을 갖게 되었다. B씨는 추가적인 상담과 지역사회 자원을 통해 자신의 상황을 개선할 수 있는 구체적인 계획을 세웠으며, 정기적인 상담을 통해 그의 상태를 지속적으로 관리하기로 했다.

토의 및 실습

1. 위기의 특성과 위기상담에서 ABC 원리와 기법에 대해 알아보자.

2. 청소년의 자아정체감 위기의 의미와 영향에 대해 토의해 보자.

3. 중년의 위기와 도전에는 무엇이 있는지 알아보자.

4. 노년의 주요 위기와 극복 방안에 대해 토의해 보자.

11 가족문제 상담

현대 사회에서 가족문제 상담은 점점 더 중요한 역할을 하고 있다. 빠르게 변화하는 가족 구조와 역할, 외부의 사회적, 경제적 변화는 다양한 갈등과 문제를 발생시킨다. 이에 따라 가족문제 상담은 가족 내 문제해결뿐만 아니라 심리적, 정서적 안정을 제공하는 중요한 수단으로 자리 잡고 있다. 전화를 걸어오는 내담자들이 가족문제를 호소하는 경우가 많다. 그들을 이해하고 상담하기 위해서는 그들이 처한 가족 체계를 이해할 필요가 있다. 따라서 이 장에서는 체계적 가족치료 이론의 관점에서 내담자를 이해하고 상담할 수 있도록 전반적인 내용을 소개하고자 한다.

1. 현대 사회와 가족문제 상담

1) 가족문제 상담의 의의와 목표

가족문제 상담은 가족 구성원의 심리적, 정서적 건강을 유지하고 증진하는 중요한 역할을 한다. 현대 사회에서 가족 구조가 복잡해지고 다양한 문제가 발생하면서, 이러한 상담의 중요성은 더욱 커지고 있다. 가족문제 상담은 가족 구성원 간의 갈등, 문제, 그리고 관계의 어려움을 해결하기 위해 심리학적, 사회적 접근을 활용하는 과정이다. 가족문제 상담은 가족 체계의 복잡성을 이해하고, 효과적인 의사소통, 역할 조정, 갈등 해결 기술을 통해 가족의 기능을 향상하는 것을 목표로 한다.

- 문제 이해 및 해결: 가족 구성원들이 서로의 문제를 깊이 이해하고 공동으로 해결책을 모색함으로써 관계를 개선하고 가족 전체의 기능과 행복을 증진시킨다.
- 상호작용 개선: 상담자는 행동 수정, 대화 촉진, 문제해결 접근법 등 다양한 기법을 사용하여 구성원 간의 긍정적인 상호작용을 촉진하고 갈등을 해결하도록 돕는다. 이를 통해 가족 내에서 건강한 변화와 관계의 성장을 유도한다.
- 가족 기능 향상: 상담은 가족 구성원들이 각자의 역할과 책임을 명확히 하도록 돕고, 이를 통해 가족이 건강하게 지낼 수 있도록 지원한다.

2) 가족상담의 필요성

현대 사회에서 가족문제 상담의 필요성은 가족 구조와 역할의 변화, 외부 압박, 양육 방식의 변화, 그리고 정신건강 문제 등 다양한 이유로 점점 더 중요해지고 있다.

- 변화하는 가족 구조: 재혼 가족, 한 부모 가족 등 전통적인 가족 형태에서 벗어난 다양한 가족 형태가 증가함에 따라 새로운 갈등과 문제가 발생하고 있으며, 이를 효과적으로 다루기 위해 전문적인 상담이 필수적이다.
- 외부 압박: 직장에서의 스트레스, 경제적 어려움, 급격한 사회 변화 등은 가족 내 갈등을 증폭시키므로, 이에 대한 효과적인 대처가 필요하다. 가족문제 상담은 이러한 외부 압박에 대처하고 가족 구성원들이 심리적 안정을 찾을 수 있도록 돕는다.

- 양육과 교육 방식의 변화: 자녀 양육과 교육 방식의 변화로 인해 부모와 자녀 간 갈등이 발생할 수 있다. 가족문제 상담은 이러한 갈등을 해결하고, 건강하고 긍정적인 양육 환경을 조성하는 데 도움을 준다.
- 정신건강 문제: 우울증과 불안 같은 정신건강 문제가 가족 내에서 발생할 경우, 가족문제 상담은 적절한 지원과 치료를 제공함으로써 가족 구성원의 심리적 복지를 증진하는 중요한 역할을 한다.

2. 가족 체계이론 이해하기

1) 가족 체계이론의 개요

(1) 핵심 개념

가족 체계이론은 가족을 하나의 통합된 체계로 보고, 구성원 간의 상호작용이 전체 체계에 영향을 미친다는 개념에 기반을 두고 있다. 이 이론은 20세기 중반에 머레이 보웬(Murray Bowen)을 포함한 여러 심리학자에 의해 발전되었다. 이 이론의 핵심 개념은 다음과 같다.

① 체계적 접근(systemic perspective)

체계적 접근은 가족을 개별 구성원이 아닌 하나의 유기적 체계로 바라본다. 문제를 이해할 때 개별 구성원의 행동이나 감정보다는 가족 전체의 상호작용과 역학을 분석한다. 각 구성원이 체계 내에서 상호작용하며, 이 상호작용이 전체 체계의 기능에 이바지한다고 본다. 한 구성원의 스트레스가 다른 구성원에게 전이되어 가족 전체의 역동에 영향을 미칠 수 있는 것이다.

② 상호 의존성(interdependence)

가족 구성원 간의 관계는 서로 상호의존적이다. 한 구성원의 변화나 행동은 전체 체계에 영향을 미치며, 반대로 체계 내의 변화도 개별 구성원에게 영향을 미친다. 이에 따라 가족 내의 문제는 단순히 개인의 문제가 아닌 전체 체계의 문제로 간주한다.

③ 균형 유지(homeostasis)

가족 체계는 일정한 균형을 유지하려고 한다. 만약 균형이 깨지면, 체계는 새로운 균형을 찾으려고 한다. 이 과정에서 갈등이 발생할 수 있으며, 이러한 갈등과 조정을 통해 체계는 다시 안정된 상태를 찾으려는 경향이 있다. 가족 내에서 새로운 규칙이 도입되면 초기에는 저항이 있을 수 있지만 시간이 지나면서 새로운 균형이 형성된다.

④ 경계(boundaries)

가족 체계 내에서 경계가 어떻게 설정되는지는 중요한 개념이다. 경계는 가족 구성원 간의 상호작용에 영향을 미치며, 역할과 책임의 명확성을 제공한다. 경계는 외부와 내부를 구분 짓는 역할을 하며, 지나치게 경직되거나 느슨하면 가족 내의 기능에 영향을 미칠 수 있다. 부모와 자녀 간의 경계가 명확하지 않으면 역할 혼란이 발생할 수 있다.

⑤ 역할(roles)

가족 내에서 각 구성원이 맡고 있는 역할과 그 역할이 체계 내에서 어떻게 작용하는지를 설명한다. 역할의 유연성은 가족의 건강한 기능을 유지하는 데 중요하며, 역할이 변화하거나 재조정될 때 어떻게 체계가 적응하고 영향을 받는지를 분석한다. 역할의 변화는 가족 체계의 균형에 영향을 미칠 수 있으며, 이를 통해 새로운 균형을 찾는 과정을 이해할 수 있다. 자녀가 성장하면서 부모의 역할이 변화할 때 가족 체계가 어떻게 적응하는지를 살펴볼 수 있다.

(2) 적용 범위

가족 체계이론은 다음과 같이 다양한 가족문제에 적용될 수 있다.

① 부모-자녀 갈등

부모와 자녀 간의 갈등은 가족 체계이론에서 자주 다루는 문제이다. 부모의 높은 기대와 자녀의 자율성 욕구 사이의 갈등은 가족 전체의 상호작용 패턴을 분석함으로써 이해할 수 있다. 이 이론은 부모와 자녀 간의 의사소통 방식을 개선하고, 서로의 역할과 기대를 조정하는 데 도움을 줄 수 있다.

② 부부갈등

부부간의 갈등은 가족 체계의 균형을 깨뜨릴 수 있다. 가족 체계이론은 부부간의 상호작용 패턴을 분석하여 갈등의 원인을 파악하고, 이를 해결하기 위한 전략을 제시한다. 부부가 서로의 감정과 필요를 더 잘 이해하고 효과적으로 소통할 수 있도록 돕는다.

③ 자녀의 행동문제

자녀의 행동 문제는 종종 가족 체계 전체의 문제로 볼 수 있다. 한 자녀가 학교에서 문제 행동을 보일 때, 이는 가족 내의 스트레스나 갈등의 반영일 수 있다. 가족 체계이론은 이러한 문제의 근본 원인을 파악하고, 가족 구성원 간의 상호작용을 개선함으로써 문제를 해결할 수 있다.

④ 가족 내의 역할 변화

가족 구성원의 역할 변화는 가족 체계에 큰 영향을 미칠 수 있다. 자녀가 성장하면서 부모의 역할이 변화하거나, 부모가 은퇴하면서 가족 내에서의 역할이 재조정될 때, 가족 체계이론은 이러한 변화에 적응하는 데 도움을 줄 수 있다.

⑤ 외부 스트레스 요인

가족은 외부 스트레스 요인에 의해 영향을 받을 수 있다. 경제적 어려움이나 건강 문제 등 외부 요인이 가족 내의 상호작용에 미치는 영향을 분석하고, 이를 통해 가족이 스트레스에 효과적으로 대처할 수 있도록 돕는다.

2) 가족 내 역할과 관계

가족 내 역할과 관계는 가족 체계의 핵심 요소로, 가족 구성원 간의 행동과 상호작용 패턴에 깊은 영향을 미친다.

(1) 역할의 정의

역할의 정의는 가족 내에서 각 구성원이 맡고 있는 역할은 그들에게 기대되는 행동과 책임을 포함하고 있다. 부모 역할은 자녀를 양육하고 보호하는 책임을 지는 것을 말하며, 자녀 역할은 부모의 지시를 따르고 가정을 지원하는 역할을 말한다. 각 역할은 가족 체계 내에서 어떻게 기능하는지를 이해하는 데 중요한 요소이다. 역할은 단순한 직책이 아니라, 가족 내에서의 상호작용과 기대를 반영하는 것이다.

① 역할 충돌과 갈등

가족 내에서 역할이 충돌할 때 발생하는 갈등과 스트레스는 체계의 균형을 깨뜨릴 수 있다. 부모의 양육 방식이 자녀의 기대와 충돌할 때, 이는 부모와 자녀 간의 갈등으로 이어질 수 있다. 이러한 갈등은 가족 체계 내에서 조정과 적응 과정을 요구하며, 이 과정에서 가족 구성원 간의 상호작용 패턴이 변화할 수 있다.

② 역할의 변화

가족 구성원의 역할은 시간이 지남에 따라 변화할 수 있다. 자녀가 성인으로 성장하면서 부모의 역할이 변화하고, 부모는 더 이상 자녀의 직접적인 양육자 역할

만을 수행하지 않게 된다. 역할 기대와 현실 간의 불일치는 가족 내 갈등을 일으킬 수 있으며, 이러한 갈등은 가족 체계가 새로운 균형을 찾기 위한 과정의 일환으로 이해될 수 있다.

(2) 관계의 유형

① 부모-자녀 관계

부모와 자녀 간의 관계는 권위, 애정, 갈등 등 다양한 요소로 구성된다. 부모는 권위적 역할을 맡으면서 자녀의 행동을 지시하고, 동시에 애정과 지지를 제공하는 역할을 한다. 부모-자녀 간의 상호작용은 가족 체계의 기능에 직접적인 영향을 미치며, 이 관계에서의 갈등 해결 방식은 체계의 안정성에 중요한 역할을 한다.

② 형제자매 관계

형제자매 간의 관계는 경쟁, 지원, 친밀감 등의 요소로 구성된다. 형제자매는 서로의 역할 모델이자 지지자로서 기능하며, 이들의 관계는 가족 체계 내에서 상호작용의 중요한 부분을 차지한다. 형제자매 간의 갈등이나 지원은 가족 체계의 전반적인 균형에 영향을 미칠 수 있다.

③ 부부 관계

부부간의 관계는 동반관계, 갈등 해결 방식, 감정적 지지 등을 포함하고 있다. 부부는 서로의 동반자 역할을 하며, 가정의 안정성을 유지하기 위해 협력하고 갈등을 조정하는 역할을 한다. 부부간의 상호작용은 가족 체계의 중심에 위치하며, 이 관계의 건강성과 조화는 전체 가족 체계의 기능과 안정성에 큰 영향을 미친다.

체계적 가족치료 이론은 이러한 역할과 관계의 복잡성을 이해하고, 가족 내의 상호작용 패턴과 균형을 회복하기 위한 치료적 접근을 제공한다. 가족 구성원 간의 역할 충돌과 관계의 역동성을 분석하고, 이를 통해 건강한 상호작용을 촉진하려는 것이 이 이론에서 가장 중요하다.

3) 가족의 상호작용 패턴

가족 내 상호작용의 패턴은 가족 기능의 유지와 문제해결에 중요한 역할을 한다. 이러한 패턴에는 소통 방식, 갈등 해결 방식, 의사결정 과정 등이 포함된다. 어떤 가족은 갈등을 직접적으로 논의하여 해결하는 반면, 다른 가족은 갈등을 피하거나 억누르는 방식으로 대응할 수 있다. 이처럼 상호작용의 패턴은 가족의 전반적인 기능과 관계의 질에 큰 영향을 미친다. 체계적 접근은 이러한 상호작용이 가족의 전체적인 균형과 역동성에 어떻게 이바지하는지를 분석하는 것이다.

① 의사소통 패턴

가족 내 의사소통의 방식과 패턴은 가족의 상호작용에 깊은 영향을 미친다. 의사소통의 개방성과 정직성은 갈등 해결과 관계의 질을 결정짓는 중요한 요소이다. 개방적이고 정직한 의사소통은 갈등을 조기에 인식하고 해결하는 데 도움이 되며, 가족 내 신뢰와 정서적 유대감을 강화한다. 반대로, 비밀이나 은폐가 많은 의사소통은 갈등을 악화시키고 가족의 기능에 부정적인 영향을 미칠 수 있다. 가족 체계이론은 이러한 패턴이 가족 체계의 안정성과 기능에 어떻게 영향을 미치는지를 분석한다.

② 갈등 해결 패턴

가족 내에서 갈등을 해결하는 방법과 그 패턴은 가족의 기능과 역동성에 큰 영향을 미친다. 갈등 해결 방식은 문제를 직접적으로 논의하는 것부터, 회피하거나 타협하는 것까지 다양하다. 각 가족의 갈등 해결 전략은 체계의 균형을 유지하거나 조정하는 데 필수적이며, 갈등 해결 방식이 가족 구성원 간의 관계와 상호작용에 미치는 영향을 분석한다. 체계적 가족치료에서는 이러한 갈등 해결 패턴을 이해하고, 건강한 해결 방안을 모색하는 데 중점을 둔다.

③ 규범과 규칙

가족 체계 내의 규범과 규칙은 가족 구성원의 행동과 상호작용에 큰 영향을 미친다. 규범과 규칙은 가족의 기대와 행동 지침을 제공하며, 가족 내에서 역할과 책임을 명확히 하고 체계의 안정성을 유지하는 데 이바지한다. 규칙은 명시적일 수도 있고 암묵적일 수도 있으며, 체계적 접근은 이러한 규칙이 가족의 기능에 어떻게 영향을 미치는지를 분석한다.

④ 역동성의 변화

가족의 상호작용 패턴은 시간이 지남에 따라 변화할 수 있다. 새로운 가족 구성원의 등장(예: 결혼, 출생)이나 주요 사건(예: 이사, 이혼 등)은 기존의 상호작용 패턴에 영향을 미치며, 새로운 균형을 찾기 위한 과정을 초래할 수 있다. 체계적 가족치료는 이러한 변화가 가족 체계에 미치는 영향을 분석하고, 변화에 적응하기 위한 전략을 모색하는 데 중점을 둔다. 가족 내 상호작용의 역동성과 그 변화를 이해하는 것은 가족의 건강과 기능을 유지하는 데 중요하다.

4) 삼각관계와 피드백

① 연동적인 삼각관계

연동적인 삼각관계는 가족관계 체계의 기본 구성물이다. 이 삼각관계는 가족 구성원들 간의 감정적 또는 행동적 상호작용이 세 사람 간에 복잡하게 얽히는 패턴을 의미한다. 이 삼각관계는 세 명 이상의 구성원이 연관되어 상호작용을 통해 문제를 형성하거나 해결하려는 경향이 있다. 또한 삼각관계는 구성원 간의 갈등을 완화하거나 피하려고 형성될 수 있으며, 때로는 문제를 더 악화시킬 수도 있다. 그리고 이러한 관계는 갈등이 직접적인 대면보다 간접적으로 해결되거나, 한 구성원이 다른 두 구성원 사이의 매개 역할을 하기도 한다.

부모와 자녀 간의 삼각관계의 예를 들어 보자. 부모와 자녀 간의 갈등이 있는 가족이 있다. 아빠는 자녀에게 엄격한 규칙을 정하고 이를 지키도록 강요한다. 반면, 엄마는 자녀가 스트레스를 받는 것을 걱정하며 자녀를 더 지원하고 싶어 한다. 이 경우, 자녀는 아빠의 규칙에 반발하면서도 엄마에게 의지한다. 엄마는 자녀의 감정을 이해하고 지지하면서도 아빠의 규칙에 대해 불만을 느낀다. 이에 따라, 자녀는 두 부모 사이에서 감정적으로 동요하며, 가족 내 갈등은 삼각관계의 형태로 복잡하게 얽혀진다.

부부간의 삼각관계 예를 들어 보자. 부부가 자녀의 학업 문제에 대해 갈등을 겪고 있다고 가정해 보자. 아내는 자녀의 학업 성적을 높이기 위해 자녀를 자주 도와주려고 한다. 남편은 자녀가 독립적으로 문제를 해결하도록 하는 것이 중요하다고 생각한다. 이 경우, 자녀는 부모의 갈등에 직면하면서 자신의 학업 문제를 해결하려고 한다. 아내와 남편 간의 갈등은 자녀에게 스트레스를 주고, 자녀는 이 문제를 피하려고 부모 간의 갈등을 매개하는 역할을 할 수 있다.

가족 내에서 자녀가 엄마에게 의지하거나 아빠에게 더 인정받으려는 행동을 하면서 삼각관계가 형성된다. 그러나 이러한 관계는 갈등을 해결하기보다는 새로운 문제를 일으킬 수 있다. 예를 들어, 삼각관계가 지속되면 가족 구성원 간의 직접적인 대화가 줄어들고, 갈등이 점점 더 깊어질 수 있다. 특히 감정적인 소통이 단절되면 문제해결이 어려워지고, 오해와 긴장이 쌓이면서 가족관계가 더욱 복잡해질 수 있다. 상담사는 삼각관계를 분석하고, 구성원들이 자신의 감정과 욕구를 직접적으로 소통하며 서로 이해할 수 있는 방법을 찾도록 도와준다. 이를 통해 삼각관계를 해소하고 가족 내 갈등을 해결하는 방향으로 나아갈 수 있다. 연동적인 삼각관계는 가족 내 복잡한 상호작용을 이해하고 문제를 해결하는 데 중요한 개념으로, 이를 효과적으로 다루는 것이 건강한 가족관계를 유지하는 데 도움이 된다.

② 피드백

피드백은 체계가 자신의 상태나 과정에 대한 정보를 받아들이고, 이를 기반으로 조정을 하는 방식을 의미한다. 가족 체계이론에서 피드백은 가족이 자신의 상호작용 패턴을 인식하고, 이를 조정하여 더 건강한 방식으로 기능하도록 돕는 역할을 한다. 피드백에는 긍정적 피드백(positive feedback)과 부정적 피드백(negative feedback)이 있다. 긍정적 피드백은 체계의 변화를 강화하고, 그 변화를 계속해서 확대하도록 유도하는 과정이다. 이는 변화가 일어나는 방향으로 체계의 동작을 증폭시키는 역할을 한다. 예를 들면, 가족 내에서 자녀가 긍정적인 행동을 보이자, 부모가 이를 크게 칭찬하고 격려하면, 자녀는 더 자주 이런 긍정적인 행동을 반복할 수 있다. 이에 따라 긍정적인 행동 패턴이 강화되며, 가족 내에서 긍정적인 변화가 확대된다. 부정적 피드백은 체계의 변화를 억제하고, 체계의 안정성과 균형을 유지하기 위해 변화를 제한하는 과정이다. 이는 체계가 원래의 상태로 되돌아가도록 유도하는 역할을 한다. 예를 들어, 가족 내에서 갈등이 커지자, 상담자가 갈등 상황에서 감정을 진정시키고, 구성원들이 문제를 차분하게 해결하도록 돕는다면, 갈등은 줄어들고 가족의 안정성이 회복될 수 있다.

피드백은 상호작용을 조정해 주고, 문제해결을 촉진하며, 체계의 안정성과 변화를 조정해 준다. 먼저 피드백은 가족 구성원 간의 상호작용을 조정하는 데 사용된다. 이를 통해 특정 행동 패턴이나 상호작용 방식이 유지되거나 변화될 수 있다. 부모가 자녀의 행동에 대해 반응하는 방식이 자녀의 행동에 영향을 미치고, 이러한 상호작용의 패턴이 피드백을 통해 조정될 수 있다. 예를 들어, 자녀가 잘못된 행동을 할 때 부모가 일관되게 부정적인 반응을 보인다면, 자녀는 그 행동을 줄이려고 노력할 것이다. 그리고 피드백은 문제해결을 촉진한다. 문제해결 과정에서 중요한 정보를 제공하고, 문제를 해결하기 위한 방향성을 제시한다. 상담자가 가족 구성원들에게 "부모님의 기대가 자녀에게 부담을 주고 있음을 알 수 있습니다. 이 부분에 대해 부모님과 자녀가 서로의 처지를 이해하려는 노력이 필요합니다."라고 피드백을 제공하면, 가족은 문제해결을 위한 구체적인 방향을 갖게 된다. 또한 피드백은 체계의 안정성과 변화를 조절하는 데 이바지한다. 긍정적 피드백은 변화를 촉진하며, 부정적 피드백은 변화를 제한하고 체계를 안정화한다. 가족 내에서 특정 문제가 반복되면, 상담자는 해당 문제의 패턴을 분석하고, 가족이 기존의 비효율적인 상호작용 방식을 변화시키도록 돕기 위해 피드백을 제공한다. 이에 따라 체계는 점진적으로 안정성과 변화를 동시에 관리할 수 있다.

이처럼 피드백은 가족 체계이론에서 중요한 역할을 하며, 가족이 건강한 상호작용 패턴을 유지하고, 문제를 효과적으로 해결하도록 돕는 중요한 도구라 할 수 있다.

3. 가족문제의 유형과 대처방안

가족문제의 유형으로 내부 문제로서 의사소통 문제, 역할갈등 문제, 재정적인 문제, 양육 문제에 대해 살펴보고, 외부 문제로서 직장 스트레스, 사회적 변화에 대한 적응, 디지털 미디어와 기술 의존, 다양한 가족 형태의 증가 등에 대해 살펴본다.

1) 의사소통 문제

효과적인 의사소통은 가족 내 신뢰와 이해를 구축하고, 갈등을 예방하거나 해결하는 데 필수적이다. 가족 구성원 간의 원활한 소통은 정서적 지원을 강화하고, 문제를 공동으로 해결할 기회를 제공한다. 소통의 질은 가족 체계의 기능과 안정성에 큰 영향을 미친다. 의사소통의 기술에서 적극적 경청, 명확한 의사표현, 감정의 솔직한 공유, 비판을 최소화하는 방법 등은 중요한 기술이다. 이러한 기술은 가족 구성원들이 서로의 처지를 이해하고, 갈등을 효과적으로 해결하는 데 도움을 준다. 의사소통 기술은 가족 체계 내의 상호작용과 균형에 영향을 미친다.

(1) 의사소통 문제의 원인

의사소통 문제의 원인으로는 정보 부족, 감정적 거리, 소통 스타일의 차이가 있다. 정보 부족은 가족 내에서 중요한 정보나 감정이 제대로 공유되지 않을 때 발생하며, 이해 부족과 갈등을 초래할 수 있다. 감정적 거리는 감정을 표현하거나 수용하는 데 어려움을 겪을 때 발생하며, 소통의 단절을 초래할 수 있다. 소통 스타일의 차이는 가족 구성원 간의 소통 방식이나 스타일이 다를 때 발생하며, 체계의 일관성을 깨뜨릴 수 있다.

(2) 대처방안

의사소통 문제를 해결하는 대처방안으로는 먼저 정기적인 대화 시간을 마련하는 것이 필요하다. 정기적인 대화 시간 마련은 가족회의를 정기적으로 열어 모든 구성원이 의견을 나누고 문제를 논의할 수 있는 시간을 마련하는 것이다. 또한 의사소통 훈련을 통해 효과적인 의사소통 기술을 배우도록 돕고, 공감적 경청, 명확한 표현 방법 등을 가르친다. 외부 상담자나 중재자가 가족 내 소통 문제를 해결하고 건강한 소통 방식을 제시하는 방법도 있다.

(3) 가족 체계이론 접근법

먼저, 가족 구성원 간의 상호작용 패턴을 분석하여 의사소통 문제의 근본 원인을 파악하고, 다음으로 긍정적인 피드백 고리(feedback loop)를 통해 가족 구성원 간의 소통을 촉진하고, 부정적인 피드백 고리를 줄여 나간다.

2) 역할갈등

(1) 역할갈등의 발생 원인

역할갈등의 원인으로는 역할의 모호성, 기대의 불일치, 역할의 불균형이 있다. 역할의 모호성은 가족 구성원의 역할이 명확하지 않을 때 발생하며, 가족체계의 기능적 혼란을 초래할 수 있다. 기대의 불일치는 가족 구성원 간에 서로 다른 역할 기대가 있을 때 발생하며, 가족 체계의 균형을 위협할 수 있다. 역할의 불균형은 특정 역할에 대한 책임이 한쪽에만 집중될 때 발생하며, 가족 체계의 안정성을 해칠 수 있다.

(2) 대처방안

역할갈등을 해결하는 대처방안으로는 먼저 역할을 재정의하는 것이 필요하다.

역할 재정의는 각 가족 구성원의 역할을 명확히 정의하고 책임과 기대를 문서로 만들어 혼란을 줄이는 것이다. 또한 역할 조정 협상의 방안은 가족 구성원 간의 협상과 대화를 통해 역할을 조정하며, 모든 구성원의 의견을 고려하여 합의점을 찾는 방법이다. 마지막으로 전문가 상담은 역할갈등을 중재하고 효과적인 역할 분담 방법을 제시하는 전문가를 통해 갈등의 원인을 분석하고 해결 방안을 모색한다.

(3) 가족 체계이론 접근법

가족 구성원 각각의 역할과 기대를 명확히 하여 역할갈등을 줄여 나가는 것이 필요하며, 가족 내 규칙을 설정하여 역할 분담과 책임을 명확히 한다.

3) 재정문제

(1) 재정문제의 원인

재정문제의 원인으로는 부채와 경제적 부담, 재정 관리의 차이, 재정적 우선순위의 차이가 있다. 부채와 경제적 부담은 높은 부채, 수입 부족, 비상 상황으로 인해 경제적 부담이 가중될 때 발생하며, 가족 체계의 안정성에 영향을 미칠 수 있다. 재정 관리의 차이는 가족 구성원 간의 재정 관리 방식이나 가치관의 차이로 인해 갈등이 발생할 수 있으며, 가족의 기능적 균형을 위협할 수 있다. 재정적 우선순위의 차이는 가족 구성원 간에 재정적 목표나 우선순위가 다를 때 발생하며, 가족 체계 내의 갈등을 유발할 수 있다.

(2) 대처방안

재정문제를 해결하는 대처방안으로는 먼저 예산의 작성과 계획이 있다. 예산 작성과 계획은 가족이 함께 예산을 작성하고 수입과 지출을 계획하여 재정적 문제를 예방하는 것이다. 또한 재정 상담이 있는데 재정 전문가의 조언을 통해 재정 계획을 세우고 적절한 해결책을 모색하는 것으로, 채무 관리, 투자 계획, 절약 전략 등을 포함한다. 공동 목표 설정은 가족 구성원들이 공동의 재정 목표를 설정하고 이를 달성하기 위한 계획을 함께 수립하여 목표에 대한 합의와 조정을 통해 재정적 갈등을 줄이는 방법이다.

(3) 가족 체계이론 접근법

가족 구성원 간의 재정상황을 투명하게 공유하여 신뢰를 구축하며, 가족 구성원들이 협력하여 재정문제를 해결할 수 있도록 지원한다.

4) 양육문제

(1) 양육문제의 원인

양육문제의 원인으로는 양육 스타일의 차이, 양육 책임의 불균형, 자녀의 행동문제가 있다. 양육 스타일의 차이는 부모 간의 양육 방식이 다를 때 발생하며 가족 체계의 일관성에 영향을 미칠 수 있다. 양육 책임의 불균형은 양육 책임이 한쪽 부모에게 집중될 때 발생하며, 가족 체계의 기능적 안정성을 해칠 수 있다. 자녀의 행동문제는 자녀가 부모의 양육 방식에 부적절하게 반응하거나 문제 행동을 보일 때 발생하며, 가족 체계 내의 갈등을 악화시킬 수 있다.

(2) 대처방안

양육문제를 해결하는 대처방안으로는 공동 양육 계획 수립이 있다. 공동 양육 계획 수립은 부모가 함께 협력하여 양육 계획을 수립하고 공통의 양육 원칙을 설정하는 것이다. 또한 부모 교육 및 상담을 통해 효과적인 양육 기술을 배우고 적용할 수 있도록 지원하는 것이다. 마지막으로 자녀 행동 관리 방안을 통해 일관된 규칙 설정, 긍정적인 강화, 행동 수정 전략 등을 적용한다.

(3) 가족 체계이론 접근법

부모 간의 양육 스타일을 조정하여 일관성을 유지하고, 자녀와의 긍정적인 상호작용을 촉진하여 행동 문제를 줄여 나가는 것이다.

5) 직장 스트레스 문제

(1) 직장 스트레스의 원인

직장 스트레스는 직장에서의 스트레스나 불안이 가족 내로 전이되어 갈등을 유발할 수 있으며 가족 체계의 기능과 안정성에 영향을 미칠 수 있다.

(2) 대처방안

직장 스트레스를 해결하는 대처방안으로는 스트레스 관리가 있다. 직장에서의 스트레스를 관리할 수 있는 기법(예: 명상, 운동, 심리 상담 등)을 활용하여 가족 내 갈등을 줄이고, 직장 스트레스가 가족 내 문제로 연결되지 않도록 하는 것이 중요하다.

(3) 가족 체계이론 접근법

가족 구성원들이 서로의 스트레스를 인식하고 이해할 수 있도록 돕고 가족 내에서 스트레스를 관리할 수 있는 지원 체계를 구축한다.

6) 사회적 변화 문제

(1) 사회적 변화 문제의 원인

사회적 변화의 원인으로는 경제 불황, 사회적 혼란 등 외부요인이 가족의 안정성에 영향을 줄 수 있다. 이러한 변화는 가족의 재정적, 정서적 상태에 영향을 미쳐 갈등을 유발할 수 있다.

(2) 대처방안

사회적 변화 문제를 해결하는 대처방안으로는 사회적 지원 네트워크 활용이 있다. 사회적 지원 네트워크와 자원(예: 지역 사회 서비스, 지원 그룹 등)을 활용하여 가족이 외부 요인에 적절히 대처할 수 있도록 지원한다. 외부 자원 활용은 가족의 심리적 안정을 돕는 데 효과적이다.

(3) 가족 체계이론 접근법

가족이 필요한 사회적 자원과 연결될 수 있도록 돕고 가족 구성원들이 사회적 변화에 적응할 수 있는 능력을 강화하는 것이다.

7) 디지털 미디어와 기술 의존

(1) 디지털 미디어와 기술 의존의 원인

스마트폰, 소셜 미디어 등의 기술이 가족 간 소통에 부정적인 영향을 미칠 수 있다. 기술 의존은 가족 구성원 간의 직접적인 상호작용을 감소시키고 소통의 질을 저하할 수 있다. 또한 디지털 기기는 즉각적인 만족감을 제공하여, 사람들은 점점 더 많은 시간을 디지털 기기에 할애하게 된다.

(2) 대처방안

디지털 미디어와 기술 의존 문제를 해결하는 대처방안으로는 기술사용 규칙 설정이 있다. 기술사용 규칙을 설정하고, 정기적으로 디지털 디톡스를 실시하여 가족 간의 직접적인 상호작용을 증진하며, 기술 의존도를 줄이고 건강한 소통을 유지하는 것이다. 또한 가족이 함께할 수 있는 활동을 계획하여, 기술 의존도를 줄이고 건강한 소통을 유지한다.

(3) 가족 체계이론 접근법

정기적인 가족회의를 통해 문제를 논의하고 해결책을 모색하며 가족 구성원 간의 역할을 바꾸어 보는 역할 놀이를 통해 서로의 상황을 이해하고 공감대를 형성한다. 가족 내 상호작용 패턴을 분석하여, 긍정적인 상호작용을 강화하고 부정적인 상호작용을 줄여 나간다.

8) 다양한 가족 형태의 증가

(1) 다양한 가족 형태의 증가의 원인

재혼 가족, 동거 가족 등 다양한 가족 형태의 증가로 인해 기존의 가족 규범과 역할 기대가 복잡해질 수 있다. 또한 사회적 변화와 가치관의 변화로 인해 다양한 가족 형태가 증가하고 있다.

(2) 대처방안

가족 구성원 간의 역할과 기대를 명확히 하고, 가족의 특수성을 인정하며 적절한 양육과 상호작용 방식을 모색한다. 상담과 교육을 통해 다양한 가족 형태에 맞는 지원과 조정을 제공한다. 또한 가족의 특수성을 인정하고, 적절한 양육과 상호작용 방식을 모색해 나간다.

(3) 가족 체계이론 접근법

가족 구성원 간의 역할과 기대를 명확히 하기 위해 정기적인 가족회의를 실시하고, 가족상담을 통해 가족 구성원 간의 갈등을 해결하며, 적응을 돕는다. 다양한 가족 형태에 맞는 교육 프로그램을 통해 가족 구성원 간의 이해와 협력을 증진한다.

4. 상담전략과 기법

1) 가족 구조 분석

구조 분석은 가족 내 상호작용의 패턴과 관계의 구조를 이해하여 문제를 파악하는 기법이다. 구조적 매핑과 경계 설정을 통해 가족 구성원 간의 관계를 시각적으로 표현하고, 역할과 책임의 경계를 명확히 하여 관계를 재정립한다. 가족 구성원들이 서로의 역할과 책임을 명확히 이해하고, 건강한 상호작용을 촉진하는 데 도움이 된다.

2) 문제해결 접근법

문제를 단계적으로 분석하고 해결책을 찾는 방법이다. 문제 정의, 대안 개발, 계획 수립, 실행 및 평가의 단계를 통해 문제를 명확히 규명하고, 다양한 해결책을 제시하며, 실행 계획을 세우고 결과를 평가한다. 가족 구성원들이 협력하여 문제를 해결하고, 갈등을 줄이는 데 효과적이다.

3) 가족 구성원 간의 대화 촉진

가족 내에서 열린 대화를 통해 갈등을 해결하고 상호 이해를 높이는 방법이다. 회복적 대화, 공동 문제해결, 경청과 반영을 통해 감정을 존중하며 대화하고, 모든 구성원이 문제해결에 참여하도록 하며, 상대방의 말을 주의 깊게 듣고 이해한다. 가족 구성원 간의 신뢰와 이해를 증진하는 데 중요하다.

4) 적극적 경청과 공감

상대방의 말을 깊이 이해하고 감정적으로 공감하는 기법이다. 눈 맞춤, 고개 끄덕임, 반복하기, 피드백 제공을 통해 상대방에게 관심을 표현하고, 감정 반영과 비판 없이 수용을 통해 상대방의 감정을 이해하고 존중한다. 가족 구성원 간의 정서적 유대감을 강화하는 데 도움이 된다.

5) 행동 수정 기법

특정 행동을 바꾸기 위해 체계적인 방법을 사용하는 기법이다. 긍정적 강화, 부정적 강화, 행동 수정 계획, 모델링을 통해 원하는 행동을 강화하고, 문제 행동을 식별하여 수정한다. 가족 구성원들이 긍정적인 행동을 지속하고, 부정적인 행동을 줄이는 데 효과적이다.

6) 역할 변화 전략

가족 구성원들이 기존 역할을 조정하거나 새로운 역할을 받아들여 상호작용을 개선하는 방법이다. 역할 역전과 새로운 역할 모델링을 통해 각자 역할의 중요성을 이해하고, 원하는 행동이나 역할을 직접 보여 준다. 가족 구성원들이 서로의 역할을 이해하고 존중하는 데 도움이 된다.

7) 가족 규칙과 규범 탐색

가족 내에서 암묵적으로 또는 명시적으로 정해진 규칙과 규범을 파악하고 분석하여 가족 기능을 개선하는 기법이다. 규칙 명시화와 규범 수정을 통해 가족 구성원들이 인식하지 못하는 규칙이나 기대를 명확히 하고, 비효율적이거나 해로운 규범을 수정하여 건강한 상호작용을 촉진한다.

8) 가족 내 상호작용 패턴 변경

가족 내 상호작용 패턴을 변경하여 가족의 기능을 개선하고 갈등을 줄이는 방법이다. 역동적 상호작용과 해결 중심의 대화를 통해 특정 상호작용 패턴을 변경하고, 문제해결을 위한 대화를 중심으로 상호작용을 촉진한다. 가족 구성원들이 더 효과적으로 소통하고 협력하는 데 도움이 된다.

9) 가족 기능 향상 기법

가족의 전반적인 기능을 향상시키기 위해 가족 구성원 간의 협력과 상호작용을 증진시키는 방법이다. 강점 기반 접근과 가족회의를 통해 가족의 강점과 자원을 활용하여 문제를 해결하고, 정기적으로 가족회의를 열어 모든 구성원이 참여할 기회를 제공한다. 가족 구성원들이 서로의 강점을 인식하고 활용하는 데 도움이 된다.

10) 가족치료의 전이 및 역전이 탐색

상담 과정에서 상담자와 내담자 간의 감정적 반응과 관계를 탐색하고 이해하는 기법이다. 전이 탐색과 역전이 탐색을 통해 내담자가 상담자에게 보이는 감정적 반응을 분석하고, 상담자가 내담자에 대한 감정적 반응을 인식하여 가족 내 상호작용의 패턴을 이해하고 조정한다.

11) 가족 생애 주기 분석

가족의 발전 단계와 각 단계에서의 역동성을 이해하여 가족의 변화와 발달에 따른 문제를 파악하는 기법이다. 단계별 분석과 발달적 과제를 통해 가족의 각 생애 주기 단계에서의 문제와 요구를 이해하고, 각 단계에서 해결해야 할 과제를 식별하여 지원한다.

12) 가족의 자원과 강점 활용

가족의 자원과 강점을 식별하고 이를 효과적으로 활용하여 가족의 기능을 향상하는 방법이다. 자원 파악과 강점 기반 접근을 통해 가족 구성원 각각의 강점과 자원을 식별하여 문제해결에 활용하고, 가족의 강점을 강조하여 긍정적인 변화를 유도한다.

13) 가족 가치와 신념 탐색

가족의 가치와 신념을 탐색하고 이해하여 이러한 요소들이 상호작용과 문제해결에 미치는 영향을 분석하는 기법이다. 가치 명료화와 신념 조정을 통해 가족 구성원 각각의 가치와 신념을 탐색하고 이를 명확히 하며, 신념이 문제해결에 방해가 되는 경우 이를 조정하여 문제해결을 지원한다.

14) 가족의 역동성 탐색

가족 내 상호작용의 역동성과 그 변화 과정을 탐색하여 가족의 문제를 이해하고 해결하는 기법이다. 역동적 분석과 변화 유도를 통해 가족 내 상호작용의 변화를 관찰하고 분석하여 문제의 근본 원인을 파악하고, 가족 내 역동성을 변화시키기 위해 개입을 시도한다.

15) 가족 간의 소통 기술 향상

가족 간의 소통 기술을 향상시켜 이해와 협력을 증진하는 방법이다. 소통 훈련과 소통 개선계획을 통해 가족 구성원에게 효과적인 소통 기술을 교육하고, 소통을 개선하기 위한 구체적인 계획을 세우고 실행한다.

16) 가족의 외부 자원 활용

가족의 외부 자원을 활용하여 가족의 문제를 해결하는 방법이다. 자원 연결과 지원 네트워크 구축을 통해 가족이 필요한 외부 자원을 식별하고 이를 연결하며, 가족의 지원 네트워크를 구축하고 지속적인 지원을 제공한다.

이와 같은 다양한 상담 기법과 전략을 통해 가족 구성원들은 상호작용 패턴을 개선하고, 더 건강한 관계를 유지하며, 다양한 문제를 극복할 수 있다. 가족 체계이론을 바탕으로 한 상담은 가족 전체의 심리적, 정서적 안정을 유지하고 갈등을 해결하는 데 중요한 역할을 한다.

5. 전화상담에서 가족 체계이론의 적용

전화상담은 단 회기 상담이고 상담시간이 30~40분 정도라는 특성이 있기에 전화상담을 통해 가족치료의 전 과정을 전개해 나갈 수는 없다. 그러나 가족 체계이론은 가족을 하나의 역동적이고 상호작용하는 시스템으로 보는 이론이기에, 전화로 가족문제를 호소해 오는 내담자를 이해하는 데 도움이 된다. 내담자는 한 개인이지만 가족 체계 안의 한 구성원이다. 그렇기에 내담자가 가족 내에서 어떻게 상호작용하는지, 가족 구성원들 사이에 역할과 경계는 어떻게 되는지, 피드백의 유형은 무엇인지 등을 신속히 파악하여 문제해결에 도움을 줄 수 있다.

전화상담에 적용할 수 있는 가족 체계이론의 내용은 다음과 같다.

- 가족의 상호작용 이해: 가족 구성원 간의 상호작용 패턴을 파악한다. 부모와 자녀 간의 의사소통 방식이나 갈등 해결 방법 등을 분석한다.
- 역할과 경계 설정: 가족 내에서 각 구성원의 역할과 경계를 명확히 한다. 가족 구성원들이 자신의 역할을 이해하고, 서로의 경계를 존중하도록 돕는다.
- 피드백과 변화 촉진: 가족 구성원 간의 피드백을 통해 긍정적인 변화를 유도한다. 부모가 자녀에게 부정적 피드백을 대신해서 긍정적인 피드백을 주는 방법을 제안할 수 있다.
- 현재 상황에 초점: '지금-여기'에 초점을 맞추어 현재의 문제를 해결하는 데 중점을 둔다. 과거의 문제보다는 현재의 상호작용과 감정에 집중한다.
- 문제해결 전략 제공: 구체적인 문제해결 전략을 제안하고, 가족 구성원들이 이를 실천할 수 있도록 지원한다. 갈등 상황에서의 의사소통 방법이나 스트레스 관리 기법 등을 제안할 수 있다.

사례 1: 부모와 청소년 자녀 간의 갈등 해결

한 어머니의 전화가 왔다. 그녀는 16세 아들과의 갈등으로 인해 스트레스를 받고 있으며, 아들이 학교 성적이 떨어지고 집안일을 도와주지 않는다고 호소하였다. 어머니는 아들이 자신을 무시하고, 대화가 잘 통하지 않는다고 하였다.

● 상담 과정

① 가족의 상호작용 이해: 상담자는 어머니에게 아들과의 일상적인 상호작용에 대해 질문하여, 아들이 학교에서 돌아왔을 때 어떤 대화를 나누는지, 갈등이 발생하는 주요 원인이 무엇인지 파악한다. 어머니는 아들이 집에 오면 방에 틀어박혀 대화를 피하고, 주로 게임을 한다고 설명한다.

② 역할과 경계 설정: 상담자는 어머니와 아들이 각각 가정에서 어떤 역할을 맡고 있는지 확인한다. 어머니는 아들이 집안일을 도와주기를 기대하지만, 아들은 자신이 해야 할 일이 너무 많다고 느낀다. 상담자는 어머니에게 아들의 상황을 이해하고, 아들에게도 어머니의 기대를 명확히 전달하도록 권유한다.

③ 피드백과 변화 촉진: 상담자는 어머니에게 아들에게 긍정적인 피드백을 주는 방법을 제안한다. 아들이 작은 일이라도 도와주면 칭찬하고, 그의 노력을 인정하는 것이다. 어머니는 아들이 설거지를 도와줄 때마다 감사의 말을 전하기로 했다.

④ 현재 상황에 초점: 상담자는 어머니에게 과거의 문제보다는 현재의 상호작용에 집중하도록 유도한다. 최근에 있었던 갈등 상황을 분석하고, 그 상황에서의 감정과 행동을 탐색한다. 어머니는 최근 아들이 늦게 귀가한 사건을 이야기하며, 그때 느꼈던 불안과 걱정을 표현한다.

⑤ 문제해결 전략 제공: 상담자는 어머니와 아들이 함께 문제를 해결할 수 있는 구체적인 전략을 제안한다. 우선 어머니와 아들이 서로의 기대와 욕구를 조정하도록 도왔다. 어머니가 스트레스와 감정을 조절하고, 대화 중 자신의 감정을 과도하게 드러내지 않도록 도왔다. 이를 통해 아들이 방어적으로 반응하는 패턴을 완화할 수 있으며, 갈등의 순환고리가 차단될 수 있음을 말해 주었다.

사례 2: 부부간의 의사소통 문제해결

한 부부가 전화상담을 요청했다. 남편은 아내가 자신을 이해하지 못한다고 느끼고, 아내는 남편이 자신의 감정을 무시한다고 생각한다. 두 사람은 자주 다투며, 서로의 말을 잘 듣지 않는다고 한다.

● 상담 과정

① 가족의 상호작용 이해: 상담자는 부부에게 최근에 있었던 갈등 상황을 이야기하도록 요청한다. 남편이 퇴근 후 집에 돌아왔을 때 어떤 대화를 나누는지, 갈등이 발생하는 주요 원인이 무엇인지 파악한다. 부부는 서로의 말을 끊고, 감정을 표현하지 못하는 경우가 많다고 설명한다.

② 역할과 경계 설정: 상담자는 부부가 각각 가정에서 어떤 역할을 맡고 있는지 확인한다. 남편은 주로 경제적인 책임을 지고, 아내는 가사와 육아를 담당하고 있다. 상담자는 부부에게 서로의 역할을 존중하고, 경계를 명확히 하도록 조언한다.

③ 피드백과 변화 촉진: 상담자는 부부에게 서로 긍정적인 피드백을 주는 방법을 제안한다. 남편이 아내의 노고를 인정하고, 아내가 남편의 노력을 칭찬하는 것이다. 부부는 서로의 작은 노력에도 감사의 말을 전하기로 하였다.

④ 현재 상황에 초점: 상담자는 부부에게 과거의 문제보다는 현재의 상호작용에 집중하도록 유도한다. 최근에 있었던 갈등 상황을 분석하고, 그 상황에서의 감정과 행동을 탐색한다. 부부는 최근에 있었던 갈등 상황을 이야기하며, 그때 느꼈던 감정을 솔직하게 표현한다.

⑤ 문제해결 전략 제공: 상담자는 부부가 함께 문제를 해결할 수 있는 구체적인 전략을 제안한다. 부부가 서로의 기대와 요구를 조율하고, 갈등 상황에서의 비난에서 요청으로 의사소통 방법을 전화하도록 권고하였다. 부부는 서로에게 감사하거나 긍정적인 감정을 표현하도록 했고, 상호작용에서 부정적인 순화고리를 차단하고 긍정적인 피드백 고리를 만들도록 도왔다.

사례 3: 부모와 자녀 간의 학업 스트레스 해결

한 아버지가 전화상담을 요청했다. 그의 딸은 고등학생으로, 학업 스트레스로 인해 불안과 우울을 겪고 있다. 아버지는 딸이 학업에 집중하지 못하고, 성적이 떨어지는 것을 걱정하고 있었다.

● 상담 과정

① 가족의 상호작용 이해: 상담자는 아버지에게 딸과의 일상적인 상호작용에 대해 질문하였다. 딸이 학교에서 돌아왔을 때 어떤 대화를 나누는지, 학업 스트레스의 주요 원인이 무엇인지 탐색하였다. 아버지는 딸이 학교에서 돌아오면 방에 틀어박혀 공부하지 않고, 주로 휴식을 취한다고 설명했다.

② 역할과 경계 설정: 상담자는 아버지와 딸이 각각 가정에서 어떤 역할을 맡고 있는지 확인한다. 아버지는 딸이 학업에 집중하기를 기대하지만, 딸은 자신이 해야 할 일이 너무 많다고 느끼고 있다. 상담자는 아버지에게 딸의 상황을 이해하고, 딸에게도 아버지의 기대를 명확히 전달하도록 조언하였다.

③ 피드백과 변화 촉진: 상담자는 아버지에게 딸에게 긍정적인 피드백을 주는 방법을 제안하였다. 딸이 작은 일이라도 성취하면 칭찬하고, 그녀의 노력을 인정하는 것이다. 아버지는 딸이 숙제를 마칠 때마다 감사의 말을 전하기로 하였다.

④ 현재 상황에 초점: 상담자는 아버지에게 과거의 문제보다는 현재의 상호작용에 집중하도록 유도하였다. 최근에 있었던 갈등 상황을 분석하고, 그 상황에서의 감정과 행동을 탐색하였다. 아버지는 최근 딸이 시험 준비를 하지 않은 일을 이야기하며, 그때 느꼈던 불안과 걱정을 표현하였다.

⑤ 문제해결 전략 제공: 상담자는 아버지와 딸이 함께 문제를 해결할 수 있는 구체적인 전략을 제안하였다. 아버지와 딸이 서로의 기대와 요구를 재평가하고, 긍정적인 상호작용을 늘리도록 도왔다. 그리고 딸이 학업 스트레스 관리방법을 배울 수 있도록 도와주었다. 가족 내에서 발생하는 부정적인 순환고리를 끊기 위해, 아버지가 딸의 성적만을 강조하는 대신 심리적 안정과 행복에 우선순위를 두도록 하였다. 이를 통해 딸이 학업에 대한 부담을 줄이고 안정된 환경에서 학업에 집중할 수 있도록 도와주었다.

토의 및 실습

1. 현대 사회에서 가족상담의 중요성에 대해 토의해 보자.

2. 가족 체계이론에서의 역할과 관계에 대해 논의해 보자.

3. 삼각관계와 피드백이 가족상담에서 어떻게 적용되는지 알아보자.

12
정신건강문제 상담

전화로 걸려 오는 상담 중에는 정신건강문제에 관련된 내용이 많다. 그러나 상담의 시작은 정신건강에 대한 이야기보다 다른 이야기로 시작이 되는 일이 많은데 듣다 보면 정신적인 문제나 성격상의 문제에서 일어난 일들이 많다. 또는 다루기 어려운 전화상담 가운데 내담자의 정신건강문제와 관련되는 경우가 많아서 상담자는 정신건강에 관한 이해가 필요하다. 이 장에서는 전화상담에서 다루어지는 정신건강문제 중에서 자주 만나게 되는 우울, 불안, 성격문제, 기타 정신건강문제를 지닌 내담자에 대한 상담을 다루고자 한다.

1. 건강과 정신건강의 이해

세계보건기구(2022)에 따르면 건강하다는 것은 "단순히 질병이나 허약한 상태가 없는 것이 아니라 신체적, 심리적, 사회적, 영적으로 안녕이 완전히 이루어진 상태에 있을 때"라고 정의 내린다.

첫 번째 요소인 신체적 건강은 신체기관의 모든 기능이 원활하고 에너지가 넘치며 감각의 즐거움을 충분히 누리면서 살아가는 상태를 말한다. 이러한 상태는 적절한 영양과 수면을 취하고 자연을 즐기고 마음이 맞는 사람들과 어울리며 적절한 취미생활을 통해 가능할 것이다. 이 수준에서 정신건강이 실현된 모습은 '활기차고 상쾌한 삶'이다. 두 번째 요소인 심리적 건강은 '즐거운 삶'이다. 이는 수용과 감사를 통해 과거에 대해 만족감을 느끼고 적극적 참여를 통해 현재를 살아가며 도전과 낙관적 기대를 통해 미래에 대한 희망을 느끼며 살아갈 때 가능하다. 세 번째 요소인 사회적 건강은 '적극적인 삶'이다. 적극적인 삶이란 일상생활에 적극적으로 참여하고 몰입하여 자신의 강점과 잠재력을 최대한 발휘하고 자아를 실현하기 위해 무언가에 몰입하여 노력하며 살아가는 모습을 말한다. 네 번째 요소인 영적 건강은 '의미 있는 삶'이다. 의미 있는 삶이란 삶에 대한 관심이 자신과 가족에게만 국한되지 않고 이웃과 공동체, 지역사회, 국가 나아가 세계와 인류를 위해 기여하고 공헌하는 삶을 의미한다.

신체적 건강을 유지하기 위해 5대 영양소를 골고루 섭취하고, 심리적 건강을 유지하기 위해서는 다른 사람과의 인간관계에서 사랑과 인정을 받아야 하고, 사회적 건강을 위해서는 생계를 유지할 만한 직장과 가족이 살아갈 만한 공간이 있어야 한다. 이렇게 신체적, 심리적, 사회적으로 건강하면 온전히 건강한가? 전화상담을 하다 보면 이 외에 4번째 요소, 즉 영적인 건강이 매우 중요함을 경험하게 된다. 즉, 우리 인생에 어떤 의미, 즉 긍정적인 의미를 발견해야 그때 비로소 사람은 온전히 건강하고 행복해질 수 있다는 것을 느낀다.

그런데 몸과 마음은 분리될 수 없으며, 완전히 상호연관되어 있고 상호의존적이며 혼합되어 있다. 이 차원들을 서로 분리하는 선을 그어서는 안 된다. 정신과 감정의 변화가 몸의 기능에 직접적인 영향을 미친다. 가령 갑작스러운 두려움은 심장 박동의 증가, 가쁜 호흡, 동공의 확장이나 손의 땀과 같은 즉각적인 신체 변화를 가져오고, 분노나 질투, 원한과 같은 강한 감정들은 혈압과 위액의 분비, 장운동 등에 변화를 일으키며 혈액의 콜레스테롤 수치도 긴장과 내적인 갈등을 반영한다. 감정과 느낌은 뇌, 호르몬, 순환계, 면역 체계, 몸과 관련하여 몸의 변화도 감정, 느낌이나 생각의 과정에 영향을 미친다. 통증은 두려움을, 열은 정신 착란을, 흉터로 남은 상처는 인간성 전체에 영향을 미친다.

세계보건기구에서는 정신적으로 건강한 사람은 "자신의 능력을 실현하고, 스트레스에 잘 대처할 수 있고, 생산적으로 일을 하여 결실을 맺을 수 있고, 자신이 속한 사회에 기여할 수 있는 안녕(well-being)의 상태"라고 정의한다. 인간의 생각, 감정, 행동의 세 가지 측면이 서로 밀접하게 관계를 가지고 균형을 이루면서 자기가 속해 있는 환경에 잘 적응할 수 있도록 통합되었을 때 정신적으로 건강하다고 할 수 있다. 자기의 감정이나 행동 · 생각을 그가 속한 환경에 맞추면서 필요한 일들을 해 나가고, 문제를 해결하여 자기 생활에 만족하는 사람이라고 할 수 있다. 즉, 정신이 건강한 사람은 정신적인 문제나 질병이 있고 없고가 아니라 개인이 지니고 있는 장점과 잠재력을 충분히 발달시켜 심리적, 사회적, 영적 수준에서 안녕의 상태에 이르는 것을 지향한다(이정윤, 2022).

안녕(well-being) 상태는 언제나 행복함을 느낀다는 뜻은 아니다. 살아가면서 불만이나 실망, 슬픔을 경험할 수 있으나 정신적으로 건강하면 다시 쾌활해질 능력이 있다. 이런 특성에 도달하기 위해서 인간은 자아를 강화시켜 가야 하며 또 이런 특성들은 개인이 스트레스를 해결할 수 있게 하고 그럼으로써 다양한 환경 상황에 효과적으로 대처해 나갈 수 있도록 한다. 정서적으로 건강한 사람은 자신을 가치 있는 사람으로 생각하며 자존감이 높다.

2. 이상행동의 이해

전화상담에서 우리는 종종 이해하기 힘들고 어떻게 상담을 이끌어 가야 할지 모를 '이상한 사람'을 만나게 된다. 그러나 어떤 행동을 보고 '이상'이라고 판단할 수 있을까? 사람들은 신체 문제에 대해 진단을 붙이는 것에는 큰 저항이나 부담을 가지지 않지만 정신과적 문제에 대해서는 저항이 큰 편이라 조심스럽다.

정신건강의 기준은 문화에 따라 차이가 있기 때문에 정신건강이 좋거나 나쁜 것으로 구별할 수 있는 고정불변의 기준을 설정하기는 어렵다. 어떤 부적응행동은 다른 행위보다도 특별히 사회적으로 받아들여질 수 있는 것일 수 있다.

이상행동의 근본적 원인은 과거 경험으로부터 얻어진 동기에 존재한다. 객관적인 현상처럼 명백하게 '정신증적인 행위'란 거의 없다. 중요한 것은 그 행위가 자신을 방어하는 행위로서 적절성, 효율성이 있는가와 같은 전체적 상황 속에서 보이는 것이다. 그 행위로 인해 자신이나 타인에게 위험이나 해를 주는가? 일상생활을 영위하는 데 어려움이 있는가를 보고 이상행위 여부를 결정할 수 있다.

정신과적 장애를 범주화할 때 크게 정신증과 신경증의 두 가지 영역으로 분류된다. 최근에는 DSM-5를 사용하고 있지만 아직도 신경증과 정신증이라는 용어를 널리 사용하고 있다.

신경증(neurosis)은 노이로제라는 독일식 발음으로 사용되었다. 이는 사고나 감정, 행동으로 나타나는 증상이 극단적인 이탈이나 큰 손상이 없는 상태로, 일상생활을 하는 데 다소 불편할 수는 있어도 현실 검증력이 손상되지 않았기 때문에 병에 대한 통찰을 지니고 있는 경우이다. 그러나 그 현실이 고통스럽게 느껴지고 비참한 것으로 느껴진다. 치료가 필요한 경우 일반적으로 상담이나 외래치료를 받으며 때로는 특별히 치료받지 않아도 일정 시간이 경과하면 자연스럽게 회복되기도 한다. 대표적 질환으로는 우울증이나 불안장애가 있다.

정신증(psychosis)은 사고나 감정, 행동 증상이 극단적으로 이탈되어 있어서 개인적 기능이나 사회적 기능이 심하게 손상된 상태로서 일상생활을 정상적으로 영위해 나가는 것이 쉽지 않다. 정신증 상태에서는 현실을 있는 그대로 객관적으로 판단할 수 있는 현실 검증력이 손상되므로 치료를 위해서는 약물을 사용하거나 입원을 하는 것이 필요하다. 이에 속하는 대표적 질환은 조현병이나 양극성장애이다.

전문가적 기준에서는 이상행동을 정의하고 분류하는 데 있어서 개인의 적응을 방해하는 기능적 손상이 동반되느냐 그렇지 않느냐를 중요한 기준으로 삼는다. 기능적 손상이란 한 개인이 개인적, 가정적, 사회적 혹은 학업이나 직업적 측면에서 적절한 기능을 수행하는 데 어려움과 지장이 생기는 것으로 이러한 경우에 전문가는 적절한 판단과정을 거쳐 이를 이상으로 간주한다. 정신과적 진단은 전문가에 의해서만 가능하므로 매우 신중하게 내려져야 한다. 전문가는 어떤 사람의 행동을 놓고 정상과 이상을 구분하고 나아가 이상에 속한다고 판단될 때 어떠한 진단에 속하는지를 판별한다. 이 과정에서 통계적, 주관적/개인적, 혹은 사회문화적 기준을 모두 고려할 뿐 아니라, 증상으로 인해 중요한 기능적 손상이 있는 여부

표 12-1 DSM-5 정신장애 범주

범주	정신장애 진단명	하위 장애
1	신경발달장애	지적장애, 자폐스펙트럼장애, 주의력 결핍과잉행동장애, 특정학습장애
2	조현스펙트럼 및 기타 정신증적장애	조현병
3	양극성 및 관련 장애	조울증, 순환성기분장애
4	우울장애	주요우울장애, 지속성 우울장애, 월경전 불쾌장애
5	불안장애	범불안장애, 특정공포증, 사회공포증, 공황장애
6	강박 및 관련 장애	강박장애, 저장장애, 신체이형장애
7	외상 및 스트레스 관련 장애	외상후 스트레스장애, 급성스트레스장애, 적응장애
8	해리장애	해리성 기억상실증, 해리성 정체감장애
9	신체증상 및 관련 장애	신체증상장애, 질병불안장애(건강염려증), 전환장애
10	급식 및 섭식장애	신경성 식욕부진증, 신경성폭식증, 이식증
11	배설장애	유뇨증, 유분증
12	수면각성장애	불면장애, 과다수면장애, 악몽장애
13	성기능 부전 / 성기능장애	남성성욕감퇴장애, 여성 성적관심 및 흥분장애
14	성별 불쾌감 / 성 불편증	성 정체감장애
15	충동조절 및 품행장애	적대적 반항장애, 품행장애
16	물질관련 및 중독장애	알코올중독, 약물중독, 도박장애
17	신경인지장애	치매, 섬망
18	성격장애	A군(편집성, 조현성, 조현형), B군(반사회성, 경계성, 연극성, 자기애성), C군(회피성, 의존성, 강박성)
19	변태 성욕장애	관음, 노출, 소아성애, 물품음란, 복장도착장애
20	기타 정신질환	

를 정확히 평가하여 이상성에 대한 종합적인 판단을 최종적으로 내리게 된다.

가장 최근에 출간된 DSM-5(2015)에 의하면, 여러 심리증상이 현저한 사회적, 직업적 부적응을 초래하는 경우에 정신장애로 판정한다. DSM-5는 모두 20개의 범주로 구성되어 있고 그 안에 약 300개의 정신과적 장애를 수록하고 있다.

3. 우울한 내담자 상담

서울생명의전화에 걸려 온 정신건강문제 중에서 가장 많이 걸려 오는 전화상담이 우울하다는 전화이다. 우울증은 의욕 저하와 우울감을 주요 증상으로 하여 다양한 인지 및 정신 · 신체적 증상을 일으켜 일상 기능의 저하를 가져오는 질환인데, 우울장애는 감정, 생각, 신체 상태, 행동 등에 변화를 일으키며, 한 개인의 전반적인 삶에 영향을 준다. 일시적인 우울감과는 다르며 개인적인 약함의 표현이거나 의지로 없앨 수 있는 것이 아니다. 자살사고 및 자살시도로 이어질 수 있어 조기 발견과 적절한 치료가 중요하다. 우울증의 원인은 여러 가지가 제시되고 있으며, 생물학적, 심리적, 환경적, 영적 요인들이 다양하게 영향을 미칠 수 있다.

이러한 우울증은 대부분 사람들이 그들의 생활에서 경험하는 통상적인 슬픔으로 인한 우울감과 구분하는 것이 중요하다. 우울증은 그런 정상적인 반응성 슬픔

표 12-2 우울증과 우울감의 차이

	우울증	우울감
기본 차이점	질병	생활환경에 대한 정상 반응
증상	기분, 사고, 신체 기능의 다양한 증상	기분의 단일 증상
기간	지속적	일시적
자살 가능성	있음	거의 없음
치료	전문적 치료 필요	경청해 주는 사람 필요 시간이 지나면 호전

과 우울증 환자의 정상적인 기능을 저하하는 심각한 증상에 의해 구분된다. 우울증은 반응성 슬픔보다 더 오래 지속되고 우울증을 초래한 상황이 변하기 전까지는 호전되지 않는다. 흔한 특징은 반추와 허무가 있을 수 있다.

우울한 사람들은 정서적으로 무엇보다 매우 슬프고 불행하다고 느끼며 절망감과 무가치함, 죄책감과 같은 감정을 많이 경험한다. 그래서 우울하게 되면 기분이 가라앉아 축 처진 모습을 보이며 눈물을 자주 흘리곤 한다. 정서적으로 무감각해지거나 무표정한 모습을 보이는 감정의 둔마 현상을 보이기도 한다.

행동에도 변화가 와서 어떤 것에도 재미나 의미를 못 느끼고 의욕 수준도 떨어져서 아무것도 하고 싶지 않고 또 할 수도 없는 상태가 된다. 활동 수준도 많이 떨어져서 예전에 좋아하던 활동조차 더 이상 하지 않게 되고 자발성이 현저히 저하되어 억지로 일하고 마지못해 살아간다. 따라서 생활에서 즐거움이라고는 찾기 어려우며 매사가 무의미하게 느껴지게 된다.

신체적으로도 자주 피로감을 경험하고 수면에 문제를 가져오게 되어 잠을 잘 못 자거나 반대로 지나치게 많이 자기도 한다. 식욕에도 변화가 생겨 단기간에 체중이 많이 빠지기도 하지만, 반대로 체중이 증가하는 사람도 있다. 병원 검사에서 설명되지 않는 허리 통증이나 두통과 같은 지속적인 통증을 호소하기도 한다. 우울감이 오래 지속되다 보면 신체의 면역계에도 이상을 가져온다.

인지적으로는 주의 집중력이 감소하고 기억력이 저하되며 의사결정이 힘들어진다. 우울하게 되면 자신과 세상과 미래에 대해 부정적으로 지각하게 되어 자신을 비난하고 자신을 둘러싼 세상과 앞으로 일어날 일들에 대해 아무런 희망을 못 느끼며 이것들이 매우 가혹하다고 여긴다. 이러한 비관적이고 부정적인 생각과 무망감은 죽음에 대한 생각을 갖게 하므로 자살생각, 자살시도 또는 자살에 대한 빈번하거나 반복되는 생각으로 이어진다.

그에 비해 조증은 우울증의 심리적 그리고 행동적으로 정반대 상태이다. 이들은 다행감과 증가된 에너지를 보이고 과대망상과 사고비약 그리고 말이 많아진다. 돈을 무절제하게 쓰고 자신의 능력이나 재산을 과대평가해서 소비한다. 비록 이들은 유머가 넘치고 유쾌하지만 제지하려고 하면 분노와 모욕으로 대든다. 증상이 아주 심하지 않은 경조증에 있는 사람들의 전화도 많다. 이와 같은 경조증 상태에 있는 사람이 전화를 하게 되면 1시간 내내 상담자의 개입 없이 혼자 자신의 이야기만 하거나 내용이 널뛰듯이 이어지기 때문에 상담자가 어느 시점에서 이야기를 끊고 개입해야 하는지 당황할 때가 많다.

우울은 사람들이 감기처럼 생각해서 특별한 상담이나 치료를 받지 않아도 자연스럽게 나아질 수 있다고 생각해서 가볍게 지나칠 수 있으나 심해지면 죽음에 대한 생각이 강해져서 실제로 목숨을 잃을 수 있다.

DSM-5에서는 우울장애 범주에 속하는 유형으로 주요우울장애, 지속성 우울장애, 월경전 불쾌장애, 파괴적 기분조절곤란장애를 제시하고 있으나 전화상담에 많이 걸려 오는 우울한 내담자의 상담 중에는 주요우울장애와 지속성 우울장애가 염려되는 사람이 있다. 일반적으로 말하는 우울증을 지칭하는 주요우울장애(major depressive disorder)는 우울한 기분이 반드시 지속적으로 나타나거나 또는 일상생활에 흥미나 즐거움이 뚜렷하게 감소된다. 이 외에도 식욕이나 체중, 수면에서 유의한 변화가 있거나, 정신운동 초조나 지체가 거의 매일 나타나거나, 피로감이나 무가치감, 사고력이나 집중력의 감소와 같은 증상이 거의 매일 나타난다. 또한 죽음에 대한 생각이 반복적으로 들어 자살을 생각하거나 계획하는 것도 주요우울장애를 진단하는 하나의 기준이 된다.

지속성 우울장애(persistent depressive disorder)는 우울증상이 지속적으로 나타나 만성화되어 있을 때 붙일 수 있는데 이는 우울증이 최소 2년 이상 지속되고 우울한 기분 외에도 일반적으로 우울증에서 나타나는 증상인 에너지 수준의 저하, 무망감, 혹은 식욕 및 수면습관의 변화와 같은 증상을 함께 가지고 있어야 진단이 가능하다. 우울증은 우울한 증상이 심하게 나타나는 것도 문제지만, 우울한 상태가 오래 지속되는 것도 심각한 문제가 될 수 있다. 우울한 상태가 지나치게 오래 지속되면 의욕이나 흥미, 활동 수준이 떨어진 채 침체된 생활을 한동안 오래 지속하게 되므로 결국 이로 인한 영향이 개인의 사회적, 학업적, 직업적 기능에 모두 심각한 피해를 가져온다.

전화상담에서 만나는 내담자 가운데는 주요우울장애보다 우울한 상태가 오래 지속되어 결과적으로 사람들을 만나 교류하는 모든 대인관계 활동이 위축되며 일의 성과도 현저히 떨어진 지속성 우울장애인 사람들이 많은 것으로 보인다. 그러나 이런 증상이 지속성 우울장애인지 모르고 그냥 내버려두고 방치하다가 치료시기를 놓치게 될 수 있어 이런 의심이 들면 내담자에게 적절한 때에 적절한 치료를 받도록 권유할 필요가 있다.

전화상담은 상담자와 내담자 사이에서 일어나는 역동적인 상호관계이기 때문에 상담의 이론이나 기술에 앞서 상담자 자신의 인간적인 성숙과 상담에 임하는 자세가 중요하다. 우울한 사람을 그의 자리에서 그와 함께 고통을 나누고자 하는 겸허한 마음이 있을 때 상담의 이론이나 기술이 실질적으로 응용이 될 것이다

전화기를 들자마자 '왜 사는지 모르겠어요.' '산다는 게 너무 힘들어요.' '이러다가 내가 나를 죽일까 겁이 나요.'와 같은 직접적인 말로 상담을 시작하는 사람들도 있지만, 잠을 잘 못 잔다든지, 주의 집중이 잘 안된다든지, 의욕이 없다는 말로 시작하는 사람도 있다.

처음 전화상담 시작 시에 이들이 표현하는 말을 잘 듣고 공감해 주고 계속해서 속에 있는 마음을 이야기할 수 있도록 이끌어 가는 것이 중요하다. 상담의 중요한 기본요소인 경청과 공감은 상담 시작부터 상담이 종결될 때까지 계속해서 이어진다. 전화상담은 상담자가 가지고 있는 지식, 기술 그리고 인품만큼 이루어진다.

어떠한 문제이든 상담에 있어서 경청이 가장 중요한 부분인데 인내와 성숙을 필요로 하는 어려운 기술이기도 하다. 한 사람이 누구의 힘든 사연을 들어 준다는 것은 인내하는 마음과 관용하는 마음, 그리고 이해하는 마음을 필요로 한다. 이렇게 관용하며 보살피는 마음은 곧 사랑하는 마음이며 경청은 사랑의 표현이기도 하다. 경청은 다른 사람의 아픔과 문제를 함께 나눌 수 있게 마음의 문을 열고 그가 이해받고 있다고 느낄 수 있도록 함께 하는 과정이다.

경청할 때는 그가 하는 말의 내용과 포함하고 있는 감정까지 잘 듣는 것이 중요하다. 그리고 요점을 파악하면서 들어야 한다. 그가 원하는 이야기를 하게끔 도와주고, 내담자의 이야기를 충분히 듣기도 전에 선불리 조언하려 하거나 성급한 짐작이나 편견은 금물이다. 특히 우울한 사람들은 속에 있는 이야기를 드러내

는 데도 시간이 많이 걸리므로 상담 초기 단계에서는 상담자가 먼저 질문하기보다 내담자가 표현한 말 뒤를 따라다니며 다시 말하기, 반복하기, 반영적 경청 등의 기법을 사용하여 나는 당신 편이고, 지금 이 순간 당신의 이야기를 듣기 위해 이 자리에 있음을 알려 주는 것이 좋다. 때로는 침묵이 길어지기도 하고 흐느끼기도 한다. 이 시간들을 기다려 주면서 그 순간에 함께 있어 줄 필요가 있다. 우울한 사람들은 활동 수준도 떨어지고 생각도 느리고 자발성이 현저히 저하되어 억지로 마지못해 살아가기 때문에 스스로 전화를 걸었다는 사실 하나만으로도 희망이 있다.

1) 전화상담 초기

전화상담 초기에 내담자가 우울증으로 확인되면 자살의 잠재적 가능성을 평가해야 한다. 이것은 우울한 사람의 일상적 평가에 있어서 결정적인 요소인데 종종 다음과 같은 이유 때문에 최초의 평가에서 실수하기 쉽다.

첫째, 내담자에게 자살에 대한 이야기를 직접 꺼내는 것 자체가 자살생각을 상기시키는 것이 될까 봐 두려워한다. 그러나 내담자는 상담자가 자살에 대해 관심을 가질 정도로 그에 대해 보살피고 있다는 데 대해 안도할 것이고 만약 실제 자살사고를 갖고 있다면 말할 것이다.

둘째, 어떤 상담자는 만약 내담자가 자살사고를 갖고 있는 것을 발견하면 어떻게 해야 할지 모를 것이다. 그러나 자살은 예방할 수 있고 자살자를 도울 수 있는 방법은 많다. 실제로 내담자에 대한 자살사고 질문은 그의 절망감과 고독감을 감소시키고 그것 자체가 치료적이다.

셋째, 때로 상담자가 자살가능성을 무시함으로써 내담자의 우울증의 심각성을 부정하기를 원한다.

넷째, 상담자는 우울한 사람에게 자살사고가 얼마나 보편적인지에 대해 잘 모를 수도 있다.

다섯째, 만약 내담자가 심하게 우울한 것 같이 보이지 않으면 상담자는 그가 '자살할 만큼 우울하지 않다.'고 느낄 것이다. 그러나 자살위험은 우울증의 심각성과 상관이 없다.

우울증에서 자살로 인한 사망률은 5~15%로 추산된다. 따라서 상담자는 우울하다고 말하는 사람에게 자살에 관해 물어보는 것이 필수적이다. 많은 자살자들이 자살 직전에 누군가와 접촉한다. 그러나 그들이 자살하려는 사실을 자진해서 상담자에게 말하는 것은 아니다. 만약 상담자가 몇 가지 요점에 대해 질문하면 계획에 대해 알 수 있고 자살을 예방할 수 있는 조치를 취할 수 있다. 많은 우울한 사람들이 자살하기 전에 자살에 대해 숙고하지만 실제 사건은 종종 충동적으로 수행된다. 다음 지침은 상담자가 자살에 대해 물어볼 때 유용하게 쓸 수 있는 것들이다(이정윤, 2022).

① 내담자가 자살에 대한 생각을 자진해서 말하지 않으면 "당신은 스스로를 해치려는 생각을 할 정도로 기분이 나쁜 적이 있었습니까?"라고 질문하라.
② 내담자가 그렇다고 대답하면 "스스로를 죽이려는 생각을 가진 적이 있습니까?"라고 구체적으로 질문하라.
③ 내담자가 그렇다고 대답하면 "당신의 생각은 어떤 것입니까?"라고 묻고 만약 그가 자살계획에 대해 기술하면 다음 ⑤번 항목으로 가라.
④ 내담자가 자살계획에 대해 말하지 않으면 '당신은 죽고 싶은 생각이 있습니까?'라고 묻는다. 만약 그렇다고 하면 그로 하여금 계획을 설명하게 하고 그것의 치명도를 평가하라. 총이 없으면서 자기를 쏘겠다는 내담자는 전화를 끊고 나서 과량의 약물을 복용하겠다는 내담자보다 즉각적인 위험이 아니다.
⑤ "만약 당신이 스스로를 죽이면 무슨 일이 일어나리라고 예견하나요?"라고 물어라. 실제로 죽을 것이라고 기대하지 않는 내담자는 누가 그의 장례식에 참석할 것이며 그가 죽었을 때 사람들이 그에 대해 어떻게 느낄지 등의 분명한 생각을 갖는 경우보다 위험성이 적다. 자살에 대한 계획 없이 자살시도를 하는 내담자는 물론 오산해서 진짜 죽으려고 의도한 사람과 마찬가지로 죽음으로 끝날 수도 있다.

⑥ 아직도 자살의 위험성에 대해 확신할 수 없으면 높은 자살위험도와 연관된 요인들을 평가하라.
⑦ 이제 내담자에 대한 상담자 자신의 반응을 평가해야 한다. 이미 수집된 정보와 상관없이 내담자가 자살할 것이라고 느낀다면 그런 느낌은 심각하게 다뤄져야 한다.
⑧ 만약 자살 가능성이 있다면 즉각적인 정신과적 자문 또는 의뢰를 하라.

2) 전화상담 중기

전화상담 중기에는 내담자와 밀접한 관계를 유지하면서 이해하고 공감하면서 우울상태와 자살사고를 확인하고 그를 위해 어떤 노력들을 해 왔는지 탐색하며 방안을 강구하는 시기이다. 상담자의 관심과 수용이 내담자로 하여금 무가치한 것이 아니고 중요한 사람임을 알려 주게 되므로 내담자의 느낌이 좋아지는 것을 도와줄 것이다.

내담자의 감정과 생각이 우울증을 초래한다는 것을 이해할 수 있도록 해 주는 것부터 시작한다. 내담자가 이런 감정과 사고를 말로 표현하도록 이끌고 상담자가 지속적으로 지지하고 재확인함으로써 우울감이 해소될 수 있다. 생활 스트레스에 대한 심리적 반응으로 나타나는 우울증은 전화상담이 효과적일 수 있다. 그러나 식욕부진이나 심각한 체중 감소 등의 신체 증상이 있거나 우울증에 대한 가족력이 있는 경우, 증상이 심할 때는 정신과 전문의의 약물치료가 필요하다.

상담 중기에는 우울감을 해소하기 위해 내담자가 어떤 방안들을 사용해 왔는지 이야기하게 하고 다른 여러 가지 방안을 함께 탐색하는 것이 필요하다.

우울이 심각한 수준에 이르면 손가락 하나도 움직이는 것이 쉽지 않고 어떠한 것에도 의미를 느끼지 못하게 된다. 아침에 눈 뜨는 순간이 가장 괴로울 것이고 몸과 마음이 무겁기만 하고 모든 일상이 귀찮게 느껴질 것이다. 이 경우, 몸을 계속 움직일 것을 권유한다. 기분에 휩싸여 몸을 움직이지 않으면 하루 종일 그 자리에 머무르게 될 수도 있다. 그래서 우울할 때 더 깊은 우울로 빠지지 않으려면 강제로라도 몸을 움직여서 활동 수준을 증가시켜야 하는데 혼자서는 어려우니 가족이나 친구가 곁에서 도와주어야 한다.

규칙적인 식사와 수면 및 적당한 운동 등의 생활습관은 어떠한지 질문하여 규칙적으로 하던 일을 계속하도록 함께 루틴을 만들어 본다. 규칙적으로 일어나고 출근해서 일하고 제때 밥을 먹어야 하며 해야 할 일을 미루지 말고 힘들더라도 하려고 노력해야 한다. 일상적으로 하던 일을 멈추지 않고 지속하는 것이 더 깊은 우울로 빠지지 않게 막아 주는 역할을 한다.

그리고 우울할 때 마음속의 고민을 털어놓고 이야기할 친구나 가족, 영적 공동체가 있는지도 질문한다. 혼자서 끙끙거리면서 속으로 간직하면 문제가 사라지기는커녕 마음속 깊이 들어가 자리 잡게 되고 고민을 함께 나눌 사람이 없다고 여겨져 더 외로워지고 혼자 외딴섬에 갇힌 것처럼 심한 고립감을 느끼게 된다.

정신의학과나 정신건강복지센터에 다니고 있는지도 질문한다. 정기적으로 방문하여 증상이 악화할 경우 무엇을 할지 계획을 세우고 증상이나 느낌이 변하면 전문가에게 문의하고, 가족과 가까운 사람들에게 경고신호를 알아차릴 수 있도록 도와 달라고 요청하고, 알코올 및 마약성 약물을 피하도록 한다.

이 외에도 각자 자신의 우울한 기분을 조절하고 마음을 다스리기 위해 자신에게 도움이 되는 방법을 잘 개발하여 스스로 적용하고 실천하면서 힘든 마음을 다스려 갈 수 있도록 상담자와 내담자가 함께 탐색해 보는 것이 필요하다.

3) 전화상담 종결기

전화상담 초기에 내담자의 우울감을 잘 들어 주고 반영적 경청과 공감으로 신뢰관계를 형성하고, 우울증을 다루기 위해 내담자가 어떤 노력을 해 왔는지 탐색하며 여러 구체적인 방안을 함께 나누고 난 후, 종결기에는 이제 앞으로 내담자가 자신의 우울감을 변화시키기 위해 어떤 행동을 취할 것인지, 지금 마음이 어떠한지 물어보고 마무리한다. 전화가 끝난 다음에는 내담자의 마음이 편안해지고 안정된 느낌이 들어야 한다. 내담자가 결코 혼자가 아니고 그를 도와줄 사람과 기관이 있음을 알게 되면 마음이 편안해진다. 그리고 우울감이 어느 날 갑자기 일어난 것이 아니고 서서히 스며든 것이므로 지금부터라도 과거의 불건강한 습관에서 한 발이라도 앞으로 내딛을 수 있는 용기가 생길 수 있도록 도와야 한다.

상담자는 1시간 이내의 전화상담으로 내담자의 우울이 해소될 수 없음을 기억하고 1시간 내의 시간을 소중히 사용하여 그 순간에라도 내담자의 마음 깊은 속에 상담자가 함께 머물러 있어 주는 것이 중요하다. 우울한 사람들의 최종적인 생각은 이렇게 사느니 죽는 게 낫지 않을까 하는 절망감이다. 단 한 사람이라도 자신의 마음을 깊이 알아 주고 진정으로 이해해 주는 사람이 있다면 누구도 자살하지 않는다. 사람은 누구나 잘 살고 싶다. 누구보다도 잘 살고 싶은데 잘 살기가 어려워서 죽고 싶은 마음이 드는 것이다.

4. 불안한 내담자 상담

서울생명의전화에 걸려 오는 정신건강문제 중에서 우울 다음으로 많은 것이 불안이다. 일반적으로 불안은 우울과 함께 사람들이 가장 흔하게 겪는 정신장애 중 하나로 알려져 있다. 불안은 일반적으로 여성에게서 남성보다 2배 이상 높게 나타나는 것으로 보고된다. 여성의 불안장애 평생 유병률(보건복지부, 2021)은 13.4%로 열 명 중 한 명이 넘는 여성들이 불안장애 진단을 받을 정도로 여성에게 불안은 매우 흔한 정신과적 문제이다.

불안은 위험이나 위협을 느낄 때 경험하게 되는 감정으로, 편치 않고 불쾌하며 때로는 끔찍하고 고통스럽기까지도 한 감정이다. 불안은 사람들을 힘들게 하므로 안 좋은 감정으로 생각할 수 있으나, 불안은 결코 느껴서는 안 되는 안 좋은 감정이 아니다. 불안을 유발하는 상황에서는 불안을 느껴야 그 상황에서 적절한 반응을 할 수 있게 된다.

그러나 현실적인 위험이나 위협이 없는데도 불구하고 불안을 심하게 느끼거나, 불안을 느끼게 하는 요인이 사라졌는데도 불안이 계속 지속되는 경우 병적인 불안이라 할 수 있다. 즉, 불안이라는 감정 자체가 비정상적인 것은 아니지만 불안을 느끼지 않아도 되거나 불안을 느낄 필요가 없어졌는데도 계속해서 불안을 과도하게 느껴, 이로 인해 일상생활을 하는 데 심각한 지장을 받거나 고통을 경험한다면 어느 정도 치료가 필요한 상태라고 볼 수 있다.

불안을 겪을 때 경험하는 증상은 정서, 신체, 인지, 행동으로 나타난다.

정서적 증상으로는 안절부절못하고 긴장감과 초조감을 느끼며 두려움을 겪거나 심하면 공포감도 느끼게 된다. 신체적 증상으로는 심장박동이 빨라지고, 호흡이 가빠지며, 땀이 나고 소변이 자주 마렵고, 근육이 긴장되거나 소화가 잘 안 된다. 인지적 증상으로는 앞으로 일어날 일에 대한 과도한 걱정을 하는 것으로 나타난다. 아직 일어나지도 않은 일에 대해 미리 염려하고 노심초사 걱정하는 예기불안(anticipatory anxiety)으로 미리 염려하여 온갖 부정적인 생각들을 떠올리게 된다. 이처럼 불안하게 되면 나쁜 일이 일어날 가능성을 과대평가할 뿐 아니라, 그 일이 가져올 결과를 극단적으로 생각하게 된다. 불안하면 주의 집중을 제대로 하기 어렵고 기억력도 줄어들게 되며 현재 걱정하는 것 이외에 다른 것을 생각하는 것이 힘들다. 행동적 증상으로도 회피라는 행동을 나타내는데 불안의 감정은 고통스럽고 때로는 위협적으로 느껴지기 때문에 사람들은 불안을 느끼는 상황에서 빨리 벗어나고 싶어 한다. 이러한 회피행동은 불안으로부터 자신을 보호해 주는 일시적 효과가 있지만 중장기적으로는 불안을 극복하는 데 전혀 도움이 되지 않는다.

불안장애 중에서 최근에 많이 발생하는 것이 공황장애이다. 공황장애는 위협이 가해지는 특별한 외부 자극이 없는데도 갑자기 극심한 불안과 공포감을 반복해서 느끼고 그에 대한 예기 불안이 지속되는 질환이다. 숨을 못 쉬어 죽을 것 같고 실제로 심장도 두근대고 조이는 등 다양한 심리적, 신체적 증상을 '공황발작'이라고 하며 특별한 원인이나 예고 없이 공황발작이 반복적으로 나타나면 공황장애로 진단할 수 있다. 어떤 사람들은 그냥 아무 일 없이 쉬고 있다가 갑자기 증상을 경험하기도 하고 어떤 사람들은 운전하다가 갑자기 이런 순간을 맞이하기도 한다. 누구든 이런 증상을 처음 경험하면 무척 놀라고 당황할 것이며 심장이나 몸에 큰 이상이 생긴 것은 아닌지 염려되어 병원을 찾을 것이다. 그러나 검사 결과 기질적인 문제가 없는 것으로 나오면 정신과적 문제인 공황장애일 가능성을 의심하여 정신과 치료를 권유받게 된다. 공황장애는 한 번 증상이 나타나면 재발하는 경우가 많아 증상이 만성화되는 경향이 있으므로 발병 초기에 빨리 병원을 찾아 정확한 진단을 받고 적절한 치료를 하는 것이 매우 중요하다.

불안한 내담자 가운데는 공황장애 다음으로 강박장애도 있다. 강박이란 어떤 생각이나 감정에 사로잡혀 심리적으로 심하게 압박을 느끼는 것으로 특정한 생각이나 충동이 개인의 의지와 상관없이 자꾸 떠올라 이에 대해 지나치게 집착하고 이로 인해 관련된 행동을 계속 반복하게 되는 것을 의미한다.

보통 강박증이라고 하면 생각과 행동 두 가지 측면에서 모두 증상이 나타나는데 먼저 생각에 지나치게 집착하게 되고 이로 인해 반복적인 행동을 계속하게 되는 것이 강박증의 주 특징이다.

강박사고와 강박행동을 둘 모두 가지고 있을 수도 있고, 어느 한 가지만 있을 수도 있는데, 기본적으로는 강박사고로 인한 불안으로 인해 강박행동으로 이어지는 과정으로 이해할 수 있다. '강박사고'는 본인의 의지와 상관없이 특정한 생각, 충동, 또는 이미지가 침투적이고 반복적으로 떠오르는 것을 말한다. 흔한 강박사고로는 오염에 대한 생각, 공격적이거나 난폭한 생각, 성적인 생각, 신성 모독적이거나 도덕적 관념에 대치되는 생각 등이 있다. 이것은 자신이 생각하고 싶어서 생각하는 것이 아니며 조절하기가 어렵다. '강박행동'은 강박사고에 대한 반응으로 수행하거나 자신만의 엄격한 규칙에 따라 수행하는 반복적인 행동이다. 그중 반복적인 확인과 청결 행동, 정렬 행동을 하는 것이 흔하다.

불안을 호소하면서 전화하는 사람 가운데 당장 숨도 못 쉬겠다며 놀라서 전화하는 사람도 있지만 막연한 불안감으로 이말 저말하는 사람도 있다. 현실적인 위험이나 위협이 없는데도 불구하고 불안을 심하게 느끼거나, 불안을 느끼게 하는 요인이 사라졌는데도 불안이 지속되는 병적인 불안을 호소할 때는 전문적인 치료를 받도록 권유하지만 우선 호소내용을 잘 들어 주면서 마음을 안정시키는 일이 중요하다. 당황해서 전화할 때 상담자의 차분하고 부드러운 목소리를 들으면 마음이 가라앉는 경우가 많다. 불안한 이유가 객관적인 어떤 사실로 인한 것이기보다 느낌이기 때문에 그 느낌을 다루어 줄 필요가 있다.

불안한 사람과의 전화상담에서는 잘 들어 줌과 동시에 이들이 스스로 할 수 있는 것을 알려 주는 것이 좋다. 우선 불안으로는 죽지 않는다는 믿음을 가지는 것이다. 이를 위해서는 병원에서 신체검사를 하고 나서 큰 문제가 없다는 것을 알게 된 후, 의사가 알려 준 대로 죽지 않고 문제가 되지 않는다는 것을 믿어야 한다. 믿음을 가지면 이후에는 불편감이 있더라도 30분 정도 후에 지나가게 되는 경우가 많다.

불안해지기 시작되었을 때 심호흡을 하게 하는 것도 좋다. 전화상으로도 상담자와 함께 깊게 호흡하면서 마음을 안정하는 것이 좋다. 또한 상상력을 이용하여 내 마음이 가장 편안하고 안전하게 느껴지는 장소를 미리 설정하는 상상이완훈련(안전지대 적용)도 좋다. 장면이 잘 떠오르지 않는다면 본인이 그린 그림이나 사진을 찍은 휴대폰을 보면서 시도해 볼 수 있다. 그리고 공황발작에 대한 불안이 생길 때 나만의 안전지대를 떠올리며 안전지대로 들어가는 상상을 해 보는 것으로 공황발작의 빈도를 줄일 수 있다. 근육 이완 기법도 효과적인 것으로 알려져 있다(국립정신건강센터 유튜브 참고: 마음 안정화를 위한 근육이완운동). 기초적인 근육 이완 기법은 특정 근육을 긴장시켰다가 이완시키는 방법이다. 예를 들어, 발가락을 약 10초 동안 긴장감이 들도록 구부리고 있다가 펴 주는 방법이다. 잠시 후에는 발가락이 아닌 발목을 해 볼 수 있다. 이런 식으로 몸의 여러 근육을 긴장시켰다가 이완을 시키며 자신의 몸이 어떻게 느끼는지에 대해 집중하면서 불안을 해소한다.

5. 성격문제 내담자 상담

성격은 정신건강과 관련하여 사람들의 일상생활 전반에 걸쳐 매우 의미 있고 중요한 영향을 미친다. 성격은 인간관계와 스트레스에 대처하는 방식에 영향을 미치고 사람들이 걸리기 쉬운 질환에 차이를 가져오기도 한다. 정신적으로 건강하고 성숙한 삶을 살아가기 위해 자신의 성격을 보다 잘 이해할 필요가 있다.

사람들은 자신이 처한 상황에서 살아남기 위해 독특한 성격을 발달시킨다. 성격은 한 개인의 독특한 행동, 사고, 감정의 패턴을 창조하는 개인 내부의 역동적 조직으로 한 개인의 역동적 조직인 성격은 사람마다 독특한 행동과 사고 그리고 감정의 차이를 만들어 내므로 한 사람을 다른 사람과 구별하는 것이 가능해진다. 성격은 오랜 기간에 걸쳐 누적된 경험으로 인해 형성되는 것이며, 이에 한 개인에게서 비교적 일관되게 나타난다. 따라서 성격은 안정적인 특성을 지니며 이는 한 개인에게서 나타나는 모습이 쉽게 변하지 않고 일관성 있게 지속되게 하는 데 기여한다.

성격발달에 영향을 미치는 요인은 크게 기질과 환경 두 가지로 생각할 수 있다.

사람들은 서로 다른 기질을 지닌 채 태어나고 서로 다른 환경 속에서 성장한다. 기질은 유전에 의해 상당 부분 영향을 받으므로 '성격의 타고난 속성' 또는 '성격의 선천적 경향성'이라고도 칭한다. 이에 기질은 사람들이 성장하고 발달하면서 형성하게 되는 성격의 모체가 된다.

이러한 유전적 특징들과 양육환경을 비롯하여 살아가면서 후천적으로 하게 되는 경험도 사람의 성격에 영향을 미친다. 사람마다 환경의 차이가 다양하지만 성격 형성에 부모가 공통적으로 영향을 미친다. 부모가 어떤 방식으로 양육했는지, 부모와의 관계는 어떠했는지가 성격 형성에 매우 중요한 영향을 미친다.

따라서 기질과 환경 두 가지가 상호작용하면서 성격 형성에 영향을 주는 것으로 본다. 유전적으로 누구도 완벽하게 정상인 사람은 없고 유전적 결함은 인지장애, 조현병, 양극성장애를 유발시킬 수 있는 기질과 민감성에 본질적 차이가 있다.

아동기에 긍정적인 양육은 가족과의 관계에서 시작하며 사랑과 안정감, 수용감을 주며 아동기에 어머니 부재, 부모의 거절, 형제 간 경쟁, 대화 단절 등 환경과 관련된 부정적 양육도 영향을 미친다. 긍정적인 생활환경에서 자라면 정서적 안정이 일어나나 부정적 환경에서 자라게 되면 무력감, 무능감, 무가치함이 생길 수 있다.

아동은 의사소통 방식뿐 아니라 상호작용양식, 관계 규칙, 신념, 가치체계 등 모든 것을 부모로부터 배운다. 부모는 자신에게 익숙한 생존 방식을 자녀에게 전달하고 자녀는 그것을 자동적으로 반복하며 살게 된다. 그러나 건강한 사람은 부모에게서 받은 왜곡된 방식이 아닌 새로운 생존방식을 배우고 그것에 근거한 더 나은 선택을 하면서 자기 삶을 스스로 책임지며 사는 사람이다. 자기 삶을 책임진다는 것은 행동뿐 아니라 감정을 포함한 모든 것을 책임진다는 것을 뜻한다.

상담하기 어려운 내담자 가운데 성격에 문제가 있는 사람들이 많아서 성격장애에 대한 이해가 필요하다. 성격장애는 자신과 환경에 대해 지각하고 사고하고 관계하는 양상의 바탕을 이루는 성격특질이 융통성 없이 경직되거나 매우 부적응적이어서 중요한 기능적 손상과 주관적 고통을 야기하는 정신과적 질환이다. 다시 말하면 성격장애는 지각하고, 느끼고, 생각하는 방식, 특히 타인과의 인간관계 형성방식에서 심각하게 벗어나는 행동양식을 나타내기 때문에, 개인의 사회적 기능과 활동에 심각한 장애를 초래하고 가끔은 주관적 고통을 수반할 수 있다는 특징을 갖고 있다. 성격장애의 양상은 대개 청소년기나 성인기 초기에 나타난다. 성격장애는 한 개인에게 오랫동안 지속되어 온 잘못된 생활양식을 말하며, 생후 최초로 그리고 지속적으로 만나는 가족과의 관계 속에서 형성되는 것이다.

어떤 성격이 이상에 속하는 성격이며 어디까지가 정상이고 어디서부터가 이상에 속하는 것인지 판별하기는 쉽지 않다. 일반적으로 성격이 매우 극단적이고 역기능적이어서 자신 또는 타인에게 심각한 어려움과 고통을 유발할 때 성격장애 진단이 가능하다는 점은 분명하다. 따라서 단순히 성격이 독특하거나 특이한 것과 성격장애는 구분이 되어야 한다. 사람들은 모두 특정 성격 성향을 지니고 있다. 어떤 면에 있어서 우리 모두는 부분적으로 성격이 독특하다고 할 수 있을 것이다. 그러나 모두 문제가 되는 것은 아니다. 성격장애라는 진단은 이러한 성격적 특징들이 매우 부적응적이어서 사회적, 직업적 기능에 손상을 가져오거나 대인관계에 있어서 지속적으로 문제를 발생시킬 때 비로소 가능해진다. 따라서 일반적으로 성격이 독특한 수준과 소위 성격장애는 구분이 가능하다.

대부분의 정신과적 장애는 비교적 무난하게 지내던 사람이 특정 시점에 특정

증상을 나타내면서 진단을 내리게 된다. 가령 주요우울장애의 경우 살다가 어느 시점부터 우울한 증상이 나타나기 시작하고 이때 나타나는 증상이 주요우울장애 진단기준을 충족할 경우 진단이 가능하다. 그러나 성격장애는 아주 어린 생애 초기부터 서서히 형성되고 발전되어 온 성격 자체에 문제가 생기는 것으로 그 진행에 있어서 만성적 경과를 보이는 점에서 다른 정신과적 장애들과 구별된다. 오랜 시간을 두고 서서히 형성되고 발전되는 이러한 특성으로 인해 대부분의 성격장애자들은 자신의 성격에 문제가 있다는 점을 인지하기 쉽지 않다.

DSM-5에 제시되어 있는 성격장애의 진단적 특징을 보면, 성격장애는 개인이 속한 문화에서 기대되는 바로부터 현저하게 편향된 내적 경험과 행동이 지속적으로 나타나는 것으로서, 일반적으로 사람들이 지니는 '성격특질'이 매우 경직되거나 부적응적인 모습으로 나타나는 것을 의미한다. 이러한 모습은 개인의 생활 전반에 걸쳐 나타나는데 대개 성격장애는 청소년기나 성인기 초기에 발병하여 비교적 오랜 기간 동안 지속된다. 성격 특질(personality traits)은 일반적으로 사람들이 자신과 환경에 대해 지각하고 관계하고 사고하는 양상을 의미한다. 이러한 성격 특질도 부분적으로 역기능적이고 부적응적일 수 있겠으나 그렇다고 해서 그 자체로 성격장애가 되는 것은 아니다. 성격장애는 성격특질이 지나치게 역기능적으로 나타나는 것이며, 따라서 성격장애의 진단은 사람들이 지니는 성격특질이 지나치게 경직되거나 부적응적이어서 개인의 사회적, 직업적 기능 등에 걸쳐 현저한 고통과 손상을 초래할 때 가능하다.

성격장애는 모두 3개의 범주로 A군, B군, C군 성격장애로 구분한다. A군 성격장애는 기괴하고 괴상한 것을 특징으로 하는 성격장애로 편집성, 조현성, 조현형 성격장애가 포함된다. B군 성격장애는 드라마틱하고 감정적이며 기분이 왔다 갔다 정서가 불안정하고 변덕스러운 것을 특징으로 하는 성격장애로 반사회성, 경계성, 연극성, 자기애성 성격장애가 포함된다. A군은 그 나름의 고유한 독특함으로 인해 역기능적인 면이 지속적으로 발생했다면 B군 역시 그 고유의 잘 조절되지 않는 정서로 인해 부적응적이고 역기능적인 모습이 지속적으로 드러난다. C군 성격장애는 불안하고 겁이 많은 특징을 지닌 성격장애로 회피성, 의존성, 강박성 성격장애가 해당된다. A, B, C 세 가지 성격장애 범주 가운데 A군 성격장애는 정신증적 장애와 관련이 있다. 실제로 A군 성격장애는 조현병 환자가 있는 가족에게서 더 많이 발생하며 A군 성격장애를 지닌 사람의 경우 심한 스트레스를 받을 때 일시적으로 단기 정신증적 삽화를 보이기도 한다. 그러나 이들이 조현병에서 보이는 것만큼 증상이 심각하게 나타나는 것은 아니다.

전화상담에서 자주 만나게 되는 내담자 가운데 상담하기 까다롭고 어려운 사람들 중에 성격에 문제가 있는 사람들이 많다. 의존적이고 약한 성격 탓에 일상생활에서 일어나는 크고 작은 문제들을 스스로 감당할 수 없다고 느끼고 끊임없이 다른 사람의 돌봄을 요구하고 상담자가 대신 판단을 내려 주기를 바라는 의존성 성

표 12-3 DSM-5 성격장애

A군: 기괴하고 괴상한 행동	
편집성	타인에 대한 심한 불신과 의심, 타인의 동기를 악의적으로 해석하는 형태
조현성	사회적인 관계로부터의 이탈이 심한 형태로 대인관계에서 감정표현이 극히 제한적임.
조현형	사회적 결함과 대인관계에 결함이 심한 형태로 친밀한 교제관계를 갖는 능력이 감소되고 심한 불안을 느낌, 인지와 지각이 왜곡되고 괴상한 행동을 함.
B군: 극적이고 변덕스러운 정서적 장애	
반사회성	타인들의 권리에 대한 무시, 침해가 몸에 밴 형태
경계성	대인관계와 교제, 자아상, 감정, 그리고 능동통제의 불안정이 심한 형태
연극성	과도한 감정과 타인의 주목을 과도하게 추구하는 형태
자기애성	상상이나 행동이 과장되고, 칭찬에 대한 욕구, 그리고 공감의 결여가 심한 형태
C군: 불안하고 두려워하고 겁 많은 행동	
회피성	사회적 억압, 무능감, 부정적인 평가에 대한 과민증이 심한 형태
의존성	보호받고자 하는 욕구가 과도하게 몸에 밴 형태로 복종적이며 집착적인 행동, 분리에 대한 공포로 이어짐.
강박성	질서, 완벽주의 그리고 자신의 정신과 대인관계에 대한 억제에 심하게 몰두하는 형태로 융통성, 솔직성, 능률성이 결여됨.

격인 사람들, 두 가지 방안 중에서 당신 같으면 어떻게 하겠냐며 직접적인 답변을 요구하는 사람들, 버림받는 것에 대한 강한 두려움으로 인해 대인관계가 불안정한 성격인 사람들, 지나치게 의심이 많아 사람의 행동을 악의적으로 해석하고 적대적이고 호전적이어서 갑자기 전화 도중에 상담자의 반응에 대해 욕설을 하거나 고발하겠다는 사람들, 피상적이고 자기중심적인 특성으로 인해 상담자로부터 관심을 끌려는 태도로 인해 상담자에게 지나치게 의존하거나 혹은 상담자를 조종하는 모습을 드러내는 사람들에게 휘둘리는 일도 종종 있다. 상담자들이 이러한 내담자를 만나게 되면 당황하게 되고 혼란에 빠지게 되기도 한다. 그러나 정신치료에서 "환자는 언제나 옳다."라는 말이 있다. 이 말의 의미는 "환자의 증상은 그 사람의 적응증"이라는 말이다. 현재 내담자의 문제는 그가 지금까지 그런 방식으로 적응하며 살아왔다고 볼 수밖에 없다. 그러므로 다루기 어려운 전화를 받았을 때 당황하지 말고 그런 전화를 할 수밖에 없는 내담자를 이해하려고 노력하는 자세가 필요하다.

성격문제가 있는 사람을 상담할 때 상담자가 유의해야 할 일반관리 지침은 다음과 같다.

① 일부 성격문제가 있는 사람은 대하기가 어렵고 불쾌하고 조종적일 수 있다. 상담자는 이러한 특성으로 그들에 대하여 잘못 이해하거나 평가하지 않도록 하여야 한다. 이들은 지속적, 장기적 문제를 가지고 있기 때문에 일회성 전화상담으로 변화되기 어렵다.

② 내담자와 일정한 거리를 유지한다. 상담자는 내담자의 친구도 협조자도 아니며 단지 내담자와 상담자의 관계일 뿐이다. 내담자의 생활에 지나치게 개입하거나 호의를 보이거나(예: 상담자의 전화번호를 알려 주는 행동 등) 상담자 자신의 문제와 내담자를 연결 짓는 일 등은 피하도록 한다. 처음부터 분명히 하지 않으면 이러한 경계선 문제가 나중에 많은 난제를 가져올 수 있다.

③ 상담자는 스스로 내담자에게 '구원자'가 되어야 한다는 생각을 버리도록 한다. 성격문제가 만성화될 경우 내담자는 다른 상담자를 찾아가게 된다. 상담

자의 역할은 내담자가 자신의 성격을 스스로 깨달을 수 있도록 돕는 것이다.

④ 상담자는 동료상담자나 지도 상담자로부터 스스로 지지를 구하도록 한다. 성격문제는 부담스러울 수 있으며 상담자도 항상 조언과 자문이 필요할 것이다.

1) 편집성 성격자 전화상담

이들의 주요 특징은 지나치게 의심이 많은 것이다. 사람의 행동을 악의적으로 해석하여 실제로는 사실이 아님에도 다른 사람이 자신에게 고의로 해를 입히거나 자신을 모욕하는 것으로 생각한다. 늘 가상의 위험을 예상하며 지내기 때문에 주변 사람을 항상 경계하고 의심하며, 사람들에게 적대적이고 호전적인 행동을 나타내기도 한다. 이들은 자신이 받았다고 생각하는 모욕이나 상처에 대해 분개하며 상대를 향해 오랫동안 원한을 품는다. 이러한 이유로 인해 지속적으로 주위 사람들과 크고 작은 갈등이나 다툼을 겪는데, 막상 이것이 자신의 성격특징으로 인해 비롯된 문제라는 인식은 별로 없는 편이다. 전화상담을 할 때는 다음과 같은 면을 고려할 필요가 있다.

(1) 저항의 인식

전화상담 중에 갑자기 상담자의 반응에 대해 적대적인 태도를 보이며 거친 말투를 보이기도 한다. 이들은 상담에 크게 저항한다. 왜냐면 자신은 스스로 치료나 상담을 받아야 할 문제가 없다고 생각하기 때문이다.

(2) 상담 초기 신뢰관계 형성의 중요성

이들은 과도하게 예민하고 쉽게 성내며, 논쟁적이고 긴장되어 있어 관계를 잘 형성하는 것이 매우 중요하므로 상담자는 상담 초기에 이들이 지니고 있는 잘못된 생각이나 의심을 성급하게 직면시키기보다 이들이 느끼고 있는 감정에 공감하면서 신뢰관계 형성에 주력할 필요가 있다. 내담자의 심리적 친밀감을 유지하기 위해서 그들의 주장에 비판이나 해석함이 없이 들어 주는 태도가 중요하다. 그래서 상담자가 자신을 돌보아 주는 사람이라는 느낌이 들도록 해야 한다. 그러나 너무 잘해 주거나 지나친 관심을 표시할 경우에 오히려 그 동기를 의심받게 되므로 이런 태도는 지양한다. 이들의 정서반응은 깊지 못하여 다른 사람에게 차갑고 무뚝뚝하게 보인다. 또한 이들이 우울이나 불안과 같은 증상을 경험하고 있다면 성격문제를 다루기 전에 이러한 증상들을 먼저 완화시키도록 돕는 것이 필요하다. 이렇게 상담 초기에 상담자와 신뢰관계가 형성되고 정서적 증상이 완화되는 것을 경험하면 상담을 지속적으로 하게 될 가능성이 높아지므로, 이를 바탕으로 상담 중기에 문제의 근본 원인이 자신에게 있음을 자각하게 함으로써 자신을 변화시키기 위한 실제적 노력을 기울이도록 도와야 할 것이다.

(3) 낮은 자존감

편집성 성격을 가진 사람들은 자신을 열등하고 약하며 무능하다고 느낀다. 따라서 이들에게서 흔히 보이는 우월감이나 특별하다는 느낌은 열등감을 메우기 위한 보상적 방어로 이해될 수 있다. 이들의 마음속에 있는 낮은 자존감의 발달로 인해 권위적인 사람에게 복종하거나 업신여길 것이라는 기대와 생각에 커다란 관심을 갖는다. 그래서 상담 시 내담자의 자존심과 체면을 세워 주며 그의 경험에 공감하며 내담자의 말을 진실이라고 생각하고 도전하지 말아야 한다.

(4) 분노를 표현하도록 격려

내담자의 분노를 가급적이면 자세하게 들어 주고 난폭한 행동을 하게 된 경우 그것을 대신할 수 있는 가능한 다른 건설적인 방법을 제공하여 잘 제어하도록 한다.

2) 조현성, 조현형 성격자 전화상담

조현성 성격인 사람들은 사회적 관계에 무관심하고 정서경험과 표현의 폭이 매우 협소한 것이 주요 특징으로 친밀한 관계를 형성하고자 하는 욕구가 매우 부족하여 사람들과 떨어져 혼자 지내는 경우가 많다. 조현형 성격인 사람은 특이하고 기이한 사고나 행동양상을 보이고 대인관계를 불편하게 여기거나 대인관계에서 어려움을 경험하는 것과 같은 사회적 고립을 나타내는 것이 주요 특징이다.

이 둘은 모두 어느 정도 조현성향과 관련 있는데 이 중 가장 경미한 경우를 조현성, 조현형 성격장애 그리고 가장 증상이 심하게 나타나는 것을 조현병으로 진단할 수 있다.

이들은 자신의 성격문제로 상담이나 치료자를 찾는 경우는 매우 드물고 대신 우울이나 불안과 같은 다른 문제로 전문가를 찾는 경우가 있다. 전화상담에서 만나게 되는 경우는 매우 드물지만 만나게 되면 효과를 보기 위해서는 상담자와 내담자 간 신뢰관계 형성이 필수적이므로 이들이 전화를 걸어 온 경우 관계를 잘 형성하도록 하는 것이 우선적으로 중요하다. 그리고 어렵지만 이와 더불어 자신의 관점에만 몰입하기보다 조망을 넓혀서 다른 사람의 관점에서 생각과 경험을 검토하게 함으로써 보나 객관적으로 사고하고 인식하도록 도울 필요가 있다. 또한 이와 함께 적절한 사회성 기술을 지니게 도움으로써 긍정적인 사회적 접촉의 빈도를 점차 증가시켜 나가도록 한다.

① 경청, 이해, 공감: 내담자가 착각이나 마술적 사고 등을 보일지라도 상담자는 매우 신중한 태도로서 그의 이야기를 경청하고 이해하며 공감하는 것이 가장 중요하다. 내담자의 이야기를 비판하거나 흥미 없는 태도를 취해서는 안 된다.

② 따뜻한 인간관계 유지: 이들은 사회적으로 고립되어 있기 때문에 늘 위축되어 있거나 공상하며, 대인관계의 부자연스러움을 겪고 있으므로 이러한 메마른 감정을 재생시키는 따뜻한 인간관계를 느낄 수 있도록 한다.

③ 칭찬과 격려: 사랑하는 자녀를 조심스럽게 다루듯이 장점을 알아 칭찬과 격려를 해 줌으로써 부끄러움을 잘 타며 의심이 많고 두려워하는 듯한 내담자의 모습이 개선될 수 있다. 현재의 있는 모습 그대로 수용하여 존중받고 사랑받는다는 것을 알려 준다.

④ 지지상담: 내담자의 이야기를 경청해 주고 이해하려는 노력의 자세에서 출발해야 한다. 신뢰관계가 형성되면 내담자는 상담자를 인정하게 되고 모든 사람에게 품고 있는 불신을 씻고 속을 허물어 놓는 대화를 하게 될 것이다. 만일 내담자가 심한 편견이나 곡해, 타협의 거부와 완고함, 그리고 자기불만감과 질투적 견해 등으로 꽉 차 있을 때 내담자 자신을 도와주는 지지상담을 통해 사랑하는 자녀를 대화하듯 그 삶의 장점을 보고 잘한 점을 칭찬해서 건전한 부분을 키워 나가는 것이 좋다.

⑤ 자존감 향상기법: 항상 열등감과 우월감 사이를 시계추처럼 왔다 갔다 하면서 괴로워하며 수동적으로 자신을 격리하는 이들의 가장 큰 문제는 자신을 늘 비하시키고 무가치한 존재라고 생각한다는 것이다.

3) 반사회성 성격자 전화상담

이들의 특징은 다른 사람의 권리를 지속적으로 침해하고 무시하는 것으로 절도를 하거나 다른 사람의 재산을 파괴하는 것과 같이 법을 어기는 행동을 반복하며 자신의 이익을 위해 남을 속이거나 거짓말을 반복적으로 한다. 또한 이들은 공격적이고 충동적인 성향이 있어서 실제로 신체적인 싸움을 벌이거나 폭력을 행사하기도 하며, 무책임하고 무모한 성격으로 인해 자신과 타인의 안전을 고려하지 않는 위험한 행동을 벌이기도 한다.

상담자와 친밀한 관계를 형성할 수 없기 때문에 반사회적 성격인 사람과 상담이 불가능하다고 주장하는 사람이 있다. 특히 자신의 거짓말을 느끼지 못하고 상습적으로 거짓말을 하는 사람, 남의 가치나 처지는 전혀 생각하지 않고 행동하는 사람, 자신의 행동이 도덕적으로 잘못되었다는 것을 느끼지 못하는 사람, 사회규범에 순종해야 되겠다는 동기가 전혀 없는 사람, 그리고 장래를 전혀 생각하지 않고 현재에만 만족하고 행동하는 사람들은 상담이나 치료효과를 기대할 수 없다. 불행한 일이지만 대다수의 반사회성 성격을 가진 사람은 범죄로 인해 교도소에서 많은 세월을 보내기 때문에 심리적 회복이 매우 어렵다. 그러나 나이가 40세가 넘으면 심리적으로 안정을 찾는다고 하는 것이 일반적인 견해이다.

이들이 자발적으로 전화상담을 요청하는 경우는 드물다. 또한 심리치료나 상담과 같이 관계를 기반으로 하는 대화치료로 이들을 변화시키는 것이 결코 쉽지 않다. 그럼에도 이들과 전화상담을 하게 된다면 통찰과 행동의 변화를 위해 일회성이 아니라 오랜 기간 동안 상담을 꾸준히 지속할 필요가 있으며, 사회적으로 바람직하고 적절한 수단을 통해 자신이 원하는 바를 이루는 방법을 꾸준히 교육할 필요가 있다. 아울러 자신의 행동이 미치는 영향을 인식하게 하고 다른 사람의 입장에서 생각하는 능력을 키우며, 타인에 대한 공감능력을 향상시키도록 돕는 것이 필요하다.

① 상담자는 안정을 유지하고 결백하며 빈틈이 없어야 한다. 이들은 상담자가 비윤리적이고 부정직한 행동을 하게 하기 위해 어떤 일이라도 할 것이다. 상담자가 자신의 역할을 넘어서서 반사회성 성격인 사람의 생활에 지나치게 깊이 개입하여 이들을 도우려 한다는 것은 매우 위험한 일이다.

② 자신의 행동을 자신의 내적 감정에 연결시킬 수 있도록 도와준다.

③ 과거의 무의식적 자료의 해석보다는 지금 여기서의 현재 행동을 직면시키는 것이 더 효과적이다.

④ 상담 중 역전이를 조심해야 한다.

⑤ 내담자가 상담으로 호전될 것이라는 과도한 기대를 버려야 한다.

4) 경계성 성격자 전화상담

경계성이라는 표현은 신경증과 정신증 어디에도 속하지 않는 사람을 지칭하는 의미로 사용되었다. 이들은 감정과 자기상 또는 대인관계가 극도로 불안정하여 양극단을 오가는 모습을 보이는 것이 특징이다. 또한 매우 충동적인 특징이 있어서 분노를 참지 못하고 공격적이거나 폭력적인 행동을 드러내곤 한다. 이들이 가장 두려워하는 것은 버림받는 것으로, 상상 속에서나 실제로 어떤 식으로든 자신이 버림받는다고 여겨지면 매우 극단적인 감정변화를 보이고 자해 행동을 하거나 심하면 자살시도를 하기도 한다.

이들은 주위 사람을 쉽게 이상화시켜 지나치게 칭송하고 급격하게 친해졌다가 상대가 자신의 기대와 요구에 조금이라도 어긋나는 모습을 보이면 다시 급격하게 태도를 바꾸어 상대를 비난한다. 이처럼 지나친 과잉이상화와 지나친 평가절하의 양극단을 오가는 매우 불안정하고 강렬한 대인관계 양상을 드러내는 것이 특징이다.

이들은 자신을 해치는 행동을 충동적으로 행하기도 하는데, 무모하게 약물을 사용하거나 폭식, 무절제하게 돈을 낭비하기도 하며 자신과 타인의 안전을 해치는 무모하고 위험한 행동을 하고 반복적으로 자해행동이나 자살시도를 하기도 한다.

이들은 심한 스트레스를 겪게 되면 일시적으로 정서가 매우 불안정해져서 기분이 양극을 오가게 되고, 우울이나 만성적 공허감을 느끼며 분노를 폭발하기도 한다. 이렇게 스트레스가 심할 때 일시적으로 편집성 사고나 해리 증상을 보이기도 하는데, 이러한 증상이 몇 분이나 몇 시간 정도 지속되다가 가라앉는다.

이들은 버림받는 것에 대한 강한 두려움으로 인해 대인관계가 불안정하므로 상담자와의 관계 형성을 어렵게 한다. 그러므로 상담자가 적절한 경계를 분명히 설정하여 일관성 있고 안정감 있게 내담자와 관계를 형성하는 것이 좋다.

이들을 상담할 때 보편적으로 사용되는 기본 원칙은 다음과 같다(Waldinger, 1987, Gabbard, 1994).

① 안정감을 준다. 이들은 생활이 혼란스럽기 때문에 외부구조를 안정감 있게 제공하는 것이 좋다. 상담자는 규칙을 어겼을 때는 방침을 명확히 하여 생활에 안정적 틀을 제공한다.

② 상담할 때 침묵을 지킨다든가 사려 깊은 자세를 취하는 것은 바람직하지 않다. 그것은 오히려 내담자에게 관심을 끌지 않거나 심지어 도움을 주지 않으려는 나쁜 의미가 있는 것으로 오해하기 쉽기 때문이다.

③ 자기파괴적 행동을 직면하도록 한다. 자신의 파괴적 행동이 다분히 마술적 사고를 지니고 있어 자신의 환상으로 인하여 행동의 결과를 완전히 망각하고 있기 때문에 상담자는 내담자에게 행동의 결과가 어떤 것인지를 알려 주어 직면하도록 한다. 가령 담뱃불로 자기 팔을 지지면 편하다고 하는 내담자를 대할 때 상담자는 그 행동의 결과로서 입원을 해야 하고, 직장생활을 못하게 되며, 또 의미 있는 대인관계를 유지하지 못하게 된다는 것을 지적해 준다.

④ 행동과 감정 사이를 이해시킨다. 경계성 인격을 가진 사람의 행동은 곧 그 사람의 감정적 언어이다. 그들은 자신의 행동이 감정에 의해 이루어지고 있음을 깨닫지 못할 때가 많다. 그러므로 상담자는 내담자가 행동화에 직면하게 될 때면 언제나 갑작스럽게 악화된 감정상태가 있는지를 반복해서 찾아보고 이해시켜야 한다.

⑤ 환경을 제한한다. 상담자는 상담 중 사살을 행동에 옮기기 전에 상담자에게 그 느낌을 말로 표현할 것, 자살충동이 제어되지 않을 때는 언제라도 입원에 동의할 것 등 많은 규칙을 세운다.

⑥ 현실지향적 접근이 더 효과적이다. 상담자는 지금 여기서의 문제를 다룸으로써 내담자가 전이상황에서 도피할 수 없게 된다. 이들의 행동이 전이상황 안에서 일어남을 기억하고 이들의 무의식을 파헤치는 것보다는 현실에서 매일 경험하는 대인관계상의 문제를 중심으로 방어적인 측면을 해석하는 것이 효과적이다.

5) 연극성 성격자 전화상담

'공주병'이라고도 불리는 연극성 성격인 사람들은 과도한 정서와 지나친 관심을 추구하는 것이 주 특징이다. 이들은 늘 사람들에게 관심과 주목을 받기 원하며, 다른 사람과 비교하여 질투하기도 한다. 이러한 욕구가 충족되지 않으면 예측하기 어려운 기분변화와 함께 다소 극적인 행동을 보인다.

연극성 성격장애는 남성보다 여성에게서 4배가량 더 많이 진단되는 것으로 보고되고 있다. 이들은 다른 성격장애와 달리 스스로 치료받으러 오는 비율이 상대적으로 높은 편이므로 전화상담에서도 자주 만나게 된다. 그러나 이들은 피상적이고 자기중심적인 특성으로 인해 변화가 쉽지 않고, 상담자로부터 관심을 끌려는 태도로 인해 상담자에게 지나치게 의존하거나 혹은 상담자를 조종하는 모습을 드러내기도 한다. 따라서 상담자는 적절한 경계를 잘 유지하면서 이들이 보다 독립적인 존재가 되도록 강화시켜 줄 필요가 있다. 또한 이들은 감정적인 성향이 매우 강하므로 이들의 감정보다 인지적인 부분을 강화해 줌으로써 이들이 보다 구체적이고 내용에 근거한 사고를 할 수 있도록 도울 필요가 있다. 궁극적으로 이들의 상담에서는 다른 사람의 관심과 돌봄을 얻기 위해 사람들을 조종하려는 자신의 모습에 대한 통찰을 갖게 함으로써, 보다 깊이 있고 내면적인 관계를 맺을 수 있도록 돕는 것이 필요하다.

① 연기성은 사람이나 경험에 대해 과대 포장하여 말하는 것이 문제이다. 자신의 생각이나 관점을 일반화시켜 단정을 내린다. 이런 경우 그들의 흑백논리에 도전하여 인지치료를 사용하는 것이 좋다. 가령 애인에게 배신당하고 '내 인생은 이제 끝장났어. 세상 남자(여자)들은 하나같이 늑대(여우)들이야'라고 생각하는 경우 상담에서 그들의 흑백논리에 도전하여 인지치료를 사용하는 것이 좋다. 그들은 '전부' '모든 사람' '아무도' '항상' '누구도' 등의 반응을 보인다. 이들에게 "당신이 아는 사람 중에는 방금 말씀하신 것과 다른 사람이 단 한 사람도 없습니까?"라고 물어보라. 그러면 그들은 좀 더 사려 깊은 생각을 하여 그들 자신이 분별한 은사를 발휘하도록 자극하여야 한다.

② 인생의 의미를 새롭게 발견하도록 도우라. 연극성 성격인 사람의 영적 문제는 내적 공허함과 권태로움이다. 이들에게는 사람들에게 헌신하도록 권한다. 이러한 헌신을 바탕으로 자신이 어떤 존재인지 자신의 운명이 어떻게 될 것인지를 깨닫고 인생관을 바꾸게 한다. 인생관이 바뀌면 영적 공허감과 사고의 빈약함을 해결하고 사랑과 일을 새롭게 시작할 수 있게 된다.

③ 연극성 성격자와 상담 시 역전이를 잘 처리하라. 이들은 유혹적 자세로 상대방의 애정을 구하기 때문에 상담자에게도 예외는 아니다. 이때 상담자는 이러한 행동의 원인을 알지 못하면, 내담자가 자신을 좋아한다고 생각하여 역전이가 일어난다. 특히 내담자가 젊고 매력적 여성인 경우 이런 역전이는 쉽게 일어난다. 연극성 남성의 목소리가 매우 남성적이고 독립적이며 자기 확신에 차 있는 것 같지만 사실은 그 반대인 경우가 많다.

④ 신체적 언어에 조심하라. 상담자는 연극성 내담자가 뚜렷해 보이지 않는 신체적인 불평을 할 때 화를 내서는 안 된다. 도움을 청하는 방법이 바로 신체적 불평이기 때문이다. 연극성 여성은 오랫동안 신체적 질병을 지니고 있는 경우가 대부분이다.

⑤ 진실한 관계와 지속적인 대화를 유지하라. 피상적인 삶보다 진지한 삶을, 일시적인 것보다는 지속적인 것을 받아들이고자 마음을 열고 싶은 도전을 주어야 한다. 지속적으로 진실한 인간관계를 맺고 살 수 있도록 삶의 방식이 변화되도록 한다.

6) 자기애성 성격자 전화상담

자기애성 성격인 사람들은 자기중심적이고 과대한 자기지각이 주요 특징으로, 이들은 자신을 매우 특별한 존재로 지각하여 남들로부터 특별하게 인정받고 칭송받길 원한다. 이들은 과도한 자기사랑과 자기도취된 모습을 보이며, 거만하고 오만한 모습으로 사람들에게 비치곤 한다. 자신의 목적을 위해 타인을 이용하거나 착취하며, 필요할 때만 다른 사람과 관계를 맺는다. 이들의 이러한 자기중심적 성향으로 인해 사람에 대한 진정한 관심을 찾아보기 어렵고 다른 사람에 대한 공감능력도 매우 결여되어 있다. 그러나 겉으로 드러나는 이러한 과대적 모습과 달리, 실제로 이들의 자존감은 매우 낮다. 그렇기에 이들은 비판에 취약하고 이로 인해 상처를 받아 우울해지기도 한다. 그러나 반대로 이들이 과대성을 나타낼 때에는 경조증과 비슷한 양상을 드러낸다.

이들은 자신을 과대평가하고 스스로를 특별하게 생각하기 때문에 상담이나 치료의 필요성을 인정하는 것을 힘들어할 뿐더러 지나친 자기중심성과 자기도취로 인해 다른 사람과 관계를 맺는 것이 어려워 전화상담 장면에서 만나기 쉽지 않다. 그러나 이들을 상담하는 경우에는 이들이 지니고 있는 웅대한 자기상과 관련된 비현실적인 생각들을 좀 더 융통성 있고 현실적인 생각으로 대체하면서 보다 건강한 자존감을 가질 수 있도록 차근차근 도와주어야 할 것이다.

또한 이들은 낮은 자존감에 대한 보상으로 우월성을 지나치게 과시하게 된 것이므로, 이들로 하여금 자기 안의 부정적이고 열등한 점을 수용하고 인정함으로써 부족한 것과 잘하는 것 두 가지를 통합해 나갈 수 있도록 도울 필요가 있다. 이와 함께 다른 사람의 입장에서 생각하는 능력을 기르고 다른 사람에 대한 공감능력을 향상시킴으로써 사람들과 긍정적으로 관계 맺는 방식을 습득하도록 도와야 한다.

7) 회피성 성격자 전화상담

회피성 성격인 사람들은 낮은 자존감과 사회적 부적절감, 그리고 비판에 대한 지나친 민감성으로 인해 사회적 관계를 주저하는 것이 특징이다. 이로 인해 회피성 성격을 가진 사람들은 사회적 상황에서 과도한 불편감을 느끼게 되어 일상생활에서 다른 사람들과 상호작용하고 관계를 유지하는 데 어려움을 보인다.

이들은 수치심을 많이 느낄 뿐 아니라 수치심을 특별히 견디기 어려운 감정으로 느끼는 경향이 있다. 그래서 타인의 평가에 매우 취약하기 때문에 비판을 받으면 창피당했다는 굴욕감을 느껴 수치심을 경험하게 된다. 자신을 다른 사람에 비해 열등하다고 여기고, 자존감이 낮으며, 스스로 매력이 없다고 생각한다. 성격적으로도 조용하고 수줍은 편이어서 사람들의 눈에 잘 띄지 않고 스스로를 고립시킨다. 뿐만 아니라 자신의 결함이나 실패에 몰두하는 경향이 있고 사회적 상황에서 발생할 수 있는 어려움이나 위험을 실제보다 과도하게 지각함으로써 익숙하지 않은 일에 적극적으로 나서지 않고 소극적이거나 수동적으로 행동한다.

환경적으로는 부모와 또래에 의한 거부 경험이 원인이 되어 자기가치감과 유능감을 낮추고 이것이 결국 이들로 하여금 자기 비판적 태도를 갖게 하는 데 영향을 주는 것으로 보았다. 이들을 상담할 때에는 특히 수용적이고 지지적인 상담자의 자세가 중요하며 이러한 관계를 바탕으로 보다 긍정적인 자기상을 갖도록 도울 필요가 있다.

인지적 관점에서는 이들이 자신에 대한 부정적인 생각과 열등감을 지니고 있는 것에 주목한다. 이에 부정적인 생각에 선택적으로 주의를 기울이는 것에서 벗어나 보다 균형 있게 지각하도록 돕고, 자신에 대한 부정적이고 잘못된 생각을 찾아 이를 교정함으로써 자기존중감을 높이고 보다 긍정적인 자아상을 지니도록 돕는다.

행동적 관점에서는 사회적 관계에서 보이는 불필요한 긴장감을 줄이기 위해 긴장 이완 훈련을 실시하거나 사회적 상황에 점진적으로 노출시키고 이들에게 필요한 사회성 기술을 제공함으로써 대인관계에서 성공경험을 늘려나가도록 도와야 한다.

8) 의존성 성격자 전화상담

의존성 성격인 사람들은 혼자 있는 것을 두려워하고 돌봄을 받고자 하는 욕구가 지나치게 강하여 타인에게 의존적이고 복종적인 행동을 나타내는 것이 특징이다. 이들은 다른 사람들한테 자신을 보살펴 줄 것을 지속적으로 요구하고 매달리는데, 주로 배우자나 부모 혹은 가까운 사람한테 의존하며 이들과 분리되는 것을 매우 두려워한다. 이들의 의존성은 일반적으로 정도가 지나쳐서 무슨 옷을 입을지, 무엇을 먹을지, 어디를 갈지와 같은 사소한 일상생활에 대해 자신이 의존하는 주변 사람에게 끊임없이 묻고 그들의 결정에 의존한다. 이처럼 다른 사람으로부터의 충분한 충고와 확신이 없으면 사소한 일상적 결정조차 내리지 못하고 힘들어한다. 때로는 이러한 상황이 지나쳐서 잘못됐다고 생각하는 의견에 동의하기도 하고, 다른 사람의 지지와 칭찬을 잃을 것을 염려하여 반대 의견을 잘 표현하지 못하곤 한다.

이들은 자신을 매우 무능력하고 나약하게 평가하여 끊임없이 다른 사람의 돌봄을 요구하고 이를 필요로 하기 때문에 상담자는 이들의 독립에 대한 불안을 다뤄주고 스스로 자신의 행동과 결정을 책임지도록 도움으로써 이들이 점차 독립적이고 자율적인 사람이 되도록 도울 필요가 있다.

9) 강박성 성격자 전화상담

강박성 성격인 사람들은 정돈과 완벽, 통제에 지나치게 몰입하여 오히려 융통성과 효율성을 결여하는 것이 특징이다. 이들은 완벽주의적 성격과 관련이 있으며, 이로 인해 모든 것을 정확하게 해야 하고 꼼꼼하게 처리해야 하므로 일의 세부사항이나 규칙, 순서 등에 지나치게 집착하게 되어 오히려 활동의 본질과 핵심을 잃어버리거나 마감시간을 제대로 맞추지 못하는 역기능적 모습을 보인다. 강박성 성격장애는 가장 흔하게 나타나는 성격장애 중 하나로서 남성에게서 약 2배 더 많이 발생한다.

이들을 상담할 때는 이들로 하여금 지나치게 엄격하게 통제하지 않아도 됨을 자각하도록 돕고, 자신의 불완전함을 받아들이고 감정을 인식하고 수용하고 표현하는 방법 또한 교육함으로써 완벽과 통제에 대한 기준을 낮추고 불안을 수용하도록 도울 필요가 있다. 또한 완벽한 게 아니면 실패한 것과 다름없다는 이분법적 사고 경향을 줄이고, 부정적인 결과가 초래할 위험이나 위협에 대한 파국화 경향성을 줄임으로써, 완벽하지 않거나 조금 잘못되더라고 그렇게 큰일이 일어나지 않음을 깨닫도록 도와야 한다.

6. 기타 정신건강문제 전화상담

전화상담에서 자주 만나게 되는 정신건강문제 상담은 우울과 불안을 호소하는 내담자와 성격상의 문제로 고통을 느끼는 내담자가 많으나 이 외에 상담자가 다루기 어려운 정신증적인 문제로 고통을 겪는 사람들의 전화도 걸려 온다. 이들 중에는 양극성장애(조울증)와 조현병(정신분열병)이 있다.

양극성장애는 말 그대로 감정의 기복이 매우 심하여 기분이 지나치게 좋은 상태와 반대로 기분이 가라앉고 슬픈 상태가 교차되어 나타나는 것으로 지나치게 좋거나 지나치게 가라앉은 양극단의 정서를 포함한다고 하여 붙여진 이름이다. 따라서 양극성장애에서는 조증 상태와 울증 상태를 번갈아 나타낸다.

조증 상태에서 나타나는 증상은 여러 측면으로 나타나는데 정서증상으로 기분이 매우 고양되고 들뜨며 안절부절못하고 흥분하거나 혹은 아주 민감해진다. 이런 기분상태는 일반적으로 기분이 좋다고 느끼는 수준을 훨씬 넘어선 것으로 자신의 의지와는 무관하게 기분이 들뜨게 되어 마치 하늘을 날 것 같은 황홀한 기분을 경험하게 된다.

이처럼 기분이 고양되다 보니 행동에서도 과도한 모습을 나타낸다. 의욕 수준이 매우 높아져서 자신이 관심 갖거나 개입하지 않아도 될 일에 참견하고 자극적이고 충동적인 행동을 거침없이 하게 되어 상황에 매우 부적절한 모습을 자주 나타낸다. 또한 갑자기 말이 많아지고 빨라지게 되어 정상적으로 대화를 주고받기 어렵게 된다. 그리고 자신이 처한 현실을 고려하지 않은 채 무분별하게 돈을 쓴다거나, 안전을 고려하지 않은 채 위험한 행동을 추구하는 것과 같이 쾌락적인 활동에 과도하게 몰입하곤 한다. 신체적으로도 잠을 거의 자지 않아도 피곤함을 못 느낄 정도로 수면에 대한 욕구가 감소한다. 인지적으로도 변화가 생겨 자신에 대해 과장되고 팽창된 생각을 하게 되어 실제의 자기보다 훨씬 더 능력 있게 지각하거나 전지전능감을 경험하기도 하고 심하면 과대망상으로 발전한다. 에너지 수준의 증가에 따라 마치 말이 달리는 것처럼 생각이 빨라지거나 생각이 논리적으로 연결되지 않고 하늘을 붕붕 날아다니는 것과 같은 사고의 비약 현상을 보인다.

양극성장애와 함께 조현병인 사람의 전화도 가끔 받게 된다. 과거에 정신분열병이라고 부르던 용어를 '조현병'이라는 용어로 바꾸게 된 것은 정신이 분열된다는 부정적인 인상과 편견을 고려하여 우리나라에서는 2011년부터 조현병이라는 용어로 대체하여 사용하고 있다. 조현은 현악기의 음률을 고른다는 뜻이다. 이는 현악기의 경우 줄이 제대로 조율되어 있을 때 조화로운 소리를 낼 수 있는데 조현병의 경우는 마치 제대로 조율되지 않은 현악기와 유사하여 조화롭지 못한 상태에 있다는 의미이다. 이 말은 반대로 줄을 잘 조율하면 소리를 제대로 내는 데 문제가 없으므로 조현병은 극복되고 치료될 수 있다는 긍정적 의미를 담고 있는 용어이기도 하다.

조현병이란 뇌의 신경계의 조율이 제대로 되지 않아 뇌의 기능에 문제가 생기는 질환으로, 대표적 증상은 환청과 망상인데 사고, 지각, 행동, 정서 및 사회적 측면에서 다양한 모습으로 나타난다. 조현병의 증상은 크게 양성증상과 음성증상으로 구분한다. 양성증상은 망상이나 환각, 혼란스러운 언어와 같은 것이다. 음성증상은 감정적으로 무미건조하거나 단조로운 것 혹은 의욕이 없는 것, 즐거움을 못 느끼는 것, 대인관계가 위축되는 것 등이 해당된다. 일반적으로 만성화될수록 양성증상보다 음성증상을 더 많이 나타내는 것으로 알려져 있다.

사고장애의 가장 대표적인 증상이 망상인데 근거가 없는 주관적인 신념을 가리키는 말이다. 피해망상으로 전화를 하는 사람들이 종종 있다. 가족 중 누군가 자신을 감시하고 괴롭히거나 이용하고 있다고 생각하는 사람, 그리고 자신과 관계가 없는 것을 관계가 있다고 생각하여 이를 굳건히 믿는 관계망상으로 전화하는 사람도 있다.

이 외에도 환청과 환시 등 실재하지 않는 소리를 듣거나 보는 것과 같은 대표적인 지각증상도 있고, 상황에 맞지 않는 부적절하고 혼란스러운 행동을 보이기도 한다. 정서적 측면에서는 어떠한 감정을 느끼지도 드러내지고 않는 무감동하고 무미건조하며 단조로운 모습을 나타낸다. 사회적으로도 사람들로부터 고립되거나 위축된 양상을 보인다. 조현병도 우울증이나 조울증과 같이 자살 위험성이 매우 높은 정신과적 질환에 해당된다.

다루기 힘든 내담자 중에 전화를 하자마자 상담자의 이야기는 듣지 않고 처음부터 끝까지 몇 시간이라도 제지하지 않으면 끊임없이 이야기를 하는 사람들이 있다. 이들은 조증 상태일 경우가 많다. 이러한 상태에서는 지나칠 정도로 에너지가 넘쳐나서 평소에 안 하던 행동을 충동적으로 하기도 하고, 잠을 제대로 안 자면서도 피곤을 전혀 느끼지 못하는 상태에서 성급하게 여러 일을 벌이기도 한다. 상담자가 중간에 제지하려 하면 분노를 폭발하기도 해서 상담자가 당황하게 된다.

또한 망상을 갖고 있는 사람들의 이야기를 듣다 보면 황당한 내용이 많은데 이것이 증상에서 오는 망상인지 진정한 생각인지 혼란스러울 때가 많다. 이러한 망상 이외에도 생각하는 형식의 문제로 연상이 이완되는 증상도 있다. 이러한 연상의 이완으로 인해 한 가지 주제를 가지고 계속 이야기를 이어 나가기 어렵기 때문에 이들의 이야기를 들어 보면 마치 기차가 철로에서 이탈되듯이 이야기의 주제에서 벗어나거나 혹은 무슨 말을 하려는 것인지 내용을 종잡을 수 없어서 지리멸렬하거나 횡설수설하는 것처럼 들리곤 한다.

상담 초기 단계에서 망상과 환청으로 가득 찬 이야기를 들을 때는 상담자가 먼저 질문하기보다 내담자가 표현한 말 뒤를 따라다니며 다시 말하기, 반복하기, 반영적 경청 등의 기법을 사용하여 나는 내담자 편이고, 지금 이 순간 내담자의 이야기를 듣기 위해 이 자리에 있음을 알려 주는 것이 좋다.

그도 누군가의 도움이 필요해 전화기를 든 사람이다. 그런 그와 전화기 선을 통해 함께 있어 주는 것이 전화상담의 특성이다. 말하는 과정에서 표현되지는 않지만 내포하고 있는 많은 감정들(슬픈 마음, 외로운 마음, 소외당한 쓸쓸함 그리고 이렇게 전화한 심정)까지를 함께 듣는다.

이들과의 전화상담에서 잘 들어 주면서 동시에 이들에게 도움이 될 수 있는 것으로 꾸준히 정신건강의학과 진료를 받고, 규칙적으로 약물을 복용하고, 조울증이나 조현병에 대한 공부를 할 것을 권유하는 것이 좋다. 그리고 가능한 한 정기적으로 외부 활동을 할 수 있는 스케줄을 만들고 매일 적당한 운동을 하고, 규칙적인 수면 및 식사 패턴을 유지할 것, 증상이 악화되는 짜증, 불안, 불면 등 신호에 주의를 기울이고, 담배, 술, 과도한 카페인 섭취를 피하고, 정신건강복지센터에 등록하여 사례관리와 교육 및 치유 프로그램에 참여하도록 권유하는 것이 좋다.

토의 및 실습

1. 상담자로서 나의 정신건강 상태는 어떠한지 생각해 보자.

2. 우울감과 우울증의 차이에 대하여 생각해 보자.

3. 우울한 사람과 불안한 사람의 전화상담에 어떤 차이가 있을지 생각해 보자.

4. 다루기 힘든 전화상담 가운데 성격문제에 기인한 것으로 생각되는 경험에 대해 나누어 보자.

13 자살위기 상담

한국 사회는 지상 최고의 가치인 생명을 버리는 사회가 되었다. OECD 국가 중 자살률 1위의 불명예를 벗어나기 위해서 국가 사회가 많은 노력을 기울이고 있다. 그러나 아직도 자살률이 내려가지 않고 있다. 이 장은 우리가 왜 자살을 예방해야 하는지, 그리고 자살 위기자를 돕는 방법과 자살사건 발생 후 어떻게 도울 것인지 등에 대해 종합적인 이해를 할 수 있게 하는 데 목적이 있다.

1. 왜 자살을 예방해야 하는가

1) 한국 사회의 자살 현상과 실태

(1) 최고의 가치인 생명을 버리는 사회

통계청(2024)에 의하면 한국 사회는 2023년 한 해 동안 총 1만 3,978명이 자살로 사망하였다. 하루 평균에 38.3명이 자살로 사망한 것이다. 지상 최고의 가치(master value)인 생명을 끊는 사람이 급증하였다.

자살문제는 단지 자살 사망자의 문제만은 아니다. 여러 학자에 의하면 자살 시도자는 자살자의 10~20배에 달한다고 한다. 또한 자살로 인해서 심각한 심리적, 정서적 충격을 받는 자살자 유족은 자살자의 6배에 해당된다고 한다. 그렇다면 한국 사회에서 자살시도자는 연간 13~26만 명 이상이 되고, 자살자 유족은 매년 8만 명에 육박하고 있다. 거기에다 지난 1년 동안 자살충동을 느꼈다는 사람들은 5.1%(통계청 한국 사회 조사결과, 2018)가 된다는 연구를 볼 때 자살은 가히 우리 국민 모두의 문제가 아닐 수 없다.

(2) OECD 중 자살률이 최상위 국가로서의 오명

한국 사회는 OECD(경제개발협력기구) 36개 국가들 중 가장 높은 자살률을 이어왔다. 지난 19년간 자살률 1위의 불명예를 이어 오고 있다. 한국 사회의 인구 10만 명당 연령표준화 자살률은 24.8명으로 OECD 평균 자살률인 10.7명의 두 배 이상이다. 2018년 한국은 인구 5천만 명 이상, 국민소득 3만 불 이상인 세계 7개국 중 하나가 되었다. 그러나 이런 자랑스러운 통계 뒤에 높은 자살률은 한국 사회의 눈부신 발전의 이면이 되어 버렸다.

(3) 10~30대 사망원인 1위가 자살인 국가

통계청(2024)에 의하면 자살은 전 국민 사망원인 중 5위에 해당하고, 10~30대의 젊은 층 자살은 사망원인의 1위이고, 40~50대에서는 사망원인 순위가 2위로 나타났다. 남성의 자살률은 인구 10만 명당 28.3명이고, 여자는 16.5명으로 남성이 여성에 비해 2.3배 더 많이 자살하는 것으로 나타났다.

2) 한국 사회의 자살률 증가의 원인

(1) 자살 동기별 현황

보건복지부 자살예방 백서(2024)에 의하면 2022년 경찰청 변사자 통계에 따른 동기별 자살 현황은 정신적·정신과적 문제가 39.4%로 가장 많고, 뒤이어 경제생활 문제 22.5%, 육체적 질병 문제 17.6%, 가정문제 5.4%, 직장 또는 업무상의 문제 3.2%, 남녀문제 2.0%, 사별문제 0.8%의 순으로 많았다. 2022년 연령대에 따른 자살동기는 11~30세 남성은 정신적 · 정신과적 문제, 31~60세 남성은 경제생활 문제, 61세 이상 남성은 육체적 질병문제가 가장 높았고, 여성은 모든 연령대에서 정신적 · 정신과적 문제가 가장 높았다.

(2) 자살의 원인

자살문제는 이러한 개인적인 요인뿐 아니라 사회 · 문화적 요인 등 다차원적인 요인에 의해 일어난다고 할 수 있다.

- 급격한 사회 변화: 프랑스의 사회학자 에밀 뒤르켐(Emil Durkheim)은 사회적 통합의 정도에 따라 자살률이 좌우된다고 하였다(1897). 그런데 한국 사회는 근대화, 산업화, 세계화에 따른 구조조정으로 인해 급격한 사회변화의 충격을 받게 되었다. 이로 인해 극단적인 개인주의로 유대감이 단절되고, 소외감이 증대되는 등의 어려움을 겪게 되었다.
- 지지체계의 약화: 한국 사회는 전통적으로 사회적 지지체계 역할을 감당했던 가족기능이 현저하게 약화되었다. 대가족제도가 핵가족화되고, 1인 가구, 독거노인 등이 증대되었다. 이혼율이 급증하고, 가족이 해체되었다. 여기에 급격한 고령화로 인해 노인 빈곤률 및 노인 자살률의 급증, 고독사 등이 심각한 사회문제로 부각되었다.
- 가치관의 혼란: 물질만능주의는 사람의 생명을 그 자체로 존중하지 못하고 상대적 가치로 전락하게 만들면서 생명경시 풍조를 만연하게 하였다. 또한 지나친 경쟁과 성취 위주의 가치관으로, 기대와 현실과의 괴리감이 커지게 되고, 상대적 박탈감과 욕구불만이 커져, 묻지마 폭력, 살인, 자살 등이 나타나게 되었다.
- 자아기능의 약화: 공동체 의식의 붕괴로 사회적 단절이나 분열을 느끼는 사람들이 많아졌다. 또한 어려움과 문제에 대처하는 능력이 부족하고, 분노를 조절하는 능력이나 욕구좌절에 대한 인내심도 현저히 약화되었다. 자아기능의

약화는 고난이나 역경을 만났을 때 회복탄력성이 떨어져, 희망을 발견하지 못하고, 절망감에 극단적인 방법을 찾는 경향이 생겼다.

- 정신질환의 증대: 급격한 사회변화는 개인이 변화에 적응하는 데 어려움을 겪게 하고, 이로 인해 무기력, 좌절, 초조, 불안뿐 아니라 우울증 등 정신건강을 훼손하게 한다. 이러한 정신질환의 증가와 자살률과는 높은 상관관계가 있다.

2. 어떻게 자살위기자를 도울 것인가

1) 자살에 대한 오해와 진실

우리는 자살에 대해 많은 것을 알고 있다고 생각하지만 잘못 이해하고 있는 경우가 많다. 이러한 자살에 대한 오해는 자살위험에 처한 사람들을 도울 수 있는 기회를 놓치게 할 수 있다. 그러므로 자살에 대한 가장 흔한 오해와 진실을 이해하는 것은 매우 중요하다.

표 13-1 자살에 대한 오해와 진실

오해	진실
자살생각이나 계획이 있는 사람들은 자신의 생각을 다른 사람에게 말하지 않으며, 자살은 어떤 경고 없이 일어난다. ▶ NO!	• 10명 중 8명은 그들의 자살의도에 대한 경고 신호를 보낸다. 어떤 경고 신호들은 인식하기가 힘들다. • 하지만 이 신호들이 무슨 뜻이며 어떻게 나타나는지 이해한다면, 그의 자살의도를 알 수 있다.
자살에 대해 이야기하는 사람들은 자살하지 않을 것이다. ▶ NO!	• 자살생각이나 자살시도는 '도움을 찾는 외침(cry for help)'이다. • 도움을 찾아 외치는데도 주변에서 반응하지 않는다면 자살을 시도하여 비극적인 결과가 생길 수 있다.

자살에 대해서 말하는 사람은 단지 주의를 끌고 싶기 때문이다. ▶ NO!	• 아무리 사소한 일이라도 자살에 관해 이야기하거나 관심을 끄는 행동은 도움을 간절하게 요청한다는 의미이므로 경청하고 반응을 해야 한다.
자살하는 사람들은 죽음에 대해 몰두하고 있다. ▶ NO!	• 자살하는 사람들의 대부분은 경고신호를 보낸다. 그들이 만일 죽음에 몰두해 있는 사람들이라면, 그들은 어떤 의도도 전달하지 않았을 것이다. • 아무런 경고신호도 없이 죽음에 몰두해 있는 사람들은 매우 적다. 대부분의 사람들은 자신이 겪고 있는 심한 정서적인 고통이 끝나기를 바라고 죽기를 원하지 않는다.
자살에 대해 내놓고 이야기하는 것은 자살 시도를 하려는 사람들의 목숨을 끊게 할 수 있다. ▶ NO!	• 직접 내놓고 자살과 자살감정에 대해 이야기하는 것은 자살하는 사람에게 그것에 대해 이야기해도 좋다는 것을 허용하는 것이다. • 세심한 관심을 가지고 보살피는 마음으로 이야기함으로써 당신이 그들을 보살펴 주며, 도와주고, 그와 함께 있다는 뜻을 전할 수 있다.
자살하는 사람들은 모두 정신병적 행동을 하는 사람이다. ▶ NO!	• 자살을 감행하는 사람의 대다수가 정신병을 지녔다고 진단 내릴 수 없다. • 그들은 어떤 특정한 시기에 고립감을 느끼며, 극심한 불행감과 외로움을 느끼는 사람들이다. 자살생각과 행동들은 그들이 대처할 수 없다고 느끼는 삶의 스트레스와 상실감의 결과일 수 있다.
특별한 유형의 사람들만이 자살을 시도하거나, 자살하거나 혹은 자살생각을 한다. ▶ NO!	• 자살에 대한 생각, 감정, 행동은 사회 계층, 종교 집단, 연령, 사회 수준에 상관없이 누구에게나 일어날 수 있다.

2) 자살의 경고신호 확인하기

자살충동을 느끼는 사람들은 심한 정서적 고통을 느끼고 있다. 그들은 이 고통이 끝나기를 바라고 있다. 그런데 자살충동을 느끼는 10명 중 8명은 그들이 고통에 대처하지 못하고 있다는 것을 나타내기 위하여 경고신호를 보낸다. 경고신호는 자살충동을 느끼는 사람이 도움이 필요하다는 의사를 전달하고 있는 것이다. 경고신호는 보통 집단 내에서 일어나며, 한 사람이 몇 가지 서로 다른 경고신호를 보이기도 한다.

표 13-2 일반적인 자살의 경고신호

항목	경고신호
상황에 대해 알기	중요한 상실과 관련된 문제들, 성적 · 신체적 폭력, 이혼 혹은 별거, 약물 혹은 알코올 의존, 실직 및 진학 실패, 가출, 법정 연루 및 수감
행동의 관찰	울음, 정서적 폭발, 위축되기, 좋아하던 사회 활동을 중단하기, 이전의 자살기도, 알코올 및 약물중독, 무모한 행동, 싸우기 혹은 법을 위반하기, 물건을 정리하기
신체적 변화에 대해 질문하기	외모에 관심이 없음, 몸에 힘이 없음, 식욕의 상실, 잠을 못 이룸, 성적 흥미의 상실, 사소한 병의 증가
생각들을 경청하기	자살 혹은 죽음에 대한 이야기, 자살계획, 무가치, 죄의식, 무기력 및 절망, 외로움 및 회피, 희생물, 터널비전
느낌을 감지하기	슬픔, 권태, 무감각, 고뇌, 분노, 절망감, 무력감, 무가치감

표 13-3 즉각적인 자살의 경고신호

- 다른 사람들로부터 고립하고 회피, 혹은 이전에 관련된 활동을 중단
- 직장이나 학교 수행의 감퇴, 혹은 일상생활의 활동 감퇴
- 자살방법을 가르치는 책을 읽음, 혹은 자살로 사용할 수 있는 물건(예: 총기, 독극물, 로프, 약물)을 획득
- 약물/알코올, 도박, 음식, 성 등의 사용의 증가, 그들이 필사적으로 이러한 활동에 자기 자신을 상실하려고 애씀
- 세계의 부정성과 비극에 집착
- 자기-충족적 진술(예: "나는 좋지 않은 사람이다." "나는 죽는 것이 더 나을 것이다.")
- 그들의 상황과 미래에 대해서 공개적으로 절망감을 표현

- 이야기, 글, 다른 활동들(예: 영화와 책)에서 죽음에 집착
- 마지막을 정리하기, 마음을 정리하고, 결점을 고치고, 받았던 상장을 버림
- 다른 사람들을 향한 적대감, 부정성 혹은 방어가 증대
- 미래 계획을 세우는 것에 무관심과 회피, 책임성을 무시함
- 삶이 끝난 것처럼 이야기함
- 슬픔과 부정성에서 평정과 확신성으로 예측할 수 없는 갑작스런 태도 변화

3) 자살의 위험요인과 보호요인

(1) 자살의 위험요인 이해하기

위험요인들은 자살의 위험을 증가시키는 요인들을 말한다. 위험요인들에는 근거리 요인과 원거리 요인이 있다. 이 두 가지 요인들은 상호 조합에 의해 자살행동의 필요충분조건을 형성하게 된다. 그러므로 위험요인들은 문화적, 유전적, 심리사회적, 환경적 요인들 때문에 다양하게 나타날 수 있다.

표 13-4 자살의 위험요인

구분	위험요인
근거리 요인	• 실직 혹은 해고, 중요한 분야의 실패(사업, 시험, 관계성 등), 중요 상실과 관련된 상황, 신체적 · 정서적 · 성적 남용, 신체적 질병(생명을 위협하는 만성적 쇠약), 법정 연루 및 수감, 사회적 고립감 · 타인에 의한 거절 등 주요 생활사건 및 사회 · 환경적 스트레스 등
원거리 요인	• 지각된 사회적 지지, 정신과적 문제, 알코올과 물질남용, 이전의 자살시도(동기, 치명도, 의도), 삶의 이유 및 삶의 결정요인, 절망감과 비관주의, 문제해결 기술의 부족, 우울 발생적 도식, 인지적 경직성 혹은 유연성, 귀인 스타일, 인지적 왜곡, 자원 대처 등

(2) 자살의 보호요인 이해하기

보호요인은 자살행동을 예방해 줄 수 있는 요인을 말한다. 자살예방에서 보호요인을 상대적으로 덜 중요하게 생각하는 경향이 있다. 그러나 보호요인들은 자살에 대한 절연체 역할을 하며 자살위험을 감소시켜 준다. 자살위험 평가에서 위험요인이 많고 보호요인이 부족하다면 자살위험이 더 커질 수 있기 때문에 평가에서 보호요인을 고려할 필요가 있다.

표 13-5 자살의 보호요인

구분	보호요인
가족 구성원과의 관계	가족 구성원으로부터의 좋은 관계, 가족으로부터의 지지
인지방식과 성격	좋은 사회적 기술, 자기 자신과 자신의 상황 · 성취에 대한 자신감, 어려운 일이 발생했을 때 도움을 청함, 중요한 결정을 내려야 할 때 조언을 구함, 다른 사람과의 경험과 해결책을 잘 받아들이는 성격, 새로운 지식을 잘 수용
문화 · 사회 · 인구학적 요인	친구 혹은 다른 의미 있는 사람들과의 관계, 종교적 · 문화적 · 윤리적 신념, 지역사회 보호, 만족한 사회생활, 사회적 통합(즉, 완전한 고용, 건강한 여가선용), 정신건강 보호 및 서비스 접근

4) 자살위기자를 발견했을 때 도움 방법

자살위기자를 발견했을 때 적절한 도움을 찾기 위해 질문을 통한 평가를 할 수 있다. 사전에 자살위험을 예측하고 적절한 개입을 하였다면 생명을 살릴 가능성이 높아진다. 그러나 자살위험 평가를 통해서 하는 예측은 그리 쉽지 않고, 100% 정확하지 않기 때문에 주의를 기울여야 한다. 왜냐하면 자살은 한 가지 원인에 의해 일어나는 것이 아니고 다차원적인 원인에 의해 일어나기 때문이다. 그러므로 자살위험의 결정요인은 위험요인들, 보호요인들, 개인적인 상황들의 조합에 의해 이루어진다.

다음의 열 가지 질문을 통해서 나온 위험의 정도(낮은 위험, 중간 위험, 높은 위험)

표 13-6 자살위기 평가를 위한 열 가지 질문

1. 당신은 자살에 대해서 생각해 보신 적이 있습니까?				
전혀 없다	한두 번 했다	종종 한다	자주 한다	항상 한다
0	1	2	3	4
2. 당신은 현재 자신의 스트레스 상황에 대해 어떻게 느끼고 계십니까?				
없다	약간	보통	심각	매우 심각
0	1	2	3	4
3. 당신은 얼마나 구체적인 방법으로 자살을 시도하려고 하십니까?				
없다	약간	보통	구체적	매우 구체적
0	1	2	3	4
4. 당신은 자살하기 위해 얼마나 구체적으로 준비해 오셨습니까?				
없다	약간	보통	철저히	매우 철저히
0	1	2	3	4
5. 당신은 이전에 자살을 시도해 본 적이 있습니까?				
없다	자살위협	예측가능 시도	한두 번 시도	여러 번 시도
0	1	2	3	4
6. 당신은 심리적 문제로 정신과 치료 혹은 상담을 받은 경험이 있습니까?				
없다	상담	치료(1회)	치료(2회 이상)	현재 치료 중
0	1	2	3	4
7. 당신은 알코올이나 약물을 얼마나 복용하였습니까? – 지금 현재				
없다	약간	보통	심각	약물 중독
0	1	2	3	4
8. 당신의 사랑하는 가족이나 친구가 자살을 한 적이 있습니까?				
없다	친구 자살	가족 자살 시도	가족자살	최근 가족 자살
0	1	2	3	4
9. 당신은 자기 자신을 지지해 줄 가족이나 사람, 기관이 있습니까?				
충분	있음	보통	약간	없다
0	1	2	3	4
10. 당신은 삶의 이유가 얼마나 크다고 생각하십니까?				
매우 크다	크다	보통	약간	없다
0	1	2	3	4

에 따라 적절한 도움을 줄 수 있다.

(1) 자살위험이 낮을 때(1~19점) 대응방법

자살위험이 낮은 단계의 위기자는 자살에 대해 한두 번 생각한 적이 있고, 현재 약간의 스트레스 상황이며, 구체적으로 자살시도나 준비를 하지는 않았고 자살을 시도해 본 적은 없으나 정신과 상담을 받아 본 적이 한 번 정도 있는 경우이다. 알코올이나 약물을 조금 복용한 경험이 있고 주변인의 자살 경험은 별로 없으며 자신을 지지해 줄 가족이 있고 삶의 이유도 있는 이들을 돕는 방법은 다음과 같다.

해야 할 일	• 문제를 충분히 경청, 공감하면서 함께 하고 있다는 느낌을 갖게 한다. • 있는 그대로 수용하면서 그의 고통과 불행을 이해하려고 힘쓴다. • 도움이 필요하면 언제든 함께 있다는 것을 알게 한다. • 언제든 망설이지 말고 도움을 요청하도록 하고, 전문가에게 도움을 받으러 갈 수 있음을 알려 준다.
피해야 할 일	• 위기자의 말을 비판하고, 수용하지 않는다. • 충고를 강요한다. • 문제를 최소화하고, 진지하게 받아들이지 않는다. • 무관심한 태도 혹은 방관자적 태도를 취한다.

(2) 자살위험이 중간 정도일 때(20~29점) 대응방법

자살위험이 중간 정도인 위기자는 자살에 대해 자주 생각하고 현재 스트레스가 많은 상황이다. 구체적으로 자살방법을 생각해 보았고 과거에 자살을 시도해 본 적이 있으며 정신과 상담이나 치료를 받아본 적이 있다. 알코올이나 약물을 복용해 보았고, 가족 등 주변인 중 자살을 시도한 사람이 있고, 자신을 지지해 줄 가족이나 친구가 많지 않으며 삶의 이유도 별로 많지 않다. 이들을 돕는 방법은 다음과 같다.

해야 할 일	• 자살하려는 이유를 경청, 공감하면서 신뢰관계를 형성해 나간다. • 충분히 경청하면서 위기자의 현재 문제가 무엇인지 규명하도록 한다. • 위기자에게 자살계획에 대해 질문한다. • 몇 가지 즉각적인 대안들을 분명하게 제시한다. • 위기자의 중요한 정보를 확보한다(이름, 주소, 집 전화번호, 부모의 직장 전화번호 등). • 자살시도의 위험성이 커 보이고 우울증과 같은 증상이 있어 보일 때에는 정신과 의사의 협조를 받는 것이 안전하다는 것을 알려 준다. • 도움을 받을 수 있는 지원 및 의뢰 자원을 알려 준다. • 자살하지 않겠다는 약속을 받는다.
피해야 할 일	• 모든 것이 잘 될 것이라고 막연한 낙관론을 편다. • 결정적인 묘수를 가르쳐 주려고 시도한다. • 침착성을 잃고 불안해하고 두려워한다. • 위기자가 현재 처한 상황을 다루지 않고 전체를 다루려고 한다. • 긴 신앙적인 조언이나 삶에 대한 논쟁을 한다.

(3) 자살위험이 높을 때(30점 이상) 대응방법

자살위험이 높은 위기자는 자살에 대해 항상 생각하고 있고, 현재 스트레스가 심각한 상황이다. 자살에 대해 매우 구체적으로 준비하고 있고 이전에 여러 번 자살시도를 해 본 적이 있다. 정신과 상담을 여러 번 받아본 적이 있고 알코올이나 약물을 계속 복용하고 있으며 최근에 가족이나 친구가 자살한 경험이 있다. 자신을 지지해 줄 가족이 없고 삶의 이유도 거의 없다. 이들을 돕는 방법은 다음과 같다.

해야 할 일	• 경청과 공감을 통해 신뢰관계를 형성해 나간다. • 계속 이야기를 할 수 있도록 해서 시간을 번다. • 안전한 환경을 조성해 주고 고위험성 환경을 관리한다. • 지지해 줄 수 있는 사람이나 자원이 있는지 확인한다. • 자살하지 않겠다는 약속을 받아 낸다.

	• 생존 계획을 수립한다(안전성 확보, 전화연락, 상황이 악화되었을 때 어떻게 해야 할 것인지에 대한 분명한 지침). • 자살 이외의 다른 대안을 찾는 데 집중한다. • 최대한 빨리 자살예방 전문기관에 의뢰하여 전문적 도움을 받게 한다.
피해야 할 일	• 위기자에 대한 도덕적인 판단을 한다. • 위기자를 혼자 남겨 둔다. • 위기자의 마음을 동요하게 한다. –모든 경우에 관심을 보여 주지 않고 솔직하고 침착한 태도를 취하지 못한다. –자살에 대해 기꺼이 이야기할 수 있다는 것을 보여 주지 않는다. –자살에 대해 비난하고, 수용하지 않는다. –상투적인 이야기를 한다. –이해하지 못했으면서도 이해한다고 이야기한다. –위기자가 비밀유지를 요청하면 동의하지 않는다.

3. 자살사건 발생 후 어떻게 도울 것인가

자살시도자나 자살사망자가 발생하면 가족, 친지, 친구, 그리고 그를 알고 있는 주변인들, 그리고 멀게는 자살소식을 접한 지역사회 구성원들에 이르기까지 다양한 영향을 미치게 된다. 자살로 인한 죽음은 충격과 혼동, 정서적 고통과 여러 가지 적응상의 어려움을 경험하게 하며 심지어 자살위험을 높이기도 한다.

1) 자살시도자를 어떻게 도울 것인가

(1) 자살시도자 사후관리의 필요성

자살시도는 자살하려는 사람이 자신이 죽을지 살지를 알 수 없으면서, 짧은 시간 동안 의도적으로 자신을 제한적으로 해치는 행위이다. 즉, 자살시도는 죽으려는 의도를 지녔다는 증거가 있고, 결과가 치명적이지 않으며, 스스로 상해를 입히는 잠재적으로 해로운 행동이다.

자살시도자는 다시 자살 행동을 반복할 위험이 매우 높다고 알려져 있어서 1년 내에 12~20%가 자살을 재시도하고, 재시도로 사망할 위험이 1년 내에 1~3.3%로 보고되고 있다. 자살시도 3개월 이내에 자살기도를 하고 자살시도를 하여 사망할 위험도 높다. 그러므로 자살 시도자의 재시도 방지를 위해 다음과 같은 원칙을 염두에 두는 것이 필요하다.

(2) 자살시도자 사후관리 지침

첫째, 자살시도자의 안전기지 역할과 안전전략을 세운다. 자살시도자에게 위기의 순간에 연락하고 도움을 요청할 수 있는 안전한 장소 또는 안전기지가 되어 주어야 한다. 또한 자살시도자에게 주기적으로 전화를 해 주거나, 몇 년 간 표준화된 편지나 엽서를 보내 주는 것이 자살위험을 줄여 주고, 사회적 유대감을 형성하게 한다.

둘째, 자살은 질병이 아니라 행동이라는 인식을 갖는다. 자살을 질병의 문제가 아니라 행동으로 보는 것은 새로운 관점에서 자살시도자를 이해할 수 있게 한다. 자살행동의 목적은 정신적 고통에 의해 지배받는 견디기 어려운 마음의 상태로부터 탈출하는 것이다.

셋째, 자살위기에 대한 자신의 이야기를 털어놓을 수 있도록 해야 한다. 우리는 일상생활에서 이야기(story)를 통해 자신의 행동을 설명한다. 자신의 자살위기에 대한 이야기를 털어놓게 하는 것은, 유일한 해결책으로 자살을 선택하지 않고 삶에 목적에 대한 내담자 자신의 관점을 바꿀 수 있다. 또한 상담자는 자살시도자의 이야기를 통해 떠나게 된 여행의 동반자이다. 상담자는 경청자로서 자살시도자를 이야기에 초대해야 하며, 자살시도자가 이야기하는 것을 방해해서는 안 된다. 이야기를 주의 깊게 들으면서, 중요한 인생 경험의 의미와 자살위기와의 관련성을 찾아내고 이해해야 한다.

자살 시도가 매우 임박한 것으로 판단될 경우, 그리고 정서적 지지를 통한 개입

표 13-7 자살 시도자 응급 개입방법

자문 또는 의뢰	자살 시도 가능성이 높은 것으로 판단될 경우, 그러한 자살 시도를 효과적으로 다루는 것이 힘들거나 역부족이라고 느끼는 경우에는 지체없이 전문가에게 자문을 구해야 한다. 이런 자문은 거의 필수적이다.
응급실 이송 시 주의사항	• 자살 시도가 발생했을 때 자살자가 안전하게 있도록 가급적 4~5명 정도가 동반하여 보호하고, 주변에 유서 등이 있는가를 확인하여야 한다. • 약물로 시도를 한 흔적이 있는 경우에는 주변에 있는 모든 의심되는 약병과 잔여물 그리고 약물설명서 등을 가지고 병원으로 가도록 한다. • 응급실에서 의식을 회복하였을 때는 철저한 감시를 하며 주의를 하여야 하고 자살에 관련된 질문을 하는 경우 자살자의 답변에 대한 진실성에 대하여도 평가하여야 한다. • 응급실 상황이나 병원에서 자살자의 삶의 의미나 살아야 할 이유 등에 대하여 논쟁을 벌이는 것은 금물이고 자살자에게 일반적인 낙관론을 쉽게 이야기하는 것도 금물이다.
응급실에서의 조치	• 응급실에서는 자살 시도자의 상태를 평가하여 일차적으로 외과적, 내과적 응급조치가 필요한 경우에는 그에 관계된 내용을 즉각 시행하여야 한다. • 모든 자살 시도자에게는 응급실 상황에서 반드시 정신과적 평가를 받아 그 평가에 따라 별도의 정신과적 조치와 치료를 받도록 한다. 심한 경우에는 입원 치료를 하고 중등도인 경우 귀가 조치 후 외래 진료를, 경증인 경우 인근의 정신건강복지센터로 연결한다. 정신건강복지센터에서는 자살 시도자들의 추후 지원과 관리가 이루어질 수 있도록 한다.
입원 조치	• 자살 가능성이 있는 내담자와 시간을 정해놓고 상담을 지속할 수 없는 경우가 대부분이다. 이때 입원조치는 유력한 임시방편적 대안이다. • 입원을 하게 되면 병원 내에서 지속적인 관찰과 감독을 받을 수 있고, 평소 자살충동을 자극하는 환경에서 격리될 수 있고, 평소에 준비해 놓은 자살 방법들이 병원에서는 가능하지 않고, 병원에서는 내담자의 자살충동을 완화시키는 데 도움이 될 여러 가지 의학적 처치(약물투여)가 가능하다는 장점이 있다. • 입원은 임시방편적 조치에 불과함을 인식해야 한다. 그가 언젠가는 퇴원할 것이고, 자살충동은 언제든 다시 생길 수 있기 때문이다. 그러므로 입원시키는 것으로 만족할 것이 아니라 퇴원 후에 자살문제를 어떻게 다룰 것인지를 미리 생각해 두어야 한다.

이 그러한 응급 상황을 다루는 데 적절하지 않은 것으로 여겨질 경우, 자문 또는 의뢰, 입원 조치를 취할 수 있다.

4. 자살자 유족을 어떻게 도울 것인가

1) 자살자 유족 사후관리의 필요성

자살 사망자 가족은 가족의 자살을 경험한 후 외상후 스트레스성 장애나 우울증 등 정신질환에 걸리기 쉽고 후속자살로 이어질 수 있다.

자살 이후 자살자 유족, 친구, 이웃 등 자살자와 함께했던 공동체의 구성원들은 큰 충격으로 비탄감정에 휩싸이게 된다. 그리고 자살자의 죽음을 막지 못했다는 죄책감으로부터 시작하여 무력감, 수치감, 분노, 우울감 등 다양한 감정의 홍수에 빠지게 되며, 죽고 싶은 충동을 갖기도 한다.

한 사람의 자살 사망자가 발생하면 자살자 유족은 평균 5~10명이 발생하는 것으로 본다. 자살자 유족을 보살피기 위해서는 자살자 유족의 특성과 이들을 위한 위기개입에 대해 알 필요가 있다.

2) 자살로 인한 사별의 특성

보통 우리는 사별을 하였을 때 애도(mourning) 과정을 거쳐서 사별로 인한 고통을 줄여 나간다. 애도는 사회적 애도의식(장례)을 통해 고인에 대한 자신의 감정과 기억, 생각을 표출하는 과정을 말한다. 일반적으로 사별로 인한 고통은 충격, 그리움, 혼란, 극복, 재구성의 단계를 거치며 점점 사라지게 된다.

그러나 자살로 인한 사별은 일반적인 사별보다 다음과 같은 독특한 특성을 지니고 있기 때문에 쉽게 사라지지 않는다.

표 13-8 자살로 인한 사별의 특징

고의성	자살의 고의성은 주변 사람들에게 무능감, 버림받았다는 느낌, 분노를 일으킨다.
갑작스러움	자살은 유족들에게 사별에 대한 마음의 준비를 하게 하지 못한다. 따라서 개인의 심리적 균형이 무너져 위기상황을 촉발하게 한다.
폭력성	자살을 180도 돌아선 살인이라고 한다. 이 살인적 폭력은 대개 자살자의 주변 인물을 향하고 있다.
수치심	사람들은 주변의 자살자 유족들을 자살자와 직간접적으로 관련이 있다고 생각하고 낙인을 찍는 경향이 있다.
죄책감	자살자 유족들은 자신이 죽음을 막을 수 없었다는 것을 한탄스러워하며 깊은 죄책감을 느낀다.
짧은 장례의식	자살자 유족들은 사망소식을 알리지 않고 간단히 장례를 치른다. 따라서 정상적인 애도과정을 거치지 못한다.
왜곡된 의사소통	자살의 책임을 자살자에게 돌리는 것이 아니라 다른 사람에게 책임을 돌리거나 희생양을 만들기 쉽다.
사회적 격리감	주변 사람들은 자살자 유족들에게 뚜렷하게 위로의 태도를 보이지 않고 회피적 반응을 보인다.

3) 자살자 유족의 비정상적인 반응과 대처

첫째, 자살에 대해 침묵을 한다. 일반적으로 장례를 치르면 주변 사람들은 고인에 대해 서로 이야기하며 섭섭하고 안타까운 감정을 표현한다. 죽은 사람들에 대해서라기보다는 살아 있는 사람들에 대한 위로와 보살핌을 통해서 사별로 인한 고통의 위기를 넘어가게 한다. 그러나 자살자 가족들은 많은 사람들의 조문 없이 서둘러 장례를 치러버리는 것이 보통이다. 자식을 잃은 부모들이 자살의 또 다른 희생자가 되지 않도록 각별한 관심을 기울여야 한다.

둘째, 자살사건을 비밀로 한다. 어떤 가족은 자살사건에 대해 유서를 태워 버리거나 결정적인 증거들을 숨긴다. 그러나 이 비밀은 새어 나가기 마련이고 가족들을 더 사회적으로 고립시키는 원인이 된다. 상담자는 자살자 유족들이 자살사건에 대해 공개적인 자세를 취할 수 있도록 돕는 것이 좋다.

셋째, 자살의 현실을 받아들이지 못한다. 자살자 유족들은 자살에 대해 완결되지 않은 문제를 자살자와 가장 가까운 사람에게 책임을 묻기도 하고, 자살자의 빈자리를 채우지 않고 유지하며 부정하려는 태도를 보이기도 한다. 상담자는 자살자 유족들이 정상적인 애도과정을 거쳐 위기를 극복할 수 있도록 돕고, 자살의 현실을 받아들이도록 하고 가족들이 서로의 상처를 위로할 수 있도록 권장해 준다.

4) 자살을 막기 위한 사후관리 지침

첫째, 자살자 유족들을 동병상련(同病相憐)의 마음으로 대한다. 모든 것을 알고 있다고 말해서는 안 되고 편견 없이 경청한다.

둘째, 자살자 유족들이 갖고 있는 '왜?'라는 의문을 이해한다. 자살사건이 그들의 잘못이 아님을 인지시키고 이들의 의문을 이해하고 공감적으로 대처한다.

셋째, 자살자 유족들이 어떠한 감정적 경험을 하게 되는지 설명해 준다. 스스로를 자학하지 않고 충분한 휴식을 취하도록 한다.

넷째, 자살자 유족들이 일상 업무로 돌아갈 수 있도록 한다. 하루 빨리 일상 업무로 돌아가도록 도와준다.

다섯째, 종교적인 위안을 주도록 한다. 심한 죄책감을 느끼고 있으면 이들을 종교적으로 위로해 주며 이 위기가 일시적이라는 것을 알려 준다.

여섯째, 자살의 여파에 대해 설명해 준다. 자살의 충격은 쉽게 사라지지 않으며 이 충격에서 벗어나려면 장기간의 노력이 필요하다는 것을 알려 준다.

일곱째, 숨겨진 감정을 표현할 수 있도록 한다. 자살사건에 대해 서로 숨기고 있던 감정들을 표출할 수 있도록 돕는다.

여덟째, 혹시 스트레스로 인한 신체적 이상이 있는지 살펴본다. 혈압 상승이나 불면과 같은 신체적인 이상이 있는지 살펴 필요하면 의사를 만나도록 한다.

자살사건 이후 기관(학교, 군대, 직장, 종교시설 등) 책임자의 역할

1. 자살사건이 발생하면 책임자는 위기관리팀을 구성한다. 위기관리팀은 자살자가 속한 기관의 팀장과 팀원을 구성하여, 도움계획을 수립한다. 팀장과 팀원들은 사전에 소정의 자살예방교육 및 위기개입 교육을 받을 수 있도록 한다.
2. 도움계획 회의: 강한 비탄과정이 있는 시기인 24시간에서 72시간 내에 실시한다.
3. 도움계획 수립 회의를 통해 결과를 종합하고, 후속 및 의뢰과정, 장례 절차 등을 지원한다.
4. 조의를 표할 고인의 가족들과 장례절차를 논의하고, 사후 도움을 받을 수 있는 지역사회지지자원 정보(법률, 상담, 정신건강, 재정, 위기 전화번호, 유족 지원센터 등)를 안내한다. 장례식은 유족들과 고인을 사랑했던 사람들이 이별을 현실로 받아들이고 각자 자신의 삶으로 돌아가게 하는 것으로 정상적인 애도과정을 밟게 하는 것이다.
5. 미디어의 주목으로부터 가족과 기관을 보호하기 위해 대변인을 정해 모든 미디어의 요청에 대해 관리해 나간다.
6. 종교시설 위기관리팀은 자살자 유족들을 위기 기간인 최소 6주 동안 충분히 애도과정을 갖고, 죄책감에서 벗어나, 삶의 의미를 찾고 회복하도록 신체적, 심리적, 경제적 보살핌과 종교적 위안을 제공하도록 한다.
7. 추후 기관 책임자는 위기관리팀원들 간에도 충분한 안정과 휴식을 취할 수 있도록 도우며, 정서적 지지를 제공한다. 필요시, 일련의 교육을 진행한다.

5. 어디서 도움을 찾을 것인가

1) 도움 찾기 훈련

(1) 도움 찾기의 필요성

자살예방을 위해 아무리 좋은 사회적 안전망을 갖추어 놓아도 사람들이 도움을 찾으려 하지 않는다면 별 효과가 없다. 가령 우울증으로 자살충동을 느끼는 사람이 사회적인 낙인에 대한 불안으로 지역사회에 있는 상담소나 정신건강증진센터에 가는 것을 꺼린다면 그 기관들의 존재 가치가 떨어질 수 있다. 자살생각을 가진 청소년들이 학교의 상담소나 지역사회 상담센터를 이용하지 않으려 한다면 그 기관은 청소년들의 자살충동을 막기 어려울 것이다. 따라서 자살예방과 정신건강 문제가 있을 때 도움을 주는 기관을 찾는 것은 그런 문제를 해결하는 데 도움이 될 수 있다. 자신이 정신적으로 힘들고 어려울 때 적절한 도움을 주는 기관을 찾을 수 있고 필요한 도움을 얻을 수 있다고 지각하도록 훈련하는 것이 필요하다.

(2) 도움 찾기의 정의

도움 찾기란 일반적으로 다른 사람들에게 적극적으로 도움을 찾는 행동을 말할 때 사용하는 용어이다. 그것은 다른 사람들과 의사소통하는 데 힘든 문제나 비참한 경험을 할 때 이해, 조언, 정보제공, 치료, 그리고 일반적인 지지를 통해서 도움을 얻는 것을 말한다.

도움은 그들의 수준에 따라 다양한 자원을 통해서 찾을 수 있다. 비공식적 도움 찾기는 비공식적 사회관계, 즉 친구나 가족으로부터 도움을 찾는 것이다. 공식적 도움 찾기는 같은 도움의 전문적인 자원으로부터 도움을 찾는 것이다. 즉, 정신건강과 보건 전문가들, 교사, 청소년 관련 종사자, 그리고 성직자 등이 도움과 조언을 제공하는 데 역할을 인정받고 적절한 훈련을 거친 전문가들이다. 그러나 점점, 인터넷처럼 다른 사람과 직접 접촉하지 않는 자원으로부터 도움을 찾는 경우가 많아지고 있다.

자살예방의 관점에서, 적절한 도움 찾기는 자살 사고 및 행동과 관련된 위험으로부터 보호하기 위한 잠재력을 가지고 있다. 전문적 자원, 혹은 전문적 심리 지원에 접근을 촉진할 수 있는 개인으로부터 도움 찾기는 자살생각을 경험하거나 혹은 자살행동을 보이는 개인들 중에 즉각적으로 자살을 실행하려는 위험을 줄이거나 제거하는 것으로 확인되었다. 전문적 심리 도움 찾기는 또한 위험이 적극적인 자살생각이나 자살행동으로 발전되어 가기 전에 자살위험의 추가형태를 감소시키는 것으로 확인되었다.

(3) 도움 찾기 훈련의 내용

도움 찾기 훈련은 도움을 찾는 데 장애가 된다고 알려져 있는 것을 해결함으로써 자살이나 정신건강 문제에 처했을 때 도움 찾기 행동과 태도를 향상시키는 것으로 그 내용은 다음과 같다.

① 오명을 감소시키기: 자살이나 정신건강 문제에 처하게 되면 당황하게 되며, 수치심과 거부감을 갖게 되어 도움을 요청하는 데 장애가 된다. 따라서 도움을 받는 것에 대해 사회적으로 인지된 오명을 줄여 나간다.

② 자살 및 정신건강 문제를 인식하기: 자살이나 정신건강 문제에 대한 인식을 하고 있지만, 그것이 급히 도움을 받거나 치료를 받아야 할 상황이라는 것을 모르는 경향이 있다. 따라서 자살의 경고신호나 불안과 우울증에 대한 상태를 확인할 수 있는 능력을 증진시킨다.

③ 자살 및 정신건강 문제의 효과적인 대처법에 대한 지식을 증진하기: 치료를 받는 방법과 치료를 받아야 할 때를 잘 모르는 경향이 있다. '아무도 내가 겪고 있는 것을 도울 사람이 없다.'라는 잘못된 신념을 갖지 않도록 교육한다.

④ 도움을 받는 곳에 대한 지식을 증진하기: 자살이나 정신건강 문제에 처했을 때 올바른 서비스에 접근하는 방법을 알게 하여 문제에 적극적으로 대처하게 한다.

2) 도움 찾기 자원목록

우리나라의 자살위기 상담기관은 계속 증가하는 추세에 있다. 다음은 자살 위기에 처한 사람들을 돕는 주요 기관들이다. 누구든 주변에서 자살위험에 처한 사람들을 발견한다면 신속하게 다음과 같은 전문기관에 의뢰해서 도움을 찾도록 한다면 자살에까지 이르지 않을 것이다.

(1) 정부기관

기관명	연락처	상담 및 서비스 안내
보건복지부	• 자살예방상담전화: 109 • 보건복지상담센터 희망의 전화: 129	• 자살예방상담전화 109: 24시간 • 희망의 전화: 평일 09:00~18:00 ※ 긴급복지지원, 복지사각지대, 학대, 정신건강 상담은 24시간 상담서비스 제공(해외 +82 31-389-7000)
	• 수화상담: 070-7947-3745~6	• 수화상담: 청각/언어장애인을 위한 영상전화를 이용한 수화상담 ※ 인터넷과 영상전화기를 구비한 경우에만 통화가 가능, 평일(오전 9시~오후 6시)
	• 홈페이지: www.129.go.kr	• 인터넷 채팅상담: 본인인증 후 이용 가능, 평일(오전 9시~오후 6시)
국립정신건강복지센터 · 전국 광역정신건강복지센터	마음이음상담전화(전국 광역정신건강복지센터): 1577-0199	24시간 자살위기상담 전화 운영. 국가와 지방자치단체에서 운영하고 있으며, 정신질환의 예방, 정신질환자 조기발견, 상담, 사례관리, 집단프로그램, 의료기관 연계 등의 사업을 수행하고 있음. (자살예방)고위험군 조기발견, 병원연계, 상담, 프로그램, 사례관리 등 지원

(2) 민간기관

기관명	연락처	상담 및 서비스 안내
생명의전화	• 전화: 1588-9191 • 면접상담: 02-763-9195 • 자살자 유족 상담: 02-763-9195 • 홈페이지: www.lifeline.or.kr	• 24시간 전화상담(전국공통상담전화) • 사이버상담실: 게시판에 공개 또는 비공개로 글을 등록하여 상담을 받을 수 있는 '공개상담' 메뉴와 e-mail을 통한 '비공개 상담' 메뉴를 제공, 공개상담 글을 통해 자신과 유사한 문제로 도움을 받은 경우를 검색해 볼 수 있음 • 면접상담: 전화로 원하는 날짜와 시간을 밝히면 이후 전문상담자와 연결이 가능 • 자살자유가족지원센터: 모임공간 '새움' 운영, 자살자 유족 전문 상담, 자조모임, 애도상담 프로그램 운영 • 자살예방캠페인 진행
한국자살예방협회	• 전화: 02-413-0892 • 홈페이지: www.suicideprevention.or.kr • 사이버상담실: www.counselling.or.kr	• 자살예방사업, 위기개입사업, 자살관련 연구개발 및 정책 제안, 자살예방종합학술대회, 자살예방네트워크 진행 • 사이버상담실 운영
한국청소년상담복지개발원	• 전화: 1388 • 청소년사이버상담센터: www.cyber1388.kr	• 24시간 전화상담: 다른 청소년 유관기관들과도 긴밀한 협조체제를 이루어 one-stop 서비스체제가 가능하도록 운영 • 사이버상담, 문자, 솔로봇, 댓글상담 등 운영 • 이용대상: 청소년 및 청소년의 보호자, 지도자 및 청소년의 건강한 성장을 바라는 사람이라면 누구나 청소년 유해환경 신고, 정보제공, 전문가와의 상담 등을 할 수 있음

(3) 종교기관

기관명	연락처	상담 및 서비스 안내
천주교 한마음한몸 자살예방센터	• 전화: 02-318-3079 • 홈페이지: www.obos3079.org	• 전화상담: 평일 10:00~17:00까지 이용 가능하며 공휴일, 일요일은 휴무 • 교육, 캠페인 • 유족상담 및 사별자 가족모임 • 해바라기 슬픔 돌봄모임(02-318-3079)
기독교 기독교자살 예방센터 (라이프호프)	• 전화: 070-8749-2114 • 홈페이지: http://lifehope.or.kr	• 온라인 상담실 운영 • 자살자 유족 마음이음예배 • 상담, 종교예식, 자치구 활성화 사업, 종단 협력 사업 추진 등 • 자살예방교육무지개, 생명보듬주일, 생명보듬함께걷기 등 자살예방캠페인 진행
불교 불교상담개발원 (자비의전화)	• 전화: 02-737-1114 • 홈페이지: http://www.kbcd.org	• 자비의전화 운영 –전화상담실 운영(오전 9시~오후 9시) –사이버 상담실 운영(www.jabi24.org)
원불교 둥근마음상담 연구소	• 전화: 02-824-4438	• 개인 · 집단 상담 및 교육 • 자살자 유족을 위한 상담 • 자살위기 상담

토의 및 실습

1. 우리가 자살예방을 해야 하는 이유는 무엇인가 토의해 보자.

2. 자살 위기자를 이해하고 돕는 방법에 대해 토의해 보자.

3. 주변에 자살 이후 힘들어하는 자살자 유족들이 있다면 어떻게 도울지 생각해 보자.

4. 도움을 찾는 것과 삶의 긍정적 태도와의 관계에 대해 토의해 보자.

14
다루기 어려운 전화상담

상담자는 상담의 제 이론과 전화상담과정을 공부하고 소정의 실습 과정을 거친 후 상담에 임하게 된다. 그러나 상담을 받다 보면 다루기 어려운 전화에 직면할 때가 있다. 이러한 전화는 전문가이건 상담 자원봉사자이건 누구에게나 어려운 것이다. 이러한 전화들은 상담자를 당황하게 하고 화나게 하며, 봉사의 의욕을 좌절시키고 상담자의 마음을 상하게 만들어 결국 소진(burn-out)시켜 상담봉사활동을 포기하게 만들 수 있다. 그러므로 이 장은 다루기 어려운 전화를 받을 때 어떻게 대응해야 하는지에 대해 유형별로 다루어 보고자 한다.

1. 다루기 어려운 전화를 받는 상담자의 태도

상담자는 어려운 전화의 내용을 분류하거나 낙인(labeling)찍기에 급급해서는 안 된다. 먼저, 이러한 전화를 걸 수밖에 없는 사람들의 고통을 헤아리는 아량을 가져야 한다. 그들의 현재의 삶이나 상황이 그들로 하여금 문제를 제대로 표현하기조차 힘들게 하는 것으로 이해하고 어떤 전화라도 당황하지 말고 진지하게 인간을 사랑하는 마음으로 전화를 받아야 한다.

상담자는 자신이 현재 처한 순간의 어려움을 모면하기 위하여 “저녁에 남자 상담자가 나옵니다. 그때 전화하세요.” 등으로 다른 상담자에게 돌리지 말아야 한다. 그러나 정말 전화내용을 수용하기가 어렵거나 충격이 심할 경우 봉사시간이 남았어도 사무실에 알리고 잠시 봉사를 중단하고 쉬는 것이 현명하다. 또한 소그룹 활동이나 계속 교육을 통해 어려운 전화로 인해 받은 긴장을 풀며, 그 대응 방법을 교육 감독(supervisor)에게 지도를 받으면서 자신의 정신건강을 유지해야 한다.

2. 침묵전화

상담자는 내담자가 전화를 걸어 온 이상은 무엇인가 할 이야기가 있을 것이라는 선입관을 갖게 된다. 그래서 내담자가 전화를 걸고 아무 이야기를 하지 않는 침묵전화(slient calls)를 받았을 때, 시험당하고 있는 것처럼 느껴져서 불쾌한 마음으로 성급히 전화를 끊는 경향이 있다.

침묵내담자는 양가감정이 있는 경우가 많다. 내담자는 다른 기관, 친구, 가족 등으로부터 거절을 당한 경험이 있었을 수 있다. 이들은 또한 거절을 당하지 않을까 하는 두려움이 있을 수 있다. 그러므로 이들은 상담자가 잘 들어 줄지, 수용해 줄지 불확실감을 가지고 있다. 그래서 침묵의 내담자가 전화를 걸면 잠시 기다린 후, “지금 말씀하시기가 힘드시나 보군요, 당신이 말씀하시기를 기다리겠습니다.” 라고 말하여 내담자에게 여유를 주고, 인내 있게 기다려 준다는 느낌을 주도록 한다. 1~2분의 시간이 흐른 후 여전히 침묵을 지키면 “많은 사람들이 전화를 기다리고 있으니 사정상 전화를 끊어야겠습니다. 사람이 자신의 심중에 있는 문제를 말하는 것은 매우 어렵지요. 여기서는 24시간 전화를 받을 수 있으니 마음이 내킬 때 전화해 주세요. 언제든지 도와드리고 싶습니다.” 하며 끊는 게 좋다.

한편 상담 도중에 내담자의 침묵이 생기는 경우가 종종 있다. 대면하지 않기 때문에 잠시라도 침묵이 생기면 상담자는 불안해지고 어떻게 대응해야 좋을지 당황하며 초조해진다. 그러나 침묵은 갑작스럽게 일어난 것이 아니고 그때까지 상담자와 내담자 상호관계의 흐름에 이어서 생긴 것이므로 침묵이 왜 생겼는지, 침묵이 일어난 상황이 무엇인지, 그 의미를 생각하는 마음의 여유를 가져야 한다. 일반적으로 침묵에는 다음과 같은 종류가 있다.

- 무엇을 말해야 좋을지 몰라 망설이고 있는 침묵
- 상담자 쪽이 어떻게 나올 것인지를 살피고 있는 침묵
- 이야기가 일단락되어 후유 하고 한숨 놓고 안정된 침묵
- 자기의 마음의 움직임을 바라보고 통찰하고 있는 침묵
- 상담자에 대한 거부, 저항을 보이고 있는 침묵

상담자는 내담자와의 관계 중에 일어난 침묵이 어떠한 의미를 갖는 것인가를 생각하여 적절한 대응을 해 나가야 할 필요가 있다. 일단락된 침묵, 통찰하고 있는 침묵이라면 그 침묵에 차분히 동조하여 내담자가 나음에 발할 때까지 기다린다. 망설이고 있는 침묵이라면 그때까지 내담자의 감정의 움직임이나 이야기의 내용을 명확하게 해 나간다. 상담자에게 저항을 보이는 침묵이라면, “내가 말한 것 때문에 말하기 어려운 기분을 갖게 되었습니까?”라고 질문을 해서 내담자가 방어적이지 않고 거부적 감정을 표출할 수 있도록 리드를 해 본다.

상담 관계 중의 침묵은 상담의 방해물이 아니라 상담 중에 두 사람이 비언어로 참여하는 의사소통의 한 특수한 형태이다. 따라서 내담자가 침묵을 통하여 무엇을 말하고 있는가를 이해하는 일이 중요하다.

3. 제3자의 전화

상담자는 원칙적으로 당사자가 아닌 제3자의 전화(third party calls)는 받지 않는다. 전화상담의 특성상 정보문제가 아닌 경우에 본인 자신과의 대화가 아니면 도움이 되지 못하기 때문이다. 따라서 내담자에게 문제를 가진 당사자 자신이 직접

전화를 걸도록 요청한다.

상담자는 제3자에 관련된 사실들보다는 내담자의 감정을 다루어 주어야 한다. 상담자는 내담자가 제3자를 직접 대응할 수 있도록 그 내담자가 갖고 있는 불안을 충분히 다루어야 한다. 때때로 어떤 내담자는 제3자를 대상으로 하여 그 자신의 문제를 말할 수 있다. 이 문제를 진지하게 취급해서 도와주어야 한다.

4. 장난전화

전화상담에서 전화는 개방되어 있어서 의외로 장난전화(prank calls)가 많다. 어떤 전화를 진짜 전화(real caller)와 장난전화(prank caller)로 분류할 것인지는 상당히 어려운 문제이다. 어떤 전화를 장난전화로 단정하는 것은 전화상담기관이 인정하는 문제나 상황의 형태에 따라 독단적인 표준을 세우는 것이다. 그것은 한 개인이 전화상담센터에 전화를 하기도 전에 내담자에 대한 기준을 세우고 판단하는 것이다. 따라서 상담자는 다음과 같은 사항에 유의해야 한다.

첫째, 장난전화라는 편견을 갖게 되면 내담자에 대한 원조를 소홀히 하기 쉽다. 즉, 덜 심각하게 생각하며 덜 진지하게 문제를 취급하게 되므로 장난전화는 없다고 생각하는 것이 좋다.

둘째, 생명의전화에 오는 전화는 완전한 전화, 혹은 불완전한 전화로 구별될 수 있다. 여기서 완전한 전화란 전화를 거는 사람과 받는 사람 양자가 상호 동의하여 종결을 짓는 것을 말하며 불완전한 전화란 상대방을 고려하지 않고 일방적으로 종결하는 전화를 말한다.

셋째, 상담자는 전화를 거는 사람이 다이얼을 잘못 돌리거나 실수로 하는 전화는 없다고 생각해야 한다. 실수로 전화를 잘못 걸었다는 식의 전화를 거는 사람은 종종 상담자가 정말 자신을 수용할 수 있는지 없는지를 시험하는 것일 수 있다.

넷째, 전화상담봉사는 모든 전화에 대해 정직하고 솔직한 방법으로 답을 해야 한다는 전제에서 이루어져야 한다. 진짜 전화인지 솔직하지 않은 조종적인 전화인지는 시간이 좀 경과하면 밝혀질 수 있다. 상담자가 먼저 속단을 내리지 말아야 한다.

다섯째, 전화를 거는 사람이 실제적인 문제에 있어서 전화를 걸든 또 그렇지 않든 간에 상담자는 그 전화를 진지하게 받음으로써 긍정적인 효과를 거둘 수 있다.

장난전화를 대하는 상담자는 다음의 지침을 알고 있으면 상담에 도움이 될 때가 많다.

① 조심스럽게 경청한다(Listen carefully).

② 이야기하는 '사실'과 내담자의 '느낌'이 동일한지 파악한다(Compare the stories and feeling).

③ 침착하게, 진지하게 반응한다.

④ 거짓이라는 사실이 분명할 때는 상담자의 솔직한 느낌을 말해 준다.

⑤ 이후에 문제가 정말로 생겼을 때 걸어 줄 것을 부탁한다. "이후에 고통스러운 문제가 생기면 전화 주세요. 그때 도와드리겠습니다."라고 하며 끊는 것이 바람직하다.

5. 음란성 전화

음란성 전화(obscene calls)의 목적은 성문제로 인한 걱정이 있어서 도움을 청하든지, 성적인 지식이 필요해서 안내를 구하든지 두 가지가 있다. 처음에는 자기 자신의 외로움이나 실제문제를 감당치 못해 전화했던 사람이 상담자의 부드러운 음성이나 보살핌으로 인해 성적 충동을 느끼고 만족을 위한 목적으로 성에 관련된 전화를 할 경우를 말한다. 이것은 다섯 가지의 유형으로 나누어 볼 수 있다.

- 상담자를 흥분시키기 위해 음탕한 말로 전화를 거는 자: 상담자는 흥분하거나 화를 내지 말고 대화를 나누되 한계를 느끼면 바로 상담을 중지해야 한다.

- 자위행위자: 자위행위를 하는 동안 전화를 걸어 그들의 자극제로 상담자의 목소리를 이용하는 경우이다. 이러한 내담자는 빈틈없이 전화하므로 초보상담자가 그 상태를 알 때는 이미 깊이 빠져 있을 때가 많다. 이때 상담자가 내담자가 자위하고 있다는 것을 짐작하거나 그들이 만일 이것을 시인한다면 곧바로 직면하여 다음과 같이 말하는 것이 현명할 것이다. "더 이상 대화할 수 없군요. 당신의 문제에 대해 진실로 대화하고 싶을 때 다시 전화하십시오. 지금은 당신을 도울 수 없군요." 또는 "당신에게는 전문적인 상담이 필요할 것 같군요. 원하신다면 소개해 드리겠습니다."와 같이 말이다.
- 노출증환자: 매우 박진감 있는 성묘사를 하며 자극제로 상담 봉사원과 대화하기를 원한다. 이때는 전화를 오래 끌지 말아야 하고 곧바로 직면하여 "왜 당신은 이것에 대해 얘기합니까?"라고 질문할 수 있다. 만일 내담자가 듣기를 원한다면 상담자가 느낀 것을 솔직히 말해 줄 수 있는데, "당신은 성적 상대에 대해 혼동하고 있군요. 생명의전화는 당신을 돕는 게 불가능합니다. 만일 원하신다면 전문적 상담을 권하고 싶습니다."라고 하는 것이 좋겠다.
- 환상가: 상호 간에 대화를 원하지 않고 내담자가 일방적으로 많은 얘기를 하고자 한다. 그들은 그들의 환상을 즐기며 상담 봉사원의 개입은 원하지 않는다. 이 경우 이러한 상담은 "당신에게 도움이 안 되는군요. 나는 당신에게 더 이상 상담을 계속할 수 없습니다."라고 말하며 끊을 수 있다.
- 사기꾼: 이야기나 문제를 만들어 내서 상담자의 성적 느낌이나 견해를 말하도록 시도하는 사람이 있다. 상담자가 더 이상 상담이 진전될 수 없다고 느낀다면 곧바로 끊어 버리는 것이 현명하다. 이는 내담자뿐만 아니라 다음에 걸려올 전화를 위해서도 필요한 조처이다.

상담자는 이런 내담자에게 실망하게 된다. 자신이 지금 무엇을 하고 있는가 하는 회의에 빠지기도 하고 때로는 이용당했다는 생각에 불쾌해지며 심한 경우에는 모멸감, 분노, 그리고 배신감을 느낄 수도 있다.

상담의 정책은 상담자가 내담자에게 이익을 주는 한 그들과 전화상담을 하는 데 있다. 그러므로 가능한 한 내담자를 혹평하기보다는 차라리 왜 상담자가 전화를 그만 중단해야 하는가를 설명해 주는 것이 좋다. 내담자의 환상을 듣는 것은 결국 그를 돕지 못하고 오히려 그런 상태를 더 악화시키므로 환상이라고 아는 즉시 중단하는 것이 좋다.

음란성 전화의 상투적인 수법으로 사용하는 말은 대개 다음과 같다.

- 나는 대화하기를 원합니다.
- 나는 당황스러운 문제가 있습니다.
- 당신은 이해할 수 있습니까?
- 여기서 아무것이라도 이야기할 수 있습니까?
- 나는 전에 전화를 걸어 본 적이 없습니다.
- 나는 어떻게 이런 것에 대해 말할 수 있을지 모르겠습니다.

이들은 대화를 주저하며 가끔 침묵을 지키고 감정 없는 어조로 얘기하며, 남자 상담자와 얘기할 마음이 없으면서도 여자 상담자가 받을 때 남자 상담자를 찾는 경우가 있고, 얘기 즉시 성적인 문제에 대해 바로 상담자의 의견을 묻는 경우가 많다. 이들의 주제는 주로 가족 내의 여성과의 성관계(형제자매 등의 가족, 즉 근친상간)로, 나이 든 성적 내담자들의 경우 딸이 대상이 되기도 하며, 아내나 여자 친구를 다른 남자 친구에게 빌려 주는 행위, 어린 청소년들과의 성적 쾌락에 대해서도 얘기한다.

음란성 내담자를 다루는 지침은 다음과 같다.

① 감당하기 어려운 상황일지라도 놀라거나 당황하지 않도록 한다.
① 현실에 초점을 맞추어, 현재 내담자가 살고 있는 삶의 주변을 주제 삼아 이야기하도록 한다.
② 내담자가 말하는 내용이 성적 환상을 이야기한다고 느껴질 때는 상담자의 생각을 있는 그대로 이야기해 주는 것이 좋다. 예컨대 "환상을 이야기하고

있다는 생각이 드는군요." 또는 "꾸며 낸 이야기 같아요." 등으로 이야기한다. 만일 내담자가 부인하더라도 계속 성적인 묘사를 필요 이상으로 노골적으로 표현하고 있을 때는 상담자는 이러한 전화를 더 이상 계속 받을 수 없음을 알리고 전화를 끊는 게 현명하다.

6. 반복전화

반복전화(chronic calls)의 한 가지 유형은 하루에도 여러 번 특수한 욕구 혹은 문제를 가지고 전화를 하는 경우이다. 그리고 더 많은 반복전화의 유형은 일정하게 특수한 문제를 가지고 있는 것이 아니다. 그들은 일상생활에서 일어나는 크고 작은 문제들을 의존적이고 약한 성격 탓에 스스로 감당할 수 없다고 느끼고 도움을 청한다. 그러나 도움을 진정으로 원하는 것이 아니라 그때그때 자기만족을 얻기 위한 수단으로 상담자를 이용하려 한다. 그들은 매번 새로운 전화를 할 때마다 그들의 이야기를 꾸미거나, 변경하거나, 왜곡하며 '같은 이야기'를 반복한다.

그들은 상담자가 그들에게 하는 질문을 회피하고, 그들의 문제를 집중적으로 논의하는 것을 거절하며, 그들이 말하는 것을 단지 들어 주기만을 바라기 때문에 종종 상담자들에게 분노를 촉발시킨다. 상담자들은 그런 내담자를 도우려고 했던 그의 시도가 비효과적이고 헛된 것이며 시간 낭비라고 생각해서 봉사의 동기를 잃는 경우가 있다.

이들을 다루는 지침은 다음과 같다.

① 현재에 초점을 둔다. 과거 경험에 관한 비생산적이고 반복적인 견해를 권하지 말라. 그 전화에 대한 직접적인, 구체적인 이유를 찾아라. 현재에 직면시키는 방법으로 "오늘 기분이 어떠세요?" "오늘 하고 싶은 일이 있습니까?" "오늘 무엇을 해야 할까요?" "오늘 어떤 일이 일어났나요?" 등이 있다.

② 시간제한을 한다. 전화를 받은 후 상담자가 감당하기 힘든 되풀이 전화라는

느낌이 있을 경우는 시간을 15분으로 제한하고 이야기를 나눈다. "우리는 15분 동안 이야기할 수 있습니다. 다른 내담자들이 이야기할 기회를 주어야 해요." 도움이 되지 못하는 상태에서는, 환자가 자기의 환상이나 거짓 사연을 되풀이할 때, 그것을 들어 줌으로써 그의 증상이 깊어질 수 있는 우려가 있다.

③ 내담자 자신의 삶은 자신이 책임져야 한다는 것을 알게 한다. 상담자는 내담자를 책임질 수 있는 것이 아니다. 내담자 자신이 책임을 져야 한다. 만약 내담자가 상담자가 직접 어떤 답변을 제공하지 않는 것에 대해 상담자으로 하여금 죄책감을 느끼게 한다면, "당신은 무엇을 하려 하나요? 내가 당신의 삶을 대신 살아주길 원하나요?"라고 말한다.

④ 필요한 경우 전문가(정신과의사, 전문상담가, 목사, 신부 등)의 도움을 받기를 권한다.

⑤ 직설적인 접근방법을 사용한다. 어떤 상황에서는 상담자의 불필요한 친절은 내담자로 하여금 상담자를 희롱하는 결과를 낳을 수 있다. 상담자는 내담자가 제시하는 어떤 이야기라도 감당할 수 있다는 느낌을 줌으로써 이야기를 만들어 기만하려는 의도를 막을 수 있다.

7. 장시간 전화

일반적으로 전화상담 시간은 30~40분이면 충분하지만, 경우에 따라서는 그 이상일 수 있다. 경험적으로 보면 30분 이내에 전화상담의 3단계 과정(관계 형성, 탐색, 마무리)을 거치면서 효과적인 상담을 할 수 있다고 하지만 이렇게 해낼 수 있기에는 많은 노력과 훈련을 필요로 한다.

상담자는 내담자와 이야기하는 시간이 1시간 이상으로 길어질 때는 '나는 상담과정 중 어느 단계에 있는가?' 하고 자신의 위치를 볼 수 있는 능력이 있어야 한다. 또한 상담자는 내담자가 상담에 진전이 없으면서 필요 이상의 시간만을 지속시킬 때를 알아야 한다.

① 상담자가 병적인 되풀이 내담자의 덫에 걸려 끌려다닐 때: 내담자는 상담자의 이야기를 듣지 않고 자기의 이야기만 하려 하며, 자기의 욕구 충족을 위해서 전화를 한다. 이때 말하는 대로 내버려두면 길어지게 된다.
② 상담자가 내담자보다 말이 많을 때: 상담자도 상담을 통해 영향력을 행사하고 싶은 욕구가 있다. 따라서 상담자가 '좀 더 내담자를 상대해 주고 싶다.' '내담자의 문제를 어떻게든 해 주고 싶다.'는 기분에 쫓겨 다닐 때가 있다.
③ 상담자가 요점을 파악하지 못했을 때: 내담자가 호소하는 고민을 파악하지 못하여 공감할 수 없기 때문에 상담자가 이해해 줄 때까지 내담자가 문제를 되풀이하는 경우가 있다.

상담자와 내담자와의 상담 관계에서는 여러 가지 감정의 움직임이 있다. 그런데 상담봉사원 교육에서 '경청'에 대한 강조를 하다 보니 상담자 자신의 생각이나 감정을 표출해서는 안 된다고 생각해 부자유하게 느끼는 경우가 많다. 특히 내담자에 대해서 '싫다'라든지 '들을 수 없다'라든지 하는 부정적인 감정이 생겼을 때, 많은 상담자들은 내담자가 상처받지 않을까 두려워하여 억누르는 일이 많다. 그에 대한 반동으로 내담자를 비난한다든지 설득을 한다든지 하는 일이 되기 쉽다.

따라서 내담자의 이야기가 제자리를 맴돌고 상담자에게 피로가 생긴 경우에 무리하게 '경청'함으로써, 상담자 자신의 감정을 숨기는 것은 바람직하지 않다. 상담자도 자신의 감정에 대해 솔직할 필요가 있고 이 감정이 내담자의 어떤 자극으로 인해 일어나게 되었는지 주목하고 언어화하는 노력을 해야 할 것이다.

만일 내담자가 같은 이야기를 두세 번 되풀이할 때에는 "그 이야기는 벌써 세 번이나 들었습니다."라고 이미 알고 있음을 알려 준다. 과거의 일이나, 한 가지 일에 집착해서 헤어나지 못할 때, 현재(now), 이 시점(here)에서 중요한 것이 무엇인지 현실화시키도록 한다. 그리고 상담봉사원의 노력으로도 현재 답변한 일에 대하여 관심을 가지거나 의논할 수 없을 때에는 상담봉사원은 이 상담은 계속되어도 어느 누구에게도 도움이 될 수 없는 상담임을 깨닫고 끊도록 해야 한다. 이때, 음성은 부드러우면서도 단호해야 한다.

"오랜 시간 긴 이야기를 함께 나누었습니다. 제가 별로 도움이 되지 못하는 군요. 이제 끊어야겠습니다."
"우리가 긴 시간을 함께 이야기했군요. 피곤하시지요? 다음에 문제가 생기면 다시 전화해 주시지요."
"오늘은 이만하고, 더 생각해 보시고 마음이 내키면 전화해 주세요."
"아직도 이 전화를 기다리고 있는 사람이 많으므로 오늘은 이 정도로 하지요."

8. 한 상담자 전화

'한 상담자 전화'(one counselor calls)는 한 사람의 상담자와만 관계하기를 원하는 전화이다. 이들은 다양한 사회, 정신건강 기관과의 관계에서 거절을 경험했거나 자살예방 기관에 전화하는 것에 걱정이 많은 경우이다. 한 상담자 내담자는 특정 상담자에게 도움을 받았고, 상담자가 자신을 이해해 주었다고 생각한다. 또한 그 상담자와 상담을 해야 자신의 이야기를 반복할 필요가 없고, 다시 처음부터 자기 이야기를 하지 않아도 되기 때문에, 계속 한 상담자와 상담을 하려 한다.

한 상담자 내담자는 특별한 시간에 전화를 받을 수 없고 담화적 경향으로 끝날 수 있다. 또한 상담자가 내담자의 압력을 받게 되며, 특별한 상담자에 대한 소유욕과 상담자가 내담자에 의해 조종을 받을 가능성이 있다. 그러므로 이름, 전화번호, 주소 같은 개인적인 정보를 알려 주지 말아야 한다.

상담해 준 상담자에게 도움을 받아서 다음에 나오는 시간을 알려 달라고 하면 우리 기관은 "일회 상담을 원칙으로 하고 있고 상담자가 나오는 시간을 알려드릴 수 없다."고 해야 한다. 그래도 자신의 이야기를 처음부터 다시 해야 하니 가르쳐 달라고 하면 응하지 말아야 하며, 언제고 전화하면 다른 상담자는 다른 차원에서 도움을 줄 수 있다고 권고한다.

9. 폭언 및 분노 전화

폭언 및 분노 내담자(abusive and anger callers)는 전화를 통해 상담자 또는 기관에게 욕을 하거나, 악의적을 피해를 주는 사람들이다. 이런 내담자는 과거 또는 현재의 삶의 상황에 적절히 대처할 수 없기 때문에 분노가 촉발될 가능성이 높다. 그들의 초점은 문제해결에 대한 의견이 아니다. 그들의 폭언은 삶의 상황이 아니라 상담자와 기관을 향해 있다. 그러므로 폭언 내담자와 상호작용하는 것은 큰 스트레스가 될 수 있다. 따라서 이러한 내담자와는 비판단적으로 대하면서 정서적 통합성을 유지해 가며 상호작용할 필요가 있다.

분노 내담자는 상담자에게 분노를 표현하는 것이 아니라 특정 상황이나 그들에게 영향을 주는 환경에 대해 분노를 표현하는 것이다. 그들이 말한 상황은 일반적으로 삶의 상황의 결과이다. 그러므로 분노의 표현에 초점을 맞추는 것은 문제해결 과정을 방해한다. 그들의 표현 방식과 감정의 강도는 상담자가 그들과 상호작용하는 것을 멀리하고 싶게 만든다.

폭언 내담자나 분노 내담자를 대할 때의 지침은 다음과 같다.

① 이러한 전화를 걸 수밖에 없는 상황을 이해하고 비판단적으로 수용하려고 노력한다.
② 상담자는 이 내담자로 인해 자신의 감정이 상하지 않도록 한다.
③ 상담자가 내담자를 감정적으로 대하는 것은 문제해결에 전혀 도움이 되지 않는다.
④ 상담자가 잘못한 것이 아니기에 마음의 평정을 유지한다.
⑤ 계속적인 폭언과 분노로 받기가 어렵다면 더 이상 응할 수 없음을 알린다.
⑥ 그래도 계속 폭언과 분노를 쏟아 내면 내담자의 언행이 증거가 확보되고 있

고 이는 위협임을 정중하게 전달하고 전화를 끊을 수 있다.

10. 타 기관 의뢰전화

내담자가 정보를 알고 싶어 전화했을 때에는, 우리가 들어줄 마음이 있다는 것을 알린다. 그리고 봉사하는 상담자들은 미리 준비해 놓은 타 기관에 대해서 알아보려는 노력이 필요하다. 무엇을 어떻게 하는 곳인지 모르면서, 막연히 이름이 그럴 듯해서 의뢰한다면 절실한 도움이 필요했던 내담자에게 실망을 주고 절망감을 더해 줄 뿐이다. 이것은 무책임한 행동이며 내담자에게 미안한 일이다.

상담자는 의뢰하려는 기관을 잘 검토하고 의뢰할 때에도 "전문기관의 도움을 청할 생각을 해 보셨나요?" "전화번호를 드릴까요?"로 내담자의 마음에서 도움을 받을 용기, 동기가 생기도록 한다. 그리고 도움을 원한다고 내담자가 마음의 결정을 했을 경우에도, "전화를 해서 친절하지 않더라도 좌절하지 마세요." "전화가 되지 않아도, 몇 번이라도 더 시도해 보시지요." 등과 같이 격려를 해 주면서 문제가 전화 한 통화로 해결되지 않는다는 것을 알게 한다.

11. 전문적인 지식을 필요로 하는 전화

전문적인 지식을 필요로 해서 전화를 했을 경우 상담자는 무엇을 말해 주어야 한다는 강박감으로 당황할 수 있다. 그러나 당황하지 말고 어떤 내용인지 잘 경청할 필요가 있다. 내담자는 기대하지 않았던 상담자의 경청으로 이야기를 나누면서 마음의 여유를 갖기도 한다. 그러고도 전문상담이 필요하다고 느낄 때, 상담자는 의료상담, 법률상담, 종교상담 전문기관을 알려 주고 도움을 받도록 한다.

전화상담 기관은 상담자 한 사람 한 사람의 마음의 건강을 보살펴야 한다. 그러므로 다루기 어려운 전화를 받을 때 당황하거나 화내거나 또는 혼동하지 않고 상담자의 본래적인 모습 그대로를 유지할 필요가 있다. 비전문가인 상담자가 내담자의 문제를 해결해 주는 것은 아니다. 사실 어려운 전화는 전문가들도 어려움을 느낀다. 자원봉사 상담자는 내담자 스스로 자신의 문제를 직면해 스스로 해결해 나가도록 도와줄 뿐 이라는 것을 기억해야 한다. 상담자와 내담자 사이에서 비록 흡족한 상담을 하지 못했을지라도 상담자는 그의 문제가 잘 해결되기를 바라는 마음을 갖는다.

토의 및 실습

1. 다루기 어려운 전화를 대하는 상담자의 자세는 무엇인지 논의해 보자.

2. 음란성 전화와 반복전화로 인해 스트레스를 받았을 때 어떻게 대처할 것인지 알아보자.

3. 전화상담에서 타 기관 의뢰의 중요성에 대해 알아보자.

참고문헌

강갑원(2004). 알기 쉬운 상담이론과 실제. 교육과학사.

강갑원(2012). 상담심리학 이론과 실제. 양서원.

강진령, 이종연, 유형근, 손현동(2009). 상담자 윤리. 학지사.

김계현(1992). 상담자교육방법으로서의 개인수퍼비전 모델에 관한 복수사례연구. 상담과 심리치료, 4, 19-53.

김계현(1997). 상담심리학(제2판). 학지사.

김계현, 박경석(2001). 전화상담의 과정과 기법. 사랑의전화 출판부 편. 사랑의전화 상담백서(pp. 179-238). 사랑의전화복지재단.

김광현, 박소연(2013). 청소년의 발달 심리학. 동아출판사.

김명희, 박준희(2017). 노인 상담에서의 인지 행동 치료 기법 적용. 한국상담심리학회지, 18(2), 235-250.

김영환(2018). 상담의 치료와 실제. 동서대학교 출판부.

김은혜(2001). 초보 상담자들의 사례 개념화 수준에 관한 연구: 상담전공생과 전화상담자원봉사간의 비교. 서울대학교 석사학위논문.

김인자(2015). 현실치료상담과 선택이론(개정). 한국심리상담연구소.

김임(1990). 한사람, 상담원이 되다. 하나의학사.

김재홍(2020). 노인의 경제적 안정과 재정 계획. 한국재무설계학회지, 22(3), 112-130.

김정원(2015). "중년기 스트레스를 관리하고 개발을 시작합니다." 한국심리학회지: 산업 및 조직심리, 29(1), 59-78.

김정희(2014). 청소년의 사회적 관계와 상담. 중앙대학교출판부.

김정희(2019). 가족치료와 상담의 이해. 학지사.

김철환(2018). 생애 발달 이론과 노년기의 심리적 변화. 한국사회복지학, 70(3), 125-143.

김충기, 강봉규(2001). 현대 상담이론과 실제. 교육과학사.

나항진, 강갑원, 권희완, 김경미, 박성희, 송선희(2014). 성인학습 및 상담. 양서원.

노안영, 송현종(2001). 상담실습자를 위한 상담의 원리와 기술. 학지사.

래리 바커 · 키티 왓슨 저, 윤정숙 역(2006). 경청의 힘. 이아소.

박경애 외(2010). 청소년 심리 및 상담. 공동체.

박상칠, 조용범(1998). 자살 예방할 수 있다. 학지사.

박성희(2017). 중년기 상담과 치료: 심리사회적 상담과 상담적 치료. 시그마프레스.

송정아, 최규련(2002). 가족치료의 이론과 기법. 도서출판 하우.

신민섭(2018). 위기개입과 상담. 정민사.

유영권 외(2023). MZ세대를 위한 생명존중교육. 학지사.

유영달(2017). 상담의 이론과 실제. 창지사.

이경훈(2021). 노인의 사회적 지원 네트워크 구축 전략. 한국사회복지학, 72(4), 83-102.

이광자 외(2013). 전화상담의 이해. 정민사.

이광자 편(2006). 사랑과 공감의 전화 카운슬링. 생명의전화.

이광자(2004). 자살예방 전문가 교육 자료집. 생명의전화 자살예방센터.

이광자(2010). 제15기 AIR 자살예방상담사교육. 라이프라인 자살예방센터 교육 자료집

이광자, 하상훈(2014). 자살예방상담의 이론과 실제. 생명의전화.

이광자, 하상훈, 고영건 외(2011). 자살예방 상담프로그램 연구. 보건복지부.

이광자, 하상훈, 현명호(2017). 자살예방의 이론과 실제. 생명의전화.

이규미(2022). 상담의 실제(2판). 학지사.

이기춘(2006). 제8회 자살예방 상담전문가 교육 자료집-자살사후예방방법. 라이프라인 자살예방센터.

이동렬, 박성희(2000). 새내기 상담가를 위한 상담과 심리치료. 교육과학사.

이명숙(2017). 청소년기의 발달과 상담. 학지사.

이수용 외(2010). 사회복지실천 상담기술론. 학지사.

이영민 외(1997). 전화 카운셀링—생명의전화의 이론과 실제. 생명의전화.

이영애(2015). 학업 스트레스와 청소년의 심리적 복지. 교육과학사.

이윤정(2016). 존재적 심리치료와 노인의 삶의 의미 탐색. 한국정신건강학회지, 25(1), 78-95.

이장호(1999). 상담심리학(3판). 박영사.

이장호, 정남운, 조성호(2005). 상담심리학의 기초. 학지사.

이장호, 최윤미(1992). 상담의 연구방법. 박영사.

이장호 외(2005). 상담심리학의 기초. 학지사.

이정윤(2022). 현대인의 정신건강. 학지사.

이정훈, 송지영(2015). 노인의 건강 문제와 사회적 지원. 한국노인복지학, 67(2), 89-108.

이현림, 김지혜(2010). 성인학습 및 상담(2판). 학지사.

이형득, 김계현, 김선남, 이숙영, 유성경(1999). 청소년 상담자론. 한국청소년상담자.

이형득 외(1984). 상담의 이론적 접근. 형설출판사.

이홍식 외(2008). 자살의 이해와 예방. 학지사.

장성숙, 노기현(2010). 한국인의 심리상담 이야기–현실역동상담의 이론과 실제. 학지사.

정순례 외(2020). 청소년 상담 이론과 실제. 학지사.

정은경, 김영미(2022). 노년기의 예방적 접근과 교육적 지원. 한국노인복지학, 70(1), 57-74.

정혜영(2018). 청소년 상담의 이론과 실제. 양서원.

정혜원(2012). 노인의 심리적 적응과 삶의 질. 한국심리학회지: 임상, 31(1), 45-60.

제임스 설리반 저, 김상환 역(2010). 세상에서 가장 강한 힘–경청. 미다스북스.

천성문 외(2015). 상담기법 연습. 학지사.

천성문 외(2021). 상담심리학의 이론과 실제(4판). 학지사.

천성문 외(2022). 상담기술의 실제. 학지사.

최국환, 안형근, 육성필 역(2007). 심리상담의 전략과 기법–상담연습을 중심으로(*Counseling strategies and intervention*). Cormier, S. & Hackney, H. 지음. 시그마프레스.

클라라 힐 · 카렌 오브리언 저, 주은선 역(2001). 상담의 기술. 학지사.

하상훈 외(2008). 제11기 자살예방상담전문가 교육(AIR) 교재. 라이프라인 자살예방센터.

하상훈(2008). 의미치료. 서울생명의전화 등대지기 소그룹 교재 자료.

하상훈(2010). 자살자 심리부검과 사후예방 방법 연구. 생명의전화.

하상훈(2024). 전화상담 봉사의 기준. 한국생명의전화연맹.

한국대학상담학회(1993). 상담의 이론과 실제. 중앙적성출판사.

한국자살예방협회 편(2024). 자살예방의 모든 것. 학지사.

한동선(2020). 위기상담: 이론과 실제. 교육과학사.

한성열(1995). 의미치료. 서울생명의전화 상담원 계속교육 강의 자료.

한승호, 한성열 역(1998). 카운슬링의 이론과 실제(*Counseling and psychotherapy: Newer concepts in practice*). Rosers. C. 지음. 학지사.

日本生命の電話連盟(1994). 전화카운셀링-이노찌노電話의 理論과 實際(生命の電話の理論と実際). 김한수 역. 한국생명의전화 전국위원회. (원저는 1994년에 출판)

Aguilera, D. C., & Messick, J. M. (1986). *Crisis intervention: Theory and methodology* (4th ed.). St. Louis, MO: Mosby.

Appleby, M., & Condonis (1991). *Hearing the cry: Suicide prevention*. R.O.S.E Education Training Consultancy.

Atchley, R. C. (1999). *Continuity and adaptation in aging: Creating positive experiences*. John Hopkins University Press.

Augustus, Y. N., & Whitaker, C. A. (2011). *The family crucible: The intense experience of family therapy*. Harper Collins.

Australian e-Journal for the Advancement of Mental Health (AeJAMH), *Volume 4, Issue 3* (Supplement), 2005.

Baltes, P. B., & Baltes, M. M. (1990). *Successful aging: Perspectives from the behavioral sciences*. Cambridge University Press.

Beauchamp, T. L., & Childress, J. F. (1994). *Principles of biomedical ethics* (4th ed.). Oxford University Press.

Becvar, D. S., & Becvar, R. J. (2017). *Family therapy: A systemic integration* (8th Edition). Pearson.

Clara E. Hill 저, 주은선 역(2012). 상담의 기술. 학지사.

Corey, G. (1996). *Theory and practice of counseling and psychotherapy* (5th ed.). Brooks/Cole.

Corey, G. (2009). 심리상담과 치료의 이론과 실제. 조현춘 외 역(2010). 시그마프레스.

Corsini. R. J. 현대심리치료. 김정희, 이장호 역(1992). 중앙적성출판사.

Cottone, R. R., & Tarvydas, V. M. (2003). *Ethical and professional issues in counseling* (2nd ed.). Merrill/Pretice-Hall.

Drah, K. J. (2001). *Ending the pain*. Workshop presentation (p. 10).

Durkheim, E. (1987). *Suicide*. The Free Press

Erikson, E. H. (1968). *Identity: Youth and crisis*. W. W. Norton & Company.

Frankl, V. (1963). *Men's search for meaning*. Neacom.

Frankl, V. (1980). 로고테라피의 이론과 실제. 이봉우 역. 분도출판사.

Frankl, V. (1983). 심리치료와 현대인. 이봉우 역. 분도출판사.

Frankl, V. (1995). 죽음의 수용소에서. 김충선 역. 청아출판사.

Frankl, V. (2009). 삶의 물음에 예라고 대답하라. 남기호 역. 산해.

George, J. P., & Christiani, T. S. (1995). *Counselling: Theory and practice.* Allyn and Bacon.

Gerard Egan 저, 제석봉 · 유계식 · 김창진 공역(2015). 유능한 상담사(*The skilled helper*). 학지사.

Glasser, W. (1994). 현실요법. 홍경자 역. 중앙적성출판사.

Granello, D. H., & Granello, P. F. (2007). *Suicide: An essential guide for helping professionals and educators*. Pearson Education, Inc.

Hackney, H., & Cormier, S. (2001). *The Professional Counselor: A Process Guide to Helping* (4th ed.). Allyn & Bacon.

Herlithy, B., & Corey, G. (Eds.). (2006). *ACA Ethical standards casebook* (6th ed.). American Conuseling Association.

Hill, C. E. (2005). The role of individual and marital therapy in my development. In J. D. Geller. J. C. Norcross, & D. E. Orlinsky(Eds.), *The psychotherapist's own psychotherapy: Patient and clinician perspectives* (pp. 129-144). Oxford University Press.

Hjelle, L. A., & Ziegler, D. J (1987). 성격심리학. 이훈구 역. 박영사.

Howatt, W. A. (2000). *The human services counseling toolbox*. Thomson learning.

Jeffrey A. Kottler 저, 이지연, 황진숙 역(2014). 상담자가 된다는 것(4판). 학지사.

James, R. K., & Gilliland, B. E. (2017). *Crisis intervention strategies* (8th ed.). Cengage Learning.

Joseph, B. F. (1985). 의미치료. 고병학 역. 하나의학사.

Lachman, M. E. (Ed.) (2001). *Handbook of midlife development*. Wiley.

Levinson, D. J. (1978). *The seasons of a man's life*. Knopf.

Levy, C. (1974). On the development of a code of ethics. *Social Work, 19*, 207-216.

McGoldrick, M., Gerson, R., & Petry, S. (2008). *Genograms: Assessment and intervention* (3rd ed). WW Norton & Co.

Meara, N. M., Schmidt, L. D., & Day, J. D., (1996). Principles and virtues: A foundation for ethical decision, policies and character. *Counseling Psychologist, 24*, 4-77.

Michel, K., & Gysin-Maillart, A. (2015). *ASSIP-Attempted suicide short intervention program: A manual for clinicians*. Hogrefe.

Moss, R. (1981). *The I that is we. Berkeley*. Celestial Arts.

Norcross, J. C., & Guy, I. D., (2007). *Leaving it at the office: A guide to psychotherapist self-care*. Guilford Press.

Parry, S. R. (1996). The quest for competencies. *Training*, July, 48-56.

Patterson, L. E., & Welfel, E. R.(2000). *The counseling process*. Brooks/Cole.

Roberts, A. R. (2005). *Crisis intervention handbook: Assessment, treatment, and research*. Oxford University Press.

Rogers, C. R. (1942). *Counseling and psychology*. Houghton Mifflin Company.

Rogers, C. R. (1998). **카운슬링의 이론과 실제**. 한승호, 한성열 역. 학지사.

Ross, B. E. (1984). *After suicide: A unique grief process*.

Sahakian, W. S. (1987). **심리치료와 카운셀링**. 서봉연, 이관용 역. 중앙적성출판사.

Satir, V. (2008). *The new peoplemaking*. Science and Behavior Books.

Shneidman, E. S. (2004). *Autopsy of a suicidal mind*. Oxford University Press.

Steinberg, L. (2014). *Age of opportunity: Lessons from the new science of adolescence*. Houghton Mifflin Harcourt.

Sussman, M. B. (2007). *A curious calling: Unconscious motivations for practicing psychotherapy* (2nd ed.). Jason Aronson.

Welfel, E. R. (2006). *Ethics in counseling and psychotherapy: standards, research, and emerging issues* (3rd ed.). Thomson Brooks/Cole.

Welfel, E. R., & Patterson, L. E. (2005). *The counseling process* (6th ed). Thomason Brooks/cole.

Whitbourne, S. K. (2002). *The aging individual: Physical and psychological perspectives*. Springer.

Wobbolding, R. (1991). *Understanding reality therapy*. Haper Collins.

Wobbolding, R. (1991). **현실요법의 적용**. 김인자 역. 한국심리상담연구소.

World Health Organization (2000). Preventing suicide: How to start a surviors' group.

Yalom, I. D., & Leszcz, M. (2008). 집단 정신치료의 이론과 실제(5판). 최혜림, 장성숙 역. 하나의학사.

Yufit, R. L., & Lester, D. (2005). *Assessment, treatment, and prevention of suicidal behavior*. Wiley & Sons, Inc.

네이버 전자사전. http://www.naver.com

찾아보기

인명

내용

저자 소개

이광자(Lee Kwangja)

이화여자대학교 대학원 졸업(정신간호학 박사)

미국 컬럼비아대학교, 샌프란시스코대학교 방문교수 역임

현 이화여자대학교 명예교수, 생명의전화 교육위원장

〈주요 저서〉

건강상담심리(공저, 이화여자대학교 출판부, 2008)

인간관계와 의사소통의 실제(공저, 신광출판, 2014)

이기춘(Rhee Keechoon)

미국 에모리대학교 졸업(목회학 박사)

감리교신학대학교 목회상담학 교수

현 Soulfriend 심리상담센터 교수 및 임상 Supervisor

〈주요 저서〉

교류분석(TA)으로 본 한국인의 의식구조(도서출판 감신, 2001)

메타히어링(Meta-Hearing)(도서출판 목회상담, 2023)

하상훈(Ha Sanghun)

인하대학교 대학원 교육학과 졸업(교육학 박사)

현 사회복지법인 생명의전화 원장

국가정신건강정책 혁신위원회 위원

〈주요 저서〉

자살예방상담의 이론과 실제(공저, 생명의전화, 2017)

삶의 의미를 찾아가는 여정: 의미요법의 이론과 실제(도서출판 옛길, 2023)

오승근(Oh Seunggeun)

고려대학교 교육학과 졸업(교육학 박사)

미국 조지아대학교 방문교수 역임

현 명지전문대학교 청소년교육상담학과 교수

〈주요 저서〉

내 생명 소중하게 가꾸기(공저, 교육과학사, 2008)

청소년 문제와 보호(3판, 정민사, 2019)

박현규(Park Hyungyu)

서울대학교 대학원 교육학과 평생교육 전공(박사 수료)

한국교육개발원 전문연구원대우 역임

화성시인재육성재단 다원이음터 센터장 역임

현 평생학습창작소 대표

〈주요 저서〉

청소년 생명존중 프로그램: 내 생명 소중하게 가꾸기(공저, 교육과학사, 2011)

기획, 삶과 지역을 바꾸다! 평생교육사 29인의 도전기(공저, 디자인밈, 2020)

전화상담의 이론과 실제

—사랑과 공감의 전화 카운슬링—

The Theory and Practice of Telephone Counseling

2025년 3월 25일 1판 1쇄 인쇄
2025년 3월 31일 1판 1쇄 발행

지은이 • 이광자 · 이기춘 · 하상훈 · 오승근 · 박현규
펴낸이 • 김진환
펴낸곳 • (주)학지사
04031 서울특별시 마포구 양화로 15길 20 마인드월드빌딩
대표전화 • 02-330-5114 팩스 • 02-324-2345
등록번호 • 제313-2006-000265호

홈페이지 • http://www.hakjisa.co.kr
인스타그램 • https://www.instagram.com/hakjisabook

ISBN 978-89-997-3362-8 93180

정가 25,000원